정치사회사상의 이해

—신세대를 위하여—

정 종 호 저

형지사

머리말

본서는 그 부제(副題)가 가리키는 바와 같이 정치사회사상(政治社會思想)에 대해 오늘날 신세대(新世代) 젊은이가 보다 쉽게, 그리고 보다 직접적으로 접근하는 데 도움을 주기 위함에 목적을 두고 있다. 사실 필자는 「사상사」(思想史) 과목을 담당해 온 이후 전반적으로 대학현장에서 본 과목에 대한 관심이나 탐구가 실용주의에 밀려 줄곧 퇴조하여 왔던 안타까운 현실, 그리고 그것이 내용의 난해함과 평가의 분분함으로 인해 오늘날 신세대 젊은이의 요구에 부응하기에는 너무 어렵고 현학적(衒學的)이라는 사실을 나 자신 한 사람의 학도(學徒)로서도 몸소 체감해 왔었다. 특히 사상사에 관한 — 번역교재를 포함한 — 기존교재들의 서술방식이 2차문헌적 성격을 강하게 지님으로써 제각기 이해보다는 판단을 강요하는 편향적 혼란성을 보이고 있다는 데 더 문제가 있다고 보았다. 물론 어떠한 연구도 — 하물며 단순한 사실들의 열거(선택)에 있어서조차도 — 주관성(主觀性)을 완전히 제거할 수는 없다는 점에서 볼 때, 본서도 그 태생적 한계를 지니는 것이지만 다음과 같은 가치정향(價値定向)과 서술방식(敍述方式)으로 독자의 보다 진솔한 사상이해에 기여하고자 하였다.

1) 먼저 개별사상들에 대한 탐구에 앞서 "사상사입문"의 글을 다소 장황하게 제시하고 있는 것은 — 어떠한 학문이론적 진술들에서도 마찬가지이지만 — 필자의 세계관(世界觀)과 가치정향이 이후의 글 전개에 결정적으로 영향을 미치기 때문이다. 이는 실제로 주제의 선정에서부터 결론의 진술방식에 이르기까지 모든 연구과정에는 가치판단이 필연적으로 개입되고 있다는 사실에 주목하는 것이다.

2) 본문에서는 주요한 고전적(古典的) 서구정치사상가 중 7인을 선정하여 다루고 있고, 여기에 공자(孔子)의 사상을 추가한 것은 서구사상일변도로 되어 있는 기존교과서의 틀에서 벗어나 정치사회사상의 지평(地平)을 보다 넓혀보고자 하는 필자의 조그마한 노력 중의 하나이다. 다만 유가사상(儒家思想)의 전문가가 아닌 처지에서 하나의 성과라기보다는 천박한 지식으로 인한 두려움이 앞설 뿐이다.

3) 전체적인 서술형식을 Ⅰ.배경, Ⅱ.생애, Ⅲ.저작, Ⅳ.사상, Ⅴ.평가 등 5단계로 통일시켜 체계화하였다. 여기서 〈시대적 배경〉과 〈개인적 생애〉를 전면(前面)에 따로 분리시켜 자세히 다룬 것은 보다 올바른 평가를 위하여는 사상가 개인에 대한 지식사회

학적(知識社會學的) 이해가 불가피 선행(先行)되어야 한다고 보았기 때문이다.

4) 그리고 〈사상내용〉은 특별한 경우가 아닌 한 1. 관심과 동기, 2. 인간관, 3. 사회관, 4. 국가관의 순서로 전개하고 있다. 그 이유는 개개 사상가의 특별한 관심이나 동기는 가까이는 인간관에서부터 멀리는 세계관에 이르기까지 그 기본적 틀을 결정한다고 보기 때문이며, 이런 식으로 이해하여 체계화할 때 독자가 그들의 사상에 보다 손쉽게 접근할 수 있다고 본 것이다. 또한 그 각각에서 장·절 등 세부적 분류기호는 1, 1), (1), ①, a, ⅰ)의 순으로 통일시켰다.

5) 본문 좌측에 위치한 〈글상자〉는 독자의 이해를 돕기 위하여 특별히 통일되게 설정하였다. 거기서 주로 우측내용에 대한 중간요약이나 보충설명 및 부분적 평가, 고유용어나 주요개념의 해설, 기타 참고될 만한 사항들을 적고 있다. 그리고 한글세대를 위하여 가급적 한자사용을 피했으며, 공자를 다루는 부분에서의 부득이한 경우를 제외하고는 모두 '한글(한자)'의 형식으로 통일하였다.

6) 폭넓은 사상내용을 압축적으로 요약하는 과정에서 사용된 여러 특수기호(特殊記號)들은 그 사용에 어느 정도 일관성을 갖도록 하였다. 주로 (　)는 간단한 다른 표현이나 보충설명, 〈　〉는 강조나 구별, →는 상세한 연속적 설명, ---는 압축적 표현이나 설명, ※는 강조적 요약·해설, cf.는 참고·비교, ex.는 예시, '　'는 특수한 의미·강조, "　"는 직접인용이나 주요귀절을 의미하고 있다.

7) 〈Ⅴ. 평가〉는 사상가 본인의 입장이 되어 가능한 한 있는 그대로 — 주로 1인칭 어법을 사용하여 — 요약·체계화시킨 본문내용을 총론적으로 정리하면서, 그 공과(功過)를 필자 나름대로 평가한 부분이다. 이 경우 평가기준은 책머리 「사상사입문」에서 표명된 가치전제(價値前提)에 근거하고 있다. 맨 마지막의 〈■ 생각해 볼 문제들 ■〉은 사회과학도로서의 비판력과 사회철학적 상상력을 증진시킬 수 있는 질문들로서, 이를 음미해 봄으로써 스스로 생각을 정리해 볼 수 있도록 구성하였다.

8) 맞춤법과 관련하여 사회과학분야, 특히 만연체의 글들에서 자주 사용하는 용어들, 예컨대 '이와 같이'(=이같이)·'그와 같은'(=그같은)·'이와 달리'(=반대로, 한편) 또는 '여러 가지'(=갖가지, 다양한)·'어느 정도'(=얼마간) 등은 문장의 난삽함을 줄이기 위하여 하나의 관용어(慣用語)로 보고 〈붙여쓰기〉로 통일하였고, 기타 특수한 경우에도 읽기의 리듬을 타도록 그때그때 조정하였다.

이 책의 출간과 관련하여 가까운 동료 한문교육과 권정안교수와 불어불문과 유호상교수의 문제점지적 및 교정 등 지도편달, 특히 필자의 소속학과인 사회교육과 교수님들의 갖은 배려와 격려에 고마움의 말씀을 드린다. 아울러 추천과 기획을 맡아주신 공주대학교 인문사회과학연구소 소장님, 그리고 출판계의 어려운 사정에도 불구하고 기꺼이 출간에 협조해 주신 형지사 사장님 이하 관계자 여러분께 지면을 빌어 다시 한번 감사를 드리는 바이다.

2008년 2월
계룡산기슭 공주(公州)에서
저자 씀

차 례

플라톤(Platon, B. C. 427? - 347?)

마키아벨리(Niccolò Machiavelli, 1469 - 1527)

칼뱅(Jean Calvin, 1509 - 1564)

보댕(Jean Bodin, 1530 - 1596)

홉스(Thomas Hobbes, 1588 - 1679)

로크(John Locke, 1632 - 1704)

루소(Jean Jacques Rousseau, 1712 - 1778)

사상사 입문

Ⅰ. 문제의 출발

지나간 과거(過去)의 사상들에 대한 고찰은 왜 필요한가? 이것은 전통과 습속 및 역사에 관한 연구 — 예컨대 역사학 · 민속학 · 문화인류학 · 고고학 · 종교학 등 — 의 필요성에 관한 질문과 동일하다. 장황한 답변과 논설을 떠나서 그 이유에는 다음과 같은 몇 가지 전제가 깔려 있다.

① 현재 우리는 해결하지 않으면 안될 '문제들'을 안고 있다.
② 그런데 이러한 현재는 과거의 결과이자 미래의 원인이다.
③ 이같은 일련의 연속선상에서 상황을 인식할 때, 과거의 인간이 추구해 왔던 미래상(未來像)이나 고민거리 속에는 오늘날의 그것과 어떤 공통성이나 유사성이 존재한다.
④ 따라서 과거(過去)의 사상이나 제도에 대한 고찰은 현재(現在)를 이해 · 진단하고 미래(未來)를 개척하는 데 필수적일 뿐만 아니라 '사회 속의 인간'으로서도 필연적인 조건이다.

여기서 특히 위의 세 번째 전제는, 시대와 장소를 초월하여 인간은 '인간'으로서의 어떤 보편적 특성이 존재하고 그 인간이 추구하는 이상향(理想鄕)은 예나 지금이나 여전히 미해결(未解決)의 과제로 남아 있다는 가정에 기초하고 있다. 바꾸어 말하면 이것은, 인간의 본질은 도대체 무엇이며, 무엇을 위하여 어떻게 살아야 하는가 하는 인간으로서의 궁극적 물음이자 철학적 · 종교적 핵심주제에 해당하는 것이다.

그 중요성이 이러함에도 불구하고 오늘날 대학의 교과들, 특히 사회과학의 영역에서 학문사(學問史)나 학설사(學說史)가 푸대접받고 소외되어 있는 이유는 무엇인가? 이는 한마디로 20세기 후반 과학주의이데올로기의 패권적(覇權的) 양상 때문이다. 이미 산업혁명 이후 자본주의의 출발은 '이성'(理性)을 앞세운 물질주의 · 기술주의의 협소한 합리주의가 지배적으로 될 수밖에 없는 상황을 예고(豫告)하는 것이었으며, 이러한 과학기술주의(Technologie)는 20세기 전반기 양차 세계대전의 총력기술전 속에서의 성장과정을 거쳐 종전후 냉전(冷戰)의 틀 속에서는 '부담스런' 이념적 논쟁을 회피하거나 우회하는 데 이용되고, 냉전의 종식 이후 세계자본주의체제의 승리와 개별국가간 무한경쟁시대를 맞이하면서 이른바 '세계화'이데올로기의 보호막 속에서 부동(不動)의 절대적 지위를 차지하기에 이르렀다. 이같은 일련의 상황전개 속에서 기성교육체계의 모든 교과과정은 경쟁력강화와 효율성증대라는 기본목표에 맞추어 그렇게 틀지워질 수밖에 없었고, 대학에서는 '과학'의 우상화(偶像化) 속에서 이미 50년대부터 인문사회과학분야의 천대 및 축소, 무엇보다도 학문의 '과학화'라는 미명(美名)하에 — 그의 또다른 얼굴인 '행태주의'(behaviorism)가 지배하면서 — 사회과학의 영역축소와 분과화·기술교과화가 진행되어 왔다. 이는 곧 사회철학(社會哲學)의 고사(枯死)를 의미하는 것이며, 그 배후의 주도세력인 보수적 테크노크라트들(technocrats)과도 이해(利害)를 같이하는 것이었다.

본서(本書)는 이와같이 과학주의(科學主義)를 포함하여 각 시대마다 지배적 이데올로기들의 독단(獨斷)에 대한 비판에 가치기준을 두고 있다. 이 경우 비판은 단순한 파괴가 아니라 새로운 창조를 위한 것이며, 학문의 본질적 기능인 것으로 곧 '비판적 이해'이다. 이하에서는 본서의 비판적 시각을 편의상 두 가지 측면으로 분류하여 그 의미를 명확히 하고, 필자의 가치판단을 공개(公開)하여 평가기준으로서의 가치전제를 제시하고자 한다. 끝으로 20세기 말의 지배적 이데올로기들로서 과학기술주의와 세계화이데올로기에 대한 비판적 성격규정을 통해 오늘날의 문제상황을 올바로 인식하고자 한다. 현실진단의 이같은 사전작업(事前作業)은 과거의 어떠한 사상에 관해서건 그 사회학적 상상력의 적절한 이해와 수용을 위해서는 불가피한 전제조건이기 때문이다.

Ⅱ. 비판의 두 시각

1. 논리비판

논리비판(論理批判)은 연역적 진술형태이든 귀납적 진술형태이든 어떤 사상이나 이론에 있어, 구성개념들과 그 인과관계의 논리성·체계성·정확성·일관성 등을 분석·평가하는 것이다. 이것은 〈형식논리〉와 관련된 것으로서 인간의 사고법칙에 근거하여 그 내적 모순을 폭로하는 작업이다.

이해의 편의를 위해 예를 들어—특히 본서의 여러 사상들에서 매우 중요한 역할을 하는 신학적(神學的) 교리의 도그마를 들어—설명해 볼 경우, 어느 사상가가 "내가 믿는 신(神) 이외의 것을 믿는 집단이나 종교는 이단(異端)이다"라고 선언했다고 하자. 이러한 간단한 진술도 하나의 자기이해이고 그 속에는 입증되어야 할 많은 전제들이 내재되어 있지만, 무엇보다도 그같이 선언된 순간 내가 믿는 것만이 '진정한' 신이고, 다른 것들은 '거짓된' 신들(우상들)임을 입증해야 할 논리적(論理的) 방어의무를 갖는다. 그러나 여기서는 지엽적인 여러 사족(蛇足)들은 제하고, 그 진정한 〈신〉에 관한 개념적 논의만으로써 자기모순을 지적해 보기로 한다.

위의 선언적 명제 속에서 판단되어진 '신'(神, God)은 절대적이고 완전한 존재이다. 그렇지 않다면 인간은 구태어 그를 믿고 복종할 필요가 없을 뿐만 아니라 상상할 수 있는 어떤 우상(偶像)들보다 우월하다고도 볼 수 없기 때문이다. 이 경우 '절대'와 '완전'은 사실상 동의어 반복이다. 왜냐하면 상대적이라면 불완전한 것이고, 불완전한 것은 상대적이기 때문이다. 이러한 '완전함' 속에는 여러 속성들이 있겠지만 가장 중요하다고 생각되는 세 가지, 즉 전지(全知)·전능(全能)·자족(自足)의 특성만을 가지고 이야기해 보기로 하자. 우선 소극적 의미를 지닌 〈전지〉개념은 현재나 과거의 기정사실뿐만 아니라 미래의 일어날 상황도—통상적 의미의 추측이나 예측이 아니라—완전히 알고 있음을 의미한다. 이같은 '전지함'은 절대적인 것이기 때문에 어떠한 조건(if, 만약~이라면)의 제약도 받아서는 아니된다. 예컨대 '인간에게 자유의지가 없다면', 또는 '악마의 방해가 없다면' 등의 조건이 붙을 수 없는 절대적 지식이다. 이렇게 이해할 때 이것은 미래가 완전히 결정되어 있음을 의미한다. 그렇다면 이같은 신을 믿는 사람은 '죄를 짓지 말라. 벌을 받을 것이다' 또는 '나의 신을 믿으라. 그렇지 않으면 심판을 받을 것이다'라고 말할 수 없다. 왜냐하면 이미 결정되어 신이 미래의 범죄여부나 신앙여부를 알고 있는 상황에서 '죄'(罪)를 묻는다면 그 신은 사디스트(sadist)의 혐의를 벗어날 수 없고, 몰랐다면 완전하지 않기 때문이다. 둘째로 적극적 의미의 〈전능〉개념을 살펴본다면, 그것은 절대적 능력이기 때문에 그 힘의 행사에 있어 시간과 장소 및 대상 기타 어떠한 제약도 받지 아니하며, 따라서 어떠한 경우에도 '악마'개념이 설정되어서는 안된다. 왜냐하면 악마(惡魔)개념은 '신의 의사나 능력을 제약하거나 방해한다'는 속성적 의미를 내포한 것으로서, 그렇지 않다면 그 개념은 무의미하기 때문이다. 이리하여 악마가 등장한다면 그 신은 불완전한 것이 되고, 악마가 등장하지 않는다면 우리는 그 신을 구태어 힘들여 믿을 필요성이 없게 된다. 끝으로 부족(不足)이나 결함의 반대개념인 〈자족〉은 신에게 어떠한 의지나 행위도 있어서는 아니됨을 의미한다. 즉 신에게 어떠한 상념이나 의지가 존재한다면 그것은 곧 이미 절대적 자족상태가 아님을 입증하는 것이다. 따라서 천지창조나 은총·저주가 있다면 신은 완전한 존재가 아니며, 역으로 그런 행위나 의지가 없다면 신은 무의미해진다. 이리하여 불완전하고 모순된 '신'에 대한 믿음과 복종의 강요는 독단(獨斷)이 된다.

이와같이 본서는 형식논리의 이론적 비판을 통해 — 논리적 · 체계적으로 굴종을 강요하는— 어떠한 독단적 학설(學說)이나 신조(信條) · 교리(教理) 등도 거부한다. 그러나 본래 목적이 비판적 '이해'에 있기 때문에 그 부분적 의의까지 부정하지 않으며, 실제로 필자는 무신론자는 아니다. 그러나 예컨대 누가 위의 논조를 들어 '신은 완전하기 때문에 완전하지 아니하다'는 역설적 논리를 편다면 이는 이미 논리학적 차원을 떠난 것이며, 그렇게 이해된 신앙에서는 어떠한 구체적 교리도 강요되어서는 아니된다. 더구나 '어찌 한낱 피조물인 인간이 신의 심오한 뜻을 알겠는가?' 또는 '우선 믿고보면 깨달으리라'는 표현은 그 자체가 논리를 회피하기 위한 또하나의 논리로서 또다시 그에 대한 입증을 필요로 하는 것이다. 물론 〈알기 위한 믿음〉이 신비주의나 독단주의 · 주의주의(主意主義, voluntaryism)에 빠질 수 있는 반면, 〈믿기 위한 앎〉은 자칫 논리주의 · 형식주의나 주지주의(主知主義, intellectualism)로 전락할 위험이 있긴 하지만…….

2. 기능비판

기능비판(機能批判)은 논리비판과 달리 어떤 사상이나 신조의 논리적 체계성을 묻지 않고, 오로지 그 사회적 · 실천적 기능과 영향에 관심을 갖는다. 따라서 논리비판이 '이론적' 비판이라 한다면, 기능비판은 '실천적' 비판을 의미한다. 즉, 구태어 논리학의 범주 속에 포함시킨다면 〈변증논리〉에 해당하는 것으로서, 그 표방하는 선전이념과 실제 기능 간의 외적 모순을 폭로하는 작업이다. 달리 말하면 기능비판은 지식사회학적 이데올로기비판작업으로서, 특정의 사상 · 이념 · 관념이 특정시기의 특정사회에서 왜 발생할 수밖에 없었는지, 그리고 그것은 그 이후 각 시대마다 어떠한 영향(기능)을 미쳤으며, 그 각각의 배후에서 어떠한 세력들이 이해관계를 함께하였는지를 밝히면서 그 이데올로기적 성격 — 즉, 보수적인지 혁신적인지, 또는 반동적인지 리버럴(liberal)한지 — 을 규명함에 목표를 둔다. 사상사(思想史)에 대한 사회철학적(社會哲學的) 접근은 기본적으로 이와같은 실천적 비판에 근거한다.

마찬가지로 독자의 이해를 돕기 위하여, 앞에서 다룬 신학적 독단에 대한 형식논리적 비판과 대비시켜 종교의 사회적 기능문제를 다루어 보자. 예컨대 기독교(Christianism, 예수주의)의 경우, 그 출현과정에서 예수의 사상과 그 추종세력들의 활동은 당시 억압받는 피지배계급의 이해관계를 대변하면서 어떻게 로마 제국주의체제(帝國主義體制)에 도전하게 되었는지, 그러나 얼마안가 정치적 지배세력과 손을 잡으면서 사상적 패권을 장악한 후부터 중세기에 이르기까지는 어떠한 식으로 봉건체제(封建體制)의 유지에 기여하였으며 그 배후세력의 구성은 어떠한지, 그리고 근대이후 인간주의(Humanism)와 이성주의(理性主義)에 패권의 자리를 내놓은 다음부터 지금까지 사회진보에 대한 공과(功過)는 어떠한지 등을 묻게 된다. 비근한 예로 한국의 불교(Buddhism, 부처주의)를 다룰 경우에도, 삼국시대 초기의 도입 및 토착화과정에서 교리상 어떠한 점들이 당시 지배세력들의 이해관계와 합치되었는지, 이후 통일신라나 고려라는 특정시대에는 완전히 패권을 차지하여 당시 지배계급인 귀족세력들과는 어떤 식으로 연계되면서 체제유지에 공여해 왔는지, 그리고 이조시대의 배불정책(排佛政策) 이후 헤게모니(hegemony)를 상실한 후부터 현재까지 사회에 끼친 공과는 무엇인지를 묻게 된다.

이와같이 본서는 **변증논리의 실천적 비판을 통해 — 체제유지와 기득권보호를 도모하고자 하는 — 지배적 이데올로기들과 그 연계세력들을 비판한다.** 이 경우 이같은 〈기능비판〉과 앞서 논의된 〈논리비판〉은 상호독립적인 것이 아니라 매우 밀접한 상관성을 갖는다는 점에 유의할 필요가 있다. 일반적으로 어떤 사상이나 교설(敎說)이 논리상 독단성을 강하게 띨수록 그 사회적 기능상의 허구성(虛構性), 즉 표방하는 이념과 그 실제기능 간의 모순적 괴리는 그만큼 더 커지는 경향을 띠고 있다. 그러나 정치사회학적 관점에서 볼 때 공허(空虛)한 탁상논쟁에 빠지기 쉬운 형식논리의 순수이론적 비판보다는 각종 이데올로기들의 현실적 실제기능에 대한 실천이론적 비판에 더 관심을 가질 수밖에 없다. 그런데 기능비판을 통한 이데올로기의 성격규정에는 일정한 가치판단기준이 요구되고, 여기서 비판자의 주관이 개입됨은 불가피하다는 사실이 중요하다. 따라서 다음으로는 필자의 이데올로기비판적 입장을 보다 명확히 밝히면서 몇 가지 사회민주주의적 가치들을 판단기준으로서 제시하고자 한다.

Ⅲ. 가치전제

1. 이데올로기4분법과 이데올로기비판

우리는 종종 텔레비전이나 신문 등 매스미디어 또는 이따금 생활주변에서도 보수·반동이나 혁신 또는 '리버럴'(liberal, '자유주의적')이란 용어들을 접하게 된다. 이 경우 일반시청자나 독자들은 그 용어들의 의미내용이나 사용동기를 이해하지 못해 혼란(混亂)을 일으키거나 오판(誤判)을 하는 경우가 허다한 것으로 알고 있다. 여기서는 아래와 같은 — 매우 단순하긴 하나, 그만큼 이해의 편리성을 지닌 모델인 — 로오웰(A. L. Lowell)의 정당분류도식을 이용하여 어떤 개인이나 집단 또는 정당 등의 이데올로기적 성격을 일반론적으로 규정하는 방식을 설명하면서, 로오웰의 의도나 학문이론적 성격과는 상관없이 본서의 이데올로기비판적 입장의 가치정향(價値定向)을 명확히 하고자 한다.

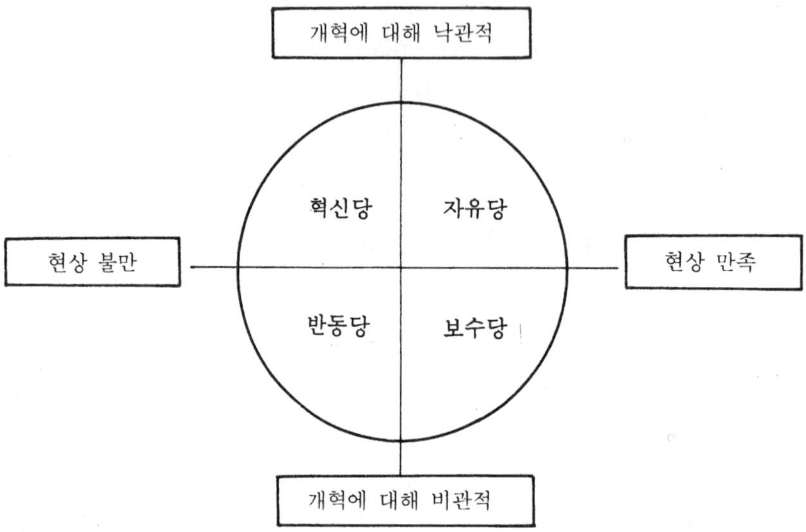

이 도표상의 〈현상(現狀, status quo)〉은 현재의 상태, 즉 현재의 법·제도·관행 등 사회구성원의 의식과 행동을 지배하는 기본적 틀을 의미한다. 현대국가에서는 일반적으로 관습이나 관행보다는 법률(특히 실정법)에 의해 뒷받침되는 '제도'(制度)들에 의해 사회구조가 틀지워져 있다고 볼 때, '현상'은 간단히 말해서 현재의 제도 또는 현체제(現體制)를 뜻한다. 그리고 〈개혁(改革, reform)〉은 이같은 '현상'(現狀)의 바람직한 방향으로의 변화, 즉 한마디로 제도개혁 또는 체제개혁을 말한다. 그런데 여기서 무엇보다도 중요한 것은 '어떠한 방향으로의 변화가 바람직한가?'라는 물음이다. 여기에는 각 집단들마다 그 추구하는 이념이나 목표 또는 가치들을 달리함에 따라 첨예하게 이해관계가 얽히게 된다. 따라서 개별적 판단자들의 가치판단공개가 불가피하며, 본서의 가치기준에 관하여는 다음 절에서 보다 구체적으로 논의하기로 하자.

1) 위의 4분류는 순수히 학문이론적 이념형(理念型, Idealtypus)으로서 집단들의 사회적 기능과 관련하여 그 분석과 이해의 편의를 위해 설정된 추상적 관념일 뿐이다. 그 각각의 특성을 살펴보면, 〈혁신당(革新黨, radicals)〉은 현재의 사회구조에 불만을 품고 개혁을 추구('sanguine')하기 때문에 변화의 범위(範圍)나 속도(速度)에 있어 일반적으로 전면적이고도 급진적인 성향을 보이며, 리버럴한 〈자유당〉은 원칙적으로 현체제에 만족('contented')한 상태에서 개혁을 도모하므로 부분적·점진적 변화를 선호한다. 그리고 〈보수당〉은 제도개혁을 거부하고 현상태에 머무르려 하는 반면, 〈반동당(反動

黨, reactionaries)〉은 현체제와 개혁추세 양자을 다같이 거부하므로 복고주의적(復古主義的)·전통주의적 경향을 띤다.

2) 이렇게 볼 때 실제집단을 지칭하는 형식적 명칭과 여기서의 4분류와는 구별되어야 한다. 즉, 이승만정권하의 '자유당'은 그 사회적 기능의 성격상 '리버럴한'(자유적) 세력이기보다는 보수세력(conservatives)이라고 봄이 타당하며, 거꾸로 영국의 '보수당'은 상대적으로 자유당(liberals)에 더 가깝다.

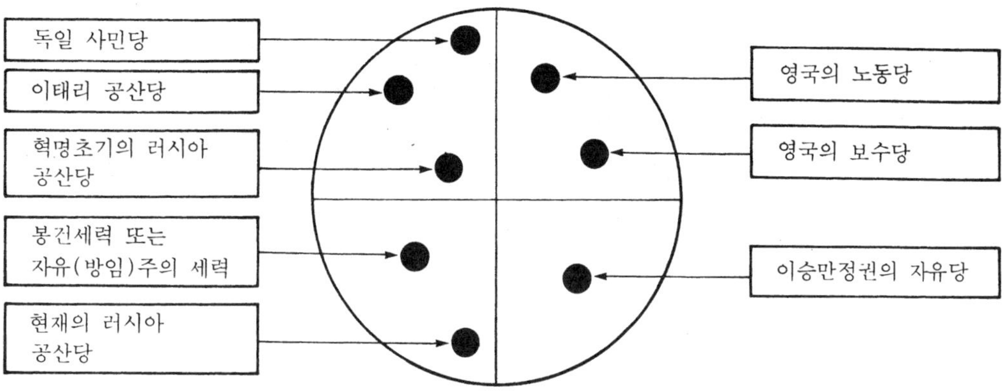

※ 집단(集團)들에 대한 이같은 〈이데올로기적 성격규정〉은 하나의 예시이며, 필자의 주관(가치판단)이 개입된 것임.

그리고 용어사용상의 혼란을 일으킬 수 있는 예를 들어 본다면 과거에 흔히 한국의 여(與)·야(野)가 자칭 '보수당'이라고 하는 경우, 그들의 입장에서 판단해 줄 때 그것은 본 분류법상 보수당(conservatives)이 아니라 자유당(liberals)을 뜻하며, 이는 현체제의 기본구조를 수용하는 상태에서 점진적 변화를 모색하겠다는 의미이다. 마찬가지로 상호 첨예한 대립과정에서 여(與)가 야(野) 자체도 보수당(즉, 여기서의 분류법상 liberals)임을 주지시키려 하는 경우, 그것은 정략적(政略的)으로 이루어지고 있는 야당의 혁신적 요구에 대해 자제를 요청한다는 뜻이다.

3) 그리고 이같은 네 가지 성격의 요소들은 특정집단이나 한 개인의 경우에도 그 총체적 강령(綱領)이나 사상구조의 측면에서 볼 때, 매우 복합적(複合的)인 양상을 보이고 있다는 사실이 중요하다. 그것은 일반적으로 인간의 심리구조 자체가 수많은 가치들의 무질서하고도 때때로 상호모순된 집적체(集積體)로 되어 있을 뿐만 아니라 그때그때 상황에 따라 그러한 가치들에 대한 기회주의적(機會主義的) 선택양상을 보이고 있기 때문이기도 하다. 즉 모든 부문에서 철저히 보수적이거나 혁신적인 경우는 사실상 존재하지 않으며, 대개는 그러한 네 가지 요소들이 인간과 이들로 구성된 집단의 사상적 심층구조 속에 혼재(混在)되어 있다고 보아야 할 것이다. 맹자(孟子)의 경우를 예

로 든다면 그 사상에 있어 '폭군추방'의 혁명론은 혁신적이라 볼 수 있으나 당시 신분체제의 계급구조를 기본적으로 인정했다는 점에서 총체적으로 본다면 여전히 보수주의자로 규정하는 사람이 있는 반면, 공맹사상(孔孟思想)이 당시 일반화된 지배세력들의 법치주의적(法治主義的) '권력정치'에 반대하여 인본주의적(人本主義的) '도덕정치'를 주장했다는 점에 주목하여 '진정한' 혁신주의자로 규정하는 사람도 있다. 이와같이 모든 평가나 규정에는 불가피 평가자의 개인적 가치관점(즉, 주관)이 개입되는 것이다.

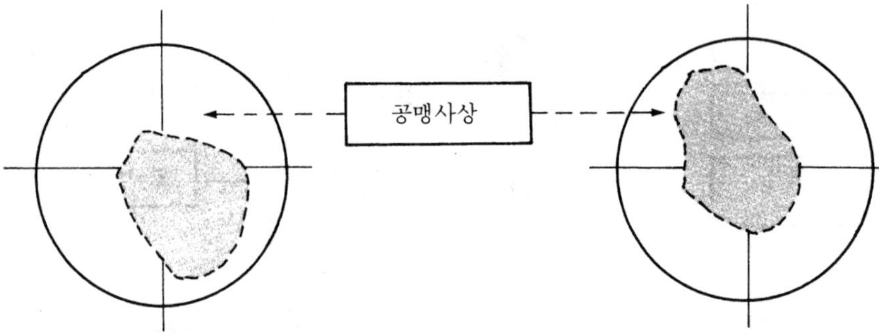

〈'보수적'이라 보는 경우〉 〈'혁신적'이라 보는 경우〉

→ ※ 위와 같은 예시(例示)는 당시 춘추전국(春秋戰國) 시대를 전제로 한 것이며, 그 이후 공맹사상의 사회적 기능(機能)과 그 추종세력의 성격(性格)에 관한 것은 다시 논의되어야 할 문제이다.

이렇기 때문에도 그나마 논쟁(論爭)을 줄일 수 있는 바람직한 질문은 '특정시점의 특정사안(特定事案)에 대해서 어떤 개인이나 집단이 어떠한 입장을 취하는가?'이어야 한다.

4) 다음으로 이와같이 평가와 판단이 주관적임에도 불구하고, 강요되는 실제평가는 역사적으로 볼 때 그때그때마다 지배적 이데올로기들의 패권적 영향력이나 집권세력의 정치적 결단(決斷)에 의해 이루어져 왔다는 데 주목해야 한다. 비근한 예로 〈5 · 16〉의 경우만 하더라도 당시 주도세력은 이를 '혁명'으로 지칭하면서 국가사회전반의 개혁을 도모한 것이라 주장한 반면, 김영삼정권에 와서는 기본적으로는 보수적이면서도 정당성 확보를 위해 어쩔 수 없이 부분적 개혁시도의 모양새를 갖추려 했던 '쿠데타적 사건'으로 일축했지 않은가? '동학난(東學亂)인가, 동학혁명인가, 아니면 동학운동인가?', 또는 '광주사태인가, 광주민주화운동인가?' 등의 논쟁이 가열되는 것도 그 사건들의 성격규정을 위해 선택되는 개념들의 의미함축성(意味含蓄性) 자체가 그때그때마다 사회세력들의 입지(立地)에 중대한 영향을 미치기 때문이다. 가끔 코미디극에 등장하는 '동무는 반동(反動)이요!'라는 말도 공산당원이 판단할 때, 당신은 사회주의혁명의 현상태에 불만을 품고 있고, 끊임없는 개혁을 통해 미래의 완전한 공산사회를 건설하자는 제안을 비관적으로 보는, 그리하여 오히려 과거의 시절을 낭만적으로 그리워하는 '부르조아적 감상주

의자(感傷主義者)'라는 뜻이다. 이런 식으로 이해할 때 개혁(변화)를 추구하고자 하는 옐친대통령의 입장에서 볼 때 그 적(敵)은 러시아내 정통 마르크스주의자들로서 보수·반동세력이며, 거꾸로 공산주의자들의 편에서는 옐친이 반동이다. 미국 민법의 기본원칙에 위배되는 「독점금지법」을 시도한 루즈벨트대통령은 적대세력으로부터 헌법의 파괴자요 독재자로 몰렸으나, 루즈벨트의 입장에서는 그들이 보수·반동세력이다. 바로 이러한 점은 사회집단마다 이해관계에 따라 역사적 흐름에 대해 기본입장을 달리하고 있음을 나타내며, 따라서 이데올로기비판적인 위의 네 가지 성격규정도 다를 수밖에 없고, 대개는 그때그때마다 현실적 힘(권력)에 의해 결정된다는 것을 말해 준다.

5) 끝으로 특정사회에서 구체적으로 어느 세력이 집권함이 바람직한가는 개개 국가사회가 안고 있는 주요한 당면과제들, 발전정도와 잠재력, 국민의 성숙도, 국제적 환경과 역사적 추세 등 특수한 여러 상황들의 고려 속에서 전략적으로 결정되어야 한다. 그렇지 않고 현상불만의 〈혁신당〉이나 〈반동당〉이 집권하면 '정치적 불안정'이 초래되고 현상만족의 〈자유당〉이나 〈보수당〉이 집권하면 '정치적 안정'을 가져온다든가, 〈자유당〉과 〈혁신당〉이 다수세력이면 사회가 '진보'하고 〈보수당〉과 〈반동당〉이 다수세력이면 '퇴보'한다든가 하는 진술은 매우 교과서적이고도 무의미한 형식논리에 불과하다. 그런 점에서 '불안정 속의 급속한 개혁'을 추구하는 혁신세력(radicals)보다는 '안정 속의 성장'을 모색하는 자유세력(liberals)이 더 낫다는 논리도 마찬가지이다.

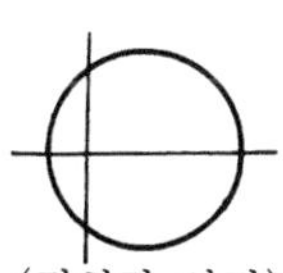
〈정치적 안정〉

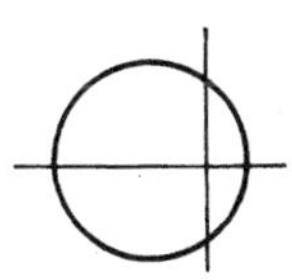
〈정치적 불안정〉

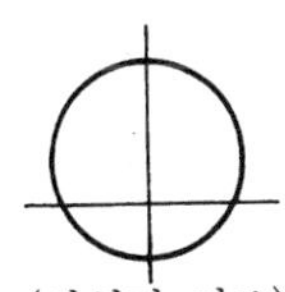
〈사회적 진보〉

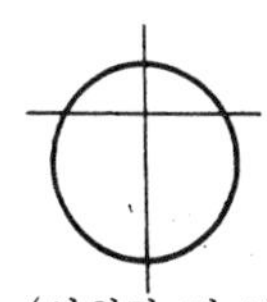
〈사회적 퇴보〉

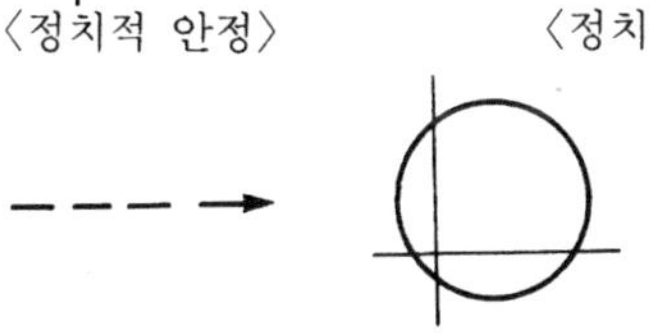
〈안정 속의 성장〉

더구나 현실적으로 개별국가들에서 집권당(執權黨)들은 대부분 '안정 속의 성장'을 권력유지의 구호(口號)로 내세우고 있는 점에서 볼 때, 위와 같은 교과서적 논리는 그 자체 자칫 보수적(保守的)이라는 혐의를 면치 못하게 된다.

이상으로 볼 때 이데올로기4분법과 이데올로기비판은 각각 평가자의 가치판단기준과 현실인식이 공개(公開)됨으로써만이 의미를 지니게 되고 가능하게 된다는 사실을 알 수 있다. 이 문제에 관하여는 이하에서 계속 논의되겠지만, 본서가 취하는 바 우선 원론적으로 제시할 수 있는 것은, '이데올로기비판적 입장은 어떠한 경우에도 끊임없이 개혁지향적이며 진보주의적인 태도를 취한다'는 사실이다. 그 이유는 아직까지 인류는 모든 사람이 공감(共感)할 수 있는 삶의 이상적인 청사진(靑寫眞)을 제시하지 못하고 있기 때문이다. 따라서 결정론적 독단도 거부하는 동시에 작금의 현실이 유토피아가 아닌 이상 끊임없이 그때그때마다의 '문제들'을 해결해야 한다는 의무를 지성인(知性人)의 양심으로서 받아들이는 것이며, 여기에서 변증논리의 '모든 물체화(物體化, Verdinglichung)에 대한 비타협적 저항'이라는 슬로건도 의의를 함께하게 되는 것이다. 바꾸어 말해서 이데올로기비판적 인식론은 '세상은 그 종착역(終着驛)을 알 순 없지만 끊임없이 변하고 있고, 그 요구되는 변화는 진보로서 인식되어야 하며, 따라서 변화에 장애가 되거나 역행하는 사상이나 세력들은 극복되어야 한다'는 가치판단에 근거한다.

2. 냉전종식과 사회민주주의의 역량증대

20세기 전반기 국제정세와 변화를 주도했던 지배적 이데올로기들은 제국주의(帝國主義, imperialism)와 공산주의(共産主義, communism), 그리고 제국주의의 사생아(私生兒)인 파시즘(fascism)이었으며, 종전 후 20세기 후반기, 특히 50년대 후반에서 60년대 후반까지의 이른바 '냉전'(冷戰, Cold War) 기간은 공동의 적(敵) 파시즘세력이 역사의 뒤안길로 밀려나면서 자본주의와 공산주의가 강대국 미·소의 패권주의적 대결양상의 양극체제 속에서 비로소 '제대로' 자리매김된 시기였다. 이와같이 열전(熱戰, Hot War)과 냉전을 거치는 동안 긴장되고 위축된 내외여건은 — 지배적 세력들, 특히 독단적 공산세력과 극우 파시즘세력 및 자본주의적 집권보수세력 등의 억압을 경험해야만 했던 '학습(學習)과 단련(鍛鍊)의 과정'이긴 했지만 — 개별국가들에서 좌우극단주의에 반대하여 중용주의적 입장을 취하는 사회민주주의적 세력들의 입지를 약화(弱化)시키는 데 이미 충분한 것이었다. 이에 관하여는 냉전상황 속에서 숨막히게 진행된 동·서 이데올로기의 체제우위경쟁과 패권주의 양상, 그리고 개개 민족문화의 다양성과 주체성 및 그 변증법적 발전가능성을 제약하는 양자택일적 흑백논리의 지배상황을 이해하는 것만으로도 더 이상의 설명이 요구되지 않는다.

그러나 상황은 반전되기 시작하여 70년대 이후 데땅트(Detente, 화해·긴장완화) 시대를 맞이하며서 이념보다 국가이익(國家利益, national interest)을 우선시하는 실리주의가 전면에 등장하기 시작했고, 이는 한편으로 독단적인 동·서 이데올로기의 영향력 축소를 의미하는 것이었다. 이같은 상황은 현실적으로 EC·일본·제3세계·중국 등의 영향력 증대와 미·소 영향력의 상대적 축소라는 국제권력정치의 구조적 변화를 그대로 반영한 것임은 두말할 나위도 없다. 거슬러 올라가 30년대 대공황(大恐慌) 이후 미국과 서유럽에서 진행된 자본주의의 수정(修正), 그리고 50년대 중반 공산권에서의 스탈린 격하운동과 중·소 이념논쟁은 사회민주주의의 이론적 설득력을 높여주는 데 주요요인이 되었고, 데땅트로부터 시작하여 90년대 소비에트연방체제의 해체와 동구공산권의 붕괴 및 미국·러시아간 핵무기감축협정체결 등으로 상징되는 사실상의 냉전종식에 이르기까지의 기간동안은 각국에서 사회민주주의 세력들의 정치적 역량을 증대시켜 준 절호의 시기였다. 실제로 오늘날 이른바 '복지국가'를 지향하는 〈수정자본주의〉와 '개혁·개방정책'으로 슬로건화된 〈수정공산주의〉의 세계적 양상은 좌·우 극단주의에 반대하는 사회민주주의에로의 수렴(收斂)을 나타내 주고 있으며, 이는 곧 그 이념의 이론적 정당성과 실천적 효용성을 입증해 주는 것이다.

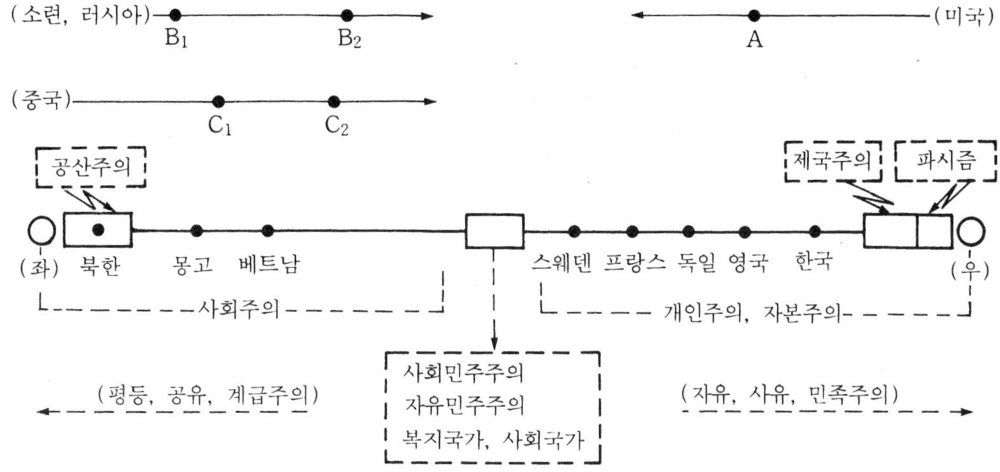

위와 같이 스펙트럼선상의 매우 단순화된 모델은 논리의 비약을 초래하고 다양하고도 섬세한 사회학적 상상력을 제약할 수 있다. 그러나 그 단순성만큼이나 사회과학 입문자에게는 총체적이고도 거시적인 안목(眼目)과 이해(理解)를 도모할 수 있는 이점도 있다. 그리고 이같은 모델적 설명자체가 필자의 역사관과 현실진단을 보여주는 가치판단(價値判斷)이 되고 있음은 물론이다. 예컨대 A는 30-40년대 루우즈벨트 집권시대로서 미국식 자본주의의 수정자본주의에로의 혁명적 전환기를 의미하고, B_1과 B_2는 각각 후르시쵸프와 옐친의 집권기를, 그리고 C_1과 C_2는 각각 주은래와 등소평의 집권기를 의미하는 것으로 가정(假定)하고 있다. 이같은 전체적인 구도를 보다 구체적으로 설명하면서 논점을 정리하면 다음과 같다.

1) 단선상의 좌·우 양극단에 현대민주주의의 양대(兩大) 가치이자 이념이 되어 있는 자유(自由, liberty)와 평등(平等, equality)을 각각 상반되게 위치시킨 것은 역사적 경험, 즉 현실주의에 입각한 것이다. 사실 원론적으로 볼 때 "이상없는 현실은 무의미하고, 현실없는 이상은 공허하다." 이 말은 〈이상없는 현실주의〉는 보수적(保守的)이며, 〈현실없는 이상주의〉는 공상(空想)에 불과하다는 의미로서, — 어떤 보편적이고도 절대적인 가치가 합의될 수 없는 현 수준에서 — 그때그때마다 현실에 기초한 이상

의 설정, 그리고 그러한 이상에 의한 현실비판이라는 부단한 변증법적 자기지양과정(自己止揚過程)으로서 역사를 바라보는 것이다. 그리고 이같은 입장은, 어떤 현상을 설명하기 위한 학문적 이론이나 명제들은 공허하게 관념적·(순수)이론적 차원에 머물러 문제의 본질을 호도해서는 아니되고, 어디까지나 현실적 문제상황의 설명과 이해에 보다 도움을 줌으로써 그 설명력(說明力)과 실천적 의미를 인정받을 수 있어야 한다는 점, 더구나 거기에 동원되는 개념적 설명도구들은 언어철학적 관점에서 보더라도 더더욱 현실성(現實性)을 지녀야 — 즉 현실주의에 기초해야 — 함을 뜻한다. 따라서 위 그림은 '자유'를 우선시하는 근대 **부르조아 자유(방임)주의**와 '평등'을 우선시하는 금세기초 **프롤레타리아 사회주의(공산주의)**간의 대결을 보여준다. 또한 그 양자가 묵시적으로나 이론적으로 인정하지 않을 수 없었던 자유·평등의 상보성(相補性), 즉 '자유없는 평등은 무의미하고, 평등없는 자유는 비현실적이다'라는 명제(命題)가 현실적으로는 각각에서 이와는 전혀 반대의 역설적(逆說的) 상황을 연출하였다는 역사적 사실을 적시한 것이다.

2) 사회주의, 사회민주주의, 개인주의 등에 있어 이론적 대결양상은 그 기본적 내용으로 볼 때 보다 상위(上位)의 가치인 — 현재의 수준에서, 그리고 현실적으로 거의 모든 국가들에서 이념화되어 있는 — '민주주의'를 달성키 위한 방법·절차상의 차이에 불과하다. 간단히 말해서 사회주의(socialism)는 상대적으로 개인보다 사회를 우선시하는 입장으로서, '사회없는 개인을 무의미하고, 〈나〉 또한 〈너〉를 통해 반영된 대자적(對自的) 존재이다'라고 봄으로써 더불어 사는 사회를 중시한다. 이와는 달리 개인주의(individualism)는 상대적으로 사회보다 개인을 우선시하는 이론적 이유로서 '추상적 〈사회〉 관념은 구체적 〈개인들〉 실체에 의해 구성된다'는 점을 지적하면서, 개개인의 자유와 개성을 강조한다. 이 경우 자신'만'을 고집하는 이기주의(egoism)는 개인주의의 하나의 병리적(病理的) 형태로 본다. 그리고 사회민주주의(social democracy)는 사회의 총체적 결정(공익)과 개인의 자발성(사익) 간의 조화를 모색함으로써 개인의 사회적 의무를 요구함과 동시에 전체사회적 책임에 의한 개인적 자유의 보장을 실천하고자 하는 중용주의적(中庸主義的) 태도를 취한다.

3) 그 밖의 이데올로기들과의 상관관계를 살펴본다면, 자본주의(資本主義, capitalism)는 한마디로 '돈(자본)을 우선시하는 입장'으로서 본래부터 부정적인 의미함축성을 지닌 것이지만 지금은 어느정도 가치중립적인 용어로서 일반화되어 사용되고 있다. 자본주의적 입장은 원칙적으로 인간의 〈소유욕〉이나 〈소유권〉을 하나의 본능 또는 자연권으로 간주함으로써 개인의 사유(私有)·사익(私益)을 중시하며, 이런 이유로 사회과학에서는 용어사용에 있어 통상 개인주의를 대리(代理)한다. 즉, **경제적** 자본주의는 논리상 **철학적** 개인주의를 필요조건으로 하며, 일반적으로 그에 환원된다. 한편 그림에서

우측으로 갈수록 — 즉, 우경화(右傾化)될수록 — 민족주의적 성향이 강해지고, 따라서 자본주의의 극단적 양태인 제국주의(帝國主義, imperialism)와 그의 병리적이고도 필연적인 부산물인 파시즘(fascism)은 인종주의(人種主義, racialism)·국수주의(國粹主義, chauvinism)의 입장을 취하게 된다. 반면 '〈계급〉은 〈민족〉에 우선한다'는 마르크스적 명제에서 미루어 알 수 있듯이 좌측으로 갈수록 — 즉, 좌경화(左傾化)될수록— 계급주의적 성향이 짙어지고, 그 극단적 입장인 공산주의(共産主義, communism)는 계급통일(즉, 계급소멸)을 지향함으로써 프롤레타리아독재의 획일주의적 성격을 띤다. 이같은 양 극단의 이데올로기들, 특히 파시즘과 공산주의는 흔히 전체주의(全體主義, totalism)라는 신조어(新造語)로 통칭되어 비난받고 있지만, 비판이론의 관점에서 볼 때 그 용어는 좌·우 극단적 이데올로기들의 성격논의에 있어 양자간 차이의 본질적이고도 역사적인 국면을 호도함으로써 비판의 초점을 흐리게 하며, 따라서 그 사용의 학문이론적 유용성은 떨어진다고 본다.

4) 위 그림에 나타난 몇몇 주요국가들의 위치선정은 필자의 주관적 예시(例示)에 불과한 것이다. 즉 이 단선상에 기타 모든 국가들을 나열할 수 있겠으나, 그 구체적 설정은 개별국가의 총체적인 면을 그때그때마다 이데올로기비판적으로 평가·규정하는 것이라는 점에서 매우 주관적이고 어려운 작업임을 양해하고 넘어가고자 한다. 스웨덴을 비롯한 북유럽 3국은 복지국가(welfare state)체제에로의 진입에 있어 선두주자로서의 역할을 수행하면서 프랑스·독일·영국 등 주요서방국가들에 영향을 미쳤고, 그 개혁정책은 사회민주주의적 정당들 — 예컨대 스웨덴과 독일의 사민당(社民黨), 프랑스 사회당, 영국의 노동당 등 — 에 의해 주도되었다. 이 경우 좌경적 정당이든 우경적 정당이든 그 집권과정에서 우여곡절이 있어 왔지만 전반적인 추세는 개인주의적·자유주의적(순수)자본주의체제의 사회주의적 변화, 즉 그림에서와 같이 '좌경화'이다. 그러나 결정적으로 30년대 세계대공황 이후에 이루어졌던 — '공공이익'(公共利益)개념의 대두와 제국주의체제의 붕괴로 이어지게 된 — 이같은 이른바 '수정자본주의'에로의 불가피한 변화가 공산주의의 일방적 승리를 의미하는 것은 아니다. 즉 자본주의적 경쟁체제의 내적 모순으로 인한 디플레(deflation)의 발생 및 제국주의국가들의 패권주의적 경쟁과 갈등으로 인한 세계대전의 발발과 민족해방운동의 전개, 그리고 그 결과 세계적 식민체제의 붕괴라는 일련의 상황이 마르크스·레닌주의의 역사결정론(歷史決定論)과 그 예언(豫言)의 실현을 확인해 주는 것으로 보고 샴페인을 터뜨린 것은 독단적 마르크스주의자들의 광신적(狂信的) 자기환상이었다.

5) 다른 한편으로 짧은 기간이긴 하지만 근래 80년대 이후에 나타난 중국의 변화나 소련의 해체 및 러시아의 개혁·개방정책, 그리고 동구 공산정부의 붕괴 등은 서구유럽 자본주의권의 비교적 장기간에 걸친 점진적 변화에 비추어 볼 때, 오랜 동안 큰 변화없

이 누적되어 온 — 공산당원이라는 새로운 계급의 출현, 군비경쟁에 따른 산업구조의 왜곡화, 관료주의와 부패, 비능률과 생산성저하 등 — 내부모순의 급격한 폭발현상으로 이해된다. 특히 서구식 보통선거제(普通選擧制)를 부분적으로 도입한 국가들의 경우에는 공산주의자들이 그토록 경계했던 민족주의가 계급주의를 압도하는 양상으로 전개되고 있으며, 이 모든 것은 사회주의의 자본주의화, 곧 '우경화'이다. 그리고 일반적으로 이같은 변화가 사회주의적 가치들의 전적인 포기가 아니라 자본주의적 장점들의 건설적 수용형태로 전개되고 있음을 볼 때, 이것도 마찬가지로 자본주의의 일방적 승리를 의미하는 것은 아니다. 즉, 작금 공산정권들의 붕괴현상을 두고 이에 대해 아담 스미스(Adam Smith)적 자유(방임)주의의 패권탈환을 기도(企圖)하여 거창하게 선전하면서 승리(勝利)의 팡파르를 울린다면, 이는 자본주의권내 보수·반동세력의 기회주의적·시대착오적 망상(妄想)이다.

6) 끝으로 또 한가지 유의할 점은, 이런 식으로 상황을 이해할 때 단순히 '좌경이냐, 우경이냐?'의 질문은 무의미하며, 성립될 수도 없다는 사실이다. 본래 그런 질문 자체가 주로 정치적 선전구호(宣傳口號)로 이용되어 왔을 뿐 학문이론적으로는 고려의 가치가 없는 것이지만, 기왕에 물음을 제기하더라도 거기에는 어떤 특정상황이 전제되어야 한다. 예컨대 앞의 그림에서와 같은 체제수렴론적 상황에 동의하고 특정국가의 위치선정이 이루어진 경우에만 물음이 성립하는 것이다. 그리하여 중국(C_2)과 미국(A)은 각각 우경화와 좌경화가 요구되는 것이다. 이와같이 특정국가사회의 역사적 위상(位相), 즉 그림의 어느 위치에 있다고 보느냐 하는 가치판단에 따라, 그리고 그 사회가 처한 특수한 상황을 고려하여 사안별·영역별로 또는 전략적 차원에서 해답이 주어질 수 있다. 똑같은 논리가 '급진주의(急進主義, rapidism)냐, 점진주의(漸進主義, gradualism)냐?'와 같은 방법론적 질문에도 그대로 적용된다. 여기서도 특정상황이 전제되지 않고서는 질문 자체가 성립되지 않는 것이다. 따라서 올바른 질문은 예컨대 '현재의 한국적 상황에서 금융실명제를 전면적으로 당장 실시함이 옳으냐, 아니면 좀 더 시간을 두고 단계적으로 고려해 봄이 옳으냐?'이어야 한다. 이렇게 볼 때 어떠한 전제조건도 없는 단순한 양자택일적·흑백논리적(黑白論理的) 질문은 냉전의 부산물로서 독단적이며, 이 논쟁을 가열(加熱)시키는 세력은 좌·우 양체제에서 기득권을 향유하고 있는 보수적 집단일 가능성이 높음에 유의해야 한다.

본서는 이와같이 역사발전의 현 수준을 직시하고, 그 수준에서의 하나의 대안(代案)으로서 사회민주주의적 정당들의 당강령(黨綱領)에 유의하면서 가치판단기준을 보다 구체적으로 명시하고자 한다.

① 〈민주주의〉의 기본이념과 가치들을 지향한다. 어떠한 가치나 이념도 도그마화되

어서는 아니되지만 현재의 수준에서 그것들의 구현은 역사적 의무이다. 즉 모든 사회적 특권(特權)과 부정부패 및 이와 연관된 비(非)정통적 권력지위에 대항하며, 자유와 평등의 실천적 조화(調和) 및 인간적 유대(연대·동질성)의 확보에 주력한다. 나아가 이를 '문화적 민주주의'로까지 확대함으로써 문화의 공동향유, 교육특권의 제거, 다양한 창조적(創造的) 문화의 관용적 촉진 등을 통해 보다 근본적 차원에서 민주주의의 기반을 확립함과 동시에 미래의 새롭고도 다양한 가능성(可能性)의 길을 열어 놓는다.

② 따라서 가치의 〈다원주의〉에 입각해야 함은 어떠한 독단(獨斷)들에 대해서도 비타협적으로 저항해야 하는 변증논리의 사회학적 결론이다. 그리하여 강압적 획일주의(劃一主義)나 독단적 결정론(決定論)들에 반대하며, 다원주의적 자유민주주의를 존중한다. 특히 개별민족문화들의 특수성과 다양성을 인정함으로써 '주체성'을 하나의 지향가치로서 고양시키며, 패권주의에 반대하는 종교다원주의나 문화다원주의의 입장은 그 구체적 귀결(歸結)이다.

③ 이런 식으로 이해할 때 〈복지국가〉의 기본이념은 공익(公益)개념과 국가의 사회형성적 영향력을 인정하는 데 있으며, 국유화(國有化)는 전략적이고도 수단적인 방편에 불과한 것이다. 이리하여 '개인의 존엄과 양심은 국가에 선행(先行)한다'는 자유민주주의적 전제 속에서 개개인의 자결권(自決權)과 전체사회의 주권적(主權的) 결정 간의 조화를 모색한다. 이것이 경제적으로는 국가계획과 자유시장의 적절한 배합, 즉 '혼합경제'로 나타난다.

④ 즉 계급성(階級性)을 탈피하여 '공익'개념 속에 모든 개별이익들을 조정·통합하면서, 특수이해관계들의 침투기도를 분쇄하고 〈일반이익〉을 추구한다. 따라서 공동체적 가치와 연대의식을 강화하고, 전체사회의 민주화를 통해 집단이기주의(集團利己主義)를 극복해야 함은 그 과제이다.

⑤ 특히 구체적 결단, 즉 방법과 수단의 선택에 있어 지나친 낙관주의나 비관주의 또는 좌·우 극단주의에는 언제나 편견과 독단이 개입되어 있음에 유의하면서 〈중용주의〉의 입장을 취한다. 그러므로 제국주의적·인종주의적·국수주의적이거나 파시스트적인 극우세력의 전체주의적 압제에 저항하고, 또한 독재적인 공산주의의 기본개념들과 국가사회개념에 반대함으로써, 반동적 낭만주의나 독단적 결정론들을 극복하고 역사적 전개상황에 유연하고자 한다.

⑥ 또한 건설적인 〈개혁주의〉를 취함은 패배주의(敗北主義)에 빠지지 않고, 미래에 대한 희망과 인간에 의한 역사창조라는 주체적(主體的)·자기책임적 세계관에 서 있음을 의미한다. 즉 이는, 보수·반동세력에 반대하여 진보주의적 입장을 취하며, 기본적 가치들의 지향을 변증법적 역사관 속의 지속적(持續的) 과제로 받아들이는 것이다. 그러므로 인간의 적응에 무리가 갈 뿐만 아니라 본래의 기대효과를 훼손시킬 가능성이 있는

지나치게 급격한 변화는 전략적으로 피한다. 그러나 피상적(皮相的)·부분적 개혁으로 '문제들'을 봉합하려는 '개량주의자들'의 기회주의적 시도를 저지해야 함은 보수주의를 최대의 적(敵)으로 두고 있는 '근본주의'(radicalism, 혁신주의 또는 흔히 '급진주의')의 본질적 의무이다.

⑦ 그리고 현대민주주의의 본원적 기초가 되는 인본주의(humanism)에 충실하여, 폭력보다는 대화와 타협을 중시하는 〈평화주의〉를 지향한다. 정당한 국제법질서(國際法秩序)를 추구하여 존중하며, 약소국(弱小國)들의 이익을 대변하고, 빈국(貧國, 저발전국가들)에 대한 물질적 원조와 그 밖의 다양한 지원을 모색함으로써 이를 복지국가의 민족주의적 속성을 지양한 '복지세계'(福祉世界)에로의 진입이자 인류애(人類愛)의 실천으로 간주한다.

⑧ 끝으로 범세계적 이슈로 떠오르고 있는 환경오염과 자원고갈의 심각성을 인식하여 무차별적 개발주의(開發主義)와 경제성장주의, 그리고 그 배후세력인 강력한 경제권력체(經濟權力體)로서의 재벌·다국적기업 및 군(軍)·산(産)·학(學) 복합체(complex)를 지속적으로 경계해야 한다는 점에서, 〈자연(보호)주의〉를 또하나의 지향가치로 받아들임은 시대적 요청이다. 그러나 이같이 녹색운동의 기본이념과 노선에 합의함이 전(前)공업적·복고주의적 유토피아나 낭만적·비정치적 관념으로 흘러버리는 것에 대해서도 경계한다.

Ⅳ. 세기말의 지배이데올로기들

1. 과학기술주의

서구문명과의 접촉과 수용이 보다 본격적으로 이루어진 근대 이후 우리는 지금까지 '올바른' 신앙과 '그릇된' 미신, 또는 '과학'과 '비과학'이라는 이원론적(二元論的) 사고방식에 거의 습관적으로 물들여져 왔다. 이같은 타성(惰性)은 과거 식민본국의 과학기술문명에 대한 유아기적 동경과 이른바 '합리성'으로 대변되는 그 이론적 전제들에 대한 무비판적 수용에도 원인이 있지만, 대체로 식민시대에 성장해 온 토착지식인엘리트의 '서구화'(西歐化)와 지배계급화 및 그들에 의한 제도교육체계의 장악에서 직접적으로 기인한 것이었다. 이 경우 문제는 그같은 분류론적 논의자체를 배제해야 한다는 데에 있는 것이 아니라 실증주의적(實證主義的)으로 협소화된 '과학'(科學)개념에 대한 맹목적 추종에 있다. 사실 실증주의철학에 기초하고 있는 근대 자연과학은 그 위력을 가시적으로 보여주어 왔다. 이런 상황에서 — 상대적으로 정체되고, 때때로 독단적으로 편향되었던 — 여타의 학문분야에서 자성(自省)의 소리가 높아지고, 방법론논쟁을 더욱 가열시켰던 것은 당연한 일인지도 모른다. 그러나 그 과정에서 다양한 방법과 학파가 발생되고, 제학문분야에서 새로운 가능성의 영역을 넓힐 수 있는 계기가 마련되었던 것도 사실이지만, 이미 그리고 여전히 우상화되어 있는 '과학'이라는 용어는 오늘날 과학기술주의(Technologie)라는 새로운 이데올로기의 전례없는 파급력이 말해 주듯이 그 자체 하나의 '가치'이며 '이념'이 되어 버리고 말았다. 이는 현실적으로 볼 때 '과학'이라는 용어의 사용 자체를 배척하기보다는 그의 영향력과 유용성을 인정한 상태에서, 그 개념에 내포된 전제(前提)들과 이데올로기성에 대한 비판적 검토를 통해 탐구대상의 영역을 확대하는 것도 하나의 방법일 수 있다는 점을 말해 주는 것이다.

돌이켜 보건대, 근대 개화기 이후 우리의 학문사(學問史)는 서구의 협소한 '합리주의' 관념 또는 물질주의적 사고에 의해 틀지워져 왔다. 물론 일정한 제한조건하에서 서구의 목적-수단식 사고방식이 우리 인간의 생활조건들에 지대한 기여를 하여 왔음을 부인할 수 없다. 그러나 실증주의적 한계성을 내포하고 있는 '합리주의'(rationalism) 이데올로기가 주류적(主流的) 영향력을 행사하면서 방대한 학문의 영역이 축소될 수밖에 없었으며, 또한 진리탐구의 전문기구인 대학(大學)내에서도 교과과정이 그렇게 틀지워질 수밖에 없었다. 그렇다고 해서 합리주의 그 자체의 중요성을 부인하면서 전근대적 사고(前近代的 思考)로 돌아가자는 이야기는 아니다. 오히려 그의 중요성을 인정하기 때문에 이에 관한 논의, 바꾸어 말해서 과학철학적(科學哲學的) 논쟁은 불가피하다고 보는 것이다.

어느 학문이나 대개는 — 부분적이나마 그것이 '과학'의 성격을 내포하고 있다고 하는 경우 — 그 목적이 현재나 과거의 분석을 통해 미래의 상황을 예측(豫測)하고, 그 결론적 자료들을 일정목표의 달성을 위한 수단(手段)의 동원에 또는 목표(目標) 그 자체의 수정에 이용하고자 하는데 있다. 그런데 여기서 〈예측〉과 〈예언〉을 구분하는 데서부터 문제가 발생한다. 예측(豫測)과는 달리 예언(豫言)의 특징이 그 결론의 과정(過程)이 설명되지 못하는 데 있다고 하는 경우, 과정이 인과론적(因果論的)으로 충분히 설명되지 못하는 결과(結果)들은 학문적으로 — 또는 '합리주의적' 입장에서 — 무의미하다고 보는 것이 일반적이다. 여기서 본말전도(本末顚倒)의 중대한 오류가 발생할 수 있다. 예컨대 십여년 전 초능력자(超能力者) 유리겔라(Uri Geller)의 TV출연에서 보여 준 것들은 일반의 '상식'으로는 해석되지 않는 충격적인 것들이었고, 그에 따라 주위의 반응은 즉각 여러가지 형태로 나타났다. 그 중 대표적이며 일반적인 반응은 일종의 속임수로 보든가, 단순한 흥미거리 또는 예외적 특수현상으로 간주함으로써 그에 별로 의미를 부여하지 않으려는 태도였다. 이렇게 볼 때, 한 때 우리사회에 만연됐던 이상구 박사 신드롬(syndrome)과는 아주 대조적이다. 그 근본적 이유는 앞서 지적한 대로 결과들에 대한 과정의 설명 — 즉, '합리적' 설명 — 이 보다 정치(精緻)한가, 그렇지 못한가에 있다. 이는 바꾸어 말해 결과보다 과정을 중요시한 입장, 나아가 목표와 수단의 뒤바뀜이라 볼 수도 있다. 백번 양보하고 보더라도 유리겔라의 많은 시현 중 어느 하나라도 '사실'이라 인정할 수 있는 것이 있다면 그런 현상이 왜 나타났을까를 탐구하려는 마음가짐이 진정으로 합리적인 태도이며, 이것이 곧 '합리적'(合理的)이라는 용어의 올바른 사용법이라 본다. 물론 여기에는 다양한 정치적·사회적·종교적 이해관계가 얽혀 있고, 그에 따라 학문이론적 대결들도 첨예하다. 예컨대 과학철학자 페이어아벤트(Paul Feyerabend)의 이론을 올바로 이해하는 경우, 현대 종합과학의 산실(産室)이며 그 실험장소이기도 한 병원에서 의사가 포기한 질병을 목사의 안수기도나 무당의 굿을 통해 치유했을 경우, 이들 무당이나 목사도 마찬가지로 — 어느 의미에서 더욱 — '과학자'(科學者)라고 볼 수도 있다. 이는 삶의 궁극적 목표가 결과에 있다는 점을 강조하는 것이기도 하다. 어쨌든 과정이 기존의 이론적 틀로써 설명될 수 없다고 해서 모든 '특수한' — 그러나 아직 밝혀진 바는 미미하지만, 사실 인간 삶의 현장에 광범위하게 산재되어 있는 — 현상들을 과학의 영역에서 배제하는 것은 우리의 삶의 폭을 협소화시키는 것이며, 그 자체 과학적 이데올로기(Wissenschaftliche Ideologie)가 되는 것이다.

기존과학들의 분석도구로써는 해명되지 않는 특수한 현상에 관한 관심과 연구는 부분적이며 단절적으로 이루어져 왔기는 하지만 해를 거듭할수록 증대되어 왔다. 특히 최근 20-30년간에 이루어진 관련연구자료의 폭발적 증가는 이데올로기 난무시대(亂舞時代)에 살고 있는 현대인의 지적(知的) 아노미(Anomie)현상이 냉전체제의 점차적 붕괴와 더불어 상승적으로 작용한 때문인 것 같다. 그러나 이를 단순히 정신이상적·도피주의적 사회병리현상(社會病理現象)으로 일축하고 매도하기에는 오늘날 실증주의적·유물론적 과학기술주의와 그 배후세력들의 패권주의적 횡포와 억압이 이미 도를 넘어섰고, 또한 — '테크노피아'·'컴퓨토피아' 등과 같은 아름다운 예명(藝名)으로 포장된 — 그의 과학주의적 이상향(理想鄕)이 '삶의 의미'와 같은 인간의 보다 본질적인 문제들을 해결해 주지는 못하고 있을 뿐만 아니라 우리가 당장 경험하고 있는 '정신현상'과 관련된 특수현상들의 설명에도 실패하고 있음에 주목해야 한다. 그리고 이같은 상황은 해묵은 과학철학적 논쟁이나 '가치판단논쟁'에 다시금 흥미를 갖도록 강요하고 있다. 독자의 이해를 돕기 위해 주관(主觀)과 객관(客觀), 또는 감성과 이성이라는 대립적 논리의 사고방식과 그 쟁점들을 간략히 도식화하면 다음과 같다.

【과학과 비(非)과학】

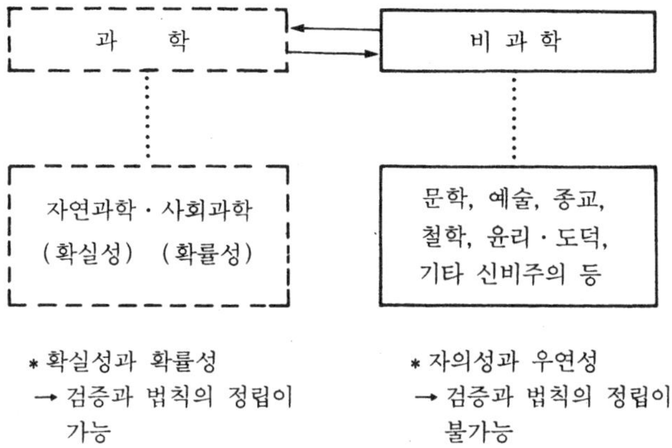

【합리주의와 신비주의】

합리주의 (과학적)	객관적 ……… 주관적 분석적(논리적) ……… 직관적 법칙적 ……… 비법칙적 반복성(주기성) ……… 일회성(비주기성) 보편성(일반성) ……… 특수성 체계적 ……… 비체계적 이성적 ……… 감성적 필연성 ……… 우연성 공통성(획일성) ……… 개별성(다양성) 유물론적 ……… 관념론(유심론)적 과정주의적 ……… 결과주의적	신비주의 (비과학적)
○ 양자의 차이는 상대적이며, 상호모순성과 상호보완성을 가지고 있음. ○ 과학적 이데올로기들(Wissenschaftliche Ideologie)과 절대주의적 · 신비주의적 독단들 간의 헤게모니 싸움과 갈등들의 양상을 보여 줌.		

위의 도식적 설명은 과학과 비(非)과학, 또는 그의 이데올로기적 표현인 합리주의(合理主義, Rationalism)와 신비주의(神秘主義, Mysticism)의 구별은 상대적 차이에 불과하고, 오히려 상호 보완적인 성격을 지니고 있음을 보여주고 있다. 실제로 우리는 학문사(學問史)에 있어 경험적이고도 합리적인 접근을 통해 주관적 · 추상적 관념론의 허구성을 극복해 왔고, 거꾸로 학문의 괄목할만한 진보는 직관적이고도 우연적인 영감(靈感)과 이에 기초한 새로운 가설들의 정립 및 입증을 통해 이루어져 왔음을 부인할 수 없다. 특히 베버(Max Weber)의 '몰가치성'(沒價値性, Wertfreiheit) 선언 이후 시작된 인식론상의 오랜 가치판단논쟁은 결국 엄밀한 의미의 '객관성'은 존재할 수 없다는 쪽에 손을 들어주고 있고, 이는 현대물리학의 한계들과 혼돈이론(Chaos Theory) 등에 의해서도 뒷받침되고 있다는 사실에 주목할 필요가 있다.

이 모든 것을 제쳐두고라도 기존의 학문적 이론과 분석도구로써는 도저히 설명할 수 없는 어떤 새로운 현상이 '사실'(事實)로서 밝혀진 경우에는, 설사 그것이 기존학문체계의 근간을 송두리째 뒤엎는 결과를 초래한다 할지라도 기꺼이, 아니 오히려 흥미롭게 이를 받아들이고 탐구해야 함은 '학문'을 하는 지성인의 참다운 본능이자 태도라고 보는 것이다.

흔히 학문(學問)을 '체계화된 지식'이라 말할 경우, 그것은 특정의 현상 — 즉, 사실들 또는 그 사실들간의 인과관계 — 을 일정한 가설이나 기준에 의해 분류·종합하여 그 속에서 어떤 모델이나 법칙을 발견하고자 하는데 목적이 있음을 나타내는 것이다. 그런데 그러한 이론이나 법칙은 새로운 사실들을 포착하는 **'발견적'(發見的, heuristic)** 의미와 현실의 제양상을 이해하는 **설명적(說明的) 의미**, 그리고 특정사회에서 추구하고자 하는 일정한 목표의 달성에 이용되는 **실용적(實用的) 의미** 등을 지녀야 한다. 또한 개별영역들에서 정립된 이론이나 법칙은 자체내의 특수한 현상들뿐만 아니라 타영역의 현상까지도 포괄적으로 설명할 수 있음으로 해서 궁극적으로 하나의 일반이론(一般理論, general theory) 또는 거대이론(grand theory)을 지향함을 목표로 한다고 볼 때, 이론과 실제의 긴밀한 상호작용에 주목하는 학자의 '개방적'(open-minded) 태도는 학문의 변증법적 자기발전에 기여하게 될 것이다.

다시 회고해 보건대, 중세 기독교주의의 핵심개념인 '신'(神)은 근대이후 '이성'(理性)으로 대치되면서 과학주의가 또하나의 새로운 지배적 이데올로기로서 등장하게 됨에 따라, '과학'(科學)개념은 오늘날 우리가 추구해야 할 하나의 — 어느 의미에선 절대적인 — 가치나 이념이 되기에 이르렀다. 이미 처음에 언급했듯이 이 경우 문제되는 것은 그러한 개념들의 추상적 형태로서의 상징적 의미가 아니라, 언제나 그렇듯이 그때그때마다 지배세력들과 이해(利害)를 같이하면서 우리의 시각수준과 행위를 결정짓는 구체적(具體的) 교리들이다. 개인주의철학과 결부된 실용주의의 물질만능주의적 양태는 보통선거체제하의 현대대중민주주의사회에서 이른바 '(자연)과학자들'의 사회적·정치적 영향력을 상승적으로 증대시켜 주면서 많은 물질적 편의를 제공해 준 반면, 우리의 풍부한 삶의 영역을 협소화시키고 획일화시키는 데도 이바지하였다. 이렇게 볼 때 페이어아벤트(Paul Feyerabend)의 결론적 주장, "…국가와 〈교회〉와의 분리는 국가와 〈과학〉, 즉 가장 새롭고, 가장 공격적이며, 또 가장 교조적(敎條的)인 종교적 제도인 과학과의 분리에 의해 보완되어야 한다는 결론이 나온다. 이와같은 분리야말로, 우리들이 가질 수 있지만, 그러면서도 한번도 충분히 실현되지 않은 인간성(人間性)을 성취하기 위한 유일한 찬스인지도 모른다"고 한 말은 과학기술주의(Technologie)라는 과학적 이데올로기에 대한 도전(挑戰)일 뿐만 아니라 기성의 학문체계전반에 대해 재고(再考)를 요구하는 것이다.

이런 식으로 그때그때마다 사회의 지배적 이데올로기들과 대결(對決)해야 하는 것은 어느 의미에서 〈학문의 자유〉나 〈양심(良心)의 자유〉와 결부된 대학본연의 사명(使命)이다. 이는 대학교육의 주요목표인 진리추구가 언제나 새로운 사실들의 발견과 그 실제의 도전을 통한 보수적 이데올로기의 변증법적 지양에 의해 달성될 수 있다는 점을 의미하는 것이다. 그런 점에서 '신비적'(?) 특수현상들에 대한 연구의 성과들은 철학, 물리학, 신학, 의학, 심리학, 인류학 등 현대학문의 제반영역에 있어 그 기본전제(基本前提)와 가설(假說)들에 중대한 영향을 미칠 수 있다.

2. '세계화'이데올로기 - 신(新)자유주의

작금 전지구를 휩쓸고 있는 '세계화'(世界化, globalization)의 물결은 냉전완화와 종식 이후 과학기술주의가 무소불위(無所不爲)의 패권을 장악하면서 예견된 당연한 귀결이자 그의 정치·사회적 표출(表出)이다. 이와같이 '세계화'이데올로기(globalism)는 '과학주의'와 함께 역사적으로 같은 맥락에서 이해될 수 있는 것이며, 그 슬로건은 여러 방면에서 다양한 의미함축성을 지니며 사용되고 있다. 흔한 예로 경제의 세계화, 교육의 세계화를 비롯하여 기술·경영·상품·정치·종교·언어·화폐·문화 등의 세계화에 이르기까지 가히 무차별적으로 확대사용되면서 우리의 생활전반을 상황강제(狀況強制, System Zwang) 속에서 일종의 '공해'(公害)와 신드롬에 빠지게 하고 있다. 이러한 난용(亂用) 속에서도 개별국가의 정체성(停滯性)과 편협성 및 폐쇄성을 극복한다는 그 선언적 의미는 개방화(개혁·발전·진보화, 연대화, 보편화)로 압축되지만, 그 실제적 의미는 경쟁에서의 승리(勝利)·지배(支配)·이익(利益)을 지향하는 최고화(경쟁력강화, 획일화, 패권화)이다. 그리고 이것은 진부한 '자유무역주의적 경쟁논리'의 종국적 승리인 동시에 그의 사회적 확산을 뜻하는 것이다.

이렇게 볼 때 세계화이데올로기의 지배이익(支配利益)은 경쟁에서의 승리자에게 돌아갈 수밖에 없으며, 그 가능성은 특별한 변수가 없는 한 현국제권력구조와 범세계적 자본주의경쟁체제에서 우월적 지위를 선점(先占)하고 있는 국가들, 즉 선진자본주의 강대국들에 주어져 있다. 이런 점에서 그 이데올로기의 성격은 기본적으로 보수적(保守的)이며, 현상유지의 표면적 수혜세력은 기존 경쟁력우위국가들이지만 그 이면의 실체는 국가사회 모든 부문에서의 주도적 지배세력인 테크노크라트들(technocrats)이다. 이는 현대 과도적 복지국가의 대중민주주의체제가 속성적으로 지닐 수밖에 없는 민족주의(또는 국가주의, nationalism)적 성격과 기술관료정치(즉, 테크노크라시 technocracy)에 따른 당연한 귀결(歸結)이기도 하다. 그리고 역(逆)으로 세계화이데올로기의 헤게모니는 이들 세력의 지배계급화를 더욱 촉진하는 방향으로 작용함으로써 양자(兩者)는 순환적이고도 누적적인 상관관계에 놓여 있다.

세계무역기구(WTO)의 출범은 세계화('Globalization')와 자유무역주의('Free Trade') 이데올로기의 패권(霸權)장악을 입증해 주는 하나의 상징이며, 바야흐로 국제사회는 국가간 총력적인 무한경쟁시대에 돌입했음을 의미하는 것이다. 경쟁논리의 필연적 결과이긴 하지만, 결국 수많은 낙오자(개인, 국가)와 함께 소수의 승리자만 남을 수밖에 없고, 이러한 상황강제는 기대하는 바는 아니지만 이기주의적·국익주의적 가치관을 부추기면서 동포애·인류애의 상실과 범죄 및 전쟁위험의 증가를 예고해 주고 있다. 과거의 부르조아적 자유(방임)주의가 국내의 계급간 빈부격차를 합리화시키고 조장했다고 한다면, 오늘날의 세계화주의(globalism)는 — 특성상 그러한 자유주의이데올로기의 국제적 변형(變形)이라고 볼 수 있는 — 일종의 '신(新)자유주의'로서 국가간 빈부격차를 확대시킬 것임에 틀림없다. 실제로 유엔개발개획(UNDP)는 99년 7월 연례 「인간계획보고서」를 통해 경제의 세계화 및 서방선진 7개국(G7)이 주도하는 경제발전의 집중화로 인한 〈부익부·빈익빈현상〉의 심화를 밝히고 있다. 지난 9년간 최상위 5개국과 최하위 5개국간의 국민소득비율은 60 대 1에서 70 대 1로 벌어졌고, 80개국의 경우 10년전보다 소득이 줄었다. 또한 세계갑부 200명의 자산이 전세계인구 41%의 소득을 웃돌고 있다고 한다. 특히 세계적 불안의 최고원인으로 패권주의적 문화지배(文化支配)를 꼽고 있다. 과연 촘스키(Noam Chomsky)의 말대로, '신자유주의엔 미래가 없으며, 그것은 자본주의의 탈을 쓴 악마인가!'

'주체화'(主體化)는 '세계화'의 반명제(反命題)이다. 따라서 그 의미는 개별화·개성화·특수화·차별화·공존화(共存化) 등이다. 그러나 이 경우 유념해야 할 것은 국수주의의 위험성을 지닌 **민족주의적·국가주의적 경향들**, 시대에 뒤떨어지고 보수주의로 전락할 가능성이 있는 **복고주의·전통주의**, 그리고 폐쇄주의의 정체성(停滯性)에 빠질 위험에 있는 **자력갱생주의(自力更生主義)**는 언제나 '올바른' 주체화가 뛰어넘어야 할 장애물이라는 사실이다. 이미 앞에서 전제한 바와 같이 '개별국가의 문화와 전통은 존중되고 발굴되어야 한다'는 다원주의적(多元主義的) 명제는 우리의 일반적 합의사항이며, 추구해야 할 중요한 가치이다. 더구나 오늘날 '물질주의적' 서구학문이 그 자체의 모순과 한계를 자각하면서 '정신주의적' 동양문화와 전통에 관심을 기울이기 시작한 것은 문화적 패권주의의 획일주의에 대한 다원주의의 우월성을 현실적으로 확인시켜 주는 하나의 조짐임에 틀림없다. 이리하여 대량생산·대량소비라는 재벌(財閥) 및 다국적기업(多國籍企業)의 시대가 쇠퇴하고, 지방분권·지방자치의 시대가 맞물리면서 소량생산·소량소비의 개성적 상품 및 중소기업(中小企業)의 시대가 도래하리라는 것이 또한편에서의 21세기 세계적 전망이다.

이같은 전망 속에서 현실적으로 가능한 미래의 이상적 조건은 세계화와 주체화가 이념적으로 추구하는 바 순수하고도 미래지향적인 형태의 유지와 기능의 확보일 것이며,

이는 그 양자간의 긴밀한 상호작용 속에서의 변증법적 자기발전과정을 통해 자기모순적인 부정적 양태들 — 획일성과 지배성, 그리고 폐쇄성과 정체성 등 — 을 극복해야 함을 전제로 하는 것이다.

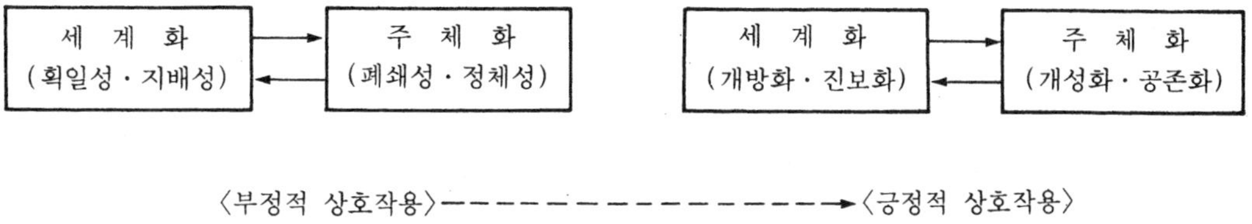

이런 식으로 그 바람직한 형태로서 〈세계화와 주체화의 상호보완성〉을 이해할 때,— 주입식(注入式) 교육방법이나 국적(國籍)없는 교육, 사대주의(事大主義)와 기회주의, 서구화(西歐化) 등과 같이 — 〈주체화없는 세계화〉는 '꼭두각시 로봇'에 불과하게 되며, — 정체적인 쇄국주의(鎖國主義)나 대안없는 복고주의(復古主義), 편협한 국수주의(國粹主義) 등과 같이 — 〈세계화없는 주체화〉는 '우물안의 개구리'로 전락하게 된다. 바로 이것이 본서의 가치전제인 중용주의의 이데올로기비판적 선택이며, 현 수준에서의 지향목표는 다원적인 세계사회로서의 '복지세계' 또는 '대동세계'(大同世界)가 될 수 있을 것이다. 여기에 「논어」 속의 "군자(君子)는 화이부동(和而不同)하고 소인(小人)은 동이불화(同而不和)니라"라는 구절에 함축된 의미는 되새겨 볼 만하다. 그러나 이 경우에도 언제나 유념해야 할 사항은, 언제나 역사발전은 논리상의 관념적이고도 낭만적인 유희가 아니라 그때그때마다 구체적으로 주어진 상황에 대한 냉철한 비판적 인식과 실천을 통해서만이 추진력을 얻어 왔다는 사실이다. 어쨌든 우리가 명분상 내세울 수 있는 〈진정한 세계화〉는 '주체성있는 세계화'어며, 〈진정한 주체화〉는 '세계화 속의 주체화'이다. 이렇게 볼 때 "가장 한국적인 것이 가장 세계적이다!"라는 일개 식품회사 「미락 훼밀리」의 사훈(社訓)은 또하나의 구체적이고도 전략적인 표현인 것이다.

V. 맺는 말

지금까지 이 글은 구체적 사상들을 다루기 이전에 다음과 같은 짚고 넘어가야 할 몇 가지 주요질문(主要質問)들에 대해 나름대로 해답을 제시하고자 시도하여 왔다. 과거사상들은 오늘날의 우리에게 어떠한 의미가 있으며, 그에 대해 어떠한 시각으로 접근해야 할 것인가? 이 경우 판단기준으로서의 가치전제는 무엇이며, 그 합리성의 근거는 어디에 있는가? 그리고 역사의식없는 사상평가는 무의미하다고 볼 때, 현재에 대한 상황진단은 어떠한가? 이같은 여러 질문 중에서도 마지막의 현실진단문제는 사상연구에 동기(動機)를 제공하는 최소한의 요구조건이며, 따라서 — 이미 거시적 차원에서 오늘날의 지배적 이데올로기들에 대한 비판적 분석을 통해 상황진단을 하여 왔지만 — 독자의 편의를 위해 오늘날 우리들이 안고 있는 각종 문제들을 보다 세분하여 개괄적으로 제시하면 다음과 같다.

구분 \ 주제	현대사회의 제문제(諸問題)
가치문제	인간의 도구화 · 기계화 · 획일화, 불안 · 고독 · 무력감(無力感)의 증대, 이데올로기 난무(亂舞)와 아노미(Anomie)현상, 기성종교의 무력화(無力化), 규범체계의 혼란과 기회주의(機會主義), 물질주의와 황금만능주의(黃金萬能主義) 등
정치문제	소외감 · 무력감 · 경멸감 등에서 비롯된 냉소주의(冷笑主義)와 정치적 무관심(無關心), 관료주의와 부정부패(不正腐敗) 및 비능률, 정보독점과 여론조작(輿論造作) 및 선동정치 등
경제문제	실업(失業)과 빈곤, 주택문제, 부동산투기와 한탕주의, 노사분쟁과 파업(罷業), 재벌과 독과점(獨寡占), 집단 · 지역이기주의, 스태그플레이션(stagflation)과 공황(恐慌) 등
사회문제	청소년 비행(非行), 노인복지문제, 여성차별문제, 이혼률 상승과 결손가정 증가, 성폭력과 매춘(賣春), 알코올 · 마약중독, 정신병과 자살률(自殺率) 증가, 미혼모(未婚母) · 사생아(私生兒) 문제, 교통 · 인구문제, 강력범죄와 경제범죄의 증가 등
환경문제	인구폭발과 성장주의(成長主義)에 따른 환경오염과 자원고갈, 토양 산성화와 생태계(生態界) 파괴 및 돌연변이의 심화, 오존층파괴, 지구온난화(地球溫暖化)와 기상이변(氣象異變) 등
국제문제	무역 · 정보전쟁과 남북문제의 심화(深化), 경제적 · 군사적 · 문화적 패권주의(覇權主義)와 신(新)자유주의의 지배, 새로운 민족주의와 지역주의의 발흥, 민족분규와 종교갈등 및 영토분쟁, 다국적기업(多國籍企業)의 음모 및 조종과 간섭 등

위와 같은 여러 문제들은 모든 문제현상들이 그렇듯이 상호간 순환적이고도 누적적인 인과관계에 놓여 있음으로 해서 도표에서처럼 분절화해서 이해하고 그 해결책을 모색할 수 있는 성질의 것은 아니다. 그리고 많은 부분에서 본서에서 다룰 사상가들의 시대적 정황과 유사성(類似性)을 보이고 있고, 이 점에서 그 시대를 고민했던 그들의 사회철학적 사고와 대안들은 우리시대의 과제해결과 새로운 세계관정립에 — 비록 역사가 반복되는 것은 아니라 할지라도 — 지나쳐 버릴 수 없는 영감(靈感)과 사회학적 상상력(想像力)을 제공해 주고 있다. 이 경우 유념해야 할 점은, 이미 언급한 바와같이 사상탐구의 목적이 설사 부분적으로라도 그의 **무조건적 수용**에 있는 것이 아니라 보다 통찰력있는 역사적 상황인식을 통한 **비판적** 이해에 있다는 사실이다. 그러므로 이를 위한 시각(視覺)과 판단기준에 관하여는 앞에서 폭넓게 논의하였지만 결론적으로 다시 한번

간략히 재음미해 볼 필요가 있다.

우선, 진정한 (사회)과학적 태도는 비판적 정신에 있으며, 이는 창조와 진보를 위한 불가결의 조건임에 기본적으로 합의해야 한다는 것이다. 즉, 이론적 비판(논리비판)에 의한 '모순(矛盾)의 지적'을 통해 독단주의를 극복하고, 실천적 비판(기능비판)에 의한 '허위(虛僞)의 폭로'를 통해 기회주의를 타파해야 함은 지성인(知性人)의 의무인 것이다.

그리고 모든 현상과 그 연구분야들은 차이가 상대적이며, 또한 상호보완적 관계에 있음을 볼 때, 모든 이원론적(二元論的) 사고방식의 극단적 양태들은 일반적으로 보수·반동적이고 독단적임에 주목해야 한다. 이는 학문의 분절화현상들 속에 내재된 기회주의적 성격과 전공이기주의(專攻利己主義)를 경계하는 것이다.

특히 실증주의적·과학주의적으로 협소화(狹小化)된 '합리주의'이데올로기의 보수성(保守性)과 관념주의적·직관주의적·종교주의적 '신비주의'이데올로기의 독단성·반동성을 변증법적(辨證法的)으로 극복해야 함은 이 시대의 가장 중요한 과제이며, 이러한 입장이야말로 진정으로 '합리적'인 태도라는 것이 본서의 구체적 현실진단이다.

이같은 경우들에서 드러나는 본서의 '중용주의적 선택들'은 단순히 절충주의적 타협(妥協)이 아니라 양 극단의 편협성과 허위성을 미래지향적으로 극복하고자 하는 이데올로기 비판적 결단(決斷)이다. 이리하여 좌·우 극단주의에 반대하는 사회민주주의적 가치들과 지향목표들을 이 시대에 대한 변증론의 정치사회학적 결론으로서 이해할 때, 그 기본이념들은 하나의 중요한 가치전제가 된다.

이상과 같은 현실감각과 가치정향을 받아들임으로써 요구되는 것은, 기존의 분과화된 학문영역들간의 경계선을 허무는 '학제적'(學際的, inter-disciplinary)·'초분야적'(transdis-ciplianry) 연구가 이루어지고, 나아가 근대 서구적 이성주의(理性主義) 지배 이후 지금까지 배척해 왔던 동양적 사고(思考)들이나 신비적·정신적 특수현상들을 비롯한 모든 현상들을 학문적 연구대상에 포함시키는 등 발상(發想)과 제도(制度)의 혁명적 전환이다.

이와 관련하여 전공이기주의뿐만 아니라 권위적 학벌주의와 현학주의, 종교적 광신주의와 학문적 독단주의, 기타 근시안적(近視眼的) 이해관계들을 지양(止揚)해야 함은 그같은 전환을 위한 기본전제가 되는 것이다. 이리하여 바야흐로 21세기를 맞이해야 하는 우리 학도(學徒)의 올바른 태도는 '개방적'(open-minded)이고도 중단없는 지적(知的) 호기심, 아량과 관용, 역사적 통찰과 호연지기(浩然之氣)일 것이다. 그리고 여기에는 언제나 "지금까지의 내 생각이 틀릴 수도 있다"는 가정(假定)이 필요하며, 비록 당장은 고통스러울지라도 현실에의 안주(安住)는 일종의 도피주의·패배주의로서 극복되어야 하는 것이다.

공자(孔子, B.C. 551? - 479)

I. 배 경

기원전 14세기경 출발한 것으로 보이는 상왕조(商王朝)가 서쪽 변경의 주족(周族) 연합에 의해 정복됨으로써 기원전 12세기에 주왕조(周王朝)가 탄생하였다. 이 과정에서 주왕의 친척들과 전공을 세운 다른 부족장들에게 영토를 나누어 주었고, 여기서 왕과 제후간의 특수한 종속관계(從屬關係)로서의 〈봉건제도〉가 발생하면서 왕권은 안정을 기할 수 있었다. 그러나 이들 주족은 지배자로서의 지위를 계속 유지하고, 피지배민의 복종심을 획득하기 위하여는 상왕조에 대한 정복전쟁을 정당화시킬 필요가 있었고, 그 결과 의도적이든 그렇지 않든 〈천명(天命) 사상〉과 〈혁명의 권리〉라는 대의명분(大義名分)이 등장하면서 후세 민주적(民主的) 사상의 발전에 초석이 되었다.

◇주로 혈연관계를 바탕으로 종가(宗家)와 분가(分家)의 관계를 지닌 봉건제도(封建制度)임.

◇폭군방벌은 단순한 권리가 아니라 신성한 의무라고까지 진전됨.

이같은 봉건제도하의 안정적 사회구조는 시간이 지남에 따라 붕괴(崩壞)되기 시작했다. 제후간의 상호협력의 필요성과 왕에 대한 복종의무는 점점 퇴색되어 갔고, 급기야 공자가 태어나기 220년 전인 기원전 771년 봉건제후들과 이적(夷狄)의 연합군이 周의 서도(西都)를 공격하여 왕은 살해되고 〈西周時代〉는 종말을 고하였다. 그리하여 동쪽에 위치한 하남성 낙양(洛陽)에 도읍을 옮기게 되었고, 이렇게 시작된 〈東周時代〉는 대제후(大諸侯)의 보호하에 놓인 힘없는 왕(王)들의 시대였다.

◇제후의 하극상

이때부터 제후들 중의 어느 하나가 지나치게 강대해지는

◇일반적으로 기원전 8세기경부터 '패도정치'(霸道政治)시대를 포함한 약 200여년간의 기간을 〈춘추시대(春秋時代)〉라 하고, 그 후 400여년간을 〈전국시대(戰國時代)〉라 함.

◇궁사층 : 몰락한 귀족층

◇신분사회의 붕괴

것을 상호견제하면서 왕실의 명맥은 겨우 유지되어 갔다. 그런 중에 중국 변경에 위치한 이적(夷狄)부족의 위협과 침략에 대처하고자 제후들간의 일종의 동맹(同盟)을 결성하여 안정을 취하려는 시도로서, 그들 중 최고 강자에게 〈패(霸)〉의 칭호를 부여하여 그가 추종 제후들로부터 공납을 징수하고 공동방위를 지휘하는 권한을 갖는 특이한 지도체제가 기원전 679년부터 나타나게 되었다. 그 후 2세기 동안 대여섯 명의 제후가 이 칭호를 획득하였거나 자칭하였다. 이 경우 약소국(弱小國)들은 충성의 서약(誓約)이 강요되었고, 그 과정은 매우 엄숙한 '종교적 의식'이었다. 그러나 그러한 맹약도 권력상황의 변동에 따라 언제라도 파기(破棄)될 수 밖에 없었고, 하늘(天)에 대한 맹세와 신의(信義)의 체계가 수시로 깨짐에 따라 종교와 윤리마저도 근본적으로 동요되었다. 그리고 언제나 유일한 정의(正義)는 곧 '무력'이었다.

의식과 맹약은 임시방편에 불과했고, 법의 적용은 불평등했으며, 인명(人命)은 경시되고 형벌(刑罰)은 가혹했다. 뇌물(賂物)이 일반화되고, 친척간에도 서로 의심했으며, 간음(姦淫)은 물론 근친상간(近親相姦)조차 다반사였다. 백성은 사실상 농노(農奴)나 다름없었고, 언제나 폭력과 착취의 대상이었으며, 빈번한 전쟁은 그들의 생활을 더욱 악화시켰다. 그런 중에 시간이 지남에 따라 일부다처제(一夫多妻制)하에서의 귀족들의 사치와 방탕은 그들의 수적(數的) 증가를 가져왔고, 이로 인해 몰락한 귀족들의 후예들 집단, 즉 〈궁사층(窮士層)〉이 크게 형성되었다. 이들의 대부분은 혈통이나 교육면에서는 귀족이지만, 경제적 수준이나 사회적 지위면에서는 일반백성의 처지와 다를 바 없는 체제의 불평분자(不平分子)들이었고, 개중에 전체백성의 입장을 대변하여 항거한 반체제인사 중 공자(孔子)는 탁월한 인물이었는지도 모른다.

공자의 고향 노(魯)나라는 비교적 약소국에 해당됐지만, 그 유명한 주공(周公)이 세운 나라였고, 고대문화 및 전통의식을 그대로 많이 보존하고 있었다. 그러나 노나라의 국내정치는 여타 다른 나라들과 동일한 양상을 띠고 있었다. 즉,

봉건제후(封建諸侯)들이 중앙의 왕(王)을 희생시켜 가며 자신들의 권력을 신장시켰듯이, 제후국의 내부에서도 이제는 유력한 대신(大臣)의 일족들이 군주(君主)를 희생시켜 가며 권력을 탈취하는 똑같은 하극상의 경향이 있었다. 노나라의 경우는 이른바 '삼가'(三家), 즉 기원전 711년부터 694년 사이에 재위하였던 노(魯) 환공(桓公)의 후손인 맹씨가(孟氏家)·숙씨가(叔氏家)·계씨가(季氏家)에 의해서 공자가 태어나기 이전 약 1세기 반 동안 장악되어 왔고, 그 중에서 계씨가가 가장 강하여 그 종주(宗主)가 계속 노나라의 재상(宰相) 자리를 독차지하고 있었다. 기원전 562년에는 이들 〈3家〉가 노국의 영토, 군대 및 대부분의 재정수입을 나누어 가졌고, 노공(魯公)에게는 의식상(儀式上)의 대권(大權)밖에는 아무 것도 남지 않았다.

◇맹(孟)·숙(叔)·계(季)는 노 환공의 세 아들의 자(字)를 따온 것임.

◇대신(大臣)의 하극상(下剋上)

공자가 34세 되던 해 그러한 노공인 소공(昭公)이 계씨의 종주(宗主)를 죽이려다가 실패하여 국외로 망명한 사건이 있었고, 47세 되던 해에는 계씨의 가재(家宰)인 양호(陽虎)라는 인물이 계씨의 종주를 공격하여 실권을 잡았다가 2년 후 국외로 쫓겨가는 상황도 발생하였다. 이렇듯 노나라의 경우도 다른 나라와 마찬가지로 권위와 질서의 기반이 완전히 붕괴된 혼란과 폭력, 그리고 '하극상의 사회'였으며, 그 와중에서 백성은 노예(奴隷)나 다름없는 비참한 상태에서 헤어나지 못하고 있었다.

◇가신(家臣)의 하극상

Ⅱ. 생 애

◈ B. C. 551년 11월 노(魯)나라 창평향 추읍(지금의 산동성(山東省) 곡부(曲阜)의 남동쪽)에서 출생. 가난하지만 귀족 출신임. ---주영왕(周靈王) 21년, 노양공(魯襄公) 22년

◈ B. C. 549(3세) 부친 숙양 흘(叔梁 紇)이 별세

◈ B. C. 544(8세) 유희를 할 때에는 항상 제기(祭器)를 벌

◇성은 공(孔), 이름은 구(丘), 자는 중니(仲尼)임. 출생년도를 B. C. 552년으로 보기도 함.

◇그의 가족에 관해 확실히 알려진 것은 형과 질녀(姪女), 그리고 딸과 아들이 각각 한 명씩 있었다는 사실뿐임

◇공자의 출생뿐만 아니라 이하 그의 활동과 가계에 관한 대부분의 기록들에 대해 논쟁들이 있어 확실치는 않으나 여기서는 대강 통용되고 있는 내용들만 적시하고자 한다.

려 놓고 제사(祭祀)지내는 놀이를 하였다.

◈ B.C. 542(10세) 제자 자로(子路)가 태어남

◈ B.C. 533(19세) 송(宋)의 계관씨(亓?官氏)와 결혼

◈ B.C. 532(20세) 아들 공리(孔鯉)가 태어남. 노 위리(魯委吏 : 창고지기)가 됨

◈ B.C. 531(21세) 魯 사직리(司檝吏-마긋간지기)가 됨. 미관말직(微官末職)을 맡는 등 미천한 과거와 젊은 시절의 고생(苦生)이 하나의 밑거름이 됨

◈ B.C. 528(24세) 어머니 안씨(顔氏)가 별세하다.

◈ B.C. 525(27세) 담자(郯子)에게 옛날 관제(官制)를 배우다.

◈ B.C. 522(30세) 노자(老子)에게 예(禮)를 묻다. 중궁(仲弓)·유약(有若)이 태어나다.

◇중궁 이하 민자건 등은 제자들임. 〈논어〉에 등장하는 공자의 제자는 22명이나, 〈사기〉의 공자세가(孔子世家)에는 제자가 3천명이고, 몸소 육예(六藝)를 통달한 자는 72명이라고 적고 있다.

◈ B.C. 517(35세) 제(齊)에 갔다가 제후 경공(景公)이 써주지 않자 노(魯)에 돌아오다.

◈ B.C. 514(38세) 안회(顔回)가 태어나다.

◈ B.C. 507(45세) 자하(子夏)가 태어나다.

◈ B.C. 506(46세) 자유(子游)가 태어나다.

◈ B.C. 505(47세) 증삼(曾參)이 태어나다.

◈ B.C. 501(51세) 민자건(閔子騫)이 태어나다.

◈ B.C. 500(52세) 魯의 사구(司寇) 벼슬을 하면서 노 정공(魯 定公)을 도와 제 경공(齊 景公)과 협곡에서 회담(會談)하다.

◈ B.C. 497(55세) 노(魯)에서 뜻을 얻지 못하고 위(衛)로 가게 되고, 이때부터 14년간의 망명생활(亡命生活)이 시작되었음

◈ B.C. 496(56세) 위나라에서 진(陳)나라로 가다가 광(匡) 땅에서 난(亂)을 당하고, 다시 위나라로 돌아오다.

◈ B.C. 495(57세) 위나라에서 송(宋)나라로 가니 환퇴(桓魋)가 공자를 죽이려 하므로, 다시 송나라를 떠나 진나라로 가서 3년간 거주하였다.

◈ B.C. 493(59세) 위나라로 돌아갔으나, 위 영공(衛靈公)은 그를 등용하지 못하였다.

◈ B.C. 492(60세) 송나라를 지나 진(陳)나라로 가다.

◈ B.C. 489(63세) 진나라에서 채(蔡)나라로 가다가 포위되어 식량이 끊기다. 채(蔡)에서 섭공(葉公)을 보고 위(衛)로 돌아오다.

◈ B.C. 487(65세) 부인 계관씨가 별세하다.

◈ B.C. 484(68세) 노인(魯人)이 폐백(幣帛)으로 공자를 부르므로 노(魯)로 돌아오다. 시(詩), 서(書), 예(禮)를 정리하다.

◇노 애공 11년 정사년(丁巳年)에 해당하며, 이로써 현실정치에 직접 참여하여 자신의 뜻을 펴고자 한 14년간의 방랑적 천하주유(天下周遊)는 끝을 맺게 됨

◈ B.C. 483(69세) 공리(孔鯉)와 안회(顏回)가 죽다.

◈ B.C. 482(70세) 노 애공(魯 哀公)이 정사(政事)를 묻다.

◈ B.C. 481(71세) 제자 중 가장 신분이 높았던 사마우(司馬牛)가 비극적인 상황에서 사망함. 노(魯)에서 기린(麒麟)을 잡다. 『춘추(春秋)』를 짓다.

◈ B.C. 480(72세) 용맹한 제자 자로(子路)도 죽다.

◈ B.C. 479(73세) 하 사월 기축일(夏 四月 己丑日)에 세상을 떠나다.

◇제자들이 모두 3년상을 지냄

Ⅲ. 주요관련문헌

◈ **『사기(史記)』의 "공자세가(孔子世家)"**

ㅇ사마천이 B.C. 100년경에 저술

ㅇ지금까지 전해져 오는 공자에 관한 거의 대부분의 기록이 수록되어 있음

ㅇ상당부분 중상모략(中傷謀略)이거나 내용에 앞뒤가 맞지 않은 부분이 많아 허구적(虛構的)이라는 비평(批評)도 있음

◈ **시경(詩經)**

ㅇ중국 최고(最古)의 시집으로서 3000여수 가량의 고시(古詩)에서 공자가 300수만 추렸다고 함

cf. 오경(五經) : 시경(詩經), 서경(書經), 역경(易經), 예기(禮記), 춘추(春秋)

ㅇ최근의 연구로는 그때 이미 지금과 같은 형태로 되어 있었던 것을 공자가 교재(教材)로 사용한 것이라고도 한다.
ㅇ풍(風), 아(雅), 송(訟)의 3부로 되어 있는 데, 〈풍〉은 황하유역 15개국의 민요이며, 〈아〉는 주(周)의 조정에서 부른 노래이고, 〈송〉은 종묘의 제사 때에 부른 것으로서 춤을 곁들였다고 함

◈ **서경(書經)**

ㅇ『상서(尙書)』라고도 하며, 주 왕조(周 王朝 : B. C. 12-3세기)의 사관(史官)이 기록한 왕자(王者)의 기록이다.
ㅇ위로는 요(堯)·순(舜)으로부터 아래로는 진(秦)의 목공(穆公 : B. C. 7세기)의 기록까지 미치며, 우서(虞書)·하서(夏書)·상서(商書)·주서(周書)로 분류된다.
ㅇ원래는 100편이었으나, 현재 58편이 남아 있다. 33편의 금문상서(今文尙書), 25편의 고문상서(古文尙書)로 나뉨.
ㅇ공자의 경우, 학문연구에 있어 주요 연구대상(硏究對象)의 하나였음.

◈ **역경(易經)**

◇유가사상의 우주철학이 담겨 있으며, 점복술(占卜術)의 원전이기도 하다.

ㅇ오경(五經) 중에서도 제일 먼저 추거되는 동양철학(東洋哲學)의 근원이 되는 사상서
ㅇ상·하 2경(二經)과 10익(十翼)으로 편성되었다.
ㅇ구체적으로 64괘(六十四卦)를 상경과 하경에 수록하고, 단전(彖傳)의 상·하, 상전(象傳)의 상·하, 계사전(繫辭傳)의 상·하, 그리고 설괘전(說卦傳), 문언전(文言傳), 서괘전(序卦傳), 잡괘전(雜卦傳) 등의 10편을 10익이라 하여 편성하였다.
ㅇ이 〈10익〉은 공자에 의해 이루어졌다고 전한다.

◈ **예기(禮記)**

ㅇ오경(五經)의 하나로서, 넓은 뜻에서 예에 관한 기록을 편찬한 것임
ㅇ한(漢)나라 때 대성(戴聖)이라는 사람이 당시 예에 관한 기록 131편과 기타 문헌 등에서 49편을 발췌한 것이다.

cf. 사서(四書) : 대학(大學), 중용(中庸), 논어(論語), 맹자(孟子)

○ 예(禮)를 중시한 공자를 이해하는 데 참고자료가 됨

◈ 춘추(春秋)

○ 오경(五經)의 하나이며, 노나라의 역사기록임
○ 맹자에 따르면 당시 도의(道義)가 땅에 떨어진 것을 개탄한 공자가 대의명분(大義名分)을 바르게 할 목적으로 저술한 것이라고 전한다.

◈ 대학(大學)

○ 원래 〈예기〉 중의 일편임
○ 주자(朱子)는 〈예기〉 중의 '대학'은 글의 연결이 분명하지 않다고 하여, 뒤바꾸기도 하고 새로운 견해로서 주해(註解)도 붙였다.
○ 그에 의하면 〈대학〉은 유교사상(儒教思想)의 골격(骨格)을 나타낸 것으로서, 경(經)과 전(傳)의 두 부분으로 되어 있다.
○ 〈경〉은 증자(曾子)가 공자의 말한 바를 기술한 것이고, 〈전〉은 증자의 의견을 그 제자들이 기록한 것이라 한다.
○ 따라서 〈대학〉의 참된 골자가 되는 부분은 '경'이며, 그것은 3강령(三綱領)과 8조목(八條目)으로 되어 있다.

◈ 중용(中庸)

○ 본래 〈예기〉 중의 일편이었으나, 송나라 정이(程頤)가 뽑아내고, 주희(朱熹)가 주석을 붙여서 사서(四書)에 포함시켰음
○ 공자의 손자인 자사(子思), 또는 맹자(孟子)계통의 사람이 지었다는 설도 있음
○ 성선설(性善說)을 골자로 한 천인합일사상(天人合一思想)을 담고 있음
○ 천명(天命)을 성(性)이라 하고, 명(命)에 따르는 것을 도(道), 도를 닦는 것이 교(教)라는 것이 〈중용〉 일편의 주요 골자이며, 이하의 내용은 이를 부연설명한 것에 불과하다.
○ 즉 인간의 성(性)의 본질을 성(誠)이라고 보고, 이른바

◇三達德 : 지(智), 인(仁), 용(勇)
◇五達道 : 부자(父子), 군신(君臣), 부부(夫婦), 장유(長幼), 붕우(朋友)간의 친(親), 의(義), 별(別), 서(序), 신(信)

삼달덕(三達德)과 오달도(五達道)도 그 궁극은 성(誠)에 돌아간다는 것이다.

◈ 논어(論語)

- 공자의 언행(言行) 및 제자들과의 문답(問答), 그리고 제자들간의 토론(討論) 등을 기록 · 편찬한 것으로서 유가경전(儒家經典)의 대표적 저술임
- 원래 노론(魯論), 제론(齊論), 고론(古論) 등 3종류가 세상에 전한 것으로 알려져 있으나, 이들 원본은 전한 말(前漢 末)에 이미 일실되었으며, 그 초기 편찬자에 관하여도 이설(異說)이 많다.
- 현재의 〈논어〉는 전한 말기 안창후 장우(安昌候 張禹)가 제론과 노론을 비교하여 20편으로 찬정한 것이다.
- 공자의 인간적 고뇌와 학문에 대한 열정, 그리고 현실 개혁에 대한 의지와 인도주의정신 등을 직접적으로 엿볼 수 있는 가장 신빙성(信憑性)있는 저술이다.

◈ 맹자(孟子)

- 맹자가 만년에 제자 만장(萬章), 공손추(公孫丑) 등 문인들과 함께 저술했다고 하나 이에도 이론(異論)이 있음
- 공자보다 약 100년 뒤에 출생한 그는 공자의 인의(仁義)정신과 도덕천명사상을 계승하여, 성선설(性善說)을 토대로 한 왕도정치(王道政治)를 주장하였다.
- 그 속에는 민본주의(民本主義)에 입각한 애민사상(愛民思想)과 혁명론(革命論)이 핵심을 이루고 있다.
- 맹자가 처했던 전국시대(戰國時代)는 공자가 처했던 춘추시대에 그나마 남아 있었던 존왕양이(尊王攘夷)의 풍조마저 사라지고, 침략전쟁과 무력통치 및 부국강병에만 몰두하여 혼란이 극에 달하던 때임

◇이하의 논술은 공자에 관한 가장 신빙성있는 자료인 『논어』에만 근거한 것임

◇여기서는 성백효(成百曉) 역주(譯註), 『논어집주(論語集註)』, 전통문화연구회, 1990를 주로 참고하였으며, 약식표현 예컨대 七/1은 제7편(述而篇)의 제1장을 의미함

Ⅳ. 사 상

1. 관심과 동기

① 도의와 질서가 무너지고, 힘있는 자만이 활개치며, 백성(百姓)은 도탄에 빠져 있는 혼란한 현사회('춘추시대')를 극복하기 위하여는 옛것의 훌륭한 점을 본받아야 하고(七/1, 七/19, 十五/10), 특히 주대(周代)에서와 같은 안정적이고 기능적인 예법사회(禮法社會)를 건설해야 한다.

② 그러기 위하여는 무력에 의해서만이 그 지배와 체제안정이 보장되는 법치(法治)가 아니라 인민의 자발적 복종심에 근거하는 덕치(德治)가 이루어져야 한다(二/1, 二/3, 十二/13).

③ 이 경우 그러한 〈덕치〉는 신의("主忠信, 徒義": 十二/10)를 토대로 하여 인자(仁者)만이 행할 수 있는 사랑("愛人": 十二/22)의 정치이며, 여기에는 예(禮), 악(樂)과 같은 것들에 대한 기초적 교육(一/6, 八/8)과 함께 끊임없는 자기수양(自己修養)의 학문(一/14, 七/31, 八/18·19)이 요구된다.

④ 따라서 문제를 해결할 최선의 대안(代案)은 〈교육과 학문〉을 통한 백성의 교화(敎化)와 인재의 양성, 그리고 각자의 재질과 재능에 따른 '역할분화'(役割分化)(六/6, 八/20, 十三/2)와 '기능적 정치'(機能的 政治)(八/14, 十二/11) 이다.

2. 인간관

◇선인과 악인의 선천적 결정에 관하여는 언급한 바 없음

① 인간이 태어나면서부터 선천적(先天的)으로 심성의 선악이 결정되는지는 말할 수 없으며, 그 자체가 무의미(無意味)하다.

◇ "성품은 서로 비슷하나(性相近), 습관에 의해 서로 멀어지게 된다(習相遠)": 十七/2 → 환경주의적 입장
cf. 十七/3의 본성주의적 표현은 논리상의 당연한 귀결일 뿐이며, 十六/9에 이어지는 문장으로 보아야 함

② 다만 자질과 능력의 상대적 차이는 주어지며, 또한 그것은 후천적(後天的)인 환경, 즉 '경험과 학습'에 의해 결정적으로 영향을 받는다(六/19, 十六/9, 十七/2).

③ 따라서 아무리 자질(資質)이 낮더라도 훌륭한 환경(環境)이 상당기간 주어지면 선인(善人)이 될 수 있다(十三/11 · 12).

3. 국가관

1) 국가와 정체(政體)

◇그 당시 아직까지는 국가적 · 민족적 관념이 형성되지 못했던 것으로 사료된다.

◇여기서 최고 통치자의 〈선택〉에 관하여는 요(堯) · 순(舜) · 우(禹)의 덕을 자주 칭송하고 있음에 비추어 볼 때, 현 집권자가 다음 집권자를 지명하는 방식인 것으로 추정됨

◇성인정치(聖人政治)

◇민본체제(民本體制)

① 구태여 '국가'라는 표현을 쓴다면, 그것은 가부장적(家父長的)이고 유기체적(有機體的)인 〈군주제 공동사회〉이어야 한다.

② 이 경우 군주건 신하건 〈권력〉이 신분(身分)에 따라 혈연적(血緣的)으로 계승되는 것은 배제되어야 한다(二/1 · 19, 八/20, 十三/2).

③ 그러나 차선책(次善策)으로서 군주의 권력세습을 받아들이는 경우, 최고 통치자는 그 지위에 알맞도록 길러지고, 배움에 힘써야 하며, 그리고 훌륭한 신하들에 의해 견제되어야 한다.

④ 궁극적으로 가장 이상적(理想的)인 〈정부형태〉는 현 통치자인 성군(聖君)에 의해 그 위업을 계승할 성인(聖人)이 전체사회구성원 중에서 신분이나 혈통에 관계없이 다음 후계자(後繼者)로 지명(指名)되는 방식으로서 인민의 형식적 동의절차는 없지만 사실상 동의(同意)가 전제(前提)되어 있는 특수(特殊)한 '민주(또는 민본)체제'이다.

2) 정치(政治)

(1) 의미

① 〈정치〉는 '정치'(正治)로서 '바른 다스림'이다(十二/17).

② 정치는 국정(國政)뿐만 아니라 가정(家政)도 포함하는 포괄적 개념이다(二/21).

◇구조기능주의

◇덕치주의(德治主義)

cf. 법률주의자로서의 변호사와 판·검사

◇공동사회를 위한 인간교육

③ 그리하여 정치란 군주와 신하, 부모와 자식 등 사회구성원이 각각 그 주어진 바 역할(役割)을 제대로 다하는 것이다(八/14, 十二/11).

④ 이 경우 정치, 즉 '바른 다스림'은 법령(法令)과 형벌(刑罰)보다는 덕(德)과 예(禮)로써 문제들이 해결되어감에 따라 사회구성원들이 인간으로서 부끄러워할 줄 알고 착해지는 것을 뜻한다(二/1·3, 十二/10, 十 四/35·44).

⑤ 따라서 나라를 경영함에 있어 '예의와 겸양'으로써 하며, 그리하여 송사(訟事)를 없게 함으로써 '법'에 기댐이 없게 함이 바람직하다(四/13, 十二/13).

⑥ 이렇게 볼 때 〈국가〉는 하나의 커다란 교육장(敎育場)이며, 〈정치〉는 곧 인간(人間)을 '인간답게' 하기 위한 교육의 내용(內容)과 방법(方法)이라고 할 수 있다.

(2) 정치가

① 정치이전에 위정자(爲政者)는 그 자신(몸)을 바르게 하고, 근면하며 솔선수범해야 할 뿐만 아니라 무엇보다 먼저 글을 읽어 배움이 있어야 한다(十一/24, 十 二/18·19, 十三/1·6·13).

◇〈권위〉는 필요하나, '권위주의'는 배격됨

◇권력과 지배는 인민의 〈자발적 복종〉에 근거해야 한다.

② 그리고 '윗사람'으로서의 너그러움(寬)과 경건함(敬), 효성(孝), 자애로움(慈), 그리고 위엄(莊)을 갖추고, 정직한 자(直)를 등용하며 옳은 것(義)과 믿음성(信)을 좋아하고, 예의(禮)로써 '아랫사람과 백성'을 대한다면 모두가 기꺼이 복종(服從)하고 충성(忠誠)할 것이다(二/19·20, 三/19·26, 五/22, 十三/4, 十四 /44, 十五/32).

◇정치가의 요건들 : 박학다재, 분석력과 종합력, 결단력과 기민성, 임기응변, 권도(權道)

③ 지도자나 상급지위자는 특정업무의 전문직 기능사(專門職技能士)가 되어서는 아니되고, 암기(暗記)나 잘하는 단순지식인의 차원을 넘어서 통찰력(洞察力)과 조정·운용력을 갖추고 도량(度量)이 커야 한다 (十三/4·5).

◇종정(從政)을 위한 오미(五美)와 사악(四惡)

④ 또한 정사(政事)에 종사하는 자는 과단성(果斷性)이 있고, 사리(事理)에 통달하며, 다재다능(多才多能)하여야 한다(六/6). 그리고 다음과 같이 다섯 가지 좋은 점(五美)을 따르고, 네 가지 나쁜 점(四惡)을 물리쳐야 한다

(二十/2).

[五美]

㉠ 은혜를 베풀되 낭비하지 않는다(惠而不費).

㉡ 백성을 부리되 원망받지 않는다(勞而不怨).

㉢ 일에 의욕을 갖되 탐욕을 부리지는 않는다(欲而不貪).

㉣ 태연하되 교만하지 않는다(泰而不驕).

㉤ 위엄을 갖추되 사납지 않는다(威而不猛).

[四惡]

㉠ 가르치지 않고 죽인다(不敎而殺 → 虐).

㉡ 미리 경계하지 않고 성공하기만을 바란다(不戒視成 → 暴).

㉢ 법령을 태만히 하고서 기일을 각박히 한다(慢令致期 → 賊)

◇유사(有司) : 창고지기, 구두쇠의 의미

㉣ 베풀어야 할 일에서 출납을 인색히 한다(出納之吝 → 有司).

◇영합적 대중주의 또는 만장일치주의에 반대

◇독단과 폭압 및 무능의 배제

⑤ 〈위정자〉로서 모든 이가 그를 좋아하면 영합(迎合)하는 것이요, 모든 이가 싫어하면 무능(無能)한 것이다(十三/24). 따라서 〈여론(輿論)〉은 무조건 따를 것이 아니라 깊이 검토해 보아야 한다. 즉, 대중이 미워하더라도 반드시 살펴보아야 하며, 대중이 좋아하더라도 반드시 살펴보아야 한다(十五/27).

◇정명주의(正名主義)

◇인사정책

⑥ 정치를 함에 있어 무엇보다도 중요한 것은 우선 명분(名分)을 바로잡아야 하는 것이요, 그 다음으로 인사행정(人事行政)을 올바로 하여 어질고, 정직하며, 재능있는 자를 등용해야 한다는 것이다(二/19, 八/20, 十二/22, 十三/2·3).

◇분권주의

◇토론주의

◇기능통합 및 검소화

⑦ 그리고 정책의 결정 및 수행에 있어서는 분담하여 토론하고 종합하는 방식이 바람직하나(十三/2, 十四 /9), 필요없이 부서의 기능을 분화(分化)하여 직책을 남발(濫發)하는 등의 낭비나 사치요인은 제거되어야 한다(三/22).

◇信 > 食 > 兵

⑧ 다음으로 〈국정운용의 지표〉를 민생을 해결하고(足食), 안보를 튼튼히 하며(足兵), 인민의 신뢰를 얻는 데(民信)

◇庶>富>教

◇공직은 명예직
◇평등주의
◇물질적 불균형과 정신적 불안정의 해소

cf. 오늘날과 같은 국적법에 의한 '국민'의 관념은 없었음.

◇성인정치(聖人政治)

◇위임통치
◇비세습적 선양주의(非世襲的 禪讓主義)

◇바른 마음가짐(仁)과 바른 몸가짐(禮)

◇仁 : 愛人, 博施, 濟衆

두되, 그 '우선순위'는 신뢰, 경제, 국방의 순서가 되어야 할 것이다(十二/7).

⑨ 또한 〈백성을 다스리는 순서〉는 우선 그들이 많이 모이도록 하고(庶), 모였으면 '물질적으로' 풍족하게 해야 하고(富), 마지막으로 생활에 여유(餘裕)가 생겼으면 '정신적으로' 가르쳐야 한다(教)는 것이다(十三/9).

⑩ 그러므로 지도자 이하 공직자들은 나라 일에 힘쓰되 그 반대급부를 고려치 않아야 하고, 인민의 고르지 못함(不均)과 편안치 못함(不安)을 근심해야 한다(十五/37, 十六/1).

⑪ 이리하여 '가까이 있는 백성들이 기뻐하고(近者說), 먼 곳에 있는 백성들이 모여든다(遠者來)'면 이는 〈바른 정치의 드러남〉이라 할 수 있다(十三/16).

⑫ 끝으로 가장 이상적인 최고지도자는 성인(聖人)이어야 하며, 그는 특정 직능인으로서의 특기자(特技者)가 아니라 전인격자(全人格者)로서 사전에 사사로운 뜻이나 기필하는 마음이 없을 뿐더러(毋意, 毋必), 사후에도 고집이나 이기적 자아를 떠난(毋固, 毋我) 인물이다(九/2·4).

⑬ 따라서 그는 천하(天下)를 소유하고도 이에 관계치 아니하고, 초탈·달관하여 도(道)와 함께 할 뿐이나, 단지 핵심고위직 인사행정이나 기타 제사(祭祀)와 같은 국가대사(國家大事)에만 관여하여 훌륭한 인재를 등용하고 이들에 행정을 맡기는 식의 〈위임통치〉를 하며, 권력이양시에는 자신의 뜻을 이어받을 또다른 성인(聖人)을 찾아 〈선양〉함을 원칙으로 한다(八/18 ·19·20·21).

4. 사회관

1) 사랑과 예의의 사회

(1) 사랑(仁)

① 〈인(仁)〉이란 '사람을 사랑하는 것'(愛人)이며(十二/22), '자기로써 남에게 미치어'(以己及人) 장차 널리 베

풀고(博施) 많은 사람을 구제함(濟衆)은 곧 仁의 대승적 공용(功用)이다(六/28, 十四/8).

② 이러한 인은 예악(禮樂)의 전제조건이 될 뿐만 아니라(三/3), 인간도리로서의 우선적 중요성을 갖는다(六/20, 十五/34 · 35).

cf. "仁者는 仁을 편안히 여긴다"(仁者安仁 : 四/2)

③ 언행을 참아서 하고(十二/3), '자신의 사욕을 이겨 내어 예에 돌아감'(克己復禮)도 仁이며(十二/1), 따라서 마음만 먹으면 언제든 행할 수 있는 손쉬운 것이기도 하나(七/29), 스스로 우러나지 못하고 억지로 자신의 욕망을 제지함만으로는 仁에 충분하다고 말할 수 없다(十四/2).

④ 그리하여 〈仁人〉은 '삶을 구하고자 仁을 해침'(求生害仁)이 없으며, 차라리 기꺼이 '목숨을 바쳐 仁을 이루는 경우'(殺身成仁)는 있다(十五/8).

cf. '己所不欲 勿施於人'(=恕 : 十五/23)

⑤ 〈仁의 드러남〉은 예컨대, 문을 나서서는 큰 손님을 뵈온 듯이 하고, 백성에게 일을 시킬 때는 큰 제사를 받들 듯이 하고, '자신이 하고자 하지 않는 바를 남에게 베풀지 말아야 한다'(己所不欲 勿施於人) 는 것으로서, 이에 따라 나라나 집안에 원망함이 없도록 하는 것이다(十二/2, cf. 五/8).

⑥ 이렇게 볼 때 진실로 인에 뜻을 두면 악(惡)함이 없을 뿐만 아니라(四/4) 밥을 먹는 동안에도 인을 떠남이 없으니(四/5 · 6), 그러므로 오직 仁者라야 '능히 사람을 좋아할 수 있고'(能好人), '능히 사람을 미워할 수 있는'(能惡人) 것이다(四/3).

◇仁者의 요건

⑦ 〈仁者가 되기 위한 필수적 요건〉은 '일상시에는 언제나 공손한 태도를 지키고'(居處恭), '일을 맡아 처리할 때는 신중과 성의를 다하고'(執事敬), '사람을 대할 때는 충성을 다해야 한다'(與人忠)는 세 가지로 압축할 수 있으며(十三/19), 이를 달리 다섯 가지로 풀어 제시하면 공손함(恭), 너그러움(寬), 믿음(信), 기민함(敏), 은혜로움(惠) 등을 능히 행해야 한다는 것이다(十七/6).

(2) 예의(禮)

◇실질주의 : 文(형식)보다는 質(실질)을 중시

◇현실주의 또는 실용주의

◇본질주의 또는 근본주의

◇인본주의(humanism)

◇권위주의 부정

◇무례(無禮)의 폐단

① 〈예(禮)〉는 '하늘의 이치에 부합하는 절도의 표현'(天理之節文)이요, '인간사의 의례적 준칙'(人事之儀則)으로서, 바른 마음가짐(仁)의 행위적 드러남이다.

② 따라서 '예의 근본'(禮之本)은 사치보다는 검소하여야 하고, 겉치레보다 그 마음이 중요하다는 데 있으며(三/4), '흰 비단을 마련한 뒤에 그림을 그리듯이'(繪事後素) 〈예〉는 '나중의 일'인 것이다(三 /8).

③ 즉, 〈예법〉이 특히 중시되는 장례(葬禮)나 제례(祭禮)의 경우에도 상(喪)을 형식적으로 잘 치르기보다는 차라리 슬퍼하여야 하며(三/4), 제사를 지낼 때는 선조(先祖)나 신명(神明)이 그 자리에 임해 계신 듯이 하여야 한다(三/12).

④ 그러나 시류(時流)나 불가피한 형편(形便)에 따른 예법의 실용화, 단순화, 절약화는 지향해야 할 바이나, 그것이 나태함(無誠)과 교만함(不遜)에서 기인한 경우에는 용인할 수 없다(九/3).

⑤ '예를 다함'(盡禮)은 아첨함이 아니니(三/18), 곧 모르면 물어 행하는 것도 예일 것이요(三/15), 노소귀천을 불문하고 그 상대함에 성심(誠心)을 다함도 또한 예일 것이다(九/9).

⑥ 이리하여 하물며 임금으로서 신하을 부림에도 예로써 하여야(使臣以禮) 할 것이니(三/19), 만일 예가 없다면 예컨대 공손(恭)하여도 수고롭고(勞), 삼가(愼)하여도 두렵고, 용맹(勇)스럽되 혼란하고(亂), 강직(直)하되 너무 급하게(絞) 되는 등의 폐단을 낳게 되는 것이다(八/2).

2) 가족

◇효제사상(孝弟思想)

① 가족과 이웃에 있어서의 〈행위규범〉, 즉 예(禮)는 부모에 효도하고(孝, 즉 善事父母), 연장자(年長者, 先生)를 잘 모셔야(弟, 즉 善事兄長) 한다는 것이다(一/6, 二/8).

② 이 중에서도 〈효(孝)〉는 '만행의 가장 기본적인 인간도리'이며, '오로지 자식의 건강만을 걱정하는'(二/6) 부모(父母)에 대한 보답적 의리로서 '항상 부모의 연로하심을 걱정'(四/21)할 정도로 지극한 정성(誠)이 되어야 한다.

◇물질적 봉양과 정신적 공경

③ 따라서 그러한 〈정성〉은 단순히 '물질적 봉양(奉養)'에 그치지 않고, 반드시 '정신적 공경(恭敬)'이 뒤따라야 할 것이며(二/7), 마찬가지로 수고로움을 대신(服勞)하고, 술과 밥을 대접(奉養)하는 데서 끝나지 않고, 언제나 얼굴빛에 온화함(和氣, 愉色)을 띠어야 할 것이다(二/8).

④ 이렇게 볼 때 성심(誠心)을 다한 孝에 있어서는 '부모가 살아계실 때 멀리 놀러가지 않고, 놀더라도 반드시 일정한 방소(方所)가 있어야'(四/19) 할 정도로 부모에 걱정을 끼쳐드리지 않는다는 것이 중요하다.

◇효(孝)의 절대성

⑤ 그리고 항상 부모의 뜻을 살피고, 설사 부모의 잘못이 있더라도 은미하게 간(諫)해야 하며, 이에 따르지 않더라도 더욱 공경하고, 수고롭되 원망하지 않아야 한다(四/18).

◇가부장주의(家父長主義) 또는 부권주의 (父權主義)
cf. "여자와 小人은 기르기가 어렵다."(十七/25)–당시의 철저한 남성중심 사회구조가 반영된 듯함

⑥ 나아가 아버지(父) 살아계실 때 그 뜻을 살피고, 돌아가심에 그 행적을 살피어 3년간을 두고 아버지의 도(道)를 고치지 않아야 가히 '효'라 할 수 있으며(一/11, 四/20), 따라서 이를 기리는 삼년상(三年喪)은 천하의 공통된 의례인 것이다(十七/21).

◇형식주의, 의례주의
◇효례(孝禮)의 세 가지 범주

⑦ 이로써 〈효〉는 인륜의 커다란 예이니, 이를 크게 세 가지로 나누어 본다면 생전에 '예로써 섬기며'(事之以禮), 사후에 '예로써 장사지내고'(葬之以禮), '예로써 제사지내야 한다'(祭之以禮)는 것이다(二/5).

3) 경제

(1) 반자본주의(反資本主義)

◇본질적으로 자본주의사회는 사익(私益), 즉 자본과 경쟁의 논리가 지배함으로써 공익(公益), 즉 사랑(仁)과 예의(禮)가 배제될 수밖에 없음
cf. 유교사회주의

① 자본주의 사회에 있어 자본논리의 전제조건이 되는 이익사회는 극복되어야 한다. 왜냐하면 이익에 따라 행동하면 원망이 많기 때문이다(四/12).

② 따라서 자본주의적 노력과 경쟁은 부정되어야 한다. 이에 대한 또다른 이유를 든다면 부(富)는 구한다고 해서 얻어

지는 것이 아니기 때문이다(七/11).

③ 즉, 부귀(富貴)는 사람들이 추구하는 바이나 정도(正道)로써 얻은 것이 아닐 시는 버려야 마땅할 것이며, 빈천(貧賤)은 사람들이 싫어하는 바이나 정도로써 얻은 것이 아닐시에도 버리지 않아야 할 것이니, 그리하지 않는다면 곧 가장 중요한 인(仁)을 버리는 결과가 되기 때문이다(四/5).

◇ 견리사의(見利思義)
◇ 안빈락도(安貧樂道)

④ 그러므로 이로움(利)을 보거든 언제나 의로움(義)을 생각해야 할 것이라(十四/13), 차라리 빈한한 속에서도 즐거움(樂)이 또한 그 가운데 있으니 의롭지 못하고서 부(富)하고 또 귀(貴)함은 나에게 뜬구름과 같도다(七/15).

(2) 검약주의(儉約主義)

◇ 내실주의(內實主義)
cf. 그러나 禮에 어긋나는 절약은 본질을 훼손하는 것임(三/17)
cf. 현대사회의 특징 : 상업주의와 물량주의, 외향성(外向性)과 모방주의, 과시욕과 자기PR, 전시효과, 과소비와 사치 등

① 모든 일은 검소하고 간략히 함으로써 그 잃는 것이 적으며(四/23), 겉치레나 사치와 같은 외양(外樣)보다는 내실(內實)을 기하는 것이 좋다(六/14, 十五 /20).

② 즉, 사치하면 공순하지 못하고(奢則不遜), 검소하면 고루하나(儉則固), 공순하지 못한 것보다는 차라리 고루한 것이 낫다(七/35).

③ 예컨대 '말을 교묘히 잘하며 얼굴빛을 곱게 하는'(巧言令色) 등 외양에 치중하는 사람치고 인(仁)한 이가 적음을 볼 때(一/3, 五/24, 十一/20), 오히려 겸양하여 공(功)을 자랑하지 아니하고(六/13), 남이 알아주지 않더라도 구태어 '하늘을 원망하거나 사람을 탓하지 않는'(不怨天不尤人) 도량과 내실 및 자기 성찰이 필요하다(一/16, 四/14, 十四/32·37, 十五/18 ·19).

④ 특히 언변의 경우, 입심이 좋아 말재주나 부리면 자주 남에게 미움만 받게 되고(五/4, 十一/24), 공교로운 말은 덕을 어지럽힐 뿐이니(巧言亂德 : 十五 /26), 불필요한 말사치는 이미 과(過)함을 얻은 것이다. 왜냐하면 언사(言辭)의 본래 기능은 뜻이 통하는 데 있기 때문이다(十五/40).

4) 교육

(1) 교육자

◇스승의 요건

① '옛 것을 잊지 않고, 새로운 것을 안다면'(溫故而知新), 가히 스승이 될 수 있는 것이니(二/11), 모름지기 가르치는 자는 기존의 것을 때때로 익힘과 동시에 항상 새로 터득함이 있어야 할 것이다.

◇가르침(배움)의 순서

② 제자가 들어서는 효도하고(入則孝), 나와서는 공손하며(出則弟), 언행을 삼가고 성실히 하며(謹而信), 널리 사람들을 사랑하되(汎愛衆) 어진 이를 가까이 하고 나서(而親仁), 글을 배우는 것(學文)은 그 다음의 일인 것이니(一/6), 가르침의 〈순서〉 또한 이와 같아야 할 것이다.

◇樂道 > 好道 > 知道

cf. 시(詩)의 효용성(十七/9)

◇예(禮) = 序(질서)

◇락(樂) = 和(조화)

③ 또한 단순히 도(道)를 아는 자(知之者)는 좋아하는 자(好之者)만 못하고, 좋아하는 자는 즐기는 자(樂之者)만 못한 것이며(六/18), 그리고 시문에 마음이 감흥하고(興於詩), 예법 속에 몸을 올바로 세우며(立於禮), 그 즐김 속에 완성을 기하는 것(成於樂)이라고 볼 때(八/8) 이도 마찬가지로 가르침에 있어 그 〈방향〉의 큰 틀을 제시해 주는 것이다.

◇교육자의 의무

④ 모름지기 교육자는 '사람 가르치기를 게을리하지 말아야'(誨人不倦) 할 것이니(七/2·33), 더욱이 예(禮)를 갖추어 배우고자 하는 자에게는 반드시 가르침을 주어야 할 것이다(七/7).

◇가르침의 방편

⑤ 그러나 가르침에도 〈방편〉과 〈단계〉가 있는 법이니, 배우는 자의 자질(資質)과 수준(水準)에 따라 말해 줄 수 있는 내용의 범위와 깊이가 달라야 되는 것이며(六/19), 또한 고뇌(苦惱)하지 않고 이를 말하지 않는 자는 가르칠 수가 없는 것이다(十五/15).

◇학습자의 자질과 노력에 따른 교육
→ 적성교육과 자율학습

⑥ 따라서 비분(悲憤)하지 않으면 계발(啓發)하지 아니하고, 하나를 알려줌에 자득(自得)이 있기를 기다려 다시 알려주어야 하는 것으로(七/8), 이는 단순히 배우는 자의 자질뿐만 아니라 스스로의 지극한 노력(努力)과 성의(誠意)가 전제되어야 함을 의미하는 것이다.

◇학문적 현학주의나 권위주의에 반대
◇교육차별의 배제

cf. "나는 '나면서부터 안 자'(生而知之者)가 아니라, 옛 것을 좋아하면서 '기민하게 구한 자'(敏而求之者)이다"(七/19)

cf. 一才一藝教育과 多才多能教育

⑦ 이 경우 가르치는 자에게는 언제나 그 진솔성(眞率性)이 요구되는 것이니, 왜냐하면 '아는 것을 안다 하고, 모르는 것을 모른다고 하는 것이 곧 아는 것'(知之爲知之 不知爲不知 是知也 : 二/17)이기 때문이다. 그리고 상하귀천을 막론하고 그 묻는 자에게는 아는 한도내에서 성심(誠心)을 다해 말해 주어야 할 것이다(九/7).

⑧ 끝으로 '군자가 그릇처럼 그 도량이 국한되어서는 아니된다'(二/12)고 볼 때, 보다 높은 수준에서는 절름발이식 특기교육 또는 전문교육보다는 다재다능을 포함하는 전인교육(全人教育)이 이루어져야 할 것이다.

(2) 학습자

◇배움의 의미
◇"배움은 삶의 목적이자, 그 자체이다."

① 배우고(學) 익힘(習) 속에 인생의 진정한 기쁨이 있으니(一/1), 배움을 좋아함(好學)에 배부름과 편안함을 구하지 않고, 매사에 기민하고 말을 삼가면서, 도(道)에 뜻을 두어 그 올바른 길을 걸어야 할 것이다(一/14).

◇배움의 어려움과 학문적 겸양주의

② 그러나 배움을 좋아하기는 충신(忠信)하기보다도 어려운 것이니(五/27, 七/2), 명민(明敏)함과 죽음을 불사하는 돈독한 믿음을 가지고서 '아랫사람에게도 묻기를 부끄럽게 여기지 않아야'(不恥下問)만이 가히 배움을 좋아한다고 말할 수 있다(五/14, 八/13).

③ 이렇듯 배움에는 스승이 따로 없는 것이며(七/21), 좋은 점은 누구로부터도 항상 배울 자세가 되어 있어야 한다(七/31).

◇육언육폐(六言六蔽)
◇배움의 중요성

④ 예컨대 인만 좋아하고(好仁) 배우기를 좋아하지 않으면(不好學) 그 폐단이 어리석게(愚) 되고, 아는 것만 좋아하고(好知) 배우기를 좋아하지 않으면 그 폐단이 방탕하게(蕩) 되고, 믿음만 좋아하고(好信) 배우기를 좋아하지 않으면 그 폐단이 사람을 해치게(賊) 되고, 곧음만 좋아하고(好直) 배우기를 좋아하지 않으면 그 폐단이 급하고 박절하게(絞) 되고, 용맹만 좋아하고(好勇) 배우기를 좋아하지 않으면 그 폐단이 어지럽게(亂) 되고, 굳세기만 좋아하고(好剛) 배우기를 좋아하지 않으면 그 폐단이 광적이

(狂) 되기 쉽다(十七/8). 따라서 모든 아름다운 덕목들도 좋아하기만 하고 배움이 없으면 중용(中庸)과 권도(權道)를 잃어 그 본래 의의를 훼손하기 마련인 것이다.

cf. 예(藝 = 六藝) : 禮, 樂, 射, 御, 書, 數.

⑤ 배우는 자는 '도에 뜻을 두고'(志於道), '덕에 기초하며'(據於德), '인에 의지하여'(依於仁), '예에 노닐어야 한다'(游於藝 : 七/6).

◇위기지학(爲己之學)과 위인지학(爲人之學)
cf. 자기지향성(내실주의)과 타인지향성(외양주의)
cf. "너 자신을 알라!"

⑥ '옛날의 학자들은 자신을 위해(爲己) 학문을 하였는데, 지금의 학자들은 남을 위해(爲人) 학문을 하고 있으니'(十四/25), 이는 본말이 전도된 것이다. 학문의 본래 올바른 출발점은 도를 깨치고자 위기(爲己)하여 자기 몸에 체득함에 있는 것이지, 위인(爲人)하여 남에게 인정받고자 하는 데 있는 것이 아니며, 그러므로 자신을 위한 학문은 끝내 남을 이루어 주지만 남을 위한 학문은 끝내 자신을 상실하기에 이르는 것이다.

◇부와 명예에 초연하여야

⑦ 이렇게 볼 때 '군자가 도(道)를 걱정하지 가난함을 걱정하지는 않듯이'(七/18, 十五/31), 올바로 배움에 임하고자 하는 자는 마땅히 어떤 물질적 보상(報償)이나 사회적 지위(地位)에 뜻을 두어서도 아니되는 것이다(八/12).

◇자만과 방심, 그리고 나태와 중도포기를 경계함

⑧ 그리고 '배움은 아직 미치지 못하여 따라가지 못할 듯이 하면서도 행여 때를 잃을까 두려워해서'(八/17) 그 정진함에 잠시라도 방과(放過)함이 있어서는 아니될 것이며, 또한 학문의 길을 감에 있어서는 마지막 흙 한 삼태기를 붓지 않아 산을 못이루고서 중단함과 같이 그간의 공든 탑을 무너뜨리는 우(愚)를 범하지 않아야 할 것이니, 어떤 열매를 맺을 때까지는 부지런하고 중단없는 노력이 필요한 것이다(九/18·19·20·21).

◇배움(學)과 생각함(思)의 상관성
◇고행이나 고뇌는 차라리 배움만 못함

⑨ 이 경우 '배우기만 하고 생각하지 않으면 얻음이 없고'(學而不思則罔), '생각하기만 하고 배우지 않으면 위태롭다'(思而不學則殆)는 점에서 볼 때(二/15), 〈배움〉과 〈생각함〉은 수레의 두 바퀴처럼 매우 긴밀한 상호보완성을 지니고 있지만, 구태여 우열(優劣)을 가린다면 생각함이 배우는 것만 같지 못하다(十五/30).

◇토론과 개척정신 중시–주입식교육 반대

◇이론(學)과 실천(禮)의 관계

◇인간품격의 4등급 : 生知>學知>困知>下愚(不學)

⑩ 그 밖에 배우는 자로서 가르침에 대해 질의나 논란과 같은 토론이 없이 무비판적(無批判的)으로 수용한다면 어리석은 것이니 언제나 분발하여 창조적(創造的)으로 개척해 나가는 정신이 필요하며(二/9), 이에 덧붙여 '군자가 글을 널리 배우고(博學於文), 예로써 그것을 요약한다면(約之以禮) 이 또한 도(道)에 부합하는 것이다'(六/25, 十二/15).

⑪ 특히 '태어나면서부터 도를 아는 자(生而知之者)가 으뜸이요, 배워 아는 자(學而知之者)가 다음이고, 막히자 애써 배우는 자(困而學之者)가 그 다음이다. 그러나 막혔는 데도 배우지 않는 자(困而不學者)는 누구나 하급이 되는 것이니'(十六/9), 이와같이 배움은 인간의 품격을 결정하는 것이다.

5) 종교

(1) 천명사상(天命思想)

◇〈易〉: 천지자연과 인간만사에 있어 吉凶·消長의 이치와 進退·存亡의 道

◇삶의 의미와 목적

◇운명론

◇제례와 기도

① 가장 높은 가르침(宗教)은 도(道), 즉 근본적 이치의 깨달음에 이르게 함이니 곧 〈천명〉을 아는 것으로서, 역易)을 배움은 그 하나이다(七/16, 十三/22).

② 그러나 천명(天命)은 '우주만물변화의 말없는 가르침 속에 있는 것이니'(十七/19), 이미 인간의 언어적 표현을 초탈(超脫)하여 알기가 어렵도다(二十/三). 그러므로 '아침에 도를 들으면 저녁에 죽어도 괜찮다'(朝聞道夕可死 : 四/8·9).

③ 그런데 천(天)은 무형적이면서도 의지적인 존재로서 인간의 자질(七/22)과 운명(六/8)을 결정하며, 따라서 그 그릇의 크고 작음과 뜻의 폄과 펴지 못함은 모두 하늘의 뜻인 것이다(九/8, 十四/38).

④ 이 경우 그와 같이 지극히 추상적인 천명(天命)의 관념은 때와 장소에 따라 여러 신령(神靈)과 귀신(鬼神)의 뜻이라는 다양하고도 보다 구체적인 의지형태로 표출되고 있으니, 제(祭)를 올릴 시에는 '마치 조상이나 각종 신명

께서 현현해 계신 듯이'(三/12) 몸과 마음을 바르고 예의와 정성을 다해야 한다(二 /24, 三/6·10·11·13, 七/34, 八/21).

(2) 인본주의(人本主義, Humanism)

◇인간주의
◇현실주의

① 그러나 인간이 있음으로 해서 신(神)도 존재하는 것이니, '사람도 섬기지 못하면서 어찌 귀신을 섬길 것이며'(未能事人 焉能事鬼), '삶도 모르면서 어찌 죽음을 알겠는가!'(未知生 焉知死 : 十一/11).

cf. "不可近 不可遠"

② 따라서 신(神)을 말하기보다는 우선 인간(人間)을 말할 것이며(七/20), '귀신을 공경하되 멀리해야'(敬鬼神而遠之) 할 것이니, 먼저 사람으로서 지켜야 할 도리에 힘써야 할 것이다(六/20).

cf. "子不語 怪力亂神"(七/20)
◇신비주의, 무력주의, 법률주의, 神中心主義에 반대

③ 즉, 괴이(怪異)함보다는 평상(平常)의 일이 우선이며(=一般主義), 용력(勇力)보다는 덕행(德行)의 일이 우선이며(=崇德主義), 패란(悖亂)보다는 정치(正治)의 일이 우선이며(=禮治主義), 귀신보다는 인간의 일이 우선(=人間主義)인 것이다(七/20).

◇인간(人)과 도리(道)의 관계

◇삶의 목표

④ 달리 말한다면 '사람이 능히 도(道)를 넓힐 수 있는 것이지, 도가 사람을 넓히는 것은 아니며'(人能弘道 非道弘人 : 十五/28), 그리하여 인생의 목표는 죽은 뒤에라도 사람들이 그의 덕을 칭송함으로써 후세에 이름을 남기는 데 있는 것이다(十五/19, 十六/12).

◇忠, 誠.
◇恕, 仁.
◇Humanism

⑤ 이렇게 볼 때, '나의 도(道)는 하나(一)의 이치로써 모든 것을 꿰뚫고 있으니'(一以貫之), 그것은 단순히 많이 배우고 이를 기억하는 것이 중요한 것이 아니라 자기의 마음을 미루어(推己, 즉 恕 = 如心) 남을 이해하고 사랑(仁)할 뿐만 아니라 이에 지성(誠)으로 그 마음을 다함(盡己, 즉 忠 = 中心)에 있는 것이다(四/15, 十五/2). 굳이 달리 말한다면 나의 도는 인간주의(humanism)이다.

6) 군자의 사회

(1) 군자의 자격과 의무

◇이상사회(utopia)

① 사랑(仁)과 예의(禮)에 기초한 이상사회(理想社會)로서 보다 구체적이고도 바람직한 형태는 모든 구성원들이 군자화되거나 적어도 군자에 의해 이끌어지는 사회이다.

◇無適·無莫

② 군자가 인(仁)을 떠나서는 이름(名)을 이룰 수가 없는 것이니, 경황 중이나 위급한 상황뿐만 아니라 하물며 밥을 먹는 동안이라도 인을 떠남이 없어야 할 것이며(四/5, 十五/34·35), 군자는 천하의 일에 있어 '오로지 집착하여 주장함도 없으며'(無適), 반대로 '아니된다고 고집함도 없어서'(無莫) 어디까지나 의(義)를 따를 뿐이다(四/10). 그리하여 지위가 없음을 걱정하지 말고 지위에 설 것을 걱정하며, 자신을 알아주는 이가 없음을 걱정하지 말고 알려질만 하기를 구해야 할 것이고(四/14, 十五/18·19), 써주면 도(道)를 행하고 버리면 은둔하는 것이니(七/10, 十五/6), 이와같이 마음을 비우고 행할 수 있는 자가 진정으로 굳센 자(剛者)인 것이다(五/10).

◇강자(剛者)

◇내실과 검약

◇말(言)보다 행동(行)의 우선

③ 따라서 외양보다는 내실을, 사치보다는 검약을 추구함으로써(四/23, 六/14, 十五/20) 차라리 군자는 말은 어눌(語訥)하게 하고, 실행에는 민첩하고자 하며(四/22·24), 말을 조심하고 행실이 말보다 앞서야 한다(十四/29).

◇군자4도(君子四道): 恭, 敬, 惠, 義.

④ 군자의 도에 네 가지가 있으니, 몸가짐이 공손하며(行己-恭), 윗사람을 섬김이 공경스러우며(事上-敬), 백성을 기름이 은혜로우며(養民-惠), 백성을 부림에 의로워야 한다(使民-義: 五/15).

◇정직(直) = 믿음(信)

⑤ 군자는 직(直), 지(知), 인(仁), 용(勇) 등의 덕목이 또한 요구되는 것이니, 사람이 살아가는 이치는 정직함에 있어서 그렇지 않을 경우 죽음을 벗어나기 어렵고(六/17, 十五/6), 지혜로운 자는 의혹하지 않으며(知者不惑), 인자한 자는 근심하지 않고(仁者不憂), 용감한 자는 두려워하지 않기(勇者不懼) 때문이다(九/28, 十二/4, 十四/30).

◇言, 行

⑥ 군자의 말은 충신(忠信)하고, 그 행실은 독경(篤敬)해야

◇義, 禮, 孫, 信

할 것이며(十五/5), 그리고 군자는 의(義)로써 바탕(質)을 삼고, 예(禮)로써 그것을 행(行)하며, 겸손(遜)으로써 그것을 드러내며(出), 믿음(信)으로써 그것을 이루나니(成 : 十五/17), 그러므로 군자는 '도를 도모하고 밥을 도모하지 않으며'(謀道 不謀食), '도를 걱정하고 가난함을 걱정하지 않는다'(憂道 不憂貧 : 十五/31).

◇안빈낙도(安貧樂道)

⑦ 군자는 '씩씩하되 다투지 않으며'(矜而不爭), '무리짓되 편당하지 않고'(群而不黨 : 十五/21), 또한 '말을 잘한다고 해서 그 사람을 들어쓰지 않고'(不以言擧人), '사람이 나쁘다 하여 그의 좋은 말을 버리지 않는다'(不以人廢言 : 十五/22).

◇君子三戒

⑧ 군자에게 세 가지 경계할 일이 있으니, 젊을 때엔 혈기가 미정이라 경계함이 여색(色)에 있고, 장성해서는 혈기가 한창 강하므로 경계함이 싸움(鬪)에 있고, 늙어서는 혈기가 쇠하므로 경계함이 탐욕(得)에 있다(十六/7).

◇君子三畏

⑨ 군자에게 세 가지 두려움이 있으니, 천명(天命)을 두려워하며, 대인(大人)을 두려워하며, 성인(聖人)의 말씀을 두려워한다. 그러나 소인(小人)은 천명을 알지 못하므로 두려워하지 않고, 대인과 성인을 함부로 대하며 업신여긴다(十六/8, *cf.* 二十/3).

◇君子九思

⑩ 군자는 아홉 가지 생각함이 있으니, '봄에는 밝음을 생각하며'(視思明), '들음에는 귀밝음을 생각하며'(聽思聰), '얼굴빛은 온화함을 생각하며'(色思溫), '모습은 공손함을 생각하며'(貌思恭), '말은 충성스러움을 생각하며'(言思忠), '일은 경건함을 생각하며'(事思敬), '의심스러움은 물음을 생각하며'(疑思問), '분함은 어려움을 생각하며'(忿思難), '얻음을 보면 의로움을 생각한다'(見得思義 : 十六/10).

cf. 견리사의(見利思義)

◇君子四惡

⑪ 군자도 미워함이 있으니, '남의 단점을 말하는 자'(稱人之惡者)를 미워하며, '아래에 처하여 윗사람 비방하는 자'(居下流而訕上者)를 미워하며, '용기만 있고 예의가 없는 자'(勇而無禮者)를 미워하며, '과감하기만 하고 융통성이 없는 자'(果敢而窒者)를 미워한다(十七/24).

(2) 군자와 소인(小人)

◇친애

① 군자는 '두루 사랑하고 편애하지 않으나'(周而不比), 소인은 '편애하고 두루 사랑하지 않는다'(比而不周 : 二/14).

◇경쟁

② 군자는 다투는 바가 없으나, 활쏘기와 같이 혹여 다투는 경우에는 예법에 맞아 그 모습과 행동이 온화하고 겸손하지만, 소인은 그러하지 아니하다(三/7).

◇관심

cf. 見利思義, 見得思義

③ 군자는 '덕을 생각하고'(懷德) 소인은 '처하는 바의 편안함을 생각하며'(懷土), 군자는 '형벌을 생각하고'(懷刑) 소인은 '은혜를 생각하니'(懷惠 : 四/11), 이리하여 군자는 의(義)에 깨닫고 소인은 이익(利)에 깨닫는 것이다(四/16).

◇모습

cf. 〈빨리〉 : 조급함(絞, 躁, 速)과 신속함(敏, 果)의 차이

〈천천히〉 : 나태함(佚, 慢, 倦)과 여유있음(安, 泰)의 차이

④ 군자는 '몸과 마음이 펴지고 여유가 있으나'(坦蕩蕩), 소인은 '늘 걱정스러워 한다'(長戚戚 : 七/36) --- *cf.* 絞(八/2, 十七/8), 躁(十六/6), 速(十三/17), 敏(一/14, 五/14, 七/19, 十二/1·2, 二十, 十七/6, 二 十/1), 果(六/6, 十三/20, 十四/42, 十七/24), 佚(十六/5), 慢(八/4, 二十/2), 倦(七/2·33, 十三/1), 安(七 /37, 十四/45, 十五/37, 十六/1, 그러나 一/14는 다른 의미), 泰(十三/26, 二十/2, 그러나 九/3은 반대의미)

◇기능

⑤ 군자는 남의 아름다움을 이루어 주고, 남의 악을 이루어 주지 않으나, 소인은 이와 반대이다(十二/16).

◇영향(력)

⑥ '군자의 덕은 바람이요'(君子之德 風), '소인의 덕은 풀이니'(小人之德 草), 풀 위에 바람이 불면 반드시 쓰러진다.

◇사교(대인관계)

⑦ 군자는 '개성과 조화로써 남과 화합하되 작당하여 패거리를 만들지 않지만'(和而不同), 소인은 '부화뇌동하면서 남과 화합을 이루지 못한다'(同而不和 : 十三/23).

◇섬기기(事)와 기뻐하게 하기(說), 그리고 부리기(使)

⑧ 군자는 '섬기기는 쉬워도 기뻐하게 하기는 어려우며'(易事而難說), 사람을 부림에 있어 그 그릇(器)에 따라 한다. 그러나 소인은 '섬기기는 어려워도 기뻐하게 하기는 쉽고'(難事而易說), 사람을 부림에 있어 구비(備)하기를 요구한다(十三/25).

◇태도

⑨ 군자는 '태연하되 교만하지 않고'(泰而不驕), 소인은 '교

만하되 태연하지 않다'(驕而不泰 : 十三/26).

◇배움의 방향
◇지식(기능보유)과 직책(보직)

⑩ 군자는 '위로 통달하고'(上達), 소인은 '아래로 통달한다'(下達 : 十四/24). 그러므로 군자는 '작은 일을 알 수는 없지만 큰 것을 받을 만하고'(不可小知而可大受), 소인은 '큰 것을 받을 수는 없으나 작은 일에 알 수는 있는 것이다'(不可大受而可小知 : 十五/33).

◇인내심

⑪ 군자는 '궁하면 이를 감내할 수 있으나'(固窮), 소인은 '궁하면 견디지 못하고 넘친다'(窮斯濫 : 十五/1).

◇문제에 대한 원인규명의 방향(책임소재)

⑫ 군자는 '자신에게서 찾고'(求諸己), 소인은 '남에게서 찾는다'(求諸人 : 十五/20).

◇배움의 결과

⑬ '군자가 도를 배우면 사람을 사랑하고'(君子學道則愛人), '소인이 도를 배우면 부리기가 쉽다'(小人學道則易使 : 十七/4).

◇의로움(義)은 진정한 용기의 필요조건

⑭ 군자는 의(義)를 으뜸으로 삼는 것이니, '군자가 용기만 있고 의가 없으면 난을 일으키고'(君子有勇而無義爲亂), '소인이 용기만 있고 의가 없으면 도적질을 하게 된다(小人有勇而無義爲盜 : 十七/23).

5. 기타 특성

1) 중용(중도)사상

◇中庸, 中道, 中和.
◇中 : 無過不及
: 天下之正道
◇庸 : 平常
: 天下之定理
◇無可無不可

① '중용의 덕됨'(中庸之爲德)이 지극하구나! 이 덕을 소유한 이가 적은 지 오래이다(六/27).

② '지나침은 미치지 못함과 같다'(過猶不及 : 十一/15).

③ 군자는 천하의 일에 있어 '오로지 주장함도 없으며'(無適), '오로지 반대함도 없어서'(無莫), 어디까지나 의(義)를 따를 뿐이다(四/10).

◇중도(中道)와 방편(方便)

④ 똑같은 질문에 대해 전혀 상반되는 답변을 하는 것은 '지나치거나'(過) '미치지 못하는'(不及) 병통을 없게 하려는 의도에서 질문자의 근기에 따른 중도적(中道的) 처방인 것이다(*cf.* 十一/21).

◇경솔함과 신중함

⑤ 어떤 행동을 취하기 전에 한 번 생각하면 경솔할 수 있고, 세 번 생각하면 사사로운 뜻이 일어날 수 있으니, '두

번이면 가하다'(再斯可 : 五/19).

⑥ '질(바탕)이 문(형식)을 이기면 촌스럽고'(質勝文則野) '문이 질을 이기면 겉치레에 빠지니'(文勝質則史) 문과 질이 적절히 어울려야 할 것이나(文質彬彬 : 六/16) 겉치레보다는 차라리 촌스러운 것이 낫고, 사치(奢侈)하면 공순(恭順)하지 못하고 검소(儉素)하면 고루(固陋)하나 공순하지 못한 것보다는 차라리 고루한 것이 낫다(七/35).

◇실질과 형식, 근본과 기교의 조화
cf. "…文이 곧 質이요, 질이 곧 문이라…"
 — 子貢(十二/8)

⑦ 공자께서는 온화하면서도 엄숙(嚴肅)하시며, 위엄이 있으면서도 사납지 않으시며, 공손하면서도 편안(便安)하셨다(七/37).

◇中和의 氣象

⑧ '인을 좋아함'(好仁)이 지나쳐서 인(仁)하지 못한 것을 너무 심히 미워하는 것도 난(亂)을 일으킨다(八/10).

◇좋아함의 지나침

2) 상고주의(尙古主義)

① '나는 나면서부터 안 자가 아니라 옛 것을 좋아하여 기민하게 그것을 구한 자'(我非生而知之者 好古敏以求之者 : 七/19)로서, '옛 것을 서술하기만 하고 창작하지 않음'(述而不作 信而好古 : 七/1)은 단순히 고루한 전통주의에 따른 '반동적 복고주의'(反動的 復古主義)를 의미하는 것이 아니다.

cf. 전통주의, 복고주의, 반동주의

② 왜냐하면 과거의 토대없이 현재와 미래가 존재할 수 없고, 앎과 배움은 옛 것에 대한 지식을 전제로 하는 것이기 때문이다. 따라서 '옛 것에 기초하여 새로운 것을 앎'(溫古而知新 : 二/11)은 스승의 조건인 동시에 역사적 진보의 조건인 것이다.

◇인식론

③ 이렇게 볼 때 과거의 좋은 점(八/18 이하)을 살리면서 창작(創作)해야 할 것이요, 불가피한 개작(改作)에는 그만한 이유가 있어야 하는 것이다(十一/13).

◇창작과 개작

④ 그러므로 오늘날과 같은 패도(霸道)적 난세에 처하여 우선 나는 하(夏)나라와 은(殷)나라 二代의 장점들(十五/10)을 집대성한 주(周)나라를 따르겠으며(三/14), 흔히 과거 선배들의 예악(禮樂)은 촌스럽고 현재 후진(後

◇소박하고 촌스러움(儉約)과 화려하고 문란함(奢侈)

進)들의 그것은 군자답다고들 하나 차라리 나는 선배들의 옛 예악을 따르겠다(十一/1).

3) 허무주의 · 은둔주의 · 패배주의의 배격

cf. "나이 40이 되어서도 미움을 받으면 그대로 끝나고 말 것이다."(十七/26)

① 천명(天命)에 입각한 운명론적 입장이나 인간을 포기하는 듯한 표현이 여러 곳(六/8, 七/22, 八/13, 九/8, 十四/38, 十六/9, 十七/3·26)에서 엿보이나, 이는 자포자기적 패배주의(敗北主義)를 의미하는 것이 아니라 오히려 자신의 이상에 대한 미련과 희망(希望)을 끝까지 버리지 못하는 데 따른 의지와 열정(熱情)의 토로라고 보아야 한다.

◇천명과 정의(正義)

② '내가 사람의 무리와 더불지 않고 누구와 더불겠는가? 天下에 도가 있으면 구태어 내 더불어 변혁시키려 하지 않을 것이며'(十八/6), '군자가 벼슬하는 것은 그 의(義)를 행하는 것이니, 도(道)가 행하여지지 못할 것은 이미 알고 있다'(十八/8).

③ '허물이 있어도 고치지 않으면, 이것이 곧 허물인 것이나'(過而不改 是爲過矣 : 十五/29), 그럼에도 불구하고 내 이미 이루어진 일이라 말하지 않으며, 끝난 일이라 간하지 않으며, 이미 지나간 일이라 탓하지 않는다(三/21).

◇자포자기(自暴自棄)
cf. 자획(自劃)

④ 도를 좋아하기는 하나 '힘이 부족하다고 하는 자'(力不足者)는 중도에 그만두는 것이니, 그러한 자는 스스로 한계를 긋는 것이다(六/10).

◇상황윤리 cf. 時中
◇대의(大義)와 소의(小義)
cf. 無可無不可의 대표적 예외 : "이단(異端)을 전공(專攻)하면 害가 될 뿐이다"(二/16)
→ 독단성(?) cf. 大道無門

⑤ 나에겐 '가함도 없고 불가함도 없어'(無可無不可 : 十八/8), 상황에 따라서는 정도(正道)나 대의(大義)를 위하여 작은 신의는 버릴 수 있으며, 사사로운 지엽적인 과정의 잘못보다 결과가 더 중요한 것이다(十四/17·18, 十五/36). 이렇게 볼 때 나를 써주고자 부르는 자의 도덕성(道德性)같은 것은 부차적(副次的)인 문제인 것이다(十七/5·7).

4) 지자, 인자, 덕자, 언자, 용자, 군자, 소인, 그리고 직자

① 지자(知者)는 '물을 좋아하고'(樂水), '동적이며'(動), '낙천적이고'(樂), 인자(仁者)는 '산을 좋아하고'(樂山), '정적이며'(靜), '오래 산다'(壽 : 六/21).

② 知者는 '미혹되지 않고'(不惑), 仁者는 '근심하지 않고'(不憂), 용자(勇者)는 '두려워하지 않는다'(不懼 : 九/28).

③ 덕자(德者)는 반드시 말을 잘하거니와 말 잘하는 자(言者)가 반드시 덕이 있는 것은 아니며, 仁者는 반드시 용기가 있거니와 용기있는 자(勇者)가 반드시 仁한 것은 아니다(十四/5).

④ '옳은 것을 보고도 하지 않음은 용기가 없는 것이다'(見義不爲 無勇也 : 二/24).

⑤ 君子로서 仁者가 아닌 경우는 있을지라도 小人으로서 仁者인 경우는 없다(十四/7).

◇가족관계(孝)는 仁·義·禮의 뿌리이자 출발점임
◇정직과 우직의 관계
cf. 국가와 가정, 公과 私의 상관성
cf. 불고지죄, 범인은닉죄

⑥ 아버지가 양(羊)을 훔치자 아들이 이를 증명하는 것을 보고 정직하다고 하나, 우리 무리의 '정직한 자'(直者)는 이와 다르다. 아버지가 자식을 숨겨주고 자식이 아버지를 숨겨주니, 정직함은 그 가운데 있는 것이다(十三/18).

5) 知(智)

cf. 인간은 사회적 동물
◇진솔성

① 지(知)는 '사람을 아는 것'(知人)이다(十二/22).

② '아는 것을 안다고 하고, 모르는 것을 모른다고 하는 것'(知之爲知之 不知爲不知)이 지(知)이다(二/17).

③ '사람으로서 지켜야 할 도리에 힘쓰고'(務民之義), '귀신을 공경하되 멀리 한다면'(敬鬼神而遠之) 이를 지(知)라 말할 수 있다(六/20).

◇明 = 知

④ 서서히 무젖어드는 참소(譖訴)와 피부에 와닿는 하소연이 행해지지 않는다면 '밝다'(明)고 이를 만하다(十二/6).

◇모순 = 미혹

⑤ 사랑하면 그 살기를 바라고 미워하면 그 죽기를 바라는 것인데, 이미 그 살기를 바라면서 또 그 죽기를 바라는 것

라는 것이 이것이 의혹(惑)이다(十二/10).

6) 교인(交人)과 교우(交友)

① 가까이 지낸 지 오래되어도 공경한다면 사람 사귀기를 잘 하는 것이다(五/16).
② 벗(友)을 사귐에 있어서는 충심으로 말해주고 잘 인도하되, '불가능하면 그만두어서'(不可則止) 스스로 욕되지 않게 하여야 한다(十二/23).

7) 삼우(三友)와 삼요(三樂)

◇益者三友 : ① 友直, ② 友諒, ③ 友多聞

◇損者三友 : ① 友便辟, ②友善柔, ③ 友便佞

◇益者三樂 : ① 樂節禮樂, ② 樂道人之善, ③ 樂多賢友

◇損者三樂 : ① 樂驕樂, ② 樂佚遊, ③ 樂宴樂

① '유익한 벗이 셋'(益者三友)이 있으니, 정직한 사람과 성실한 사람과 박학다식한 사람이다. '해로운 벗이 셋'(損者三友)이 있으니, 편벽한 사람과 굽신거리기 잘하는 사람과 빈말 잘하는 사람이다(十六/4).
② '유익한 좋아함이 셋'(益者三樂)이 있으니, 예악(禮樂)을 절도에 맞추기를 좋아하고, 사람을 선(善)함으로 이끌기를 좋아하고, 어진 벗을 많이 갖기를 좋아함이다. '해로운 좋아함이 셋'(損者三樂)이 있으니, 교만방자(驕慢放恣)한 쾌락(快樂)을 좋아하고, 안일유락(安佚遊樂)하기를 좋아하고, 주색향락(酒色享樂)에 빠지기를 좋아함이다(十六/5).

V. 평 가

◇인간주의자
◇민본정치(民本政治)
◇현실주의

1. 공자(孔子)의 경우, 정치에 있어 인의(仁義) 및 덕치(德治) 사상은 얼핏 계몽전제주의적 색깔을 보이나 그것은 어디까지나 절차상의 문제이고, 그 근본 밑바탕에는 철저한 인간주의(Humanism) 관념이 깔려 있다. 특히 종교적 영역에 있어서조차 신중심적(神中心的)인 신비주의나 도그마에 빠지지 않고 인간중심적(人間中心的) 사고를 견지함으로써, 현실주의적 인간본위의 입장이 그의 모든 사상을

'모순없이 일관성있게 관통'(一以貫之)하고 있다.

◇이상주의

◇중용사상(中庸思想) 또는 중도주의(中道主義)

2. 또한 그는 현실주의자인 동시에 이상주의자이다. 그의 특징적인 사상 중의 하나인 중용적(中庸的) 입장은 지나침(過)과 모자람(不及)의 현실적 결과들에 주목하고 있는 것이며, 한마디로 역사의 책임을 신(神)이 아니라 인간에게 돌리려는 그의 주된 경향들은 인간의 문제는 곧 '현실의 문제'임을 설파하려는 것이다. 따라서 문제해결을 위하여는 '이상적인 인간모형'(군자)과 '사회상'(사랑과 예의의 사회)에 관심이 기울어질 수밖에 없음으로 인해, 그의 〈이상주의〉는 공허(空虛)한 이상주의가 아니라 '현실주의적 이상주의'이다.

◇현실주의적 이상주의자

3. 그리고 인간의 자기의지(自己意志)와 후천성(後天性)을 믿고 강조하려는 그의 입장은 법에 의한 강제보다는 교화(教化)에 의한 자율(自律)을 선택하는 방향으로 나아가면서, 법치주의를 배격하고 덕치주의(德治主義)를 내세우게 된다. 그리하여 정치가(政治家)로서 요구되는 덕목들이 중요시되는 것이며, 법에 의한 강제력행사는 잠정적이고도 불가피한 차선의 선택이 될 뿐이다. 따라서 최고통치권은 덕치가 가능한 성인(聖人)에게 주어져야 함으로써, 대중주의적 국민투표주의나 세습적 전제군주주의는 배제될 수밖에 없다.

◇덕치주의자

◇선양주의(禪讓主義)

4. 종종 옛 것을 복원하거나 유지하려는 그의 상고주의적(尙古主義的) 경향들은 전통주의적이고 보수반동적인 냄새를 풍기게 하는 것들이지만, 지식축적을 통한 역사적 진화와 과거를 통한 현실의 자기규정이라는 측면에서, 그리고 전통의 발굴과 그 새로운 해석들은 언제나 현실의 미래지향적 초석이 되어 왔다는 점에서 볼 때 그러한 경향들은 옛 것의 분석·종합과 시대적 요구간의 변증법적(辨證法的) 발전을 모색하려는 것으로 이해되어야 한다.

◇상고주의자

5. 군자와 소인으로 대비하여 그 자질의 상대적 차이를 인정하는 부분들에서 엿볼 수 있는 본성주의적(本性主義的)인 -따라서 자칫 보수적인- 색채는 교육과 학습의 중요성을

cf. *본성론 : 유전적 요인과 같은 선천성을 중시

* 육성론 : 환경이나 교육과 같은 후천성을 강조

◇ 혁신주의자

◇ 다원주의자

cf. 물질주의 대 도덕주의

◇ 반자본주의자

◇ 능률과 실질의 중시 : 실질주의자

◇ 검약주의(내실주의)

◇ 효제사상

cf. 개인주의, 동성연애, 계약결혼, 입양주의, 독신주의, 페미니즘, 난·정자 은행과 시험관 아기, 인간복제 등

◇ 가문·혈연주의

열정적으로 강조하고 있는 그의 많은 언급들에 의해 완전히 중화되고 있다. 특히 그같은 환경주의적(環境主義的) 입장은 인간의 선천적 자질과 능력의 차이를 인정함으로써만이 더욱 더 그 실천적 힘을 더할 수 있다는 점에서 볼 때, 그 차이를 인정하지 않는 획일적·평균적 처리에 비해 보다 현실적이며, 인간개조·사회변혁에 있어 보다 혁신주의적(革新主義的)이다.

6. 더욱이 그같은 선천적 자질이나 품격의 차이에 관한 관념은 자신의 또다른 특징인 화이부동(和而不同) 및 토론주의 정신과 맞물리면서 '개개 인간의 개성과 창의는 인정되고 존중되어야 한다'는 현대적 다원주의(多元主義) 사상을 뒷받침하고 있으며, 이는 궁극적으로 그의 인(仁) 사상의 개체적 발현이다.

7. 또한 그의 글들에서 종종 나타나는 견리사의(見利思義) 및 안빈낙도(安貧樂道) 사상은 자본주의사회의 본질적 성격인 물질주의적 이익추구와 생산성 이념과는 배치되는 것으로서, 이것은 그가 인(仁), 의(義), 예(禮) 등을 인간사회가 추구해야 할 이상적이고도 근본적인 덕목으로 설정하고 있음에서 볼 때에도 이미 반자본주의적(反資本主義的)이다.

8) 한편 그의 존현사능(尊賢使能) 정신은 도덕과 능률이라는 두 개의 가치를 조화시키고 있고, 많은 곳에서 엿볼 수 있는 그의 검약주의적(儉約主義的) 사고는 예법의 격식주의를 보완하고 있다. 특히 제례(祭禮)나 상례(喪禮) 등 각종 의례에서조차 그 형식보다는 내실(內實)을 오히려 강조함으로써, 허례허식과 비능률을 초래하는 형식주의적 사고를 벗어나고 있다.

9. 공자에 있어 부모와 연장자에 대한 효제사상(孝弟思想)은 가장 기본적인 인륜적 도리로서 강조되고 있고, 그가 요구하는 주요가치들—즉 仁, 禮, 信, 義 등—의 출발점이 되고 있다. 그러나 이같은 사상은 자신의 과도한 가부장주의의 경향과 맞물리면서 후대에 혈연주의적 가문중심사회

◇부권주의(父權主義)와 왕권주의
cf. 가부장권적 국가기원설

◇유기체론적 구조기능주의의 보수성

◇시대적 요구로서의 자연주의 및 도가사상

cf. 현대물질과학에 대한 대항개념으로서의 이른바 '정신과학'(예컨대 氣科學, 心靈科學 등)의 적극적 사고

와 절대적 왕권주의를 합리화(合理化)하고 사회를 정체화(停滯化)시키는 데 그 이데올로기적 기초를 제공하기도 하였다.

10. 특히 사회안정을 바라는 그의 유기체론적·기능주의적 사고는 현대 구조기능주의자(構造機能主義者)들과 그 '체계이론들'(system theories)의 보수성(保守性)에서 엿볼 수 있듯이 자칫 권력과 체제유지의 이데올로기로 변용될 수 있는 위험성을 항상 안고 있다.
11. 인구가 희소하던 시대에 일견 인간본위(人間本位)의 사고만으로도 충분할 수 있었던 그의 '인간주의 사상'은 오늘날 인구폭발과 자원고갈 및 환경오염의 시대에 당면하여 그 사고의 새로운 접목(接木)이나 거시적 전환(轉換)이 요구되며, 그 한 방법은 현재 세계적 조류로서 확산되고 있는 자연주의적(自然主義的) 사고의 변증법적 수용으로 나타날 수 있다.
12. 나아가서 이제 더 이상 귀신(鬼神)의 문제를 회피하는 식의 소극적인 태도를 벗어나, 그것이 실제로 갖는 인간현실과의 상관성에 주목하면서 적극적으로 탐구하는 것은 구태여 새로운 세계관(世界觀)을 모색하기 위해서라기보다는 그 본래의 도(道)에 보다 근접하고자 하는 가일층의 인간노력인 것이며, 이러한 시도는 공자 사상의 협소성(狹小性)을 극복하는 길일 뿐만 아니라 오늘날의 지배적 이데올로기로서의 과학기술주의(Technologie)가 행사하는 독단적 압제(獨斷的 壓制)로부터 보다 근본적으로 벗어나는 길이기도 하다.

▣ 생각해 볼 문제들 ▣

1. 공자의 민본적 덕치주의 사상과 현대의 정치적 민주주의이념(民主主義理念)을 비교해 보자.
2. 공자를 현실주의적 이상주의자라 할 경우, 그 근거들은 어디에서 찾을 수 있는가?

3. 그의 충효사상(忠孝思想)과 경합되는 오늘날의 상황변화들은 어떠한 것들이 있는가?

4. 만약 공자가 되살아난다면, 오늘날의 자본주의적 대중민주주의체제를 어떻게 평가하리라고 보는가?

5. 당시의 상황으로 미루어 볼 때, 공자의 혁신주의적 성격을 찾는다면 어디에 있는가?

6. 유교(儒敎)를 하나의 종교로 보지 않는 견해에 대해 찬·반론을 펼쳐보자.

7. 국경선없는 무한경쟁, 정보화 및 세계화 등으로 특징화되고 있는 이른바 '지구촌' 시대의 패권주의적(霸權主義的) 경향과 이에 대항하는 문화적 다원주의(多元主義)를 토론해보자.

8. 그러한 문화적 다원주의(多元主義)와 공자사상 간의 상충점들을 살펴보자.

플라톤(Platon, B. C. 427? - 347?)

Ⅰ. 배　　경

◇미케네문명시대(Mycenaean Civilization, B. C. 2000-1100) : 펠로폰네소스(Peloponnesos) 반도 동부의 미케네에 성립된 강력한 왕국중심의 문명으로서 크레타문명(Cretan Civilization)의 영향과 모방을 통해 발전하면서도 지정학적 원인으로 상무적(尙武的) 특색을 지니고 있다.

그리스의 경우 미케네문명이 외부침입자들에 의해 파괴된 B. C. 1100년경부터 B. C. 750년경까지는 문화적 특색이나 사료가 별로 없어 흔히 암흑시대(暗黑時代)라고 한다. 그러나 단순히 정체적 기간이었다기보다는 그리스인이 오리엔트적 영향의 에게문명을 청산하고 독자적 문화를 이룩해 내는 과도기로서 폴리스(polis, 도시국가)의 탄생을 준비하는 중요시기였다.

◇도시국가(polis)의 성립

B. C. 8세기를 전후하여 토지사유화(土地私有化)의 경향이 뚜렷해지면서 대토지소유자로서의 귀족(貴族)이 군사적·정치적 실권(實權)을 장악하게 되고, 이로 인해 미케네시대 이래 이어져 온 왕정(王政)이 붕괴되었을 뿐 아니라 기타 다른 지역에서도 왕권은 점차 쇠퇴해 갔다. 이리하여 이해(利害)를 같이하는 각 부족 귀족층이 지배와 집단방위(集團防衛)에 편리한 지역, 즉 이른바 아크로폴리스(acropolis, 도시성채)로 대거 이주하기 시작하면서 도시국가의 성립을 보게 된다.

◇대표적 도시국가 : 아테네와 스파르타

대표적으로 아테네(Athenae)에서는 왕은 그 권한이 점차 축소되면서 단순히 종교적 지도자로 전락한 반면, 귀족은 지배권이 크게 강화되어 B. C. 683년부터는 임기 1년인 9명의 집정관(執政官, archon)이 행정·사법·군사의 대권을 장악하게 된다. 스파르타(Sparta)에서도 B. C. 9세기경 입법자이자 국부(國父)인 리쿠르고스(Lykurgos)에 의해 스파르타에 집주(集住, synoikismos)하게 되면서, 임기 1년인 5명의 최고행정관(ephors)과 30명의 원로원(元老院)이 정치를 좌우하는 귀족적 과두정체(寡頭政體)가 나타나게 되었다.

B. C. 750 - 500년의 기간은 일명 고풍기(古風期, Archaic Period)라 하여 도시국가 초기의 기반확립기로서, 지중해와 흑해 연안에서 그리스인의 활발한 식민시(植民市) 건설활동과 함께 페르시아와 그리스라는 동·서 양(兩)세력의 충돌 시기이다. 이같은 식민시의 건설은 인구증가에 따른 식량부족과 함께 귀족의 토지소유확대로 인해 평민에게 주어질 여분의 땅이 없어짐으로써 추진된 것이었다. 예컨대 아테네는 B. C. 7세기경부터 상공업의 발달과 화폐의 유통이 시작되었지만, 농민 중에는 토지와 자유를 상실하여 노예(奴隸)로 전락하는 사람이 급증하였다. 그리하여 대토지(大土地)를 소유하는 귀족에 대해 불만이 많아졌으며, 귀족과 평민의 불화가 심해졌다. 그러나 드라콘(Drakon)의 성문법제정(B. C. 621), 솔론(Solon)의 개혁(B. C. 594), 페이시스트라토스(Peisistratos)의 참주정(僭主政, B. C. 561), 클리스테네스(Klisthenes)의 개혁(B. C. 508) 등 일련의 조치들은 양자간의 조정을 도모하면서 아테네 민주화의 초석이 되었다. 특히 클리스테네스는 귀족세력의 제압을 위해 종래의 혈연중심적인 부족구획을 지역적인 10부족구로 개편하고, 각 구(區)에서 50명의 대표를 추첨케 하여 〈500인 평의회〉를 구성함으로써 전체시민이 참여하는 〈민회(民會)〉에 대해 상설정부기관으로 삼았다. 그리고 명문(名門)의 정치기반을 파괴하고 새로운 참주의 출현을 막기 위해 도편추방법(陶片追放法, Ostracism)을 만들어 중장보병시민(重裝步兵市民)을 중심으로 한 민주정치의 기초를 구축하였다.

◇여기서의 '식민시'는 로마제국시대와 같은 착취의 대상이 아니라 해상교역의 파트너였으며, 이의 건설은 폴리스세계의 확대를 의미한다.

◇솔론의 개혁 중 재력(財力)의 정도에 따라 시민의 권리와 의무를 4등급으로 나눈 조치는 양 계층의 대립완화를 위한 절충적 시도였으며, 금권정치(金權政治, Timocracy)에 해당함.

◇페이시스트라토스의 참주정 수립은 신흥세력인 평민(平民)을 기반으로 한 귀족의 타도를 의미하며, 솔론의 국법(國法)을 준수하고 상공업을 크게 발전시킴으로써 그의 치세를 '황금시대'라고도 함.

이후 플라톤(Platon)의 조국 아테네는 전반적으로 그리스 도시국가들과 흥망을 함께하면서 크게 융성기와 쇠퇴기로 나누어 고찰된다. 〈융성기 : 고전(古典) 1기〉는 페르시아전쟁 개시(B. C. 490)로부터 펠로폰네소스전쟁 발발(B. C. 431) 직전까지의 기간에 해당한다. 페르시아와의 전쟁은 B. C.

◇아테네의 〈융성기〉

490년과 B. C. 480 - 479년의 2차에 걸쳐 일어났다. 그 결과는 B. C. 490년 마라톤(Marathon)전투에서 육군의 승리, B. C. 480년 살라미스(Salamis)해전에서 해군의 승리, 그리고 B. C. 479년 플라타이아이(Plataiai)전투에서의 연합군의 승리로 끝을 맺게 된다. 이로써 페르시아육군이 그리스본토에서 전면 철수하게 되고, B. C. 431년 펠로폰네소스전쟁이 발발할 때까지의 반세기는 이른바 '50년기'라 하여 아테네의 최고 전성기에 해당한다. 이미 B. C. 477년 델로스동맹(Delian League)의 맹주(盟主)로서 그리스 전체의 주도권을 쥐기 시작한 아테네는 특히 페리클레스(Perikles)의 정치적 수완으로 B. C. 449년과 B. C. 446년에 각각 페르시아 및 스파르타와 화의(和議)를 맺음으로써, 이후 15년간 전례없는 평화시대를 연출하고 에게해(Aegean Sea)의 패권(霸權)을 장악하는 영광의 '페리클레스시대'를 맞이하게 된다.

이 기간에 페리클레스는 동맹자금의 금고를 델로스(Delos)에서 아테네로 옮겨 독식함으로써 델로스동맹체제의 지속하에서 이에 참여한 군소 폴리스는 아테네 폭군도시에 대한 납세자로 전락하는 사실상의 〈아테네 제국시대(帝國時代)〉를 연출하게 된다. 이와같이 페리클레스시대 아테네의 번영과 영광은 여타 폴리스의 희생을 전제로 하여 가능하였던 것이다. 아테네의 민주정치나 문화의 발달 역시 부녀자와 노예의 희생, 특히 노예경제(奴隸經濟)의 기초하에서 가능했던 것이다. 아테네의 민주정은 성년남자 시민에게만 참정권이 주어짐으로써 불완전한 민주정치였다. 그리고 B. C. 5세기에 들어서 노예의 수가 크게 늘었는데, 이는 노예의 주요 공급원(供給源)인 전쟁포로의 매매가 성행했기 때문이다. 고도의 정신활동과 민주적인 정치참여는 여가(餘暇)없이는 불가능한데, 이같은 시간적·향락적 여유는 노예의 노동을 그 대가로 하는 것이었다.

〈쇠퇴기 : 고전 2기〉는 펠로폰네소스전쟁(Peloponnesian War, B. C. 431 - 404)의 발발로 시작된다. 전쟁은 아테네와 스파르타간의 패권다툼으로 시작되었으나 그 성격은 해군국

◇마라톤에서는 중산시민(中產市民)이 중장보병(重裝步兵)으로서, 그리고 살라미스에서는 제4등급에 해당하는 무산대중(無產大衆)이 수부(水夫)로서 활약함으로써 이들의 정치적 발언권이 커지고 아테네의 민주화를 촉진시켰다.

◇〈델로스동맹〉은 스파르타 주도하의 〈펠로폰네소스동맹〉에 참여한 폴리스와 중립을 지킨 크레타섬의 도리아인(Dorians) 폴리스를 제외한 에게해 주변 모든 폴리스를 포용하고 있었으며, 전성기에는 그 수가 200여 개에 달했다고 한다.

cf. 아테네의 주민구성
① 시민(市民), ② 거류외국인(居留外國人), ③ 노예(奴隸)
→노예는 전체주민의 약 1/3을 점함.

◇아테네의 〈쇠퇴기〉
◇펠로폰네소스전쟁
cf. 전쟁발발 4년 후 플라톤의 출생

과 육군국·민주제와 귀족제·상업국과 농업국의 대결이었고, 이윽고 펠로폰네소스동맹과 델로스동맹간의 싸움으로 비화(飛火)되면서 전쟁의 피해도 그리스 전역으로 확대되었다. 아테네의 패배로 끝난 27년간에 걸친 전쟁의 참화는 매우 커서 아테네의 경우 무역의 마비와 민주제의 중단 및 질병으로 인한 인구감소(人口減少) 등이 초래되었고, 나아가 해외 모든 소유지의 포기와 해군력 폐기 등이 강요됨으로써 사실상 아테네는 스파르타의 예속국으로 전락한 꼴이 되었다. 그럼에도 불구하고 아테네는 여전히 유력(有力)한 폴리스 중의 하나였으며, 얼마 후 스파르타의 강압정치와 군국적(軍國的) 보수주의에 불만을 품은 코린트(Corinth)·테베(Thebes)·아르고스(Argos) 등은 아테네를 앞세우고 페르시아의 후원을 얻어 스파르타의 패권에 대항하는 코린트전쟁(B.C. 395-386)을 일으키게 된다. 이에 스파르타는 페르시아와 이른바 〈대왕의 화약(和約)〉을 맺고, 페르시아 대왕(大王)의 힘을 빌어 전쟁을 종결시켰다. 이 결과 소아시아의 여러 그리스 식민시는 페르시아에 넘겨지게 되고, 폴리스세계는 더욱 약화·축소되게 된다. 스파르타의 반민족적(反民族的) 행위와 계속되는 간섭을 비난하면서, B.C. 371년 이번에는 테베가 도전하여 레우크트라(Leuktra) 전투에서 승리를 거두었다. 그러나 테베도 B.C. 362년 지도자의 죽음과 더불어 쇠퇴하고, 이후 폴리스 상호간의 분열과 항쟁이 지속되면서 중산층시민(中產層市民)이 몰락하고 노예가 늘어나 용병(傭兵)의 사용이 성행함으로써 시민개병제(市民皆兵制)를 원칙으로 단결하였던 그리스 폴리스사회는 내부에서부터 해체되어 갔다. 한때 아테네가 중심이 되어 제2차 해상동맹을 체결하였으나, 이 역시 동맹폴리스들의 불만을 사면서 동맹시전쟁(同盟市戰爭, B.C. 357-355)을 겪어야 했다.

◇코린트전쟁

◇레우크트라전투

◇폴리스의 모든 분열과 반목의 배후에서는 페르시아가 풍부한 자금력(資金力)을 이용하여 폴리스내의 정치가들을 매수한 이간책도 한몫을 하였다.

◇동맹시전쟁

◇마케도니아의 발흥과 고전그리스시대의 종말

cf. 필리포스 2세(B.C. 382-336):마케도니아의 왕(王)이며, 알렉산더 대왕의 아버지로서, 대국(大國) 마케도니아의 기초를 다짐.

이 무렵 그리스 북부 마케도니아(Macedonia)에서 B.C. 359년 필리포스 2세(Philippos Ⅱ)가 즉위하면서 국력(國力)을 크게 신장시켜 B.C. 346년 그리스를 침입·위협했으며, 마침내 아테네·테베 등 반(反)마케도니아동맹은 B.C. 338년 케로네아(Chaeronea)전투에서 대패(大敗)하게 된다.

이로써 사실상 완전한 자주독립(自主獨立)의 폴리스세계는 끝나게 되고, 이후 마케도니아는 그리스 본토의 폴리스들을 차례로 통합시킴으로써 고전(古典) 그리스시대는 막을 내리게 된다.

◇말기 폴리스사회의 타락상

펠로폰네소스전쟁기간 중 태어난 플라톤(B. C. 427 - 347)은 조국 아테네의 몰락과정 전반을 몸으로 체험했던 인물이었다. 그가 눈으로 보았던 당시 사회상(社會相)은 유명한 페리클레스의 연설처럼 '조국애(祖國愛)에 충만하여 아테네의 위대함과 찬란한 영광에 흐느끼고 명예(名譽)와 도의(道義)를 중시하여 기꺼이 조국에 목숨까지 바치는' 시민들의 도시가 아니라, 역사가 투키디데스(Thukydides)의 말처럼 '만행(蠻行)이 용기로 간주되고 신중(愼重)은 비겁자의 변명으로밖에 들리지 않는, 저돌성(猪突性)이 남자다움이 되고 폭력(暴力)이 언제나 신뢰를 받는, 그리고 당파적 유대(紐帶)가 혈연적 유대보다 강하고 공범(共犯)의 약속을 끝까지 이행하는 것이 성실(誠實)의 증표가 되는' 파당적 이기주의(派黨的 利己主義)의 사회였다. 플라톤 스스로 한탄한 것처럼 '이제 도시들은 빈자(貧者)의 도시와 부자(富者)의 도시로 분열되었고', 한편으로는 사기와 음모 및 모함 등으로 얼룩지면서, 테러가 만연하는 파렴치한 이기적 집단주의의 깡패사회이기도 했다.

cf. 투키디데스(B. C. 460? - 400) : 아테네의 장군이자 역사가. 펠로폰네소스전쟁의 역사를 다룬 『전사(戰史, Historiai)』(8권)을 저술.

Ⅱ. 생 애

◇B. C. 469년(?) 소크라테스 출생

◇B. C. 431년 펠로폰네소스전쟁 발발

cf. 플라톤의 출생과 사망 연도에 대하여 몇 가지 이설(異說)이 있으나, 여기서는 통설에 따랐음.

◈ B. C. 427(?)년 펠로폰네소스전쟁 와중에 아테네에서 태어남. 아버지 아리스톤(Ariston)과 어머니 페릭티오네(Periktione)는 양쪽 다 명문가(名門家) 출신으로서, 부친의 가계(家系)는 B. C. 11세기 아테네 마지막 왕에, 그리고 모친의 가계는 유명한 정치가이자 시인인 솔론(Solon)에 이어진다.

◈ 아버지는 일찍 세상을 떠나고, 어머니는 피릴람페스(Pyrilampes)와 재혼함. 이들 사이에 안티폰('Antiphon)이 출생하는데, 그는 대화편 『파르메니데스』에 등장함. 그리고 『국가론』에 등장하는 아데이만토스(Adeimantos)와 글라우콘(Glaukon)은 형(兄)들인 것으로 추정됨. 또한 포토네(Potone)라는 이름의 누이가 있었는데, 그녀의 아들 스페우시포스(Speusippos)는 훗날 플라톤이 세운 학원(아카데미)을 이어받게 된다.

◈ 어머니의 새 남편, 즉 플라톤의 계부(繼父)인 피릴람페스는 그 자신 유명한 정치가일 뿐만 아니라 페리클레스(Perikles)의 친한 친구이자 지지자였다고 한다. 더구나 어머니의 삼촌 카르미데스(Charmides)와 사촌 크리티아스(Critias)는 그 세기 말에 과두정(寡頭政)세력의 지도자로서 유명한 인물들이었다. 이같은 배경은 정상적으로 볼 때 플라톤의 정계입문(政界入門)을 보장하는 것이었으나, 정작 나중에 그는 정치에 환멸을 느낄 뿐만 아니라 정치참여에도 실패하게 된다.

cf. 페리클레스(B. C. 495? - 429) : 아테네 최대의 정치가 · 군인. 전쟁초기 아테네를 엄습한 전염병으로 사망.

◈ 플라톤이 자신의 생애와 사상에 결정적인 영향을 끼친 소크라테스(Socrates)를 언제 어떻게 만났는지는 설(說)이 분분하지만, 어쨌든 소크라테스의 죽음은 그에게 엄청난 충격을 안겨 주었음에 틀림없다. 이 때 28세이던 그가 40살이 될 때까지의 행각은 정확히 알려져 있지 않다.

◇플라톤의 어린 시절에 관하여는 거의 알려져 있지 않다.

◈ B. C. 399 - 387년. 그러나 이 기간 동안에 소크라테스의 다른 문하생들과 교제하면서, 한때 이집트나 퀴레네 등지를 여행한 것으로 전해진다. 또한 몇 차례의 전투, 특히 코린트전쟁시에는 당시 33세인 플라톤도 출정(出征)한 것으로 보인다. 그리고 이 시기에 많은 그의 초기저작(初期著作)들이 씌여진다.

◇B. C. 399년 소크라테스 처형됨.

◈ B. C. 387년(40세) 제1차 시칠리아(Sicilia) 여행. 남부 이탈리아와 시칠리아섬의 시라쿠사(Syrakousai)를 탐방(探訪)하는 동안 그의 인생행로(人生行路)에 중요한 작용을 하게 되는 디온(Dion)을 만나고, 또한 그의 사상에 커다란 영향을 끼치게 되는 피타고라스(Pythagoras) 학파

◇시라쿠사의 참주(僭主) 디오니시오스(Dionysios) 1세는 남부 이태리까지 그 세력을 넓히고 있었으며, 디온은 그의 둘째 처의 남동생이다.

cf. 피타고라스(B. C. 582? - 497?) : 고대 그리이스의 종교가 · 철학자 · 수학자

◇아테네의 철학학교로서는 플라톤의 학원(아카데미)이 최초였으며, 아리스토텔레스의 학교는 약 50년 후에 열린다. 이 밖에 다른 계열의 철학파인 에피쿠로스학파(Epicureans)와 스토아학파(Stoics)의 학교는 다시 여기서 약 30년 늦게 나타난다.

cf. 아리스토텔레스(Aristoteles, B. C. 384 - 322) : 플라톤의 최고(最高) 제자로서 17세에 아테네에 진출하여 그의 스승이 죽을 때까지 아카데메이아에 머물음.

를 접하게 된다.

◈ 시칠리아로부터 귀국(歸國)한 지 얼마 안되어 그의 나이 42 - 43세경 아테네 근교의 체육경기장인 아카데메이아(Akademeia) 근처에 학원(學園)을 설립한다. 영웅 아카데모스(Akademos)의 성역(聖域) 안에 있는 체육경기장 김나시온(gymnasion)의 이름이 아카데메이아였으며, 훗날 이 명칭은 학원(學園, 아카데미 academy)을 일컫는 말로 전용됨. 이곳에서 주로 철학을 탐구하되, 보조학문으로 수학 · 천문학 · 음악 등이 가르쳐지고, 다수의 훌륭한 철학자 · 수학자가 배출되었다. 이 학원은 525년 로마 유스티니아누스황제에 의해 폐쇄될 때까지 지속됨.

◈ B. C. 387(?) - 367(?)년. 이 시기 약 20년간은 아카데메이아에서의 교육에 전념(專念)한 것으로 보이며, 많진 않지만 중기(中期)에 해당하는 몇 편의 작품이 씌여진 것으로 추정됨.

◈ B. C. 367년(60세) 제2차 시칠리아여행. 이 해에 디오니시오스 1세가 작고(作故)하자 뒤를 이은 젊은 아들(디오니시오스 2세)의 교육을 이 새로운 왕의 삼촌인 디온으로부터 요청받게 된다. 이에 플라톤은 망설였으나, 이것이 자신의 '철인정치' 이상(理想)의 실현기회인 동시에 그 거부는 하나의 학문적 직무유기라는 고민 끝에, 그리고 디온의 간청에 못이겨 결국 방문을 결정하게 된다. 그러나 막상 도착해 보니 그 곳의 모든 상황이 분쟁(紛爭)과 모략(謀略)으로 가득 차 있음을 발견하게 된다. 디오니시오스의 학문적 열의는 매우 유동적이었고, 반(反)디온파벌의 모략으로 상처를 입은 그는 그 최초의 뜻을 이루지 못하게 된다. 결국 도착한 지 넉달만에 디온은 모반혐의로 국외로 추방당하고, 그는 디오니시오스의 강청(強請)에 못이겨 반(半)연금상태로 머물게 된다.

◈ B. C. 365년경 플라톤은 디오니시오스에 대한 힘든 설득과정을 통해, 마침 발생한 시칠리아의 전쟁상태가 안정되는 대로 재회(再會)하기로 합의하고 아테네로 돌아오게

된다. 이후 4년간은 아카데메이아에서 일과(日課)를 보내게 된다.

◈ B. C. 361년(66세) 제3차 시칠리아여행. 디오니시오스와 디온의 간절하고도 집요한 간청과 주변사람들의 여러가지 권유로 인해 또다시 시칠리아행을 결정하게 된다. 하지만 디오니시오스의 철학공부는 가망이 없어 보였고, 디온과 디오니시오스의 사이는 악화일로(惡化一路)로 치달아 플라톤 자신마저 위험을 느끼게 된다. 이리하여 거의 탈출(脫出)에 가까운 방식으로 가까스로 아테네에 귀환하게 된다(B. C. 360년 여름 경).

◇B. C. 357년 디온은 동지(同志)들을 규합하여 실력으로 시라쿠사를 점령함으로써 시칠리아의 지배자(支配者)가 된다. 그러나 그도 B. C. 354년 동지 중의 한 사람에게 암살당한다.

◈ 디오니시오스의 변덕에 농락당한 순진한 노(老)철학자 플라톤은 그의 이상(理想)과는 너무 괴리된 현실사회의 생리(生理)를 뼈저리게 실감하였고, 이후 그의 저술들은 현실과 어느정도 타협(妥協)의 경향을 보이게 된다. 기울어져 가는 조국 아테네를 바라보면서도 지칠 줄 모르는 그의 학문적 열정(熱情)은 나이 60세 이후의 많은 작품들에 나타나 있으며, B. C. 347(?)년 80세의 나이로 세상을 떠났다.

Ⅲ. 저　　작

플라톤의 전(全) 저작은 거의 대화편(對話篇)으로 구성되어 있으며, 그 중 단 하나를 제외하고는 나머지 모두 '소크라테스'라는 가상인물을 중심적 등장인물로 삼고 있다. 그리고 그 작품들의 진위(眞僞)나 집필시기가 불분명하다. 일반적으로 받아들여지고 있는 분류방식에 따라 그 저작들을 나열하면 다음과 같다.

① 초기 : 『소크라테스의 변명』(Apologia), 『크리톤』(Kriton), 『라케스』(Laches), 『리시스』(Lysis), 『카르미데스』(Charmides), 『에우티프론』(Euthyphron), 『소 히피아스』(Hippias ellaton), 『대 히피아스』(Hippias meizon), 『프로타고라스』(Protagoras), 『고르기아스』(Gorgias), 『이온』(Ion) 등

② 중기 : 『메논』(Menon), 『파이돈』(Phaidon), 『국가론』(Politeia), 『향연』(Symposion), 『파이드로스』(Phaidros), 『에우티데모스』(Euthydemos), 『메넥세노스』(Menexenos), 『크라틸로스』(Kratylos) 등

③ 후기 : 『파르메니데스』(Parmenides), 『테아이테토스』(Theaitetos), 『소피스테스』(Sophistes), 『정치가론』(Politikos), 『티마이오스』(Timaios), 『크리티아스』(Kritias), 『필레보스』(Philebos), 『법률론』(Nomoi) 등

◇소크라테스가 처형된 B. C. 399년(플라톤 28세)을 기점으로, 초기(청년기, 28-40세)·중기(중년기, 40-60세)·후기(노년기, 60-80세)의 세 시기로 편의상 구분한 것임.

여기서는 이상의 저작들 중에서 초기로부터 후기에 이르기까지 전반에 걸쳐 철학적·정치사회학적으로 대표적인 작품 몇 가지만 소개하고자 한다.

◈ **『소크라테스의 변명』(Apologia)**

ㅇ펠로폰네소스전쟁이 아테네의 패배로 끝난 지 5년 째 되는 B. C. 399년 소크라테스는 '젊은이들을 현혹시키고, 국가가 인정한 신(神)을 인정하지 아니한다'는 죄목(罪目)으로 고소당하여, 법정에서 500명의 재판관(배심원)과 그 밖의 시민청중 앞에서 변명연설(辨明演說)을 하는 대화체의 글이다.

◇평소 소크라테스는 그 내심(內心)의 다이모니온(daimonion) 의 신탁(神託)을 받았다고 말함으로써, 새로운 신(神)을 받드는 자로 오해받게 됨.

ㅇ그리스 최고의 지성(知性) 소크라테스(Socrates, B. C. 469? - 399)의 최후(最後)를 생생히 그린 불후의 명저로서, 역사적 사실의 기록이라기보다는 소크라테스의 행적(行蹟)과 기본사상을 일반에게 올바로 이해시키고자 쓰여진 초기작품이다. 그 서술방식은 크게 최초의 변론, 유죄선고 후의 변론, 사형선고 후의 변론 등 세 부분으로 구성되어 있다.

◇이 밖에 소크라테스의 최후를 그린 작품으로는 『크리톤』(Kriton)과 『파이돈』(Phaidon)이 있다.

ㅇ플라톤은 이 작품에서 '소크라테스는 그 행동이 정당(正當)했으며, 신들을 믿었고, 청년들을 타락시키기보다는 오히려 참된 지혜를 일깨워 무지(無知)에서 해방시켰으며, 부정(不正)보다는 언제나 정의(正義)의 편에 서 왔다는

사실'을 증거하고 있다.

ㅇ이렇게 이해된 소크라테스 사상의 본질은 '스스로 무지(無知)임을 깨달은 자가 아는 체하는 자보다 더 지혜롭다'는 〈무지〉의 자각(自覺), 〈영혼〉의 불멸성과 그 소중함에 대한 인식, '힘써 〈앎〉을 구해야 한다'는 지식에 대한 사랑(철학, philosophia)이다.

ㅇ여기서 역설적(逆說的)인 것은, 당시 소크라테스가 가장 경멸하고 혐오하였던 단편적·지엽적 지식의 장사꾼들, 즉 어떤 확고한 원칙이나 이상(理想)도 없이 민중을 선동(煽動)하는 기술이나 가르치며 '인간이 만물의 척도'라고 하여 일체의 기존권위를 무력화(無力化)시키고 신앙심을 흐리게 함으로써 당시 아테네의 보수적인 애국자들로부터 비난받아 왔던 소피스트들(sophists) 무리의 한 사람으로 지목되어 자신이 고발됨으로써, 그들이 짊어져야 할 죄과(罪過)를 부당하게도 대신(代身) 짊어지게 되었다는 사실이다.

> *cf.* 철학 = philo(지혜, 지식) + sophia(사랑하다, 좋아하다)
>
> ◇소피스트들(sophists): B.C. 5-4세기경 그리스에서 활약한 지식인(知識人)들로서 당시 입신출세(立身出世)를 위한 변론술(辯論術)과 백과사전적 지식을 보수를 받고 가르쳤다. 따라서 그 본래 의미는 현인(賢人) 또는 지자(知者)를 가리키나 오히려 일명 '궤변학파'(詭辯學派)라 불리운다.

◈『메논』(Menon)

ㅇ중기(中期) 대화편들 중에서 비교적 초기작품으로 사료되며, 등장인물들로 보아 아니토스가 이끄는 민주파(民主派)가 정권을 잡은 이듬해인 B.C. 402년경에 씌여진 것으로 보임.

ㅇ대화상대자인 메논(Menon)은 테살리아 귀족(貴族) 집안의 청년이며, 아테네에는 아니토스의 방문객(訪問客)으로서 노예소년(奴隸少年)을 여러 명 대동하고 와 있는 인물이다.

> ◇아니토스는 B.C. 403년 당시 '30인 과두정권'을 트라시불로스와 함께 무너뜨린 민주파 정권의 지도자이며, B.C. 399년 소크라테스를 고발한 3인 중의 한 사람이다.

ㅇ이른바 '상기설'(想起說)의 최초의 출전이 되고 있는 작품이며, 주 내용은 아레테(arete: 사람으로서의 훌륭함, 덕, 좋음—goodness, excellence, virtue 등)가 무엇이며, 가르쳐질 수 있는 것인가에 관한 문답(問答)으로 이루어져 있다.

> ◇상기설

ㅇ인간의 혼은 불멸(不滅)이며, 삼라만상은 동류관계(同類關係)에 놓여 있음으로 인해 혼(魂)은 이미 모든 것을 배

> ◇영혼불멸과 윤회, 신탁(神託)과 예언(豫言) 등에 대해 강한 신념을 보이고 있음.

◇신적·영감적 직관과 인식의 최고성

웠으므로 하나를 상기(想起, anamnesis)한 사람은 다른 모든 것을 알아낼 수 있다는 주장(즉, '상기설')을 펴고 있다. 한마디로 '인간은 스스로 자기 자신 속에 있는 지식을 되찾아야 한다'는 것이다.

ㅇ그리고 훌륭함(arete)은 곧 지혜(智慧)로서 슬기로운 혼에 의해 인지·발현될 수 있는 것이며, 그것은 선천적(先天的)으로 주어지는 것도 아니고 그렇다고 가르쳐질 수 있는 것도 아니라고 하면서 어디까지나 영감(靈感)을 받은 신들린 상태처럼 〈신적(神的) 섭리〉에 의해 존재케 되는 것이라고 한다. 그러면서도 마지막으로 "〈훌륭함〉이란 무엇인가?" 하는 본질적 의문을 미결(未決)로 남겨두고 있다.

◈『파이돈』(Phaidon)

◇여기서도 철인(哲人)으로서의 소크라테스의 면모 및 학문적 기본입장과 방법을 일면(一面) 엿볼 수 있는 작품이다.

ㅇ중기(中期)의 작품으로서, 독배(毒杯)를 들게 되는 최후의 날에 소크라테스가 그의 동료들과 대화한 내용을 귀담아 들은 파이돈(Phaidon)이 고향으로 가던 중 펠로폰네소스의 플리오스에서 에케크라테스를 만나 감옥(監獄)에서 보고 들은 내용을 전하는 형식으로 되어 있음.

◇죽음의 미화

ㅇ최후를 맞이해야 할 소크라테스였기에 대화내용은 자연스레 〈죽음〉의 문제와 관련되어 전개되고 있으며, 동료(同僚)들의 슬픔을 오히려 나무라면서 '지혜를 사랑하는 사람', 즉 철학자(哲學者)는 죽음을 두려워하기보다는 오히려 기꺼이 그것을 맞이하게 되는 이유를 설명하고 있다.

◇형상이론

ㅇ이 과정에서 지혜와 혼(魂, psyche), 그리고 실재(實在) 간의 상관성을 논구하면서 플라톤의 '정화적 형상이론'(淨化的 形相理論)이 부각되고 있다. 실재하는 것들(ta onta), 즉 이데아(idea) 또는 형상(eidos)은 최대한으로 혼을 육체(감각)로부터 분리시키는 '정화'(katharsis, 순수화)를 통해서만이 포착될 수 있는 것이라고 하여, 〈죽음〉을 '정화' 그 자체로서 미화(美化)하고 있다.

ㅇ이 작품에서도 '모든 것들에 대한 지식(知識)은 이미 인간이 태어나기 이전에 획득되어 있던 것으로서, 태어나자

마자 망각(忘却, lethe)되었다가 감각적 자극을 통해 상기(anamnesis)되는 것에 불과하다'는 〈상기설(想起說)〉과 '영혼(psyche)은 결코 소멸될 수 없는 것'이라는 〈영혼불멸설〉이 설파되고 있다.

◇상기설과 영혼불멸설

◈ 『국가론』(Politeia)

◇플라톤의 전(全) 저작 중 가장 대표적(代表的)이고 중요한 저작이며, 분량도 제일 많은 부류에 속함.

◦중기, 즉 장년기의 저작 중 비교적 초기의 것으로서 〈학원 academy〉이 개교한 지 10년 이내의 작품으로 알려져 있으며, 철학적·정치적 저작 전반에 걸쳐 가장 위대한 문학적 걸작으로 인정되고 있다.

◦〈학원〉을 창설할 때의 정열과 이상적 포부로 가득 차 과단성과 독창성을 보이고 있으며, 그 내용에 있어 정치·경제·사회·교육·문학·예술·심리·윤리·종교 등 인간생활 전반(全般)을 총 망라하여 플라톤 사상의 모든 면이 순일(純一)하고도 종합적(綜合的)으로 나타나 있다.

◇플라톤의 학문이론적 최대·유일의 적(敵)은 당시 유행적 주류세력인 테크노크라트(technocrat)적 소피스트들이었다.

◦저술의 주 목적은 한마디로 당시 주류(主流)를 이루고 있는 소피스트들(sophists)의 상대주의적·개인주의적 국가관(國家觀)을 비판하면서, 절대적 선(善, idea)과 정의(正義)를 지향하는 〈유기체적 공동사회국가〉를 건설하고자 하는 데 있다.

◇국가기원론·사회구성론·철인정치론·권력변동론 등

◦국가사회의 발생원인을 인간간의 '상호의존적 필요'에서 찾고 그 존립이유는 구성원의 공동이익(共同利益)에 있다고 봄으로써 계약설(契約說)적 관점에 서 있으며, 이같은 목적의 달성을 위하여 '분업화와 직업전문화'를 주장함으로써 〈유기체적 구조기능주의〉의 입장을 보이고 있다. 이 과정에서 분업구조를 통치계급·방위계급·서민계급 등 세 집단의 유기적(有機的) 관계로 설정하고, 최고권력기구인 통치계급은 오직 지혜를 사랑하는 '진정한 철학자들'로 구성되어야 한다고 주장함으로써, 그 유명한 〈철인군주정치〉가 제시되고 있다. 특히 귀족정(또는 군주정)에서 명예정·과두정·민주정을 거쳐 참주정에 이르는 정치형태의 타락과정, 즉 정체(政體)의 5단계 변천과정에 대한 매우 치밀한 심리학적 분석이 돋보인다.

◇플라톤적 〈이상국가〉의 전제조건들과 철학교육

◦또한 경제면에서 사유재산제도(私有財産制度)를 부정하고, 사회면에서는 가족(家族)의 해체를 주장함으로써 〈완전한 공산사회〉의 구현을 도모하고 있고, 여기에 우생학적(優生學的) 종족개량까지 시도함으로써 공산주의적·전체주의적 입장을 보이고 있다. 인간의식개조(人間意識改造)를 위해 문화·예술은 검열과 통제의 대상이 되며, 국가전체가 하나의 교육장(敎育場)으로서 〈완전한 공교육체계〉를 이루고 있다. 이리하여 교육과정의 마지막 최고단계인 '변증론'(辨證論), 즉 〈철학〉의 교육을 통해 예지계(叡智界)의 최후목표인 절대자에 이르는 것이 인간 삶의 궁극적 목표임을 설파하고 있다.

◇'창조적 신비주의'와 사회학적 상상력의 보고(寶庫)

◦『국가론』의 마지막 부분에서 나타나는 이와같은 종교적 성격을 지닌 그의 사상은 다른 많은 저작들에서 볼 수 있는 바와 같이 영혼불멸론, 윤회설(輪廻說), 인과응보사상(因果應報思想) 등으로 어우러져 있다. 이같은 종교적·신비적 색체는 그의 수학·기하학 및 천문학의 교육론에서도 나타나고 있으며, 거기서의 수비학(數秘學)적 논설, 특히 귀족정에서 명예정에로의 변화원인에 대한 설명은 동양의 역술학적 사주분석(四柱分析)을 연상케 하고 있다. 이리하여 『국가론』의 이 모든 것들은 곧 새로운 천년(千年)을 맞이할 20세기 말(末)에 이르러서 더욱 풍부한 상상력과 영감(靈感)의 진원지가 되고 있다.

◈『정치가론』(Politikos)

◇『정치가론』이나 『법률론』같은 플라톤사상의 후기형태는 그의 이상(理想)의 좌절로 인해 현실과의 타협으로 나타나면서 일반성과 독창성 및 과감성을 상실하여, 문체(文體)의 조잡성과 주제(主題)의 복잡성 및 산만함과 단조로움을 보이고 있으나, 후계자(後繼者)들의 정치철학

◦이 작품은 다음의 『법률론』과 함께 『국가론』이 나타난 것보다 상당히 세월이 흐른 뒤에 쓰여진 것이며, 만년(晩年)의 플라톤 정치철학(政治哲學)을 보여주고 있다.

◦정치의 내용에 관한 저작이라기보다는 정치가(政治家)를 정의(定義)하는 변증법적 연습에 그 목적이 있는 것으로서, 초기 『국가론』에서의 가설(假說)을 보다 구체화하고 그 학문적 근거를 제공하고자 하는 데 관심을 기울이고 있다고 볼 때 본질적으로 『국가론』의 속편에 해당한다.

◦그러나 이상적 지배자와 현실적 정치가·이론적 정치학과

에 대하여는 더 많은 영향을 끼침. 예컨대 아리스토텔레스 『정치학』(Politica)의 출발점은 『국가론』보다는 오히려 『정치가론』과 『법률론』이 되고 있다.

◇이같은 체계적 정체구분은 헤로도토스(Herodotos)의 정치형태분류법을 차용한 것이다.

ㅇ이같은 변형과 필력저하(筆力低下)를 두고 사람들은 일반적으로, 3차에 걸친 시칠리아여행의 결과 그가 겪은 현실정치참여의 실패(失敗) 및 이상과의 커다란 괴리에 대한 낙담, 그리고 노쇠(老衰)에 따른 정력의 감퇴 등에서 비롯된 것으로 보고 있다.

실제적 정치학을 엄밀히 구별하여 『국가론』과 달리 '현실적인 것'이 논의되고 있으며, 『국가론』에서 주장한 〈철인정치(哲人政治)〉는 천상(天上)의 신적(神的)인 것으로서 현실적 국가와는 전혀 다르다고 봄으로써 법률(法律)에 근거한 실현가능한 '차선(次善)의 국가'를 모색하고 있다.

ㅇ〈정치가〉를 지식추구를 본업(本業)으로 하는 통치기술가(統治技術家)로 정의하면서도, 『국가론』에서와 같이 양떼를 통제·관리하는 목자(牧者)로 규정하고 있고, 특히 가족을 책임지고 다스리는 가장(家長)에 비유하고 있다.

ㅇ『국가론』에서 보여 준 '진정한 정치가'인 전지전능한 '철인'(哲人)에만 국한하지 않고, 현실적 정치가들의 권력행사양태를 통치자의 수(數) 및 법률과의 일치여부에 따라 6가지 정치형태로 구분하여 설명하고 있다. 그 합법성여부에 따라 군주정치(Monarchy)과 참주정치(Tyranny), 귀족정치(Aristocracy)와 과두정치(Oligarchy), 그리고 민주정치(Moderate Democracy)와 폭도정치(Extreme Democracy, Mobcracy) 등으로 대비하면서, 현실적으로 〈차선국가〉는 철인적 군주정치와 합법적 민주정치의 중용적(中庸的) 타협인 '혼합정치형태'에서 발견될 수 있다고 보고 있다.

◈『법률론』(Nomoi)

ㅇ『정치가론』과 마찬가지로 현실적 타협과 함께 플라톤사상의 변형(變形)을 보여 주는 명백한 만년(晩年)의 작품이며, 특히 『국가론』에 담긴 사상과는 현저한 대조를 보이고 있다.

ㅇ문학적 품위로 보아 『국가론』과는 비교가 되지 않을 정도로 조잡하여, 읽기에 딱딱하고 무료하며, 문체가 산만하고 내용의 반복이 심하다.

ㅇ여기서의 〈법률〉은 『국가론』에서의 '이성'을 대리하고 있으며, 도덕과 종교적 규범을 포괄하는 개념이다. 회고하건대 그의 최고저작 『국가론』의 주인공인 철인왕(哲人王)은 사실상 신적(神的)인 존재로서 법률이나 여론(輿論)을 초

ㅇ〈차선국가〉에서의 주요 덕성들은 준법정신, 자제(自制)나 중용(中庸), 조화(調和) 등이다.

ㅇ규모형태의 경우, 극히 작은 크기(시민수 5,040명)의 농업국가를 지향하고 있다.

ㅇ10인 장로(長老)들은 주간(晝間)의 일상적 국가활동이 시작되기 전인 이른 새벽에 회의를 열어 주요 정책방향을 결정하며, 사실상 『국가론』의 '철인들'에 해당한다.

월한다. 즉 그의 판단과 명령이 곧 최상의 법률이며, 여론 그 자체인 것이다. 그러나 『법률론』에서 관심을 기울이고 있는 현실적으로 건설가능한 차선(次善)의 이상국가(理想國家)는 법률에 의해 조정·통합되는 법치적·준법적인 국가이다.

ㅇ실현가능한 차선국가의 설립이라는 『법률론』의 주된 관심은 『국가론』의 주된 원칙(原則)들을 부득이 부분적으로 수정(修正)하게 된다. 국가의 엄격한 통제나 검열을 조건으로, 가족과 결혼 및 사유재산제도가 용인(容認)되고, 교육부문에서도 유급교사(有給敎師)에 의한 학교관리를 제안하고 있다. 특히 재산상의 불평등심화를 억제하기 위한 국가의 역할이 강조되고, 종교 등에 대한 국가의 감독을 요구하고 있다.

ㅇ그 밖에 국가의 규모 및 권력구조와 그 구성원리 등에 대해서 논의하고 있으며, 이 과정에서 모색되고 있는 '혼합국가'(混合國家)는 군주적 지혜(智慧)의 원리와 민주적 자유(自由)의 원리의 적절한 배합형태를 띠고 있다. 예컨대 37인의 위원들로 구성된 〈행정관 수뇌부〉의 피선거권자는 군적(軍籍)을 가진 50세 이상의 남자시민이며, 이들 37인은 전(全) 시민이 참여하는 〈민회〉에서 3차에 걸친 선거를 통해 최종 선택된 자들로서 법률옹호자들(Guardians of the Law)인 것이다. 특히 이들 중 연장자(年長者) 10인은 최고정치기관인 〈새벽의 평의회 Nocturnal Council)을 구성하며, 교육 및 법률의 제정과 변경을 그 주요업무로 한다.

Ⅳ. 플라톤의 政治思想*

: 『국가론』을 중심으로 한
현대지방자치제의 방향성 검토를 위하여

The Thought of Plato in "*Politeia*"
: In Regard to Some Suggestions for Modern Local Government

1. 관심의 출발

◇세계화와 지방화 → cf. '세계화'이데올로기의 패권주의적 양상

◇아테네 말기의 사회적 문제들과 현대사회의 그것 간의 유사성

오늘날 서구민주주의(西歐民主主義)의 고도화된 형태는 중앙집권적 '민족국가'(nation-state)로부터 출발하여 '풀뿌리 민주주의'(grass-roots democracy) 이념에 기초를 둔 '분권화된' 지방자치제(地方自治制)의 양상으로 표출되고 있다. 그리고 그 특성은 과학기술, 특히 교통·통신의 발달과 국가간 상호교류 및 의존도의 증대에 따른 세계공동체화(世界共同體化)의 커다란 조류에 국가내 보다 작은 지역사회(地域社會)들의 생활공동체적 특성화·개성화의 물결이 가세하는 형태를 띠고 있으며, 이는 한마디로 '세계화 속의 지방화'[1]라는 슬로건으로 집약(集約)되고 있다.

이 경우 주지하고 있는 바와 같이 서구민주주의의 뿌리를 그리스 도시국가(都市國家), 특히 〈아테네의 민주정치〉에서 찾고 있고, 당시 폴리스적 국가체제가 오늘날 자치단위구조와 많은 유사성(類似性)을 지니고 있다는 데 동의한다면 현대 지방자치제도의 이념과 성격, 그리고 그 문제점들을 논의하고 새로운 방향들을 모색함에 있어 당시의 체제논의(體

---

* 이 글은 공주대학교 지역개발연구소 편, 『지역개발연구논총』(제4권 제1호, 1996. 12.)에 실린 논문을 이해의 편의와 체제의 통일을 위해 변형시킨 것임.

1) 졸고(拙稿), "지방자치의 양가성 : 의식개혁과 제도개혁의 상관성에 주목하여", 公州大學校 地域開發硏究所 編, 『地域開發硏究論叢』(제3권, 제1호), 1995, 35-36쪽 참조.

制論議)들을 재고해 봄은 그 의의를 떠나 흥미있는 일이라 본다. 아테네 말기에 두드러지게 나타난 금권정치(金權政治), 선동정치화된 민주주의, 빈부격차의 심화(深化), 당파주의(黨派主義)와 연고주의(緣故主義), 부정부패, 조직폭력(組織暴力) 등 제실상[2]은 때때로 오늘날 우리의 현실을 부끄러이 되짚어 보게 하는 것들이기도 하다. 만일 이들이 〈현대 자본주의적 대중민주주의체제〉의 본질적 속성(屬性)과도 필연적인 연관을 갖는 것이라고 한다면 현체제와 그 이념의 바람직한 지향점들에 대한 논의가 불가피하며, 이 경우 당시 선배학자(先輩學者)들의 고뇌들은 새로운 싹을 틔움에 있어 매우 주요한 밑거름이 되리라 본다.

여기서는 그런 당대 학자들 중에서도 서양철학의 시조[3]이자 당시 민주체제에 대해 비판적 사색을 가장 깊이 하였던 플라톤(Platon, B. C. 427? - 347?)의 사상, 특히 그의 사상의 정수(精髓)를 담고 있는 주저(主著) 『국가론(國家論)』(Politeia, The Republic)을 중심으로 그가 추구하는 이상적 체제의 청사진과 그 사상적 특성을 재평가하면서 〈현대 풀뿌리민주체제〉에 대한 몇 가지 적용가능성을 타진해보고자 한다. 더욱이 본격적인 지방자치시대(地方自治時代)에 접어들고 있는 한국적 실정에서의 여러 어려움들을 창조적으로 극복해야 하고, 통일 후 바람직한 체제모형(體制模型)들이 논의되고 있는 혼란한 상황에서 그의 『국가론』에 담겨있는 사상은 우리들에게 무한한 상상력(想像力)을 제공해 줄 수 있으며, 이런 점은 다음과 같은 세바인(G. H. Sabine)의 『국가론』예찬론에서도 엿볼 수 있다.

◇ 지방자치(地方自治)의 당면과제들과 통일한국(統一韓國)의 이념적 문제들의 해결에 요구되는 사회학적 상상력

> "정치학에 관한 논문(論文)으로서 〈국가론〉같이 긴밀히 추리(推理)되고 충분히 조화(調和)된 서적은 없다. 또 사상의 계열이 이와같이 과감하고 독자적(獨自的)이고 고무적인 내용을 가진 서적은 없다. 이러한 특징으로 인하여 이것은 만세

2) George H. Sabine, *A History of Political Theory* (閔丙台 譯, 『政治思想史』〈前〉, 乙酉文化社, 1963), 16 - 17쪽, 그리고 제7장 참고.

3) Emerson은 "Platon은 철학(哲學)이요, 철학은 Platon이다"라고 했으며, Burnet는 "서양문화의 가장 좋은 것, 가장 중요한 것은 모두 Platon에게 그 원천(源泉)이 있다"고 말하였다. 최명관 編著, 『哲學槪論』, 訓福文化社, 1973, 48 - 49쪽.

◇서양지성과 창조적 상상력의 영원한 보고(寶庫)인 『국가론』

(萬世)에 통용되는 서적이 되었으며, 후세에 각양각색의 영감(靈感)이 이 서적에서 배출했다. … 〈국가론〉은 영원히 학자(學者)의 소리이며, 지식과 계몽에서 사회진보(社會進步)의 기반이 되는 힘을 탐구하는 지성인(知性人)의 신앙의 고백(告白)이다."[4]

2. 국가사회의 기본적 틀

1) 이념

〈국가이념〉은 국가사회가 지향해야 할 목표인 동시에 궁극적으로는 곧 국가의 존립이유에 해당하는 것이다. 그리고 그것은 발생론적(發生論的)으로 국가의 〈기원〉에 관한 논의와 직결되는 문제이다. 플라톤은 불완전한 개개의 인간들이 상호의존적 필요를 느껴 집단을 이루면서 국가가 발생하게 되었다고 보고 있다.

> "우리는 많은 결함(缺陷)을 갖고 있기 때문에 이를 보완하기 위해 많은 사람을 필요로 하네.… 함께 한 지역에 모이게 되었을 때 이 집단을 국가(國家)라고 부르게 되네… 상호교환(相互交換)이 그들에게 이득이 된다고 생각되기 때문이네."[5]

◇국가기원론
←상호의존적 필요성
←계약설적 관점

여기서 그 〈상호의존적 필요〉라는 것은 '물질적 필요'를 의미하고 있고, 그것은 구체적으로 식량, 집, 옷, 그리고 그 밖의 필수품 등과 같은 생존에 필요한 의식주(衣食住)에 관련된 것들이다. 따라서 플라톤적 의미에서의 시원적 국가개념(始原的 國家槪念)은 그 구성원의 '생명유지 및 상호이익'을 보장하는 물질적 기반을 제공키 위한 최소한의 사회구조의 필요성에서부터 출발된 것이다. 이렇게 볼 때 그의 국가개념은 그 기원에 관한 현대정치이론상 실력설(또는 정복설)이나 계급설적 관점의 것이라기보다는 계약설적(契約說的) 관점에 가깝다고 볼 수 있다.

4) G. H. Sabine (閔丙台 譯), 앞의 책, 69-70쪽.
5) 최 현 옮김, 『플라톤의 국가론』, 집문당, 1989(=『국가론』), 82쪽. 『국가론』의 번역물은 여러 개가 있으나 이후의 인용은 설사 이해상의 오차가 있을지라도 최 현이 번역한 위의 책에 충실하게 의존하고자 한다.

◇분업화와 전문화

그리고 그가 말하는 '상호교환'은 분업(分業)의 불가피성을 의미하면서 노동전문화의 능률성(能率性)을 강조하게 된다.

> "제우스 신(神)의 이름으로 말하네만은 이것은 틀림이 없을 걸세.… 우리는 각자 다른 조건과 환경 아래 태어났네. 따라서 소질이 다르므로 각자 다른 일을 하기에 적합하도록 되어 있네.… 한 사람이 한가지 일을 그의 본성에 따라 실천하면 보다 더 능률적으로, 보다 더 슬기롭게, 그리고 보다 더 손쉽게 할 수 있지 않겠나?"[6]

◇사회구성론
① 수호자계급 : 통치계급과 방위계급
……지배계급
② 서민계급
…… 피지배계급

이리하여 그는 국가사회 전체구성원의 〈직능적 전문화〉를 크게 세 부류로 나누고 있다. 먼저 수호자계급(지배계급)과 서민계급(피지배계급)으로 구분하고, 다시 수호자계급을 통치계급(심의·결정계급)과 방위계급(지지·보조계급)으로 구분하여 그 각각의 계급이 그 본성, 즉 선천적 소질(先天的素質)에 따라 충분히 역할을 다해 주었을 때 사회구조는 최선의 '기능화'와 '능률화'를 이룰 수 있으며, 최초의 국가형성 목적에도 합치됨을 강조하고 있다. 그리고 사회의 유지 및 그 최선의 기능화와 능률화를 위하여는 이러한 세 계급, 즉 〈통치계급〉, 〈방위계급〉, 〈서민계급〉이 지혜(智慧), 용기(勇氣), 절제(節制)를 그 각각의 덕목(德目)으로서 잘 견지하는 것이 '국가정의'(國家正義)이며, 또한 그러한 〈덕〉은 타고난 소질에 의해 결정되는 것이므로 이미 그에 입각하여 선발되어 분업화(分業化)된 세 부류 계급이 각자 맡은 바 소임(所任)을 올바로 수행하는 것 자체가 곧 〈정의〉임을 보여 주는 것이다.

◇정의(正義)
→ 분업화와 전문화
→ 구조기능주의

> "…즉 각 개인은 국가에서 자기 소질에 적합한 한 가지 일에 종사해야 한다는 것이었네.… 각자 자기가 맡은 일만을 행하고, 그 밖의 일에 손을 대지 않는 것이 정의(正義)라고도 여러번 이야기했었지.… 그렇다면 그것이 실현되는 것이 정의가 아니겠나. 다시 말해서 각자 자기 일을 올바로 하는 것이 곧 정의란 말이네."[7]

6) 위의 책, 83-84쪽.
7) 같은 책, 175-176쪽.

이와같이 〈플라톤적 국가관과 정의론〉은 '분업화와 전문화를 통한 능률과 조화'라는 최초의 목적에 시종일관하면서 그 자체 국가이념이 되고 있고, 이는 정치이론상 국가유기체설적 구조기능주의(國家有機體說的 構造機能主義)에 입각하고 있는 것이라고 볼 수 있다. 그리고 이것은 흔히 우리 주변에서 널리 회자되는 바 '각계각층의 국민이 그 맡은 바 소임에 최선을 다했을 때 총체적 국력은 극대화되며, 안정과 번영을 가져올 수 있다'는 상식화된 명제(命題)와 많은 점에서 부합하는 논리이다. 이렇게 볼 때 그같은 이념은 오늘날 개별 지방자치단위체의 존립근거인 동시에 그들 개개 단위체가 원론적(原論的)이고도 교과서적으로 받아들여야 할 기본목표이기도 하다.

> *cf.* 고대그리이스 도시국가(폴리스, polis)의 세 가지 존립조건 :
> ① 외부로부터의 〈자유독립(自由獨立)〉…군사, ② 내부에 있어서의 〈자결자치(自決自治)〉…정치, ③ 물질적인 면에서의 〈자급자족(自給自足)〉…경제
> → 이런 조건들을 동시에 완전히 충족시키는 경우는 아테네와 스파르타 외에는 드물었으며, 스파르타는 자족적 농업국가라는 점에서 조건에 가장 근접한 폴리스였다고 볼 수 있다.

2) 규모

일반적으로 알려져 있듯이 그리스의 도시국가(polis)는 '지역의 협소성(狹小性)과 인구의 과소성(過少性), 그리고 공유지(共有地)를 그 경제적 기초로 하는 경제적 자급자족체, 즉 폐쇄적 사회였고, 정치적으로는 하나의 완결체(完結體)'[8]였다고 한다. 씨족공동체가 붕괴하는 과정에서 형성된 폴리스는 전쟁에 대비하여 군사적으로 조직됨으로써 혈연적(血緣的) 요소가 불식되었으나, 하나의 완전한 생활공동체로서 직접민주정(直接民主政)이 가능할 정도의 매우 작은 소규모(小規模)의 것이었다.

『국가론』에서 플라톤이 그 〈규모〉에 대해서 구체적으로 언급한 바는 없으나,[9] 이미 암묵적으로 아테네적인 폴리스규모를 전제하고 있으며, 그의 다른 저작 『법률론』에 언급된 바에 의거한다면 극히 소규모(인구 5,040명)의 농업국가라

8) 鄭仁興, 『西歐政治思想史』, 博英社, 1971, 25쪽. 본서와 앞의 세바인(G. H. Sabine)의 저술은 그동안 일반적으로 많이 읽혀지던 정치학교과서들로서 이후 글의 전개에 있어 논쟁이 되는 부분은 주로 이들과 비교·분석코자 한다.

9) 한 군데에서 엿보이는 그의 막연한 언급을 참고적으로 인용하면 다음과 같다.
"이번에는 국가의 규모에 대해서 생각해 보세… 아무리 나라가 잘 성장해 나간다고 하더라도 하나로 통일(統一)되기를 바라는 선까지이네. 다시 말해서 두세 국가로 분할해야 하겠다고 생각할 정도로 비대해서는 안된다는 말일세… 그러므로 우리 수호자들에게 국토(國土)가 그 이상 더 커지지도 않고, 더 작아지지도 않게 하라고 일러 두어야 하겠네." 『국가론』, 앞의 책, 160-161쪽.

◇규모의 적정화와 무역(貿易)의 필요성

고 한다.[10] 이같은 규모는 그 인구면에서만 보더라도 우리나라의 읍(邑), 면(面), 동(洞)의 크기보다도 작은 것이다. 이렇게 볼 때 그의 국가개념은 '완전한 자급자족체'일 수는 없다. 실제로 그는 대외교역(對外交易)의 불가피성을 언급하고 있다.

> "그런데 어떤 국가라 하더라도 수입품(輸入品)이 전혀 필요치 않은 곳에 세울 수는 없지 않겠나?… 그렇다면 국내에 있는 사람들은 단지 자기들의 요구만 충족시킬 수 있는 물건뿐만 아니라 다른 나라 사람들의 요구까지도 충족시킬 수 있는 물건도 만들어내야 하지 않겠나?"[11]

◇국제적으로 국가간의 분업화

그리하여 플라톤적 이상국가는 내적인 분업뿐만 아니라 국가간의 상호의존적 분업체계로서 무역(貿易)까지 구상하면서, 한편으로는 국가간의 갈등, 즉 전쟁(戰爭)에 대비한 방위군사력의 육성문제까지 다루고 있다. 이같은 착상은 지방자치의 특성화(特性化)와 자치단체간의 상호보완적 발전, 그리고 이따금 발생하는 상호 갈등에 대한 중앙정부의 조정 등과 비슷한 연계선상에서 이해될 수 있다. 그리고 인구나 영토의 크기와 같은 규모의 문제는 교통·통신 등 과학기술의 발전수준과 구성원내 민족적 이질성(異質性) 또는 가치·신념상의 상이성(相異性)의 정도에 따라 융통성있게 이해되어야 하며, 또한 그것이 그렇게 중요한 문제는 아니라고 본다.

3) 형태

◇국내적으로 계급간의 분업화

◇분업구조

① 서민계급 : 경제담당
→〈절제〉가 필요

② 방위계급 : 군사 및 행정담당
→〈용기〉가 필요

앞에서 언급했듯이 플라톤적 이상국가는 크게 보아 통치계급(統治階級), 방위계급(防衛階級), 서민계급(庶民階級) 등 세 집단에 의해 각각의 역할이 분담되는 '유기체적 사회구조'이다. 여기서 〈서민계급〉은 농민, 목수, 직조공, 재단사, 대장장이, 상인 등과 같이 의식주와 직접 관련되는 '일상적 경제생활에서 분업화된 직업군'이며, 〈방위계급〉은 그러한 일반시민을 수호하는 기능을 담당하고 통치계급을 보좌하는 계

10) 정인흥, 앞의 책, 50쪽.
11) 『국가론』, 앞의 책, 84-85쪽.

③ 통치계급 : 교육 및 정치담당
→ 〈지혜〉가 필요

층으로서 군인이나 행정가가 이에 해당한다. 끝으로 〈통치계급〉은 국가를 전반적으로 통할하고, 정책을 결정하는 소수 엘리트층으로서 권력욕을 경멸하고 오직 지혜(智慧)를 사랑하는 '진정한 철학자들'이다.

> "그런데 이제야 가장 완전한 수호자는 철학자여야 한다는 것을 분명히 밝혀두고자 하네.…그러면 자네가 그들이 소수에 불과하다고 말한 것이 얼마나 당연한 것인가를 상기해 보게."[12)]

> "…지배자의 자격이 있는 사람이 권력을 탐내는 일이 적을수록 그 나라는 잘 통치되고 있다. 따라서 그런 나라는 내란이나 분쟁이 적으며,… 그리하여 교대로 하늘나라의 영광 속에서 그 대부분의 시간을 보내고 지상의 국가에서 노고를 함께하려고 들지 않는 폐단은 없을까?"[13)]

◇통치계급은 '지혜를 사랑하는' 철학자들이 담당해야
→ 철인정치(哲人政治)

이 인용문에서 유추해 볼 수 있는 플라톤의 〈이상적 정부형태〉는 극히 소수에 불과한 '최고 엘리트의 순환적 지배형태'로서 그의 글에서 자주 논의되는 〈귀족정 Aristocracy〉이긴 하나, 결국 일정기간 동안은 정치적 야심(野心)이 없이 서로 양보(讓步)하는 참된 철학자들 중 최종 선택된 1인 통치로서 〈군주정 Monarchy〉의 형태가 될 수밖에 없고,[14)] 이같은 취지는 대체로 그의 글 전체의 중심적 흐름이 되고 있다. 그리고 이같은 발상의 귀착점은 곧 그 유명한 '철인군주정치'(哲人君主政治)이다.

> "철학자들이 여러 나라의 왕(王)이 되어 통치를 하든지, 혹은 현재 왕이라고 불리우는 권력자들이 철학을 공부하여 나라를 다스리지 않는 한 여러가지 어려운 문제가 일어날 것이며, 따라서 우리의 이상국가는 실현되기 어려울 걸세. 즉 정치권력과 철학정신이 일체(一體)가 되어 많은 국민들의 소질이 현재처럼 길러지지 않도록 억제하지 않는 한 여러 나라의 불

---

12) 위의 책, 275쪽.

13) 같은 책, 298쪽. 엘리트 순환론적 입장을 엿볼 수 있는 또다른 부분은 326쪽 참고.

14) 참고적으로 다음과 같은 그의 진술은 그의 이상국가 실현에 있어 〈귀족정〉과 〈군주정〉의 구별의 의미가 없음을 나타내고 있다.

"…그리고 그것은 한 사람의 위대한 인물에 의해 통치되느냐, 또는 여러 사람에 의해 통치되느냐에 따라서 명칭(名稱)이 달라지네.… 그러나 나는 이 두 가지 명칭이 하나의 형식을 가리키는 것이라고 보네. 정권이 한 사람 손에 있든지 여러 사람 손에 있든지 지배자가 우리가 말한 것같은 수련을 쌓고 있으면 그 나라의 기본적인 법률은 지켜나가게 될 터이니 말이네." 같은 책, 195-196쪽.

행(不幸)은 제거되지 않을 걸세. 이것은 인류에 대해서도 마찬가지이네."[15]

◇양떼(서민계급)와 세퍼드(방위계급) 및 양치기(통치계급)에의 비유(比喩)

◇'귀족주의적 이상론(理想論)' 또는 '계몽전제주의적 고백(告白)'이라는 비판에 대하여

이같은 플라톤의 입장을 전체적으로는 '귀족주의적 이상론'(貴族主義的 理想論), 또는 일종의 '계몽전제주의적 고백'(啓蒙專制主義的 告白)이라고 규정하고 있으며,[16] 이러한 평가를 더욱 뒷받침해 주는 것은 다음과 같이 '목자(牧者)와 양떼'에 비유한 표현이다.

> "우리가 세운 나라 안에서도 보조자(즉, 방위계급… 필자)란 나라의 양치기라고 볼 수 있는 지배자(즉, 통치자 또는 철학자 … 필자)를 따라다니는 세퍼드(shepherd dog)라고 우리는 단정하였습니다."
> "내가 말하고 싶은 것을 잘 알아맞히는군"[17]

그러나 그같은 '이상론', 또는 '전제주의'라는 평가는 어디까지나 오늘날의 대중민주주의적 자본주의체제의 입장에서 바라본 것이며, '철인정치'(哲人政治)를 가능케 하는 기본전제(基本前提)들이 실현되는 경우 그의 '이상국가론'은 이상적인 것도, 전제적(專制的)인 것도 아니다. 더구나 '이상적', '전제적' 등의 여러 가치판단적 표현 자체가 상대적인 것이며, 긴 역사적 관점에서 볼 때 어떠한 것도 절대적으로 '이상적'이거나 '전제적'이라고 말할 수는 없기 때문이기도 하다. 그러나 그가 제안하고 있는 많은 기본전제들에서 어떤 논리적 모순은 보이지 않는지, 그리고 그 상상력의 특징은 무엇인지는 이후에 계속 검토해 볼 필요가 있다. 어쨌든 그의 엘리트주의적 철인정치는 오늘날 수많은 자치단위체들 중 몇 군데에서 실험적(實驗的)으로 실시해 볼 의미가 있고, 우연적으로 실현될 가능성도 배제할 수 없다. 왜냐하면 그의 궁극적 목표와 동기가 인류의 영원한 이상(理想)이기도 한 '사회에서의 갈등, 분쟁, 고통 등 제악(諸惡)의 소멸', 그리고 '진리추구, 즉 최고선(最高善 : 이데아)의 실현'에 있기

15) 같은 책, 235쪽.
16) 정인홍, 앞의 책, 44쪽 : G. H. Sabine(민병태 역), 앞의 책, 40쪽 이하 참조.
17) 『국가론』, 앞의 책, 188쪽.

때문이다. 이하 〈Ⅲ. 제영역의 구조적 특성들〉에서 논의될 내용은 지금까지 다룬 〈Ⅱ. 국가사회의 기본적 틀〉의 구체적 세부사항들일 뿐만 아니라 그의 유지나 실현을 위한 전제적 요구(前提的 要求)들이기도 하다.

3. 제영역의 구조적 특성들

1) 정치분야

플라톤에 있어 그의 예리(銳利)한 통찰력과 정교(精巧)한 분석력은 다양한 형태의 정치체제의 변화양상에 관한 논술에서 더욱 돋보인다. 그 논의의 폭은 고금(古今)의 정치사상가들이 고뇌하였던 제반 영역을 포괄하고 있다. 그는 논리전개의 필요상 정체(政體)의 형태를 다섯 가지로 분류하여 그 특징과 변화의 메커니즘을 설명하고 있으며,[18] 이를 필자가 이해한 바에 따라 도표화하여 상호 비교되는 방식으로 나타내면 아래와 같다.

◇정체의 5가지 분류 및 변천과정

플라톤에 있어 정체(政體)의 이와같은 5단계 변천과정은 어떤 돌연변수나 외생변수의 개입이 없는 한 하나의 '일반적 양태'로서 이해되며, 그는 그 과정을 매우 심도있는 예리한 분석을 통해 필연적 현상으로 보고 있다. 그는 각 단계에서 나타나는 변화의 주된 동인(動因)을 공통적으로 지배계급의 분열에서 찾으면서, 그 분열의 요인분석을 시도하고 있다.

◇〈귀족정〉에서 〈명예정〉에로의 변화과정

cf. 피타고라스(Pythagoras, B.C. 582?-497) : 고대 그리스의 종교가·철학자·수학자. 에게해(海)의 사모스섬에서 태어남. 남이탈리아의 그리스 식민지 크로톤에서 비밀교단을 결성하기도 했음. 그의 추종세력인 피타고라스학파(Pythagoreans)는 수학·천문학·음악의 이론에 뛰어난 연구단체이기도 하고, 윤회와 인과응보사상을 믿으면서 연구를 통한

먼저 〈귀족정(貴族政)〉으로부터 명예정(名譽政)이 발생하는 과정의 분석은 매우 신비주의적으로 이루어지고 있다. 아마도 그 당시 유행하던 피타고라스적 수비학(數秘學)의 영향을 받아서인지는 몰라도, 우주의 모든 변화양상은 수(數)의 주기(週期)에 의해 결정된다고 암묵적으로 전제한 상태에서 그는 그 최초의 변화요인을 '완결을 나타내는 수의 주기에 어긋나는 부적합한 출산시기(出産時期)'에서 찾고 있다.

> "…만물은 멸하게 마련이니 그런 조직체(귀족정 … 필자)라고 해서 언제까지 존속할 수는 없으며, 언젠가는 반드시 붕괴

18) 위의 책, 329쪽 이하.

	정체(政體)	지 배 자	특 징	경향·성격
1	귀족정 (Aristocracy) 또는 군주정(Monarchy)	선(善)하고 의(義)로운 자(者): 철인(哲人)들	완전한 공산사회(사유재산과 가족제도 부정, 의무교육과 의무부양) ; 통치계급, 방위계급, 서민계급이 그 선천적 소질에 따라 분업(分業)이 이루어지고, 후천적 교육에 의해 직업의 전문화(專門化)가 합리적으로 이루어져 능률적이며 조화롭고 안정된 사회체제	덕치주의(德治主義), 이상적 공산주의
2	명예정 (Timocracy)	승리·명예를 좋아하는 자: 군인(軍人), 행정가(行政家)	기개있는 단순한 사람을 지배자로 추대 ; 분업과 공동식사제도는 유지하나 은밀히 가정을 유지하면서 금전을 탐냄 ; 정신(지혜)보다 육체(체육)를 존중 ; 지식에 대한 사랑보다 공명심이 강함 ; 가장 훌륭한 수호자(즉, 철인)를 잃어 실덕(失德)하게 됨	무치주의(武治主義), 봉건적 공명주의(功名主義)
3	과두정 (Oligarchy)	유산층	투쟁과 명예대신 장사와 돈을 중시 ; 일정 재산액을 정하여 그 이하는 참정권이 없음(부자의 국가) ; 빈부격차의 심화와 국가분열 및 전투력 저하 ; 범죄의 만연, 황금만능주의 풍토, 부자에 대한 선망, 그리고 낭비와 물욕으로 인한 실덕(失德)	자본주의적 부르조아 민주주의
4	민주정 (Democracy)	무산층	시민권과 지배권의 평등한 분배 ; 관직은 추첨에 의해 결정 ; 자유주의와 다원주의 ; 여러 정체 중 가장 아름답게 보임 ; 무질서와 방종, 그리고 끝없는 욕망 ; 예의, 도덕, 법률의 무시 ; 오만, 낭비, 파렴치 등이 미화(美化)됨	자본주의적 대중민주주의
5	참주정 (Tyranny)	민중지도자, 선동가	상류층(부자)과 인민대중(빈자)간의 알력이 증대됨에 따라 민중 속에서 과격한 투사가 출현 ; 초기에는 부채말소나 토지재분배를 통해 인민의 전적인 신임을 얻음. 그러나 계속되는 적(敵 : 부자)의 위협에 대처하기 위해 친위대를 육성하면서 독재화됨 ; 끊임없는 전쟁이나 위기상황조성을 통해 강력한 지도자의 필요성을 인지시키고, 대중의 빈민화와 무지화를 통해 반역기도를 제거(카리스마적 지배) ; 사실상 전 인민의 노예화	카리스마적 독재주의, 절대주의, 전체주의

혼(魂)의 정화 및 구제를 목적으로 하는 종교단체이기도 하였으나, 한 때 이탈리아 남부의 한 도시를 지배하기도 하는 강력한 정치결사로서의 성격도 가지고 있었다. '만물의 근원은 수(數)이며', 우주에 조화와 형(形)을 주는 것이 수의 비례(로고스, logos)라 하여, 이들을 형상원리(形相原理, formal principle)의 최초 발견자라 일컫기도 함. 플라톤 등에 지대한 영향을 끼침.

될 수밖에 없는 것이다.… 그대들 인간 족속들에게도 좋은 출산과 나쁜 출산의 구별이 있지만, 그대들이 나라의 지배자로서 교육한 자들이 아무리 지혜가 있더라도 그것을 사전에 알아차릴 수는 없다. 그러므로 불리한 시기에 출산할 수도 있다. …

…합쳐서 얻을 수 있는 이 기하학적 수(數 : 대지를 측정하는 수 … 필자)가 선악(善惡)을 지배하고 있으며, 만일 그대들의 수호자가 그것을 모르고 제때에 남녀를 결합시키지 못하면 태어난 아이는 선량하지 않고 행복하지도 못할 것이다. 그러므로 그들 중에서 가장 뛰어난 자가 선출되어 조상의 지위를 계승하더라도 이를 감당치 못할 것이다.… 내란은 바로 이런 혈통의 종족 사이에 일어나는 것이다."[19]

그리하여 그들 지배층간의 전쟁을 통해 노예(奴隸)와 재산(財產)의 분할소유가 이루어지면서 '사유재산제도'가 발생하며, 계속되는 분쟁으로부터 가문의 명예를 지키기 위해 체육과 군사훈련에 주력하게 되고, 또한 이들 실세(實勢)들은 혹여 우연히 나타나게 될 철학자를 두려워하여 다루기 쉬운 단순한 사람을 지배자로 추대한다. 다음으로 〈명예정〉에서 과두정(寡頭政)이 발생하게 되는 과정을 살펴보면, 명예정의 속성상 필연적인 결과로 보고 있다. 가문(家門)과 명예(名譽)를 지키기 위하여는 가신(家臣)의 확보, 유지 및 증원이 불가피하고, 이를 위하여는 돈이 필요하게 된다. 이리하여 부(富)를 향한 경쟁은 빈부격차를 심화시키면서 과두정을 탄생케 하고, 그런 명예정은 귀족정의 과두정에로의 변화과정에서 일시 등장하는 과도기적 현상으로 이해되고 있다.

◇〈명예정〉에서 〈과두정〉에로의 변화과정

"누가 부자가 되면 그들은 앞을 다투어 돈으로 경쟁을 벌이네. 그리하여 사람들은 저마다 금전(金錢)의 애호자가 되네. … 그들이 돈벌이에 열중할수록 덕(德)은 점점 자취를 감춰버리네.… 그리하여 그들은 드디어 투쟁과 명예대신에 장사와 돈을 존중하게 되며, 따라서 부자를 우러러보고 그를 왕자로 생각하는 동시에 가난한 자를 멸시하네."[20]

19) 같은 책, 332-334.
20) 같은 책, 339.

"그리고 보니 만일 어떤 나라에 거지가 있다면 그 근처에는 도둑이나 날치기와 같은 악한도 숨어 있음이 분명하네.… 이러한 인간들이 있는 것도 제도(制度)가 나쁘기 때문이네. 교육이 부족하고 훈련을 시키지 못하기 때문이네. 안 그런가?"[21]

◇〈과두정〉에서 〈민주정〉에로의 변화과정

이리하여 결국에는 재산으로 지배자가 결정되는 정체, 즉 〈과두정〉이 나타나게 되고, 이렇게 된 시초의 원인은 이미 언급했듯이 올바른 교육과 훈련을 담당해야 할 진정한 철학자의 부재(不在)에서 비롯된 것이다. 이같이 출발된 과두정은 자체의 체제내적 모순으로 인한 관성력에 의해서 물욕(物慾)과 낭비, 그리고 고리대금업(高利貸金業)이 성행하게 되고, 시간이 지남에 따라 소수의 부자를 제외하고는 나머지는 빈민화되어 시민권을 상실케 되는 상황에 이르게 된다. 그리고 종국에는 불만과 원한이 쌓이고 혁명(革命)을 갈망하게 되면서, 무장화(武裝化)된 피지배자들이 일으킨 내란에 의해 〈민주정〉이 탄생케 된다.

"그러니까 민주제도가 발생하는 것은 가난한 자들이 승리를 얻어 다른 쪽 사람들을 살해하거나 혹은 추방하고, 나머지 사람들에게는 평등하게 공민권(시민권)과 지배권을 나누어 줄 때이네. 그리고 대개의 경우 그 나라의 관직은 추첨에 의해 결정되네."[22]

◇〈민주정〉에서 〈참주정〉에로의 변화과정

해방과 자유, 그리고 여러가지 색깔로 수놓아진 아름다운 의복처럼 그 다양성 등으로 인해 일견 아름답게 보이는 이 민주정체도 그 실상은 오만과 방종, 무질서와 낭비 등으로 곪아가면서, 인간의 끝없는 욕망에 의한 '무익한 쾌락주의'로 인해 민중은 우민화(愚民化)되기에 이른다. 자유주의체제하에서 자연적으로 등장한 절도있는 부유층은 선동가와 민중 양자로부터 착취당함으로써 이에 반발케 되고, 그 알력이 심화될 즈음 민중 속에서 출현한 과격한 투사는 적대자들을 제거하고 신변안전을 위해 친위대를 조직하면서 독재화된다. 그는 처음에는 인민대중(人民大衆)의 이익을 대변하는 선동

21) 같은 책, 342.
22) 같은 책, 348.

정치가(煽動政治家)로서 등장하지만 상황이 진행됨에 따라 카리스마(Charisma)적 독재체제를 선택할 수밖에 없게 된다.

> "…도가 지나치면 큰 반동(反動)을 초래하기 쉬우며, 그것은 모든 일에 있어서 다 그렇지만 특히 국체(國體)에 있어서 그런 것이라네.… 사실 지나친 자유(自由)가 개인이나 국가에 있어서 예속으로 변모되는 것은 필연적인 사실이네.… 그렇다면 전제정치가 민주주의 국가에서 발생하는 것이 당연하지 않겠나? 가장 고도의 자유에서 가장 야만적인 예속이 발생하는 것일세."[23]

> "처음에 그는 만나는 사람마다 미소로 친절히 대할 걸세.… 빚같은 것도 탕감해 주고, 토지도 분배해 주어 누구에게나 동정심이 많고 선량한 인간인 체할 걸세.… 끊임없이 전쟁을 일으킬 걸세. 민중이 언제나 지도자를 필요로 하도록 말이네.… 민중에게 비싼 세금을 물리는 걸세. 그렇게 되면 민중이 가난하게 되고 하루하루 생계유지에 마음을 빼앗기게 되어 그에 대한 반역행위를 기도할 여유가 없게 되는 거지.… 날로 평판이 좋지 못하네.… 그의 행위가 국민(시민)의 반감을 살수록 그는 더욱 많은 호위병을 필요로 하며, 그들의 충성을 바라게 되네.… 시민들로부터 노예를 빼앗아 이들을 해방시켜 자기의 호위병으로 삼을 걸세."[24]

그러나 이러한 폭군도 결국 가장 불행한 인간에 불과함을 플라톤은 강조하고 있다. 지금까지 살펴본 귀족정에서 참주정에 이르는 일련의 과정은 정신적 욕구와 같은 '진실한 쾌락'으로부터 육체적·물질적 욕구에 의한 '불필요한 쾌락'에로 점점 타락해 가는 과정이며, 가장 심화된 형태인 참주정의 경우 그 지배자도 마찬가지로 가장 불행한 인간으로 전락할 수밖에 없다. 아첨배들과 노예들 품 속에서 항상 불안과 공포에 떨면서….

> "폭군(暴君)이란 얼마나 행복한 자인가. 그는 훌륭한 친구를 죽이고 노예를 믿고 있는 걸세."[25]

cf. 카리스마(charisma) : 원래 신약성서(新約聖書) 상의 용어로 여호와나 예수로부터의 '은혜' 또는 '무상(無償)의 선물'을 뜻하며, 모든 신자는 나름대로의 카리스마를 부여받는다는 교리를 구성하고 있다. 이를 사회과학적 개념으로 원용·확립시킨 사람은 베버(Max Weber)이며, 그는 〈지배의 유형〉을 ① 전통적 지배, ② 카리스마적 지배, ③ 합법적 지배로 나누고, 그 각각의 지배 근거는 관습·인격 및 법률이라고 하였다. 특히 이 같은 인격에 바탕을 둔 카리스마적 지배는 오늘날에는 위기시에 종종 발생하며, 이 경우의 '카리스마'는 위기타개능력으로서의 비범성(非凡性) 또는 천부(天賦)의 능력을 의미한다.

◇폭군의 자기모순과 불행(不幸)

23) 같은 책, 359.
24) 같은 책, 364-366.
25) 같은 책, 366.

> "결국 폭군이란 겉으로는 남에게 그렇게 보이지 않을는지 모르지만 사실은 자기 자신의 노예요, 민중의 노예이네.… 그의 생애는 공포의 연속이며, 번거러움과 고뇌로 가득차게 되네."[26]

◇민주정체에 대한 비판 및 그 타락상

이상과 같은 5단계 변천과정을 플라톤은 매우 치밀한 심리학적 분석을 통해 설명하고 있다. 그 중에서 우리의 눈길을 끄는 흥미로운 부분은 그가 상대적으로 많은 지면을 할애하고 있는-때때로 마치 우리 현실의 치부를 묘사하고 있는 듯한-'민주정체의 타락상'이다. 자유주의적·다원주의적 사회상은 하부조직들의 구성원리에 있어서도 다양한 정체(政體)의 방식을 포괄하면서 매우 이상적인 형태로 보이게 되나, 그 이면에서는 방종(放縱)과 무질서, 이기주의와 황금만능주의(黃金萬能主義), 낭비와 사치, 무례와 파렴치, 그리고 끝없는 욕망과 쾌락주의가 판을 치고 있다.

◇근신·절제·중용 등의 덕(德) 상실과 오만·무질서·낭비·파렴치의 난무

> "…근신은 어리석다 하고…절제를 비굴이라 부르면서…중용이나 규모있는 소모를 자유인답지 못하다고 해서 수많은 무익한 욕망과 한패가 되어 국경 밖으로 쫓아 버리는 것이 아니겠나?…이리하여 그들은 덕(德)을 모조리 추방하여 텅비게 하고 자기의 영혼을 굉장한 의식(儀式)으로 씻어낸 다음 오만과 무질서, 낭비 및 파렴치 따위의 꽃다발을 씌워서 성대한 합창단과 함께 돌아오네. 오만을 점잖다고 하며, 무질서를 자유라고 부르고, 낭비를 호탕하다고 하며, 파렴치를 사나이답다고 하는 등 그 하나하나에 그럴듯한 미명(美名)을 붙여 찬양하는 걸세."[27]

◇기본적 질서의 해체와 하극상(下剋上)

> "…그때 지배자(支配者)들이 충분한 자유를 제공하지 못하면 민중(民衆)은 그들을 잔인한 독재주의자라고 비난하며 박해할 걸세.…한편으로는 피지배자처럼 행동하는 지배자 및 지배자처럼 행동하는 피지배자를 칭찬하며 존경할 걸세. 이런 나라에서는 자유가 필연적으로 극도에 도달할 것이 아니겠나? …예컨대 아버지는 아들을 두려워하고, 아들은 아버지를 존경하거나 어려워하는 법이 없을 걸세.…선생(先生)은 학생(學生)을 두려워하여 그 비위를 맞추고, 학생은 선생을 무시하네.

26) 같은 책, 383.
27) 같은 책, 354.

> 그리고 대체로 젊은이들은 언행에 있어서 연장자(年長者)들과 어깨를 겨루는 한편 연장자들은 젊은이에게 영합하네. 그들은 까다롭다거나 도도하다는 말을 듣지 않으려고 젊은이의 언동을 닮으려는 걸세."[28)]

◇기능주의적 보수성(정체성)이 극복된 분업화와 도덕률의 필요성

만약 플라톤의 영혼과 대화를 할 수 있다면 그는 오늘날의 우리 현실을 어떻게 평가할 것인가? 대답의 가지를 쳐낸다면 여전히 그 골자는 이러할 것이다. 인간의 진정한 행복은 지혜와 용기, 그리고 절제라는 '미덕(美德)들'에 의해 얻어질 수 있고, 그 중에서도 진리(지혜)에 대한 사랑은 없어서는 안될 가장 소중한 것이라고…. 그리고 국가에 있어 그 존립근거인 '정의'는 그러한 미덕들을 사회내에 조화롭게 구현시키는 데 있다고…. 이렇게 볼 때 플라톤에 있어 그의 유기체론적 국가관에서 나타날 수 있는 기능주의적 보수성(保守性)만 극복할 수 있다면 그러한 미덕들은 바로 우리 사회가 필요로 하는 도덕률(道德律)이기도 한 것이다. 이 경우 그 극복은 선의의 경쟁 및 건전한 정치참여와 견제 속에서 직업전환과 엘리트순환이 자연스럽게 이루어질 때 가능하며, 이에는 선행적(先行的)으로 올바른 시민교육체계의 정립이 불가결의 전제가 된다. 따라서 중앙의 정치는 차치하고 자치의 수준에서만이라도 학연, 지연(地緣), 혈연, 기타 제이해관계에 따른 파당주의(派黨主義)를 극복하고, 겸양과 상호이해 및 연대감 속에서 덕과 지혜를 갖춘 능력있는 자들이 주민의 대표로서 선출될 수 있는 풍토와 제도의 확립이 요구된다. 더구나 자치기구의 규모가 작을수록 후보인물들에 대한 주민의 인지도(認知度)가 높음으로써 올바른 선택의 기회가 많을 뿐만 아니라 대표로서의 직책들이 하나의 사심없는 명예직으로서 헌신(獻身)의 기회요 애향심(愛鄕心)의 발로로 이해되어질 수 있는 요인들이 많기 때문에, 여건만 좋다면[29)] 지방정치는 중앙정치보다도 발전의 소지가 많다고 본다. 어쨌든 플라톤의 '정의론'(正義論)은 오늘날에 있어서도, 특히

28) 같은 책, 357.
29) 여기서의 '여건'이란 지방자치가 올바로 기능할 수 있는 상황조건을 의미하며, 곧 〈의식개혁〉과 〈제도개혁〉이 요구됨을 의미한다. 그 구체적 내용은 졸고, 앞의 논문, 38-42 참조.

지방자치(地方自治)와 교육자치(敎育自治)의 경우에 우리에게 중요한 지향점을 시사해주고 있음에 틀림없다.

2) 경제분야

◇분업화(정치)와 전문화(교육)를 위한 환경적 전제조건으로서의 공산주의 혁명(경제, 사회)

우리가 이미 앞에서 플라톤적 국가이념을 살펴보았듯이, 그는 원초적으로 국가의 발생 자체를 경제적 필요성에서 찾고 있다. 생존욕구를 충족시키기 위하여는 기본적인 의식주(衣食住)의 문제가 해결되어야 하고, 나아가 자연재해나 전쟁을 비롯한 각종 위험으로부터 보호받기 위해서는 상호의존과 협동, 즉 〈분업(分業)〉이 불가피하다. 그리고 그러한 분업에 있어 능률이 제고되기 위해서는 〈노동의 숙련화〉가 요구되며, 이 경우 그의 가장 바람직한 형태는 '선천적 소질에 따른 직업선택'(즉 분업 … 정치분야)과 '교육을 통한 후천적 훈련'(즉 전문화 … 교육분야)이라는 두 단계의 과정을 거쳐 이루어질 수 있다. 이 과정이 보다 '직접적이고 인위적인 방법'이라고 한다면, 플라톤에 있어 특히 중요하고도 독특한 것은 그를 보장하는 환경적 요인들(경제 · 사회 · 문화 · 예술분야)의 조성에 관한 것으로서 상대적으로 '간접적이고도 자연스런 방법'이다. 여기서 드러나는 그의 공산주의적(共產主義的) 사고는 사실상 전분야를 포괄하고 있으나, 경제 · 사회분야에서 특히 철저하고도 확연하게 전개되고 있다.

◇소유욕의 부정(否定) → 소유욕을 이기심(利己心)의 결과이자 사회악(社會惡)의 원인으로 간주

현대공산주의의 기본입장과 마찬가지로 플라톤은 '상호공존(相互共存)과 사회유지'—선(善), 즉 '정의'—에 걸림돌이 되고, '상호갈등과 사회파괴'—악(惡), 즉 '불의'—에 이르게 하는 원초적 동인(動因)을 인간의 이기심(利己心)을 촉발하는 소유욕(所有慾)에서 찾고 있다. 특히 이러한 소유욕구가 수호자계급에 나타나게 될 경우에는 가장 큰 해악(害惡)이 됨을 강조하고 있다.

> "…자기 개인의 소유물을 갖지 말아야 하네.… 그리고 마치 진(陣) 중에 있는 것처럼 식사를 비롯하여 그 밖의 생활도 공동으로 해야 하네.… 그들만이 나라 안에서 금과 은을 취급하거나, 몸에 걸치거나, 또는 금은으로 된 식기로 음식을 먹는

것도 용납해서는 안되네. 이렇게 해야만 그들은 비로소 국가를 수호할 수 있을 걸세. 만일 그들이 사유토지와 주택과 돈을 소유하여 살림꾼이 된다면 국민들의 편에 서기보다 국민의 적이 되고, 도둑으로 변모할 걸세."[30]

◇사유재산제도(私有財産制度)의 폐지

이같은 투의 절제와 금욕에 대한 요구는 그의 글 전체에 걸쳐 주된 기조(基調)가 되고 있다. 그리고 그것은 법률적으로는 사유재산제도의 폐지를 의미하고 있다. 이 경우에 그러한 요구가 수호자계급, 즉 통치계급과 방위계급에게만 해당하는가, 아니면 일반 서민계급까지 포괄하는 것인가에 관한 논쟁이 있을 수 있다. 대부분의 학자들은 전자(前者)의 입장에 서서 플라톤을 이해함으로써 '불완전(不完全)한 공산주의자'로 평가하고 있지만, 그의 저술 『국가론』 전체를 자세히 검토해 볼 때 어떤 특정계급에게만 사유재산이 허용되어야 한다는 표현은 찾아 볼 수 없다. 오히려 짤막하지만 다음과 같은 그의 진술 속에서 예외를 인정하고 있지 않음을 엿볼 수 있다.

"그 밖의 장인(匠人)들 말이네. 그들이 나쁜 인간이 되는 것은 다음과 같은 것 때문이라네.… 재물과 가난 말이네. 하나는 사치와 게으름과 공명심을 초래하고, 또하나는 노예근성과 고약한 성품을 낳으니 말이네."[31]

"…시민이 훌륭한 교육을 받아 절제있게 자라면 방금 말한 바와 같이 모든 일에 있어서는 물론 그 밖의 일, 즉 부인의 소유나 어린이를 기르는 일에 있어서도 잘 분별할 수 있을 걸세. 즉 이런 일들은 '친구의 물건은 공동소유'라는 속담대로 공유(共有)로 하지 않으면 안된다는 것을 알게 될 걸세"[32]

부유로써 오만해지지 않고, 가난으로써 비굴해지지 않으려면 삶의 기본적 욕구들이 충족되는 상황에서의 공유(共有)일 수밖에 없고, 나아가 가족도 공유되어야 한다고 말할 때, 이는 궁극적으로 〈완전한 공산사회〉의 건설을 의미한다고 보아야 할 것이다.

30) 『국가론』, 앞의 책, 153쪽.
31) 위의 책, 157 - 158쪽.
32) 같은 책, 161쪽.

◇〈소유욕〉에 대한 자본주의와 공산주의의 관점의 차이, 그리고 그 중용적 형태로서의 공익주의(公益主義)
→cf. 복지국가와 사회민주주의

오늘날 자본주의사회에서 〈소유욕〉을 식욕(食慾)이나 성욕(性慾)과 마찬가지로 하나의 '본능'으로서 간주할 뿐만 아니라 중요한 노동유인(勞動誘因)으로서 이해하고 있다고 볼 때, 이의 진실성이나 정당성 여부를 떠나 현실적으로 기능하고 있는 그 역동적 힘을 무시할 수 없고, 또한 전쟁위협과 세계적인 무한경쟁시대의 상황은 소유욕(所有慾)을 자극한 능률성 제고에로 더욱 치닫고 있는 실정－이것이 '바람직한 지구공동체'에로의 진행과정이라고 볼 수는 없지만－임을 어느정도 인정하지 않을 수 없다. 그러나 보다 나은 미래의 현실화는 언제나 이상(理想)의 추진력(推進力)에 의해 실현되어 왔음을 인정할 때 이상과 같은 플라톤의 이상주의적 사고로부터 많은 것들을 시사받을 수 있으며, 이 경우 자본주의사회의 체제내적 모순을 완화할 수 있는 하나의 중용적 형태는 사유재산(私有財産)의 공개념제도(公槪念制度)일 것이다. 따라서 오늘날 헌법상 '공익우선주의'(公益優先主義)로 표현되고 있는 〈수정자본주의〉와 〈복지국가체제〉는 부분적으로 플라톤적 사회인식의 발상이라고 볼 수도 있다. 더구나 공동사회구현으로서의 성격을 강하게 지닌 지방자치의 경우, 이익사회에서 나타나는 경쟁과 갈등 및 이기주의 등의 문제점들을 여하히 슬기롭게 지양하느냐 하는 변증법적 과제와 함께 20세기 후반 세계자본주의체제의 모순으로 인해 등장하게 된 〈공공이익(公共利益)〉과 〈미풍양속(美風良俗)〉이라는 새로운 이념적 가치들을 보다 구체적으로 구현해야 하는 책무(責務)를 안고 있음을 볼 때, 플라톤적 상상력(想像力)은 오늘날까지도 여전히 우리에게 유효하다.

◇공공이익과 미풍양속→자본주의의 사회주의화

3) 사회분야

플라톤의 사상에서 나타나는 그의 사회관은 한마디로 '공유'(共有)를 기반으로 · 한 〈구조기능주의(構造機能主義)〉의 입장이라고 할 수 있다. 이미 살펴보았듯이 그의 사회는 통치계급과 방위계급, 그리고 서민계급의 세 부류로 구성된 〈계급구조〉를 가지고 있고, 각 계급은 상호 긴밀한 유대감과 일체감 속에서 각자의 직능에 최선을 다하며, 일체의 공동소유에 입각한 철저한 공산제도하의 〈완전(完全)한 공동사회〉이다.

◇〈결혼제도〉 부정과 〈가족〉의 해체

여기서 우리의 눈길을 끄는 것은 마르크스적 현대공산주의에서도 제기되지 않았던[33] '가족의 해체'에 관한 주장이다. 공동사회의 최소단위이자 구태여 가부장권설(家父長權說)에 의거하지 않더라도 권력(權力)의 원천적 발원지라고 볼 수 있는 단위가족은 그 자체 자연발생적인 것이긴 하나 지배와 복종 관계에서 언제든 발생할 수밖에 없는 갈등이 내재되어 있고, 더구나 부권(父權)이 확립된 사회에서는 남자의 처자식에 대한 소유욕을 만족시켜 주는 전유물(專有物)로 전락함으로써 가족제도는 이미 최초의 악(惡)의 씨앗을 배태하고 있는 것이다. 따라서 플라톤은 〈가족의 공유〉라는 또하나의 새로운 제도를 인위적으로 실현시켜서라도 악의 뿌리를 근원적으로 제거하고자 시도하고 있다. 그리고 그 타당성에 대하여는 의문의 여지가 없다고 보나 실현가능성(實現可能性)에 대한 논란의 여지는 남겨두고 있다.

◇가족의 공유(共有)
→ 혈연적 이기주의의 제거
→ 소유욕구의 원천적 제거

> "현재와 과거의 모든 법률의 귀결인 새로운 법률은 다음과 같네. 즉, '우리들의 아내나 자식들은 공동소유(共同所有)로 하여야 한다. 양친은 자기 자식을 알 수 없으며, 자식 또한 그 양친을 알 수 없다'는 것이네.… 나는 처자를 공유함으로써 누릴 수 있는 그 위대한 공리성(功利性)에 대하여 어떤 커다란 논쟁이 일어나리라 생각지 않네. 그 가능성(可能性)에 대하여는 상당한 논쟁이 벌어질 테지만…."[34]

◇우생학적 종족개량과 출산통제

그는 여기서 단순히 가족의 공유를 통하여 혈연적 이기주의(血緣的 利己主義)를 제거하고자 하는 데 그치지 않고, 사회구성원 유전인자의 질적 개선을 위해 우생학적(優生學

33) 마르크스의 입장에서 볼 때 '가족의 공유'라는 발상에까지 이르지 아니한 것은 그러한 주장이 공산혁명(共産革命)이라는 정치적 목표달성과 관련하여 문화적 기존관념과 제도에 구속되어 있는 노동자계급의 지지를 받지도 못할 뿐만 아니라 그들의 결속력만 약화시키는 결과를 초래함으로써 비현실적(非現實的)이라고 판단된 때문인지도 모른다. 그러나 한편으로 그러한 이유로 하여 그가 플라톤을 '이상주의자'라고 한다면, 역으로 그도 또한 서구문화권내 일부일처제(一夫一妻制)에 기초한 '기독교적 가족주의'로부터 벗어나지 못함으로써 철저하게 '급진적'(radical, 즉 근본적)이지 못했다는 비판을 면할 수 없다.

34) 같은 책, 210쪽.

的) 〈종족개량〉을 시도하고 있다. 그는 사냥개의 혈통개량에 비유하면서 결혼, 즉 성교에 의해 출생된 아이는 우수한 부모의 자식이어야만 양육될 수 있고, 이것은 다른 구성원은 알 수 없는 통치자만의 비밀사항이어야 한다고 말하고 있다. 그러면서 적정한 인구수(人口數)의 유지를 위한 〈인구정책〉도 통치의 영역에 포함시키고 있다.

> "양성(兩性) 중에서 어느 쪽이건 우수한 자는 역시 우수한 상대와 결합하고, 열등한 자는 또 열등한 자와 결합해야 하네. 그리고 국민들을 가장 이상적인 상태로 끌어올리려면 전자의 자손들만을 양육하고, 후자의 자손들을 길러서는 안된다는 원칙이 우리 사이에 이미 설정된 것이 아닌가. 그런데 그것은 통치자만이 알고 있는 비밀(秘密)이어야 하네. 만일 그렇지 않으면 국민들은 수호자에 대하여 반감을 가질 테니까.…그리고 결혼(아이를 낳기 위한 성교…필자)의 수는 인구의 균형을 보존해야 하는 통치자의 재량에 맡겨야 하네."[35]

◇〈동거〉와 〈연애〉의 자유 허용

더구나 그는 결혼연령, 즉 아이를 낳기 위한 적정한 〈성교연령〉을 제한하고 있으며, 그 외에는 〈자유연애〉를 인정하되 출산과 근친혼은 금지하고 있다. 그러나 그러한 제한이나 금지가 어떠한 이유에서 필요한 것인지에 관하여는 — 종족개량이라는 암묵적인 전제가 깔려 있겠지만 — 자세한 언급이 없다.

> "여자는 20세부터 40세까지 나라를 위해 아이를 낳는 것이 적당하며, 남자는 혈기가 왕성한 때부터 55세 사이에 나라를 위해 자식을 두도록 하는 것이 적당하다고 생각하네.… 이 나이에 미달되거나 초과된 자가 자식을 낳게 되면 그것은 경건한 일이 아니며, 옳은 일이라고 할 수도 없네.… 암흑 속에서 방종으로부터 태어났기 때문이네.… 그러나 남자나 여자들이 출산할 나이가 지났을 때에는 누구든지 좋아하는 사람과 자유롭게 동서(同棲 : 동거와 성교…필자)하는 것을 허락해야 하네. 다만 남자들에게는 자기 딸이나 어머니, 손녀, 또는 친할머니와 동서하는 것을 금지하고, 여자들에게는 자기의 아들이나 아버지, 손자, 조부와 동서하는 것을 금해야 하네."[36]

35) 같은 책, 213쪽.
36) 같은 책, 214 - 215쪽.

◇플라톤 사상의 문제점들 –논리의 편의주의적 배합

◇플라톤적 '이상국가'
→엘리트주의적 전체주의 사회
→극단적인 국가사회주의 체제
…*cf.* 현대 파시즘과 공산주의에의 영향

◇오늘날 플라톤적 사고에 대한 사회학적 관심(關心)과 의미해석적 이해(理解)의 필요성

오늘날의 통념적(通念的) 가치관에 의거해 볼 때, 사유재산과 가족을 법률로써 해체하고, 유물론적 유전생물학에 기초한 우생학적 인종개량주의와 이에 대한 민중의 반감을 비밀과 은폐로써 해결해야만 하며, 적정 출산연령을 벗어난 경우의 출산을 금지하고, 혹여 그 경우 임신하더라도 햇빛을 보지 못하게 하거나 태어난 아이는 제거해야만 할[37] 정도의 지극히 인공적인 〈플라톤적 이상국가〉는 분명 '엘리트주의적 전체주의사회(全體主義社會)'이며 '극단적인 국가(사회)주의 체제'이다. 이의 부분적 변형형태들은 근세사의 대표적인 사건으로서 국수주의(國粹主義)로 전락한 히틀러적 파시즘(Fascism)체제와 공포정치(恐怖政治)에 기초한 스탈린적 공산주의(Communism)체제라는 전혀 상반된 양 갈래의 길로 흘러들어 갔음도 부인할 수 없다. 가족단위의 생활을 유지하면서도 군집을 이루고 사는 동물들의 예가 많음에도 꿀벌의 공산사회에 비유하고, 적자생존과 자연도태라는 다윈적 종족개량이 자연스레 이루어짐에도 주인에 의한 사냥개의 인위적 종자개량에 비유하는 등의 그 합리화(合理化)의 '편의주의적' 선택은 그의 이상국가에 대한 고뇌와 애착, 그리고 세심하고 정교한 배려만큼이나 부자연스럽다. 이의 배후에는, 영혼불멸을 주장하면서[38] 현실의 허상을 벗어나 최고선(最高善 : 이데아)과 영혼의 덕을 인식·구현하는 데에 보편적 인간 삶의 궁극적 목표를 두고 있는 그의 〈유심론적·주지주의적(主知主義的) 입장〉과 특수한 인간만이 특수한 환경 속에서 이를 인식할 수밖에 없는 – 희생양(犧牲羊)들의 제단(祭壇)으로서의 – '이상적'(?) 사회구조의 건설이라는 〈유물론적·인종주의적 입장〉의 어설픈 배합(配合)이 깔려 있다.

그러나 오늘날 친자상속의 지양(止揚), 입양(入養)과 동성애(同性愛), 독신주의 및 이혼, 그리고 계약결혼이나 임의동거 등의 자연스런 증가추세는 – 그것이 바람직하든 바람

37) 같은 책, 215쪽 참고.
38) 같은 책, 404쪽 이하 참조.

직하지 않든 – 전통적 가족관념을 허물어뜨리면서 '혈연적 이기주의'를 약화(弱化)시키고 있고, 이웃사랑과 사회봉사 및 헌신을 미화(美化)시키는 각종 사회운동의 구호들과 '지구는 하나, 인류도 하나!'라는 사해동포애적(四海同胞愛的) 연대의식의 표현 등에서 볼 수 있는 〈의식의 변화〉, 그리고 이에 발맞추어 공익우선주의(公益優先主義)가 이념화되면서 정착된 고율의 상속세·누진세 및 사유재산에 대한 국가의 각종 규제와 같은 〈제도의 변화〉는 가족주의적(家族主義的) 이기주의와 자본주의적(資本主義的) 물질주의를 극복함으로써 민주정의 타락을 막아보자고 하는 불가피하고도 의도적인 '변증법적 자기지양과정'이라고 볼 수 있으며, 이런 현상은 곧 플라톤적 사고에 대한 이해(理解)의 '문자해석적' 경직성을 넘어선 '의미해석적' 중용형태로서 설명될 수도 있을 것이다. 이렇게 볼 때 기대와 역량이 증대되고 있는 지방정치의 미래지향적 이념은 공동사회의 구현에 걸림돌이 되는 '개인적·혈연적·지역적 이기주의의 현실성있는 극복'이며, 중요한 과제로서 지방정부(地方政府)에 의해 주도되는 '의식개혁과 제도개혁'[39]이 이를 보증할 수 있을 것이다.

4) 문화·예술분야

◇문화·예술의 혁명적 파괴(破壞)와 재건(再建)

플라톤의 이상국가는 한마디로 '전통문화의 혁명적 파괴' 위에 건조된 〈정교한 인공건조물〉이다. 폐기처분된 사유재산제도와 가족제도에 대체하여 새로 건립된 공산주의 문화양식은 모든 분야에서의 부수적 동조반응(同調反應)을 요구한다. '정의사회구현'을 위해 사회구성원들에게 요구된 절제, 용기, 지혜의 세 가지 미덕은 훈련이라는 환경적 요인에 의해 후천적으로 확보될 수 있는 것들이며, 따라서 제도교육을 포함하여 문화·예술분야 등 제영역을 중요한 논의의 대상으로 삼게 된다. 여기서는 먼저 플라톤이 특히 문제삼고 있는 문학과 예술에 초점을 맞추어 살펴보고자 한다.

플라톤은 대중의 인기(人氣)에 영합하는 시(詩)나 음악,

39) 그러한 개혁의 바람직한 방향에 관하여는 졸고, 앞의 논문, 42-43쪽 참조.

◇다수결주의의 부정
←민주정 비판

미술, 그리고 제정책(諸政策) 등은 지성적(知性的)인 것이 되지 못하며, 그 이유는 대중은 미(美) 자체나 진실을 알 수 있는 능력이 없기 때문이라고 보고 있다. 따라서 다수자(多數者)의 판단에 권위를 부여하는 것은 그가 민주정을 비난했듯이 더 심각한 타락에 불과할 뿐이다.

> "…교육자가 이런 정도라면 참으로 우스운 일이라고 보지 않을 수 없네.… 많은 사람들이 모인 자리에서 대중의 기질(氣質)과 그들이 무엇을 좋아하는가를 아는 것이 지혜라고 생각하는 자와 같다는 말이네.… 실제로 누가 군중 틈에 끼어 자기의 시나 작품, 또는 정책을 피력할 경우에 다수자(多數者)의 권위(權威)에 그 가치판단을 맡기면 그는 자연히 그들이 칭찬하는 것을 따르지 않을 수 없을 걸세.… 혹시 다수자가 칭찬하는 일이 정말 선하고 아름다운 것이라는 근거를 그들이 대는 것을 들은 적이 있는가?… 그것은 결국 대중(大衆)에게는 철학자가 될 만한 자격이 없다는 말이지."[40]

◇대중문화 · 대중예술에 대한 부정적 입장→문화 · 예술에 대한 검열 · 통제주의

대중문화나 대중예술에 대한 이같은 비판적 태도는 민주정체의 가치판단기준인 다수결주의(多數決主義)에 대한 부정적 입장과 일관성을 갖는 것이다. 따라서 제도교육체계 바깥에서 눈에 보이지 않게 심각한 영향을 미치는 문학작품이나 민담(民譚)은 통제되어야 마땅하다고 보고 있다. 그 이유는 특히 성장기의 감수성(感受性)이 예민한 어린이나 젊은이에게는 나쁜 의미의 거짓말로 이루어진 가상적이고 무가치한 이야기들이 그 인격형성 초기에 한층 선명하게 각인(刻印)되기 때문이다.

> "…그리고 어린이들이 한창 자라는 시기에 본의아니게 터무니없는 사상을 그들의 마음 속에 심어 넣어도 좋은가?… 그러므로 우리는 어린이들에게 들려주는 작품의 검열관(檢閱官)부터 먼저 두어야 하지 않겠나? 그리하여 검열관으로 하여금 좋은 이야기는 장려하고, 나쁜 이야기는 금지하게 한단 말이야.… 이것이 어린이들의 육신을 기르는 것보다 더 소중하다는 것을 알아야 하네. 그런데 오늘날 어린이들에게 들려주고 있는 이야기들의 대부분은 금해야 할 성질의 것이 많네."[41]

---

40) 『국가론』, 앞의 책, 261-262쪽.
41) 위의 책, 95쪽.

거기서 그는 신과 영웅들의 전쟁과 음모, 기타 부덕한 행위들에 관한 이야기는 나쁜 것이고, 권선징악적(勸善懲惡的)이며 덕을 찬양하는 내용의 이야기는 좋은 것이라고 말하고 있다. 특히 신(神)은 완전하고, 선(善)한 존재로서 어떠한 악(惡)이라도 신에게 그 원인이 있다고 보아서는 아니됨을 강조하고 있다.[42] 왜냐하면 그와같은 나쁜 이야기들이 인간들의 부정행위를 합리화(合理化)시키는 데 이용되고 있기 때문이다. 이같은 입장은 각종 신화(神話)들의 토대 위에 구축된 그리스문화에 대한 근본적 재고를 요구하는 것이다.

◇ 기술(技術)의 3종류

◇ 감성적 유희에 지나지 않고 무의미(無意味)한 정열을 불러 일으키는 모방예술이나 모방문학, 특히 화가와 시인에 대한 비판 …*cf.* 이른바 '순수문학'이나 '순수예술'에 대한 비판

문학과 예술에 대한 그의 비판적 분석은 특히 화가와 시인(詩人)의 경우를 예시하여 보다 깊이있게 전개되고 있다. 그는 기술(技術)을 크게 〈사용기술〉, 〈제작기술〉, 그리고 〈모방기술〉 등 세 가지로 분류하고, 전자가 후자보다 지적 수준(知的 水準)에서 볼 때 우월하다고 보고 있다. 이를테면 침대나 구두, 퉁소 등 일상적 도구들의 경우를 예로 들면서 제작자는 사용자의 자문을 받을 수밖에 없고, 모방자는 제작된 것을 단순히 그 외형(外形)만 보고 영상화시켜 감성적(感性的) 유희에 침몰함으로써 ―신(神)을 그 원형(原型) 또는 관념(이데아)의 발상자(發想者)라 볼 때―진리로부터 3단계나 떨어진 자에 불과하다고 말하고 있다. 그리고 그러한 '모방'은 종종 우리들을 여러가지 착각과 혼란에 빠뜨리고, 무의미하게 정열을 불러일으킴으로써 이성을 해치게 된다는 점을 지적하고 있다.

> "…화가(畵家)는 자기가 구두를 만드는 기술은 모르지만 구두를 그려내며, 색깔과 모양만으로 사물을 분별하는 사람들에게 그 그림을 그럴 듯하게 보이는 걸세.… 이와 마찬가지로 시인(詩人)도 모방하는 것 이외에는 아는 것이 없지만 언어라는 물감을 가지고 시에 색칠을 한다고 해도 무방할 걸세. 이와같이 아무 것도 모르면서 단지 언어만으로 사물을 분별하는 자들에게는… 누가 운율과 박자와 음계를 붙여서 그럴 듯하게 떠들면 매우 훌륭한 글이라고 생각하는 걸세. 본래 음악적인

42) 같은 책, 94-106쪽 참조.

이야기 자체가 그런 큰 매력을 가지고 있으니까."[43)]

"…모방은 일종의 유희에 지나지 않네.…일종의 착각으로 오목한 것이 볼록하게 보이는 경우도 있네. 이리하여 우리에게는 여러가지 혼란이 일어나네. 이것은 우리의 감각이 빈약함을 의미하는 것으로 그 때문에 우리는 빛과 그림자에 기만되고, 여러가지 외형에도 속게 마련이네.…따라서 모방술은 그 자신이 열등하며, 또한 열등한 것과 사귀어 열등한 것을 낳게 되네."[44)]

◇어떤 사상이나 이념을 담고 있는, 특히 '진리'의 편에 서고 있는 '실천문학·예술'에 대한 긍정적 태도

이러한 논평은 주로 다수의 인기에 영합하는 대중문화적 성격의 것에 해당하는 것이지, 현대문학·예술의 다양한 양태에 비추어 볼 때 어떤 높은 수준의 철학(哲學)이나 사상, 또는 이념을 담고 있는 경우에는 예외로 보아야 할 것이며, 실제로 플라톤도 다른 부분에서는 그것들이 진리의 편에 서는 경우에는 그 유용성(有用性)에 대하여 인정해야 한다는 점을 암시하고 있다.[45)]

◇바람직한 전통(傳統)과 예법(禮法)의 중시

한편 플라톤은 법에 따라 강제적으로 규정할 수는 없지만 미덕(美德)에 도움이 되는 〈훌륭한 전통과 예법〉은 더욱 고양되고 유지되어야 한다고 말하고 있다. 예컨대 국가를 위해 몸과 마음을 바친 용사(勇士)와 그 밖의 의인(義人)에 대한 특별한 예우와 장례, 부모봉양과 연장자(年長者)에 대한 예의 등으로서 이는 구태여 강요하지 않더라도 전반적으로 교육이 올바로 이루어지면 저절로 지켜질 수 있는 것들이라고 한다.

cf. 현충일(顯忠日), 국립묘지

"…용사의 장례식을 일반사람들의 경우와 달리 치뤄야 하지 않느냐…그리고 우리는 그들을 장례가 끝난 후에도 신적(神的)인 존재로 간주하여 그 산소를 살피고, 그 앞에 무릎을 꿇어야 하지 않겠나? 그 밖의 훌륭한 생애를 보낸 사람들도 이들 영웅들과 같은 대우를 해주어야 하지 않겠나?"[46)]

"연장자가 연소자를 지배하는 것에 대해서는 의문이 없겠

43) 같은 책, 413쪽.
44) 같은 책, 416-417쪽.
45) 같은 책, 94·96·107쪽 이하 참조.
46) 같은 책, 228쪽.

cf. 원로주의(元老主義)와 장유유서(長幼有序)

지?… 그렇다면 연장자 중에서 제일 훌륭한 사람이 지배자가 되는 것이 합당하겠지."[47]

"연장자들은 자기들보다 나이가 어린 사람들을 지배하고 그 잘못을 고쳐주도록 해야 하네.…어린 사람들은 지배자가 특별한 명령을 내리지 않는 한 연장자를 때리거나 그 밖의 난폭한 짓을 하는 일이 없을 것이며, 또 모욕하는 일도 없을 걸세."[48]

cf. 경노효친사상(敬老孝親思想)

"…그리하여 나라 일에 잘못된 곳이 있으면 곧 찾아내어 시정할 수 있을 걸세.…가령 어른들 앞에서 젊은이들이 말을 함부로 하지 않는다든가, 웃어른에게 자리를 양보하거나 일어날 때 도와주는 일이지. 그 밖에도 부모를 잘 모시는 일이라든지, 머리를 잘 손질하고 옷을 단정하게 입거나, 또는 구두를 신는 일 등 일반적인 몸가짐을 두고 말이네."[49]

지금까지 살펴본 문화·예술의 통제 및 충효(忠孝)와 경로(敬老) 등에 관한 플라톤적 사고는 현재 우리사회가 안고 있는 고민들과 그 맥을 같이하고 있는 것이다. 각종 이데올로기들의 난무 속에서 국가사회의 주체적 발전(主體的 發展)과 이념들의 토착화(土着化)라는 과제, 특히 지방자치의 특성화(特性化)를 통한 개성적이고도 유기적인 발전모색이라는 지향목표는 적극적으로는 전통문화의 새로운 발굴과 미래지향적 문화의 창조적 재정립(創造的 再定立)이라는 발전적 이념의 구축, 그리고 소극적으로는 잘못된 관행과 풍조 및 미풍양속 파괴행태, 각종 유해환경 등의 척결을 통하여 달성될 수 있는 것이며, 이렇게 볼 때 이상의 여러 논의들은 우리들의 노력에 그 중요성과 추진력을 제공해 주는 것이기도 하다.

5) 교육분야

◇완전한 공교육체계
→ *cf.* 공민교육(公民敎育)

플라톤이 생각하는 교육제도는 오늘날의 '의무교육제도'보다도 훨씬 엄격하고 포괄적인 〈완전한 공교육체계(公敎育

47) 같은 책, 146쪽.
48) 같은 책, 221-222쪽.
49) 같은 책, 163쪽.

體系)〉이다. 그것은 특정계층만의 독점물(獨占物)도 아니며, 국민교육(國民教育)으로서 남녀 성차별도 배제된다. 물론 그의 교육에 관한 언급의 대부분은 주로 지배자의 양성에 관한 것으로서 엘리트교육의 성격을 강하게 띠고 있지만, 이는 수호자계급의 중요성 때문이지 서민계급의 교육을 도외시한 것으로 보아서는 아니 된다. 그리고 교육은 이상국가실현의 첩경이 되는 것이다.

◇ 남녀차별금지

"남녀(男女)를 막론하고 수호자의 특질을 갖고 있으나 그것은 비교적 강하고 약한 차이가 있을 따름이네"[50]

"그런데 통치자란 비단 남자뿐이 아니네. 그러니까 여자도 있다는 말이네.…여자들도 충분한 적성을 타고나면 마찬가지이네."[51]

"글라우콘, 이상국가에서는 남녀를 막론하고, 모든 교육과 군사 및 평상시의 업무도 모두가 공공적(公共的)인 것이며, 가장 뛰어난 철학자와 가장 뛰어난 용사가 수호자가 된다는 결론에 도달했었지?"[52]

◇ 격리교육

"10세 이상의 국민은 모두 먼 고장에 보내 아직 부모(父母)들의 관습에 젖지 않는 동안에 한 곳에 수용하여 우리가 지금까지 이야기해 온 법규에 따라 훈련(즉, 교육…필자)을 실시하면, 우리가 바라던 국가와 제도는 신속히 그리고 쉽사리 이루어질 수 있네"[53]

교육내용은 모든 기술과 지식에 관한 것으로서 〈직능교육(職能教育)〉인 동시에 〈전인교육(全人教育)〉이다. 다만 선천적 소질과 취향에 따라 '열등한 자'는 직업적인 기술교육에 치중할 수밖에 없고, '우수한 자'는 보다 고차원 단계로 교육의 수준이 높아지게 되며, 그 선택과정은 '자연스럽게' 이루어지고 있다. 그의 교육관은 한마디로 〈조기교육〉과 〈적성교육〉, 그리고 〈영재교육〉이라는 말로 압축될 수 있다.

---

50) 같은 책, 207쪽.
51) 같은 책, 327쪽.
52) 같은 책, 329쪽.
53) 같은 책, 327쪽.

◇조기교육(早期教育)

◇'학습은 일종의 오락이어야 한다'
→ 자율학습(自律學習)
◇적성교육(適性教育)

◇〈후천적 교육〉에 의한 〈선천적 소질〉의 계발(啓發)
→ 분업화와 전문화의 효율성 극대화

"…솔론은 나이가 먹을수록 많은 것을 알게 된다고 말했지만 그것은 환상이네. 나이를 먹으면 뛸 수 없는 것처럼 알기도 힘드니까 말이네.… 따라서… 모든 학문은 어렸을 때 시켜야 하네. 물론 강제로 시켜서는 안되지만…."[54)]

"자유인은 어떤 지식을 획득할 경우에도 노예여서는 안되니까 말이네. 육체적인 일은 강요당하여도 몸에 해롭지 않지만 억지로 습득한 지식은 속에 남지 않는 걸세.… 그러므로 억지로 시켜서는 안되네. 특히 어릴 적의 학습은 일종의 오락이어야 하네. 그래야 아동의 소질(素質)을 잘 알 수 있으며, 어떤 방향으로 키우는 것이 가장 적합한가도 잘 파악할 수 있네."[55)]

이리하여 지혜, 용기, 절제의 세 가지 미덕에서 이를 두루 겸비하면서 특히 지혜가 뛰어난 자가 〈통치계급〉이 되고, 용기와 절제는 뛰어나나 지혜가 부족한 자는 통치계급의 보조자로서 군사 및 기타 행정업무를 담당하는 〈방위계급〉이 된다. 그리고 〈서민계급〉은 지혜와 용기를 갖출 수 있는 소질은 부족하지만 절제의 미덕이라도 요구되는 피지배계층이다. 이와같이 각 계급은 '선천적 소질'에 의해 선택되고 '후천적 교육'에 의해 훈련됨으로써 미덕들이 조화롭게 구현될 뿐만 아니라, 이상적으로 분업화된 사회의 유기체적 활동은 그 효율(效率)이 극대화되고 사회악(社會惡)도 사라지게 된다. 이 경우 그 선택과 교육에 있어 적성평가기준(適性評價基準)이 모호하고 자의적일 가능성이 있을 뿐만 아니라 교육내용에 대한 설명이 주로 선택된 엘리트의 훈련에 관한 것으로 치중되어 있는 경향은 배울 권리, 즉 학습권을 제한하고 계급구조를 고정화(固定化)시키는 것으로 이해될 소지가 크다. 그러나 도시국가적 규모에서 플라톤적 의미의 철학자는 그 선발에 있어 실수(失手)가 있을 수 없을 뿐만 아니라 해당 피교육자는 어릴 적부터 '자유로운' 적성의 발현과정에서 보다 높은 수준의 학문을 스스로 기피하게 됨으로써, 적어도 논리상 능력있는 자의 발굴과 교육은 필요충분조건적으

54) 같은 책, 321쪽.
55) 같은 책, 322쪽.

◇계급간의 폐쇄성이 아닌 개방성, 즉 사회적 이동성(移動性)의 전제

로 모순이 해결되어 있다. 그런 의미에서 볼 때 – 플라톤이 생각할 때는 거의 있을 수 없는 일이지만 – 서민계급이 나중에라도 기개를 나타내고 지식에 대한 호기심을 보이게 될 때에는 언제라도 고차원의 교육을 받을 수 있다고 해석하여야 한다. 더구나 그의 이상국가는 일반시민의 무지화(無知化)와 노예화(奴隷化)에 그 목적이 있지 않기 때문에 더욱 그러하다고 보아야 한다.

◇바람직한 교육체계 → 4단계 교육과정

그러면 플라톤이 구상하고 있는 바람직한 교육체계는 어떠한가를 알아보자. 교육에 관해 언급한 부분들[56]을 종합해 볼 때, 그는 연령(年齡)에 따라 〈4단계의 교육과정〉을 설정하고 있다. 음악교육(10 - 17 · 8세), 체육교육(17 · 8세 - 20세), 수학과 천문학교육(20 - 30세), 그리고 변증론교육(30 - 35세) 등이 그것이며, 그 후에는 15년간 방위계급으로서의 군사·행정업무를 수행(35 - 50세)하고, 50세 이후에는 통치계급으로서 철학을 주요과제로 하여 정무(政務)에 순환적(循環的)으로 간여하게 되어 있다. 물론 이상의 여러 단계마다 세심한 관찰과 시험을 통한 선발이 이루어지며, 연령제한에 관하여는 약간의 융통성이 엿보인다.

◇〈음악교육〉

먼저 〈음악〉의 경우, 그것은 넓은 의미의 것으로 문학(文學)을 포함하고 있으며,[57] 감수성(感受性)이 예민한 어린이의 정서적 안정과 인격형성에 무의식 중에 지대한 영향을 미치는 분야이다. 따라서 다음 단계의 체육보다도 먼저 음악에 의한 올바른 품성교육(品性教育)이 이루어져야 하며, 이를 위하여는 앞에서 언급했듯이 좋지 않은 영향을 미치는 작품들에 대한 '검열과 통제'가 불가피하다고 보고 있다.

◇'정신훈련(음악교육)이 육체훈련(체육교육)보다 앞서야 한다.'

> "…뛰어난 육체가 정신을 개조하는 일은 없겠지만, 뛰어난 정신은 육체를 개조할 수 있다고 생각하네.… 정신훈련을 마친 다음에 육체에 대하여 한층 더 세밀한 주의를 기울이는 것이 옳을 걸세."[58]

56) 같은 책, 94쪽 이하, 그리고 299쪽 이하 참조.
57) 같은 책, 94쪽 참고.
58) 같은 책, 134쪽.

◇음악적 수련
→ 정서교육(情緖敎育)

> "우리는 우리의 수호자들을 도덕적 기형인(奇形人)으로 키우고 싶지 않네.… 아름답고 양순한 성질의 소유자가 되게 해야 하네.… 결국 훌륭한 작품이 주는 미(美)의 영향이란… 부지 중에 이성(理性)의 아름다움에 호감과 동정을 갖게 할 걸세.
>
> …음악적 수련이야말로 가장 가치가 있네. 리듬과 하모니가 정신의 내부로 파고 들어가 우아함을 심어주기 때문이네.… 교육을 받지 못한 사람의 정신도 우아하게 할 수 있네.… 기품이 높아지고 선량해지네."[59)]

◇'단순할수록 훌륭한 것이다.'
→ *cf.* 검약주의(儉約主義)

그러나 복잡(複雜)하게 변조되고 품위가 없는 리듬이나 하모니는 천박하고 고약한 성질과 직결되어 있다고 하면서, 음악의 단순성(單純性)을 요구하고 있다. 그 이유는, 리듬과 하모니는 문체의 좋고 나쁨에 의해 결정되는 것이지 그 역(逆)은 성립되지 아니하며, 또한 그런 문체나 가사의 문학적 내용(文學的 內容)들은 정신적 산물로서 훌륭하게 다듬어진 사상은 단순할 수밖에 없기 때문이다.

> "…리듬과 하모니는 문체의 좋고 나쁜 것에 따라 결정되며, 문체가 리듬과 하모니에 따라 좌우되지 않는다는 것이 우리의 법칙이 아닐까?… 그리고 말과 문체의 성질은 정신의 기질에 따라서 결정되는 것이 아니겠나?"
>
> "그렇습니다."[60)]

> "문체의 아름다움과 하모니 및 우아한 리듬이란 단순성(單純性) 때문이라고 생각하나? 그런데 이 단순성이란 우둔함을 좋게 표현한 것이 아니라 격조높게 정리된 정신과 성격을 가리키는 걸세."
>
> "사실입니다."[61)]

◇〈체육교육〉

이와같은 단순성은 다음 단계인 〈체육〉 교육에 있어서도 매우 중요한 것으로 강조되고 있다. 절제있는 식사법(食事法)과 식이요법(食餌療法) 및 생활태도는 '질병예방과 건강유지'에 기본이 되며, 운동(運動)을 통해 힘을 기르고 근육을 발달시키는 일보다 더 중요하다. 따라서 고량진미를 즐기

59) 같은 책, 131쪽.
60) 같은 책, 129-130쪽.
61) 같은 책, 130쪽.

◇음악교육과 체육교육의 최종목표
→'의사와 변호사가 필요 없는 사회'

는 것과 같은 미식가(美食家)가 되어서는 아니 되며, 그 밖에 절주(節酒)와 절색(節色)도 요구된다. 그리하여 음악교육, 즉 잘 정제되고 다듬어진 문학과 예술에 의한 교육은 '정신'을 정화(淨化)시켜 주고, 체육교육은 '육체'의 건강을 보장함으로써 범죄와 질병이 사라지게 된다. 즉, 플라톤적 이상사회는 이와같은 음악·체육이 어릴 적부터 〈평생교육(平生敎育)〉으로서 실시되고,[62] 나머지 문제는 우생학적 처방으로 해결됨으로써[63] '의사와 변호사가 필요없는 사회'이다.

> "그러한 식사나 생활태도는 음악과도 잘 비교가 되네.… 그러한 복잡성이 방종과 질병을 가져 왔지만 음악의 단순성은 정신에 절도를 주는 것이라네. 이와 마찬가지로 체육에 있어서의 단순성은 건강의 기본이 되는 것일세.… 무절제와 질병이 나라에 만연한다면 자연히 재판소와 약국이 성하게 되겠지.… 의사(醫師)나 법률가(法律家)의 필요성을 공인하게 되면 이것은 큰일이네. 이것은 교육이 제대로 실시되어 있지 않다는 증거로 이보다 더 수치스러운 일이 없네."[64]

그런데 얼핏보아 이상과 같은 음악과 체육을 통한 교육은 각각 정신과 육체를 그 대상으로 하는 별개(別個)의 것으로 보일지는 몰라도 궁극적으로는 다같이 '영혼의 정화'에 그 목적이 있음을 지적하고 있다. 왜냐하면 지혜, 용기, 절제의 세 가지 미덕은 모두 영혼과 관련되는 것들이기 때문이다.

◇'음악과 체육은 영혼의 조화(調和)와 정화(淨化)에 기초가 된다.'

> "그런데 음악과 체육은 하나는 영혼의 교육을, 또하나는 육체의 훈련을 위한 것이 아니네.… 두 가지가 다 주로 영혼을 위해 있는 것이네.… 자네는 체육에만 전심전력을 기울이는 자와 반대로 음악에만 전력을 기울이는 사람들이 어떠한 정신상태가 된다는 것을 모르나?… 한쪽은 완고하고 사나운 성질을, 다른 한쪽은 유약하고 온순한 성질을 갖게 된다는 말일세.… 그런데 나는 수호자는 이 두 가지 성격을 함께 지니고 있어야 한다고 생각하네.… 조화를 이룬 영혼(靈魂)은 절제가 있고 용감하기도 하네."[65]

62) 같은 책, 134쪽 참조.
63) 앞의 〈사회분야〉 참조.
64) 같은 책, 136쪽.
65) 같은 책, 144쪽.

◇〈수학교육〉

그 다음으로 요구되는 수학과 천문학 교육은 마지막 단계인 변증론을 배우기 위해 필수적으로 요구되는 이수과정이다. 여기서의 〈수학〉은 넓은 의미로서 플라톤이 말하는 수학(즉, 산수)과 기하학(즉, 평면기하학)을 포함하며, 또한 그의 〈천문학〉은 본질적으로 입체기하학을 의미하는 것으로서 앞의 기하학과 구별된다.[66] 그가 이 분야의 교육을 중요시하는 이유는 그것의 단순한 실용적 유용성을 떠나, 그들이 지성(知性)의 작용을 돕는다고 하는 수리철학적(數理哲學的) 입장에 서 있기 때문이다. 하물며 극단적 본성주의자(本性主義者)로서의 성격을 강하게 띠고 있는 그가, 이를 통해 선천적으로 머리가 둔한 사람조차도 감각적 차원을 넘어서 두뇌의 이성적 활동을 자극함으로써 영리해질 수 있다고까지 말할 정도로 그 중요성을 강조하고 있다.

◇'수학교육은 계산에 밝게 하기 위함이 아니라 영혼의 명민성(明敏性)을 높이기 위한 것이다.'

> "…그들은 순수한 이성적인 활동에 의해 수(數)의 본질(本質)을 이해하게 될 때까지 그 학문을 계속해야 하네.… 생성(변화의 세계 … 필자)에서 실재(영원의 세계 … 필자)에 이르는 가장 손쉬운 길은 수학이니까.… 수학은 실로 굉장한 학문이네. 그리고 여러모로 우리에게 유용하네. 다만 장사꾼의 심정(현실적 차원 … 필자)으로서가 아니라 철학자의 정신(이상적 차원 … 필자)으로 숭상하게 되면 말이네."[67]

> "…나면서부터 계산에 밝은 사람은 다른 학문을 할 경우에도 이해가 빠르겠지만, 한편 아둔한 사람이라 하더라도 수학으로 교육되고 단련되면 설사 어떤 특별한 소득(所得)이 없더라도 그 이전의 자기보다 현재의 자기가 한결 예민해지며, 따라서 누구에게나 발전을 가져다 주는 학문이라는 점에서 말이네.… 그러니 이 학과는 허술히 다루어서는 안될 걸세. 오히려 태어나면서부터 머리가 뛰어난 자일수록 수학을 가르쳐야 하네."[68]

◇〈기하학교육〉

이어서 그가 언급하고 있는 '기하학'도 수학(좁은 의미의 산수)과 마찬가지로 영원한 실재(實在)에 대한 인식을 위해서 강조되는 것이지, 건축이나 전쟁기술에 이용되는 것과 같

66) 같은 책, 307쪽 이하 참고.
67) 같은 책, 306쪽.
68) 같은 책, 307쪽.

은 실용적 차원(實用的 次元)에 초점을 맞춰 논의되고 있는 것이 아니다.

◇'기하학은 건축이나 전쟁에 이용되는 실용적 차원의 것이 아니라, 선(善)의 이데아에 보다 접근하기 위한 것이다.'

> "…그러나 그런 정도(전쟁기술에 이용되는 정도 … 필자)라면 기하나 산수같은 것은 조금만 알아도 충분할 걸세. 내가 말하는 기하학은 그런 것은 물론 한걸음 나아가서 선(善)의 이데아에 대해 조금이라도 쉽사리 적시(摘示)하는 데 관련이 있나 없나를 살펴보아야 하네. 그런데 모든 것이 거기에 관련되어 있네. 거기에는 실재의 최고 행복이 깃들어 있네."[69]

◇〈천문학교육〉

그리고 그 다음으로 요구되는 〈천문학〉의 경우에도 단순히 시각적 감각에만 의존함으로써 생성의 세계에 몰입하는 것과 같은 기존의 천문학적 연구방법에 대해 비판적이라는 점에서 위의 두 분야에 대한 논평과 마찬가지의 입장이다. 이 학문의 현실적 유용성, 즉 농업이나 항해, 또는 군사적 동원 등에 도움이 된다는 점은 인정한다. 그러나 하늘의 입체기하학적 구조와 그 환상적(幻想的)인 변화양상에만 시선을 집중함으로써 끊임없이 유전하는 현상의 세계에 집착하는 어리석음에서 벗어나, 참된 천문학자는 그 이면의 실상(實相)을 '육체의 눈'이 아니라 '이성의 눈'으로써 파악할 수 있어야 한다는 것이다.

◇'천문학은 단순히 하늘의 환상적 변화양상에 대한 탐구가 아니라 그 이면(裏面)에 놓인 예지의 세계를 배우기 위함이다.'

> "…이 학문(천문학 … 필자)을 배우면 영혼(靈魂)의 어떤 기관이 정화되고, 생명이 약동하게 될지도 모르지. 그 기관은 사람들이 다른 일에 정신이 팔려 있는 동안에 멍들어 버리므로, 이것을 건전하게 회복시키는 것은 만 개의 눈을 건전하게 하는 것보다 낫지. 이것으로만 진리(眞理)를 볼 수 있으니까."[70]

> "…천문학을 배우려면 현재와 같은 방법을 피하고 우리의 목적에 유리하도록 배워야 한다고 말씀하셨는데 그것은 무엇을 의미합니까?"
>
> "방금 말한 천상(天上)의 다채로운 모습은 아름답고 규칙적이네. 그러나 그 실상에 비하면 아무 것도 아니지. 즉, 이 실상이란… 이성과 사유로는 포착할 수 있지만 감각으로는 포착할 수 없는 것이네.… 그러므로 하늘에 보이는 다채로운 모

69) 같은 책, 307-308쪽.
70) 같은 책, 309쪽.

습은 예지(叡智)의 세계를 배우기 위한 모형으로 취급해야 하네."[71]

수학과 기하학, 그리고 천문학의 당시 현실주의적 조류에 대해 비판적으로 논박하면서 이들을 관념적이고도 신비주의적(神秘主義的)인 영역으로까지 확대하고 있는 플라톤의 논설은 피타고라스학파의 수비학적(數秘學的) 입장으로부터 — 적어도 수리학의 중요성에 관한 한 — 상당히 영향을 받은 것으로 보인다. 어쨌든 그는 음악을 위시하여 천문학에 이르기까지 지금까지 논의된 모든 학문영역은 상호 관련된 것으로서 학제적 연구(學際的 硏究)가 이루어져야 하며, 또한 그것들은 마지막 단계인 〈변증론(辨證論)〉의 연구를 위한 준비작업에 불과하다고 말하고 있다.

◇〈변증론교육〉

"우리가 위에서 이야기한 이 모든 학문도 상호간에 관련되고 피차 상통하여 문제를 함께 고찰하게 되어야만 비로소 그 연구가 우리 목적에 부합되는 것이며, 그렇지 않으면 그 연구는 아무 효용도 없게 되네.… 이들 학과는 모두 우리가 배워야 할 본래의 학문의 서론(序論)에 불과하다는 것 말이네. 이들 학문에 대해서는 뛰어난 재질을 갖고 태어난 사람도 변증법에 대한 상식이 없는 경우가 있네."[72]

그리고 그는 변증론에 대한 정의(定義)를 다음과 같이 내리고 있다.

◇'변증론은 순수사유의 이성에만 의존하여 선(善) 자체를 파악함으로써, 예지계(叡智界)의 최후목표에 도달키 위한 방법이다.'

"… 변증론은 이성에만 의존하는 것이라네.… 감각의 도움을 빌지 않고 오직 순수한 사유에 의해 절대자(絶對者)에 이르기를 갈구하고, 이성의 활동에 의해 선(善) 자체를 파악할 때까지 물러서지 않으면 드디어 예지계의 최후의 목표에 도달할 수 있네.…

그렇다면 지금까지의 수법을 변증론이라고 부르면 어떻겠나?"[73]

그러나 이어서 변증론의 본질이나 방법을 묻는 글라우콘의 질문에 대하여는 — 그가 이해하기 어려우리라고 미리 예고하

71) 같은 책, 312쪽.
72) 같은 책, 315쪽.
73) 같은 책, 316쪽.

◇철학(변증론)의 정의(定義)

면서 – 산만하고도 매우 난해하게 답변이 전개되고 있다.[74] 그 내용들을 보면, 〈변증론〉은 '모든 사물의 본질(本質)을 이해하는 방법'이라 하면서 '일체의 가설(假說)을 배제하고 직접 원리를 탐구해 나가는 것'이라 하기도 하고, '여러 학문을 기초로 하여 정신전환의 실효를 거두는 것'이라고도 하며, 그것을 '지식'이라 불렀지만 '이해'라고 규정하는 것이 더 나을지도 모른다는 표현도 하고 있다. 그리고 변증론을 배울 수 있는 요건은 질의와 응답에 익숙해야 하고, 그럴려면 강한 이해력과 기억력 및 예민한 감수성, 그리고 인내심과 노력이 필요하며, 따라서 천부적 소질과 모든 미덕을 갖춘 자로서 종합적 인식능력이 있어야 한다는 것이다. 이상의 내용과 관련부분들을 종합해 볼 때 그의 변증론, 즉 〈철학〉은 "천부적 소질(素質)과 미덕(美德)을 겸비한 종합적 인식능력이 있는 자가 변화하는 특정의 현실상황 속에서 질의·응답의 대화법(對話法)에 의거 정의(正義)와 진리(眞理)를 분별해 내고, 그 영혼이 실재에 대한 명상(冥想)에 이끌어져 오직 순수한 사유에 의해 예지계(叡智界)의 최후목표에 도달하여 절대자(絕對者)에 이르는 길"이라고 할 수 있다.

cf. 오늘날의 과학기술주의(Technologie)와 기술관료정치(technocracy) 및 그 배후세력으로서의 기술관료주의자들(technocrats)

지금까지 논의된 플라톤의 교육관을 정리해 본다면, 국가에 의해 주도되는 국민교육으로서 한마디로 완전(完全)한 공교육체계(公敎育體系)이다. 그리고 당시의 일반화된 교육풍토나 내용에 대하여 근본적인 혁신을 요구하고 있다. 대표적으로 대중의 요구나 출세(出世)에 영합하여 하찮은 지식이나 기술을 팔고 다님으로써 젊은이를 타락시키는 소피스트들(sophists)을 비난하고 있는데, 이들은 오늘날의 관점에서 볼 때 일종의 테크노크라트들(technocrats)이다.

"이것(인간이나 동물, 기타 자연을 다루는 법 … 필자)은 오랜 세월에 걸쳐 경험을 한 덕택인데 그(소피스트 … 필자)는 그것을 지혜라고 부르며, 하나의 기술처럼 남에게 가르치고 있네. 그러나 그는 동물들이 욕구하는 것들 중에서 아름답고 추한 것, 선하고 악한 것, 올바르고 올바르지 못한 것 등등

74) 같은 책, 317쪽 이하 참조.

이 무엇인지 알지 못하고 가르치려고 하는 걸세."[75]

◇플라톤적 교육론의 특성(特性)들
→ 의무교육, 전인교육, 인성교육, 적성교육, 남녀평등교육, 조기교육, 평생교육, 직업교육과 영재교육 등

따라서 플라톤에 있어 '교육'은 존재(Sein)의 영역을 다루는 단순한 〈기술교육〉이 아니라 眞·善·美와 같은 당위(Sollen)의 영역을 다루는 〈도덕교육〉, 즉 인성교육(人性教育)과 전인교육(全人教育)에 의해 주도되어야 한다는 것이다. 그리하여 이상국가는 의사뿐만 아니라 변호사도 필요없는 사회가 되어야 한다. 그리고 이를 위하여는 남녀평등교육, 조기교육, 평생교육, 적성교육, 그리고 이에 따른 직업교육과 영재교육이 이루어져야 한다. 당시로 보아서는 상상하기도 힘든 혁명적(革命的)인 이같은 발상(發想)은 오늘날에 있어서도 우리의 교육현실을 많은 부분에서 재고케 하는 것이라 볼 수 있다. 어차피 자본주의적 현실구조하에서 모든 부문이 그에 의해 주조(鑄造)되는 것은 당연하겠지만 우리 사회의 많은 문제점들, 예컨대 청소년범죄, 부모학대나 하극상(下剋上), 황금만능주의와 각종 이기주의(利己主義), 방종과 무절제, 그리고 그에 따른 자원고갈과 환경오염, 자살과 마약, 금권정치와 기술관료주의(Technocracy), 부정부패(不正腐敗), 불법과 각종 범죄 등은 국가적 차원이든 지방정부적 차원이든 해결해야 할 시급한 과제들이며, 플라톤이 바라보더라도 현교육체계와 사회구조하에서는 필연적 결과들로 생각할 수밖에 없을 것이다.

◇오늘날 자본주의체제의 사회적 문제들

V. 새로운 평가

플라톤은 이상주의자(理想主義者)인가? 이는 그의 글에 접하게 된 사람은 누구나 제일 먼저 떠올릴 수밖에 없는 당연한 의문이다. 그리고 대부분의 논평자(論評者)들은 그를 이상주의자로 규정하고 있다. 어떤 학자는 완전한 인격자로서의 철인들이 순환적으로 지배하는 – 따라서 권력투쟁과 정

75) 같은 책, 261쪽.

◇귀족주의적 엘리트주의자

◇'이상적'인 공산주의자

◇'진솔한' 이상주의자

책적 오류가 있을 수 없는 – 통치형태에 촛점을 맞추어 그를 '귀족주의적 이상론자'로 규정하는가 하면,[76] 또다른 이는 재산과 가족 등 일체의 공유(共有)를 통하여 악(惡)의 근원인 소유욕을 배제함으로써 완전한 공동사회를 구축하고자 하는 그의 공산주의적 발상에 주목하여 '학리적 급진주의자'(學理的 急進主義者)로 간주하고 있기도 하다.[77] 또한 스스로 과학적(科學的)인 – 따라서 '현실적인' – 사회주의자로 자처하고 있는 마르크스의 입장에서 볼 때에도 플라톤은 '이상적'인 공산주의자(共産主義者)일 수밖에 없다.

그러나 어느 사회에서나 드러나듯이 특정시대의 지배적(支配的) 이데올로기와 그 연계세력(連繫勢力)들의 입장에서 볼 때 – 아이러니컬하게도 공산혁명 이전의 마르크스주의자들이 이상주의자로 규정될 수밖에 없었듯이 –, 체제비판적인 진보주의자들은 언제나 '이상주의자'로 될 수밖에 없다는 점에 우리는 주의를 기울일 필요가 있다. 이러한 현실적 이해관계를 떠나 '이상없는 현실은 무의미(無意味)하고, 현실없는 이상은 공상(空想)에 불과하다'는 교과서적 논리에 맞추어 순수히 실현가능성(實現可能性)에만 초점을 맞춘다면, 플라톤이 스스로 말했듯이 이상국가건설이 불가능한 것은 아니지만 그 가능성은 희박하며, 이 점에서 확실히 그는 '진솔한' 이상주의자이다.

> "…지금까지 이야기해 온 국가제도는 그와같은 철학의 여신(女神)이 나라를 통치하였을 때 비로소 실현될 수 있으며, 또 실현될 것이라고 말이네. 왜냐하면 그러한 국가제도란 그 자체로 보더라도 결코 불가능(不可能)하지 않으며, 우리도 역시 불가능한 이야기를 하고 있는 것이 아니니까. 다만 그 실현이 어렵다는 것만은 우리도 인정하고 있네."[78]

이 경우 실현가능성의 문제 외에 또 한가지 중요한 논의는 – 더구나 그의 말대로 전혀 불가능한 공상적(空想的) 이야기는 아니므로 – 그 정당성(당위성) 여부에 관한 것이 되

76) 정인홍, 앞의 책, 44쪽 참고.
77) G. H. Sabine(민병태 역), 앞의 책, 65쪽 참고.
78) 『국가론』, 앞의 책, 270쪽.

◇'철저한' 도덕주의자

◇우생학적 인종개량주의자

◇국가사회주의자

◇도덕적 인종주의자

어야 한다. 여기서 '이상적일수록 정당성을 강하게 띠고, 현실적일수록 정당성이 퇴색된다'는 일반적 경향에 비추어 볼 때 그의 '이상국가'는 그 표현에 걸맞게 강력한 당위성(當爲性)으로 무장되어 있고, 논리적 일관성으로 쌓아진 빈틈없는 성과까지 확보하고 있다. 그리고 바로 이 점으로 인해 그는 서양지성(西洋知性)의 원조(元祖)이자 도덕주의자로서 면면히 후세(後世)에 무한한 사회학적 상상력(社會學的 想像力)과 변증법적 발전의 추진력을 제공해왔다고 볼 수 있다.

플라톤은 인종주의자(人種主義者)인가? 실로 이 질문은 그의 도덕성에 회의를 갖게 하는 매우 난처한 부분이다. 오늘날의 유물론적(唯物論的) 유전생물학에 기초한 듯한 그의 우생학적 인종개량주의와 국가주의적 성격은 영혼과 정신의 정화에 모든 논의의 초점을 맞추고 있는 자신의 유심론적(唯心論的) 입장과 일견 상반될 뿐만 아니라 개인주의(個人主義)에 기초한 현대민주주의의 '평등'(平等)이념과도 정면 배치되는 것으로 보인다. 그러나 논리적으로 볼 때 그런 태도는 그의 민주정에 대한 비판적 입장과 일관성을 갖는 것이며, 더구나 오늘날의 평등개념이 '능력의 평등'이 아니라 '법 앞의 평등'이나 '기회의 평등'으로 이해된다면 이와 배치되는 것도 아니다. 그리고 그의 그같은 본성론(本性論)에서 야기되는 유물주의적·보수주의적 냄새는 그 후 급진적으로 전개되는 그의 교육개혁론에서 볼 수 있는 환경론적(環境論的) 진보주의의 입장에 의해 중화(中和)되고 있다. 나아가 모든 도덕적·윤리적 가치들이 그러하듯이 개인주의적·평등주의적 이념들도 하나의 역사적 산물이라는 사실에 유의할 필요가 있고, 실제로 플라톤의 국가에서는 — 우생학적 방법에 의해 태어나든 자유연애에 의해 태어나든 — 신생아(新生兒)는 사회구성원 모두의 자식이며, 또한 그렇게 생각하는 것이 곧 도덕이요 법률이 되고 있다. 따라서 종족개량은 국가를 위해 필요하며, 국가를 위해 필요한 것은 바로 '도덕'이라는 그의 입장에서 볼 때, 역설적이긴 하지만 플라톤은 인종주의자이기 때문에 도덕주의자이다.

◇주지주의자(主知主義者, intellectualist)
→ *cf.* 주정주의(主情主義, emotionalism), 주의주의(主意主義, voluntary-ism)

플라톤은 금욕주의자(禁慾主義者)인가? 지식에 대한 욕구만 제외하고 식욕, 성욕, 수면욕구 등 인간의 가장 기본적인 욕망으로부터 소유욕이나 명예욕에 이르기까지 모든 현실적 욕구들에 대해 절제를 요구하는 그의 주지주의적(主知主義的) 입장으로 인해 그의 이상국가는 '하나의 수도원(修道院)'으로 격하되기도 하고, 그는 그곳의 수도원장과 같은 청교도적 금욕주의자로 평가절하되기도 한다.[79] 하지만 생성의 세계에 대한 무의미한 집착에 불과한 현실적 쾌락은 '영혼의 순일(純一)한 정화를 통한 최고 절대자에로의 귀의(歸依)'라는 그의 지고(至高)의 이상이자 불변의 정신적 쾌락에 비추어 볼 때, 매우 하찮은 것에 불과할 뿐만 아니라 인간의 끝없는 욕망과 그의 무상(無常)하고도 환상적인 성격으로 인해 역설적으로 그마만큼 고통만 수반할 뿐이다.

> "…그들은 오직 가축들처럼 언제나 아래만 보고 땅바닥과 식탁을 향해 웅크리고 있다가 먹을 것만 게걸스레 먹고는 교미(交尾)나 하는 걸세. 그리고 그런 쾌락을 조금이라도 더 많이 누리려고 받고 차고 죽이고 하는 걸세.
> 그것은 그들이 언제나 만족할 줄 모르기 때문이지."[80]

그럼에도 불구하고 그는 지상(地上)의 현실적 욕망과 쾌락을 그 자체 필요(必要)하고도 자연스런 것으로 간주함으로써 이의 폐기처분(廢棄處分)을 거부(拒否)하고 있다.

> "그리고 이렇게 말할 수는 없을까? 이득을 추구하는 욕망이나 승리을 원하는 욕망이라 할지라도 지식과 이성에 좇아서 그것들과 함께 쾌락을 추구하여 즐긴다면 진실한 쾌락을 획득할 수 있다고.
> 각자에게 지상(至上)의 것은 가장 자연적(自然的)인 것이라고 할 수 있다면 그들은 자기 자신에게 가장 자연스런 쾌락을 갖게 되는 걸세."[81]

바로 이러한 자연주의적(自然主義的) 입장은 지극히 인공

79) G. H. Sabine(민병태 역), 앞의 책, 68쪽 참조.
80) 『국가론』, 앞의 책, 394쪽.
81) 위의 책, 395쪽.

◇'적절한' 금욕주의자 = '진정한' 쾌락주의자

◇〈철인정치〉의 주의주의적 성격
→ 주지주의적 주의주의자

적으로 건축된 그의 이상국가를 재평가(再評價)하게 만드는 부분이다. 이는 모순이 아니며, 지향점이 올바로 설정되어 방종과 무절제가 견제되도록 '제도화된' 상태에서의 '자연스런 쾌락의 추구'는 진정한 행복을 훼손시키는 것이 아니라 오히려 극대화하는 것이라는 그의 이같은 주장은 하나의 중용적(中庸的) 선택이다. 따라서 그는 '적절한' 금욕주의자이기 때문에 '진정한' 쾌락주의자이다.

한편 흔히들 플라톤을 개명적 전제주의자(開明的 專制主義者)라 규정하는 경우,[82] 그것은 그가 추구하고자 하는 철인정치(哲人政治)의 '임의성'(voluntaryism)에 있다. 오늘날의 권력분립제도, 그리고 선거나 국민투표 등을 통한 각종 견제제도의 이념은 '인간의 불완전성(不完全性)에 대한 신념'을 그 밑바탕에 깔고 있다. 따라서 목자(牧者)와 세퍼드, 그리고 양떼들로 구성되어 분업화된 플라톤의 이상국가는 어떠한 견제장치(牽制裝置)도 배제된 또하나의 '이상적'(?)인 독재정치체제로 보일 수밖에 없다. 그러나 플라톤의 경우 최고통치자는 — 최소한 도덕성의 측면에서는 — 그같은 불완전성의 전제(前提)가 배제되어 있을 뿐만 아니라 그가 구상하는 사회체제에는 각 계급간 희노애락(喜怒哀樂)의 차이가 크게 나타날 수도 없고, 나타나서도 안된다는 것이다. 왜냐하면 — 애초부터 자신의 혈통(血統)을 알 수 없도록 태어난 — 수호자 계급은 국가에 몸과 마음을 다 바치도록 '제조'되었고, 또한 모든 사회구성원이 자신의 부모이고 형제이며 자식이기 때문이다. 따라서 그 누구라도 슬픔과 괴로움이 있다면 그것은 곧 모두의 슬픔이요, 모두의 괴로움이 된다.

> "그것은 또한 개인의 경우에도 적용될 걸세. 예컨대 누가 손가락을 하나 다쳐서 몸 전체가 아픔을 느낄 때, 우리는 그 사람이 상처를 입고 아파한다고 말하네.… 적어도 우리가 세운 나라에서는 어떤 한 개인의 불행이나 행복이 국가전체의 행복 또는 불행으로 간주되어야 하네. 그리하여 아까 말한 바와 같이 '나는 행복하다'든가, '불행하다'든가 하는 말이 한결같은 표현으로 나

82) 정인홍, 앞의 책, 44쪽과 G. H. Sabine(민병태 역), 앞의 책, 46쪽 및 80쪽 참조.

타나야 하네."[83]

◇유기체적 공동사회주의자

이렇게 볼 때 플라톤의 국가사회는 한마디로 '확대된 가족공동체'이며, '유기체적 공동사회(有機體的 共同社會)', 즉 대동사회(大同社會)이다. 그리고 그의 〈철인군주〉는 가족을 노예처럼 부리는 전제적 가장(專制的 家長)이 아니라 오히려 구성원의 모든 아픔을 한 몸에 떠맡아야 하는 가장 괴로운 존재일는지도 모른다.

이상과 같이 학리적 논리체계상 거의 완벽(完璧)에 가까우리만치 모순을 발견할 수 없는 플라톤의 사상에서도 몇 가지 우리의 고개를 갸우뚱하게 만드는 부분들이 있다. 먼저 귀족정이 명예정으로 타락해가는 과정과 그 원인에 관한 설명이 ― 아직까지 우리의 지적 수준(知的 水準)으로는 이해하기 힘든 때문인지는 몰라도 ― 매우 '신비주의적'(神秘主義的)으로 처리되고 있다는 점이다. 세상의 만물은 아무리 그것이 완전한 것일지라도 반드시 흥망성쇠가 있는 법이며, 이는 일정한 주기적 전환에 따르는 것이라는 식의 추상적 처리, 그리고 그런 관점에서 수리적 계산에 의해 얻어진 어떤 기하학적인 수(數)가 선악(善惡)을 지배함으로써 출생시기는 곧 인간의 행·불행과 나아가 국가의 운명까지도 결정하게 된다는 식의 〈수비학적 논고〉는 마치 동양의 역학(易學)과 복잡한 상수학적 사주분석(象數學的 四柱分析)을 연상케 한다. 이런 식의 발상은 수학과 천문학 및 변증론에 관한 그의 독특한 교육론 속에도 면면히 그 맥(脈)이 이어지고 있음을 엿볼 수 있다. 이 부분은 우리가 오늘날 그 신비주의적 성격에도 불구하고 '동양의 역술학'을 완전히 부정할 수는 없듯이 탐구되어야 할 많은 미지영역(未知領域) 중의 하나로 남겨 놓을 수밖에 없다.

◇수리철학자(數理哲學者)·수비학자(數秘學者)

◇영혼불멸론자·윤회론자

더욱이 유물론자들의 입장에서 볼 때, 신비주의적 색채의 절정을 보이는 부분은 그의 〈영혼불멸론(靈魂不滅論)과 윤회설(輪廻說), 그리고 인과응보사상(因果應報思想)〉일 것이다.

83) 『국가론』, 앞의 책, 217-219쪽.

"자네는 인간의 영혼이 불멸(不滅)이라는 것을 모르고 있나?"[84]

"지식에 대한 영혼의 사랑 말이네. 신적(神的)이고 불사(不死)이며 영원한 존재의 편인 영혼이 무엇을 파악하고, 어떤 교분을 동경하는지 주시해야 하네."[85]

"신(神)에게 사랑을 받는 자에게는 신으로부터 비롯되는 모든 선한 일이 일어나네. 설사 그가 전세(前世)의 잘못으로 불행을 짊어지고 있지 않는 한 말이네."[85]

"의로운 자는 가난이나 병이나 그 밖의 불행 속에 있더라도 이러한 일들은 그의 생시(生時)와 사후(死後)에 결국 반드시 어떤 좋은 보답을 받게 될 걸세."[87]

그 밖의 신들의 심판(審判)과 업보(業報), 그리고 전생(前生)과 이승 및 저승으로 이어지는 윤회의 굴레 등에 관한 그의 계속되는 언급은 마치 '불경(佛經)의 강론'을 듣는 듯한 착각을 일으키게 하고 있다. 그리고 여기에는 지엽적이기는 하지만 유가적(儒家的)인 처세술(處世術)을 연상시키는 중용사상(中庸思想)도 곁들여져 있다.

◇중용주의자

"…우리는 현재의 이 생애에 있어서나, 또는 앞으로 맞이할 어떠한 생애에 있어서도 그런 외부적인 조건에 대해서는 언제나 중용(中庸)을 택하고 한쪽에 치우치는 생활을 피해야 하네. 왜냐하면 인간은 그래야만 행복하게 되기 때문이네."[88]

어쨌든 인간적 고뇌와 앎에 대한 욕구의 분출구인 '철학'(哲學)이 궁극적으로 부딪치게 되는 최후(最後)의 장벽은 언제나 종교적이고 신비적인 문제들이며, 이는 플라톤의 경우도 예외일 수 없다. 그리고 그것은 여전히 풀리지 않은 우리들의 숙제(宿題)로 남겨둘 수밖에 없다.

◇'창조적' 신비주의자

다만 우리가 그의 사상에서 얻을 수 있는 〈교훈〉은 한마디로 '올바른 지식에 대한 절대적 애정(愛情)과 이상의 실현

84) 위의 책, 425쪽.
85) 같은 책, 430쪽.
86) 같은 책, 431쪽.
87) 같은 책, 432쪽.
88) 같은 책, 440쪽.

◇ 플라톤사상의 재조명(再照明) · 재평가(再評價)

에 대한 불굴의 집념(執念)'이다. 그리고 그의 정교하고도 완벽한 건축물(建築物)인 이상국가는 보는 각도에 따라 다양한 모양을 연출하면서 — 앞 본문의 각 부문에서 우리의 정치사회현실에 비추어 여러가지 가능성과 대안을 제시했듯이 — 우리들의 사회학적 상상력을 자극하고 있다. 플라톤이 말했듯이 본래 민주정체는 각종 이데올로기들의 난무 속에서 여러 제도들의 다채로운 전시장(展示場)으로서의 성격을 갖는다. 더구나 오늘날 고도화된 대중민주주의체제(大衆民主主義體制)는 지방자치의 정착이라는 새로운 양상으로 전개되고 있고, 그 과정에서 건축물의 모양과 구조에 대한 선택의 폭과 기회가 넓어짐에 따라 플라톤의 사상은 또다시 풍부한 상상력과 영감(靈感)의 진원지로서 우리에게 와닿고 있다.

▣ 생각해 볼 문제들 ▣

1. '모든 공상가(空想家)는 이상주의자이지만, 모든 이상주의자(理想主義者)가 공상가는 아니다' 라는 진술을 '이상적일수록 정당성(正當性)을 강하게 띠고, 현실적일수록 도덕성(참신성 또는 혁신성)이 퇴색한다'는 일반적 경향과 연관시키면서 사상사(思想史)를 회고해 보자.

2. 플라톤적 국가관(國家觀)에서 드러나는 〈유기체론적 구조기능주의〉의 경향이 사회의 정체성(停滯性) 및 폐쇄적 계급주의와 보수주의(保守主義)에 이르지 아니함을 논증해 보고, 그의 글 속에서도 반증(反證)들을 찾아보자.

3. 지난 역사들에 있어 그의 권력변동론인 〈정체(政體)의 5단계 변천과정〉을 입증(立證)하거나 개별적으로 이와 비교될 수 있는 시기(時期)나 사례(事例)들을 제시해 보라.

4. 플라톤의 공산주의사상이 마르크스적 현대공산주의이론에 비해 보다 급진적(radical, 근본적 · 혁신적)이라고 하는 경우, 이 논거(論據)는 어떠한 점에서 찾을 수 있는가? 그리고 이 양자간의 차이(差異)는 이론적으로 '엘리트주의적 공산주의 대(對) 민주적 공산주의'의 양상으로 이해될 수 있겠는가?

5. 그의 〈우생학적 종족개량주의〉를 제국주의적 국수주의(國粹主義) 또는 비인간적 · 보수적 인종주의(人種主義)와 동일시할 수 있는가? 인간 자질과 능력의 선천성(先天性) 및 후천성(後天性)에 관한 논쟁들과 연관시켜 토론해 보자.

6. 플라톤적 교육제도의 특성(特性)들을 나열하고, 작금 우리사회의 교육개혁문제와 관련하여 그 의미를 재고(再考)해 보라.

7. 플라톤의 〈철인군주정치론〉에 주목하여 그를 현대 대중민주주의자들이 개명전제주의자(開明專制主義者) 또는 주의설(主意說, voluntaryism)적 엘리트주의자라고 비판하는 경우, 이같은 상충(相衝)은 양측의 기본전제와 출발점에 있어 어떠한 차이점들 때문인가?

8. 만일 이 시대에 플라톤이 부활(復活)한다면, 유물론적인 과학기술주의가 패권을 장악하고 있는 오늘날의 세계적 조류(潮流)나 이와 이해관계를 같이하는 지배집단(支配集團)인 '소피스트적'(?) 테크노크라트들(technocrats), 그리고 세계적 자본주의체제하에서 경쟁력강화와 효율성증대라는 실용주의적 기치(旗幟)아래 진리탐구의 전당(殿堂)인 대학(大學)의 직업훈련장화 경향에 대해 그는 어떠한 평가를 내릴 것인가? 함께 상상적 토론을 전개해 보자.

9. 20세기 중반 이후 첨예한 패권경쟁적 양상을 보여주었던 자본주의(資本主義)와 공산주의(共産主義)는 그 우열을 떠나 실제에 있어 그 밑바탕에는 과학주의적 유물론(唯物論)을 공유(共有)하고 있고, 이것이 삶의 편의는 확대시켜 주었는지는 몰라도 인간의 소외(疎外)와 '인간성' 상실을 더욱 심화시켜 왔다고 간주하는 경우에도, 플라톤사상 속에 내재된 많은 신비주의적 요소들을 실증주의적(實證主義的)으로 협소화된 '합리성'의 잣대로 평가절하 내지 폐기처분할 수 있는가? 과학주의이데올로기에 대한 비판적 이해 속에서 유물적 한계를 극복할 수 있는 새로운 가능성들을 모색해 보자.

마키아벨리(Niccolò Machiavelli, 1469 - 1527)

I. 배 경

◇신흥 부르조아

이탈리아에서 신흥상공업체제(新興商工業體制)의 세력은 낡은 제도에 대해서 특히 파괴적이었으나 정치적 상황에 내재하는 이유로 말미암아 그다지 건설적(建設的)인 힘을 발휘치 못하고 지연되었다. 마키아벨리가 저술할 당시의 이탈리아는 5대 도시(都市), 즉 남부의 〈나폴리〉왕국, 서북부의 〈밀라노〉왕국, 서동부의 〈베네치아〉귀족공화국, 그리고 중부의 〈피렌체〉공화국과 〈로마〉법황국이 할거(割據)하고 있었다. 이들 각국은 외국세력(外國勢力)과의 결탁없이는 독립을 유지할 수 없었으며, 법황국(法皇國)이 최강이었으나 그나마 프랑스의 지원을 받아서 가능했다. 유럽의 정치적 변화 중에서 중요한 하나는 법황을 이탈리아의 여러 통치자 중의 하나로 전락케 한 사실이었다. 기독교국(基督敎國)의 모든 분쟁의 중재자(仲裁者) 역할을 하겠다는 낡은 포부는 이제와서는 중부 이탈리아의 주권이라도 보지(保持)하겠다는 실제적(實際的)이며 세속적(世俗的)인 욕구로 퇴화해 버렸다.

◇법황의 권위하락

◇문예부흥 (Renaissance, 14 - 16세기)

◇피렌체(Firenze 伊, Florentine 英)

르네상스의 발상지는 이탈리아, 특히 〈피렌체〉가 그 중심이었다. 초기 피렌체는 대부분의 다른 자치도시(自治都市)들과는 달리 내륙도시로서 뒤늦게 도시들간의 치열한 상업적(商業的) 경쟁에 뛰어들었고, 13세기에는 공화제적 정부형태가 수립되었다. 14세기 말에는 일종의 무산자(無産者) 정부, 즉 코뮨(commune)적 성격의 정권이 등장하기도 하였다.

그러나 피렌체 도시내부의 여러 세력은 점차적으로 서로 대립(對立)과 분열(分裂)의 양상을 띠게 되었고, 부유시민(富裕市民)의 영향력이 증대되었다. 따라서 피렌체에 있어 명목상(名目上)의 민주제는 거대한 상업자본가인 동시에 유력한 시민계급의 영수(領袖)인 메디치(Medici)家의 과두정치, 나아가 참주적(僭主的) 독재정치로 진전될 수밖에 없었고, 농촌지방은 봉건제에로 다시 후퇴하는 양상을 띠게 되었다.

15세기는 메디치 가(家)의 독재체(獨裁體)가 피렌체에 수립되는 시기로서 이태리 번영의 원천이었던 상업적·산업적 활동이 둔화되고, 대금융업에로 활동의 중심이 이동하면서 도시 상호간의 대립이 격화되는 시기였다. 세계패권의 중심이 지중해에서 대서양무역으로 옮아가면서 대서양주변의 신흥국가인 프랑스, 스페인 등이 주도권을 차지하게 되고, 이태리는 이들의 침입을 받게 됨으로써 혼란과 분열은 가중되었다. 이리하여 이탈리아는 르네상스적 근대화가 좌절되고, 도리어 반봉건적 후진국가로서 종교개혁에 대한 반동(反動)의 중심지로 존립하게 된다. 기성세력과 신흥세력이 혼재(混在)하고, 〈공화제〉에서 〈참주제〉에 이르기까지 각종의 정치형태가 대두하였으나 그 어느 형태든 적나라한 실력에 의해서만이 정권이 유지될 수 있었으며, 이런 상황은 근대 유럽적인 현실주의적(現實主義的) 정치사고의 토대가 되었다.

◇예컨대 프랑스는 1504년-1513년 사이에 3차에 걸쳐 이탈리아를 침입

피렌체를 지배하는 메디치가는 방위능력(防衛能力)이 부족하였고, 〈로마〉법황은 당시 유럽 전역에 걸쳐 수립되는 반(反)로마적인 절대군주제(絶對君主制)에 의해 그 세력이 후퇴하고 있음에도 불구하고 이탈리아에 있어서는 가장 강력한 국가로서 반도내(半島內) 다른 국가에 대하여는 그 우위성(優位性)을 고집하고 있었다. 그리하여 〈법황〉은 이탈리아 통일의 장애물(障碍物)이 되고 있었다. 즉, 법황은 이탈리아를 통일(統一)시킬 힘은 없으나 통일을 방해(妨害)할 힘은 있었다.

◇이탈리아의 분열과 혼란

이같은 이탈리아의 불행이 수많은 소국가(小國家)들로의 분열 및 상호간의 반목(反目), 그리고 군사적 혼란에 있었음

은 너무나 명백한 사실로서, 그 주된 원인은 내적으로 공화국들의 특수주의(particularism)적 이해관계에 따른 '분리독립주의', 외적으로는 방위력의 취약에 따른 주변국가들의 잦은 '침략과 간섭'이었다. 시대의 흐름상 현실적으로 이의 해결책(解決策)은 강력한 〈통일민족국가의 완성〉과 〈국민군대의 창설〉이라는 두 가지 방안으로 집약될 수밖에 없는 상황이었다.

Ⅱ. 생 애

◈ 1469년 5월 3일 피렌체의 가난한 귀족가문에서 출생

◈ 유년기(幼年期)에는 변호사인 동시에 열렬한 인문주의자(人文主義者)인 아버지 베르나르도(Bernardo)의 배려하에 인문학에 대한 훌륭한 기초지식을 쌓게 됨.

◈ 그의 가문은 높은 귀족도 부자도 아니었지만 그 도시의 가장 명성(名聲)있는 인문주의자들의 서클과 긴밀한 관계를 갖고 있었다.

◈ 1476 - 77년 라틴어 초보교육과 문법교육을 받음

◈ 1480년 산술(算術)을 배우기 시작

◈ 1481년 12살 되던 해 마키아벨리 시대에 가장 유명했던 인문주의자들을 배출한 명성있는 교사인 파올로 다 론시글리오네(Paolo da Ronciglione)의 문하생이 되어 라틴어 작문을 배움.

◈ 피렌체 대학에서 나중에 제1장관(the first chancellorship, 수상직)에 임명받게 되는 마르첼로 아드리아니(Marcello Adriani) 교수로부터 고전수업(古典授業)을 받게 됨.

◈ 1501년 가을 자신이 구애(求愛)하던 마리에타 코르시니(Marietta Corsini)와 결혼하고, 그 후 6명의 자녀를 둠.

◈ 1498 - 1512년 피렌체공화정의 제2장관직에 등용되었고,

◇ 인문주의(humanism)
◇ 1478년 파츠이의 반란 발발. 로렌조 데 메디치의 아우 피살. 피렌체에 대한 나폴리왕의 선전포고
◇ 1479년 에스파니아왕국 성립
◇ 1480년 메디치의 독재체제 강화
◇ 1492년 로렌조 데 메디치의 사망
◇ 1494년 프랑스의 피렌체 침입과 메디치 가(家)의 실권
→ 공화정의 대두

자유평화에 관한 10인 위원회(Ten of Balia)의 서기(書記)로 활동하였다. 동(同) 위원회는 주로 외교문제(外交問題)를 담당하는 주요 정부기관이며, 전시(戰時)에는 작전을 감시하는 기능도 가지고 있었다. 따라서 외교사절로서 각국을 왕래하기도 하고, 피렌체의 피자(Piza) 수복작전에 참가하기도 하였다.

◈ 1503년 당시 권력자 소데리니에게 〈국가재정에 관한 진언(進言)〉을 바치며, 군대의 강화를 역설.

◈ 1506년 마키아벨리의 초안을 기초로 한 국민군(國民軍) 창설법안이 비준됨.

◈ 1509년 부친 사망. 피렌체군과 함께 피자에 입성.

◈ 1512년 스페인 군대의 공격을 받아 피렌체 공화정이 무너지고 메디치家(The Medici)의 왕정복고가 이루어지자 공직에서 추방됨.

◈ 1513년 반(反)메디치 음모에 가담했다는 혐의로 체포되어 고문을 받고 투옥되었으나, 같은 해 메디치가의 죠바니(Giovanni) 추기경이 교황 레오(Leo) 10세로 즉위하자 특사를 받고 석방됨.

◈ 석방되자 마자 메디치 정부의 공직을 얻기 위해 1513년 말경 〈군주론〉을 집필하여 제출하였으나, 그 뜻이 이루어지지 못하자 낙심한 그는 피렌체 교외에서 칩거생활에 들어가 반메디치적·공화주의적 지식인들과 사귀면서 〈전술론〉과 〈로마사론〉을 집필하였음.

◇이러한 정황에 미루어 그를 권력과 명예를 좇아 변신(變身)하는 이중인격자(공화주의자인 동시에 군주주의자)로 보는 견해도 있음.

◇1517년 종교개혁의 촉발

◈ 1520년 자신의 희곡 〈만드라골라〉가 교황 레오 10세의 관람하에 최초로 공연되고, 같은 해 메디치 궁정에 소개되어 동년 11월 피렌체 역사를 집필하라는 임무를 부여 받고 〈피렌체사〉를 집필하게 됨.

◈ 1527년 프랑스군의 로마약탈, 교황의 도주(逃走), 그리고 메디치가에 대한 인민의 신뢰상실 등으로 메디치 왕정이 무너지고 공화정(共和政)이 복원됨.

◈ 고대하던 공직(公職)에의 복귀희망은 새로운 공화주의자들에게 그가 한낱 늙고 하찮은 메디치가의 가신(家臣)에 불과한 인물로 비쳤기 때문에 불가능해 보였고, 이에 낙심

한 탓인지 그는 그 해 병을 얻어 세상을 떠남.

Ⅲ. 저 작

◇로렌조 데 메디치(Lorenzo de Medici)에 대한 조언(助言)으로서 메디치에 대한 구직논문(求職論文)이며, 이와 같이 당시의 문필가들은 자진해서 그 보호자를 찾는 것이 통례였음.

◈ **군주론(Il principe, 1532)**

- 원래 〈로마사론〉의 일부로서 구상된 것으로 1513년에 완성되었고, 사후(死後) 5년 만에 출판됨.
- 국가통일과 국토방위를 추구하는 지배자에 대한 실용적인 조언(助言)의 고전으로서 〈로마사론〉과 더불어 그의 주저(主著)에 해당하며, 군주제를 이상적(理想的)으로 보고 있음.
- 사분오열된 이탈리아 반도를 통일(統一)하고자 하는 민족주의적(民族主義的) 열망의 표현이 되고 있으며, 총체적 부패상황(總體的 腐敗狀況)을 개혁하기 위해 〈군주제〉의 필요성을 역설(力說)하면서 군주에게 권력(權力)의 획득·유지·확대에 필요한 조언을 제시하고 있음.

◇〈군주론〉과 마찬가지로 정치적 지배자가 정치적으로 성공하는 데 있어서의 정치의 법칙(法則)을 발견하는 것을 목적으로 하였는 데, 그 법칙은 정치외재적인 것이 아니라 정치내재적 가치인 정치기술적(政治技術的)인 것으로 봄.

◈ **로마史論(Discorsi sopra la Prima deca di Tito Livio, 1531)**

- 1519년에 완성된 것으로 리비오(T. Livio)의 〈로마사〉의 주석서(註釋書)이며, 일명(一名) 『리비우스 논고』라고도 함.
- 정치공동체가 안정(安定)과 건강함을 회복(回復)하면 공화제(共和制)가 이상적이라고 보았으며, 이 경우 그의 〈공화제〉는 인민의 정치참여(政治參與)가 아니라 지배자가 인민의 지지(支持)를 받고 있는 국가체제를 의미하였음.
- 고대(古代) 로마의 영광을 재현할 수 있는 비전을 제시하고자 함.

◈ 만드라골라(Mandragola)

- 희극(喜劇)으로서, 1512-1520년 사이에 쓰여진 것으로 추정됨.
- 1520년 교황 레오 10세의 관람하에 최초의 공연(公演)이 이루어짐.
- 인간의 본성과 동기에 관한 깊은 통찰력을 솔직하게 표현한 매우 독창적인 작품.

◈ 전술론(Dell' Arte della Guella, 1520)

- 과거 로마의 군제(軍制)를 고증하면서 징병제(徵兵制)에 의한 군대조직을 강조하였음.

◈ 피렌체史(Istorie Florentine, 1532)

- 1525년에 완성된 것으로서 1492년까지의 피렌체의 역사를 인본주의적(人本主義的)으로 다룬 것임.

Ⅳ. 사 상

1. 관심과 동기

◇소극적으로는 〈국가보존〉
◇적극적으로는 〈부국강병〉

1) 이탈리아의 내부적 혼란과 외국의 침략을 극복함으로써 국가를 보존(保存)해야 한다.
2) 이를 위하여 거추장스럽고 비현실적인 종교적·도덕적 논의를 떠난 통치자의 현실적 정책과 정치적 수단, 즉 부국강병(富國強兵)과 권력(權力)의 획득·유지·확대를 위한 제방법이 모색되어야 한다.

◇통일국가완성을 통한 로마제국 재현

3) 궁극적으로 통일된 강력한 민족국가(民族國家)를 건설함으로써, 과거 로마제국의 영광(榮光)을 재현하여야 한다.

2. 인간관

◇성악설적(性惡說的) 입장

1) 인간은 본래 악(惡)하고 이기적(利己的)이며, 극히 침략

적이고 탐욕적이다.

2) 특히 〈생명〉과 〈재산〉의 추구는 인간 본성(本性)의 가장 보편적 욕망형태이다.

3) 인간의 이같은 본성, 예컨대 대중(大衆)에 있어서의 〈안전보장의 욕구〉, 정치가(政治家)에 있어서의 〈권력욕〉 등은 행동의 기본적 동기(動機)가 되는 것이다.

◇권위주의적 법치주의

4) 따라서 인간은 힘(권력)에 바탕을 둔 법률(法律)의 제약을 받지 않는다면 무정부상태(無政府狀態)를 초래하게 된다.

5) 이러한 '인간의 이기성'은 역사를 초월하는 불변(不變)의 본질이다. 그러나 그같은 인간에게 선(善), 즉 덕성(德性 : 비루투 virtú)이 있다면 그것은 법률과 그 물리적 강제력, 즉 정치권력에 의해 '창조'된 것이다.

◇권력(힘)주의

6) 이렇게 볼 때 인간성이나 국민성, 그리고 사회의 성격도 〈권력〉에 의해 규정되는 것이다.

3. 사회관

1) 종교와 윤리

◇종교와 윤리의 이데올로기성

① 〈기독교〉는 인간의 성격을 비굴하게 하고 노예화(奴隷化)하며, 그 도덕률은 이 세상의 것이 아니다.

② 〈신국가(新國家)〉의 건설을 위하여는 그 방해가 되는 낡은 종교와 윤리로부터 해방(解放)되어야 한다.

③ 신국가의 건설 이후에는 종교, 윤리, 도덕을 정치적 수단으로 이용(利用)해야 한다.

◇중세적 봉건귀족제와 보편주의적 교회제에 반대

④ 이탈리아의 분열과 혼란은 사실상 통일적 권력이 아니면서도 세속적 지배권을 행사하고자 하는 〈로마교회〉에 그 책임이 있다.

2) 법률

① 이탈리아의 부패는 모든 종류의 방종과 폭력, 부(富)와 권력의 극심한 불평등, 평화와 정의의 파괴, 질서를 교란

하는 야욕(野慾), 분열, 무법(無法), 허위 및 종교에 대한 멸시 등을 포함한다.

◇법률만능주의

② 낡은 관습과 전통, 종교와 윤리가 아닌 '새로운 법률'이 인민으로 하여금 새로운 도덕적·시민적 덕성(德性)을 갖게 하는 것이다.

◇실정법주의

③ 모든 법률(法律)은 '강력한 힘'에 의해 그 효력이 뒷받침되지 않는다면 무의미하다.

④ 따라서 국가가 약(弱)하고 부패한 사회에서는 효력을 발휘할 수 없다.

◇정치우위론
◇신법·자연법 부정

⑤ 이렇게 볼 때 〈법률〉은 정치의 하위개념(下位槪念)이자 그 수단(手段)에 불과하다.

4. 국가관

1) 국가와 정치

◇민족국가(nation-state)

① 〈신국가〉, 즉 '통일된 민족국가의 건설'은 정치의 지상목표(至上目標)이며, 그 자체가 최고윤리이다.

◇절대적 국가우위론

② 이러한 목표달성에 어떠한 집단이나 종교, 기타 가치도 장애물(障碍物)이 되어서는 아니되며, 오히려 그것들을 수단(手段)으로서 '이용'할 수 있어야 한다.

③ 〈정치〉는 '변전무상(變轉無常)한 생성과 현상의 영역'이기 때문에 철학적 진리나 종교적 진리의 적용을 거부한다.

◇마키아벨리즘 (Machiavellism)

④ 따라서 〈정치〉는 '목표달성(目標達成)을 위해 수단과 방법을 가리지 않는 통치자의 지배기술(支配技術)'이다.

2) 통치자

◇절대군주주의
cf. 정치적 인간

① 부패척결과 신국가수립을 위하여는 모든 권력이 한 사람의 통치자(즉, 군주)에게 집중(集中)되어야 하며, 그는 오로지 '권력의 획득, 유지, 증대'에만 전력투구해야 한다.

◇전능한 입법자

② 〈통치자〉는 '전능(全能)한 입법자'이어야 한다. 그가 창조한 법률과 정부는 그 인민의 민족성(民族性)을 좌우하며, 인민의 도덕적·시민적 미덕(美德)도 그러한 법률로

부터 성장하는 것이다.

◇민병제

③ 따라서 그는 정치적 천재성(天才性)을 발휘해 새로운 공공정신과 시민적 충성심을 발전시킬 군사력을 창출해야 하며, 그것은 용병제(傭兵制)가 아니라 민병제(民兵制)로써 가능하다. 용병이나 외원병(外援兵)은 통치자의 재정(財政)을 말리고 궁지에 몰아넣을 뿐이다.

◇권모술수(權謀術數)

◇"힘이 곧 정의이다"

④ 그러한 〈천재성〉은 '목적을 달성하기 위해 수단(手段)과 방법(方法)을 가리지 않고 여우의 교활함과 사자의 강력함을 동시에 구사할 수 있는 능력'이다. 즉, 행위 자체가 비도덕적(非道德的)이어도 결과만 정당하면 '정의'(正義)이다.

◇초도덕적 존재

⑤ 이렇게 볼 때 〈군주〉는 '현명하면서도 초도덕적(超道德的)인 존재로서 자기 자신의 의사에만 의존하고 타인의 의사에 지배되지 않는 절대적 지배자'이어야 하며, 그에게는 공공연한 교활, 기만(欺瞞), 억압, 살인(殺人) 등의 수단사용도 시인된다.

◇통치자의 덕목(德目)

⑥ 만약 이같은 새로운 군주에게 필요한 덕성(비루투 virtú)이 있다면 겸손, 자선, 경건, 정직 등과 같은 기독교적인 의미의 덕(德)이 아니라, 고대 로마공화정 당시의 비루투에 해당하는 '남성다움', '용맹스러움', '단호함' 등이다.

◇외양(外樣)의 중요성

◇도덕의 수단성

⑦ 일반적으로 〈상식화된 덕목〉인 자비, 진실, 인정(人情), 경건, 청렴, 결백 등도 요구될 수 있으나 그것들은 필요조건(必要條件)이 아니며, 때때로 외형적으로 가장(假裝)할 줄도 알면서 언제라도 '이용'할 수 있어야 한다.

◇능란한 위선자(僞善者)

⑧ 즉, 통치자는 정치적 적(敵)으로'부터 자신을 보호하기 위한 보호색(保護色)으로서, 그리고 권력유지에 필수적인 대중의 지지를 확보하기 위해서 능숙한 가장(假裝)과 위선(僞善)이 필요하다.

3) 이원적 정체론(政體論)

(1) 군주제—통일전 혼란기

◇극단적 현실주의

① 모든 사상과 이론은 전적으로 현실(現實)에 기초하여야 한다.

◇절대군주제

② 현재 이탈리아의 혼란하고 부패한 상황을 극복하고 통일국가(統一國家)를 완성하기 위하여는 1인 통치자에게 절대적으로 권력이 집중(集中)되어야 한다.

◇카리스마(charisma)적 지배

③ 그는 관습(慣習)과 도덕(道德), 그리고 법(法)의 바깥에 존재하며, 오로지 자신의 능력과 판단에 의존한다.

④ 따라서 〈군주〉는 전능한 입법자이며, 인민은 그에게 무조건 복종(服從)하여야 한다.

(2) 공화제—통일후 안정기

◇이상적 정부형태 : 로마공화정

① 통일국가 완성후 비교적 안정된 이론적 틀은 역사(歷史) 속에서 선택할 수 있으며, 그 위대함의 영원한 모델은 〈로마공화정〉이다.

◇법의 지배

② 정치적 안정기에는 군주의 세습제(世襲制)보다는 선거제(選擧制)가 바람직하며, 모든 권력은 법률에 입각해 행사되어야 한다.

◇입헌군주제

③ 세습군주라 하더라도 그의 행동은 법(法)에 의해 제약되어야 한다.

◇인민의 정치참여와 반항권

④ 인민은 자유롭고 건전한 정치활동(政治活動)을 할 수 있을 뿐만 아니라 때로는 군주에 반항(反抗)하는 능력도 갖는다.

V. 평　　가

◇국가주의자

◇정치와 종교·도덕의 분리

1. 마키아벨리의 사상은 무엇보다 공익(公益), 특히 국가이익을 위해서는 수단의 도덕적 선악(善惡)에 관계없이 다만 효율성과 유용성만을 고려하였다.

◇ 근대민족국가(近代民族國家)

2. 통일된 강력한 민족국가건설을 열망함으로써, 도덕적 비난에도 불구하고 그의 이론은 근대국가(近代國家)의 기초확립에 이념적으로 크게 기여하였다.

◇ 절대왕정시대와 이탈리아 및 독일의 통일정책

3. 17세기 절대왕정(絶對王政)에 있어서 그의 정치사상의 타당성이 비로소 인정되기 시작했고, 19세기 이탈리아와 독일에서 크게 관심을 모았다. 당시 양국에서는 국가적 통일이 최대과업이었고, 통일(統一)을 합리화하는 이론으로 각광을 받았다.

◇ 권력(權力)의 정치학

4. 현실주의에 입각한 정치기술의 법칙성을 발견하려 하였다는 점에서 근대적 정치학, 특히 존재(存在)의 영역만을 다룸으로써 '정치학의 과학화'를 시도하고자 하는-영미계(英美系)에 의해 주도되고, 주류정치학(主流政治學)이 되어 있는-이른바 '정치과학'(political science)에 단초(端礎)를 제공하였다.

◇ 절대군주주의자

◇ 민족주의자

5. 조국(祖國) 이탈리아에 고대 로마의 위대함을 재현(再現)시키고자 그가 취하였던 절대군주주의적 입장은 전적으로 민족주의적 애국심(愛國心)의 발로였다.

◇ 위기의 정치학

◇ 공화주의자

6. 그의 정치사상은 주로 과도기적 위기상황(危機狀況)을 전제로 한 권력의 적나라(赤裸裸)한 실체파악과 카리스마적 지배의 정당성 확보에 치우침으로써 평화적 안정기에 해당하는 그의 공화주의적(共和主義的) 입장은 상대적으로 약화되었다.

◇ 기술정치학(techno-politics)

7. 이른바 '마키아벨리즘'으로 요약되는 권모술수(權謀術數), 즉 권력주의적 현실정치(Realpolitik)는 역시 그의 사상의 핵심을 이루는 것이며, 불안정한 특수상황을 대상으로 하는 정책론으로서의 기술정치학(技術政治學)에 불과한 것이었다.

◇ 과학기술주의의 이데올로기성

8. 오늘날 테크놀로지(Technologie)의 탈이념적 경향이 갖는 보수적 성격이 '현실주의'라는 미명하(美名下)에 은폐되고 있다는 사실에 주목한다면, 그리하여 역사적으로 그 이데올로기성이 극복된 종교나 도덕의 현실적 의의가 새롭게 조명되어야 하고, 실제로 그 이상주의적 영향력도 또한

◇협소한 현실주의, 보수적 현실주의

하나의 중요한 현실이라는 사실을 인정한다면, 마키아벨리의 테크노크라트적 사고(思考)는 언제라도 〈비도덕적 권력정치와 독재〉를 합리화(合理化)하고 〈근시안적 현실주의〉로 전락할 위험성(危險性)을 안고 있다.

▣ 생각해 볼 문제들 ▣

1. 역사적(歷史的)으로 그때 그때마다 지배적(支配的)이었던 종교와 도덕·윤리의 이데올로기적 성격을 분석해 보자.
2. 이른바 '마키아벨리즘'(Machiavellism)은 일반적으로 어떠한 의미로 사용되고 있는가?
3. 그런 식으로 이해할 때, 마키아벨리는 마키아벨리스트인가? 이해(理解)의 폭을 넓혀 보자.
4. 이상(理想)과 현실(現實)의 상관성에 주목해 볼 때, '극단적 현실주의'는 어떠한 문제점들을 안고 있는가?
5. 위기(危機)의 정치학과 상황윤리론(狀況倫理論)간의 상관성을 토론해 보자.

칼뱅(Jean Calvin, 1509 - 1564)

I. 배　경

◇종교개혁 (Reformation, 16 - 17 세기)

〈르네상스〉가 고전부흥(古典復興)을 통해 새로운 시대와 정신을 형성하려는 것인 데 대해 〈종교개혁〉은 성서복귀(聖書復歸)를 통해 같은 목적을 달성하려는 것이었다. 두 운동은 개인의식의 환기를 통해 중세적 봉건제를 부정하려는 점에서 공통점을 지니고 있으나, 근대의 서곡(序曲)이 된 르네상스와 그 본격적 추진력이 된 종교개혁은 출발점과 역사적 영향에 있어 근본적으로 성격을 달리하는 것이었다.

cf. 신교주의(新敎主義 : Protestantism)

cf. 청교주의(清敎主義 : Puritanism)

현세지향적(現世指向的)인 〈르네상스〉가 인간의 외면성 변화에 치중하여 중세적 억압구조의 틀로부터의 해방을 모색한 반면, 내세지향적(來世指向的)인 〈종교개혁〉은 인간의 내면성 변화를 통해 그것을 모색했다는 점에 상대적 차이가 있다. 종교개혁은 기독교가 중세의 지배질서와 결부된 봉건제 이데올로기로서 세속화되고 부패한 데 대한 저항(protest)이며 내부적 개혁운동이다. 그리하여 중세의 위계주의적(位階主義的) 권위에 반대하면서 성서(聖書)의 절대성과 개인의 내면적 경험, 즉 신앙을 가장 우선시하고, 정교분리(政敎分離)의 원칙을 내세우면서도 세속적 국가가 아닌 기독교적 국가를 요구하게 된다. 따라서 그것은 종교나 신학으로부터의 인간해방운동이 아니라 오히려 기존의 기독교를 정화(purify)함으로써 종교나 신학을 새롭게 강화(強化)하려는 것이었다. 그러나 역설적(逆說的)이게도 종교개혁운동은

cf. 계몽주의(啓蒙主義 : enlightenment, 17-18세기)

◇〈아비뇽의 유수(幽囚)〉: 1309년부터 77년까지 7대에 걸쳐 로마교황청을 남프랑스 론 강변의 도시 아비뇽(Avignon)에 이전한 사건. 일명 〈교황의 바빌론 포로〉라고도 함.

◇종교개혁의 선구자들

◇독일의 종교개혁

기독교계의 분열과 왕권강화 및 계몽주의 사조를 초래함으로써 근대민족국가형성에 직접적으로 기여하였고, 정치와 정치사상에 미친 영향도 르네상스보다 컸다. 즉 〈르네상스적 인문주의〉는 예술적(藝術的)이고 귀족적(貴族的)이어서 참으로 역사를 변혁할 만한 힘을 갖지 못한 반면, 〈종교개혁운동〉은 깊이 민중의 마음을 포착하여 역사를 움직였다.

거슬러 올라가 로마카톨릭 교회는 교황(敎皇)의 〈아비뇽 유수〉로 인해 분열되면서 14세기 경부터 이미 쇠퇴의 조짐을 나타내었다. 이 난국을 타개하기 위한 〈종교회의운동〉이 활발히 전개되었으나 무위(無爲)로 끝나면서 유럽 각국은 근대민족국가(近代民族國家)에로의 길을 걷기 시작하고, 중세적 기독교 세계는 점차 해체되어 갔다. 여기에 기인한 교계(敎界)의 자성(自省)은 〈종교개혁운동〉으로 전개되었고, 이에는 이미 루터 이전부터 '리용의 빈자(貧者)'라 불려지는 프랑스의 왈도(Pierre Waldo), 룰러드파(派)를 일으킨 영국의 위클리프(John Wycliffe, 1320?-1384), 신학자인 동시에 체코 민족주의자인 보헤미아의 후스(Johannes Huss, 1369?-1415), 도미니코 성직자이자 피렌체의 성 마르코 수도원장이었던 이태리의 사보나롤라(Girolamo Savonarola, 1452-1498) 등의 선구자적(先驅者的) 개혁활동과 희생이 있었다.

본격적인 종교개혁운동의 횃불은 1517년 10월 31일 독일의 루터(Martin Ruther, 1483-1546)가 〈면죄부(免罪符)에 관한 95개조〉를 비텐베르크대학의 성교회(城敎會) 문에 게시함으로써 올려졌다. 루터에 있어 종교의 본질은 내적 경험(內的 經驗)이며, 신앙만이 구제를 가져오는 유일한 길이고, 외형적인 것은 종교적 목적을 달성키 위한 보조적 수단에 불과한 것이었다. 따라서 법황을 정점(頂點)으로 하는 위계주의적(位階主義的) 권위가 부정되고, 교황과 교회회의의 가류성(可謬性)이 주장됨에 따라 여러 지방에서 징수되는 로마법황의 수입과 그의 재판권은 폐지되어야 한다. 이로 인해 20년 6월에는 드디어 그에게 파문장(破門狀)이 내려지게 된다. 한편 그는 양검론(兩劍論)을 펼쳐 정치적 권위와 정신적 권위를 엄격히 구별하면서, 동시에 신권적 군주론(神權的 君主論)을 주장함으로써 절대군주권의 이론적 근거를 제공하기도 하였다. 이리하여 루터는 한편으로는 로마카톨릭 교회와 싸우고, 다른 한편으로는 급진적 무정부주의의 입장에 있는 재침례파(再浸禮派 : Anabaptist)와 싸워야 하는 두 개의 정면작전을 취하지 않을 수 없었으며, 나아가 에라스무스(Desiderius Erasmus, 1466 - 1536)와의 '자유의지'를 둘러싼 논쟁을 통해서 인문주의와도 명확하게 선을 긋지 않으면 안되었다.

◇신성로마제국의 이해관계와 독일의 분열

당시 유럽의 정치정세는 복잡하여서 신성(神聖) 로마제국의 황제로서 독일과 스페인을 지배하고 있던 칼 5세는 로마교황과 손잡고 근대국가로 급속히 대두한 프랑스와 싸워야 하는 한편, 동방으로부터의 투르크족의 침입을 경계하지 않으면 안되는 입장이었다. 이 때문에 칼 황제는 독일 국내 제후(諸侯)의 지지를 필요로 하여서 루터에 의해 일어난 '개혁운동'(改革運動)을 일방적으로 억제만 할 수 없었고, 이로 인해 독일 국내의 정치세력을 양분(兩分)하는 결과가 되었다. 황제(皇帝)는 1530년 아우크스부르크 국회에서 양파의 화해를 시도하였으나 뜻을 이루지 못하고, 프로테스탄트 측의 제후(諸侯)와 도시(都市)는 31년 슈말칼덴 동맹을 결성하여 황제 및 교황 측과 대결하게 됨으로써 독일은 종교전쟁(宗教戰爭)에 이르기까지 장기간의 내전(內戰)에 고통을 겪어야 했다.

◇종교전쟁 (Religious Wars) : 16세기 후반에서 17세기 후반에 걸쳐 유럽에서 종교문제와 관련되어 일어났던 일련의 전쟁

◇스위스의 종교개혁

스위스에 있어서는 15세기 이래 교황권(教皇權)이 쇠퇴하면서 교회의 개혁도 일반적으로 인정되고 있었다. 에라스무스 숭배자이기도 한 종교개혁자 쯔빙글리(Ulrich Zwingli, 1484 - 1531)는 자유주의적이면서 정치적 문제에 많은 관심을 가졌으며, 이를 지도자로 하여 비교적 민주주의적(民主主義的)인 종교개혁이 단행되었다. 따라서 스위스에서는 종교개혁이 기존정부(既存政府)의 정치권력에 의해 수행되었고, 정부는 쯔빙글리의 관념을 법률로 제정하여 그것을 구체화하였다.

◇루터파와 개혁파의 분리

루터의 개혁운동이 면죄부에 대한 신학적 문제제기에서 출발했다면, 쯔빙글리에 의해서 시작된 스위스의 개혁운동은 성직자의 결혼, 육식(肉食)의 자유, 화상(畫像) 철거 등 휴머니즘적 동기에 바탕을 둔 카톨릭적 미신의 타파운동으로써 시작하였으며, 여기에 용병제(傭兵制) 폐지와 독립운동이라는 정치적 성격이 첨가되었다. 그의 개혁운동의 출발점이 된 것은 〈취리히 토론〉으로서, 세속의 정치적 권위는 교회를 매개로 부여된 것이 아니라 여호와로부터 직접 유래한 것이라는 '속권독립론'(俗權獨立論)을 주장함으로써 로마 카톨릭 교회의 권력기반을 근본적으로 흔들었고, 권위주의적 격식주의를 거부하면서 '성서주의'(聖書主義)와 간소한 예배를 강조하였다. 이와는 달리 루터파 교회는 화상 및 기타 예배양식에 있어 카톨릭적인 것을 남기고 있었다. 이같은 양파간의 입장차이와 분리는 프로테스탄트 교회간의 결속을 시도한 29년의 마르부르크회담이 결렬되면서 이후 〈루터파〉와 〈개혁파〉는 유럽 프로테스탄트 교회의 2대 교파(敎派)가 되었다.

◇프랑스의 종교개혁

프랑스의 종교개혁은 최초로 신약성서의 프랑스어 번역을 완성한 르페브르(Jacques Lefèvre d'Etaples, 1450? - 1537), 그의 제자인 파렐(Guillaume Farel, 1489 - 1565) 등의 인문주의자에 의해서 시작되었다. 루터에 앞서 성서적 개혁사상을 품고 있었던 르페브르는 1521년 4월 소르본대학이 루터를 이단(異端)으로 단정하고, 25년 그를 중심으로 한 모임이 탄압·해산되자 자신의 추종자(追從者)들과 함께 각지로 흩어져 개혁운동을 일으켰다. 이 가운데 파렐은 제네바로 가서 개혁운동을 일으켰고, 이를 칼뱅이 계승하면서 칼뱅에 의해 세워진 제네바교회가 프랑스의 프로테스탄트 교회를 지도하게 된다.

◇영국의 종교개혁

영국에서는 위클리프 때부터 로마교황으로부터 독립하려는 운동이 있었는데, 헨리 8세의 이혼(離婚) 문제를 계기로 독자적인 길을 걷게 되었다. 1534년의 〈수장령(首長令)〉에 의해 영국은 국왕을 최고관리자(最高管理者)로 하는 독립(獨立)된 교회로 되었으나, 그 신앙내용은 여전히 카톨릭적이었다. 에드워드 6세 시대에 들어서자 칼뱅주의적 개혁정책이

◇청교도혁명(淸敎徒革命 : Puritan Revolution) : 영국에서 1640-60년 사이 청교도가 중심이 되어 일으킨 최초의 시민혁명

실시되었다가 메리의 치하에서는 다시 복귀정책(復歸政策)이 취해지는 등 국왕이 바뀔 때마다 교회체제는 크게 변동하였다. 이런 상황 속에서 개혁주의자들의 불만은 잉글랜드 대 스코틀랜드 전쟁을 계기로 폭발하여 급기야는 찰스 1세의 처형(1649)을 정점(頂點)으로 하는 〈청교도혁명〉에 이르렀다. 혁명은 크롬웰(Oliver Cromwell, 1599-1658)에 의해 수습되었으나, 이를 계기로 많은 프로테스탄트파가 생겼고, 이들 제파(諸派)는 오늘날 미국 프로테스탄트 교회의 근간을 이루고 있다.

◇종교적 종파주의

이와같이 종교개혁은 개별국가의 정치적 조건에 따라 여러 종파주의(宗派主義)로 나뉘게 되었고, 대표적인 것들은 루터주의(Lutheranism), 칼뱅주의(Calvinism), 영국 국교주의(Anglicanism), 장로교회파(Prebyterians), 갈리카니즘(Gallicanism), 예수회(Jesuits) 등이다. 16세기 중엽에 이르기까지 루터파는 북유럽과 동부독일에 영향을 미쳤고, 칼뱅파는 서남부 독일 및 프랑스, 네덜란드, 스코틀랜드 등에 보급되어 각각 위그노(Huguenots), 고이센(Geussen), 장로교회파 등의 별칭(別稱)으로써 활동하였다. 잉글랜드에서는 영국국교주의와 청교도파가 주류(主流)를 이루고, 스위스 북부와 남부독일에서는 쯔빙글리파가, 스페인에서는 예수회가 지배적이었다.

Ⅱ. 생 애

◇1483년 루터 태어남
◇1484년 쯔빙글리 태어남
◇1517년 루터, 〈95개조〉 내놓음
◇1521년 루터에 대한 파문장 공포. 소르본대학 신학부, 루터와 르페브르를 이단(異端)으로 단정

◈1509년 프랑스 북부 피카르디(Picardie) 지방 느와용(Noyon)에서 출생. 아버지는 지방귀족의 비서, 경리계 등으로 근무한 소시민(小市民)이었다.

◈느와용 명문가(名門家)의 자제들과 함께 소년학교에서 엄격한 교육을 받음.

◈14세에 대학에 입학하여 라틴어학과 논리학에 접했으며,

◇1522년 루터, 신약성서의 독일어판 출간 ◇1523년 쯔빙글리, 취리히에서 개혁운동 개시 ◇1524년 독일에서 농민전쟁 시작 ◇1531년 슈말칼덴동맹 결성. 쯔빙글리 전사 ◇1534년 영국의 헨리 8세, 〈성직자 임명법〉 및 〈수장령(首長令)〉 공포 → 영국교회의 성립 ◇1535년 뮌스터에서 재침례파 괴멸 ◇1545년 트리엔트 종교회의 개시 → 1563년까지 이어짐.

학창시절 뛰어난 재질(才質)과 비상한 근면성으로 두각을 나타내었다.

◈ 1528년 문학석사학위를 받고, 이어서 법률연구를 위해 오를레앙대학에 입학하면서 일찍이 법학박사학위를 받음.

◈ 신학연구나 법률연구는 원래 아버지의 기대에 따른 것이었으나, 1531년 아버지의 사망과 함께 스스로의 길을 걷게 됨.

◈ 1532년 『세네카의 '관용론'(寬容論) 주해(註解)』를 출판하여 명성을 얻음.

◈ 이때부터 그의 생애는 새로운 방향으로 전개되어 루터주의자 르페브르와 그의 제자들을 중심으로 하는 서클에 가입하고, 프랑스가 당면한 종교문제(宗教問題) 등에 관심을 갖게 됨.

◈ 1533년 파리대학총장의 복음주의적 연설을 기초(起草)한 문제로 박해를 받아 프랑스의 각 지방을 전전하게 됨.

◈ 1535년 당시 유럽에서 가장 경제적 활동이 활발했던 바젤시(市)의 초청을 받음.

◈ 1536년 주저(主著) 『그리스도교 강요(綱要)』의 출판 후 프랑스로 돌아가 라인강 연안 각 도시의 종교개혁에 힘썼으며, 이로 인해 개혁의 지도자(指導者)로서의 위치를 굳혔음.

◈ 같은 해 이번에는 제네바의 초청을 받아 복음주의적 교회조직활동을 함.

◈ 1538년 제네바의 정권투쟁에서 사보이(Savoy) 공(公)이 주도권을 잡게 되자 3년간의 체류를 끝내고 제네바를 떠나 슈트라스부르크(Strasburg)로 거처를 옮김.

◈ 1538년 - 41년까지 슈트라스부르크에 거주하는 동안 설교자·신학교수로 있으면서, 결혼도 하여 아들 하나가 출생하였으나 곧 사망함.

◈ 1541년 제네바의 정권교체로 다시 초청되고, 시(市)의 개혁에 힘써 많은 개혁이 성취됨.

◈ 동년 『교회법규』를 출판하고, 대학(大學)을 설립. 그의 후계자 베즈(Théodore de Bèze)와 더불어 유럽 각지에

◇1546년 루터 죽음

◇그러나 1533년 그의 이른바 '돌연한 회심(回心)'에 의하여 인문주의자에서 복음주의자로 전환

◇성서주의(聖書主義)와 예정론(豫定論), 청교도주의적 도덕론과 신정정치론(神政政治論) 등 칼뱅의 핵심사상이 담겨 있음

서 모인 프로테스탄트적 지식인들을 교육하여 개혁파교회의 지도자를 양성.

◈본래 몸이 허약했던 그는 번잡하고도 바쁜 시정(市政)에 지쳐 마침내 병을 얻었고, 1564년 5월 27일 과로와 폐결핵으로 55세에 사망.

Ⅲ. 저　　작

◈세네카의 '관용론'(寬容論) 주해(註解), 1532

○처녀작으로서 이 저술을 계기로 하여 인문주의자로서의 학문적 재능을 인정받음.

◈그리스도교 綱要(Institutio Religionis Christianae, 1536 ; Institutes of the Christian Religion)

○초판은 라틴어로 출간되었으며, 1559년 최종적으로 수정되었다.

○초판이 주로 신교도 순교자(殉教者)들의 신앙을 옹호(擁護)하는 데 중점을 두었다면 결정판, 즉 증보판은 로마교회의 교리를 부인하고 수정하는 데 목표를 두었다.

○대표작(代表作)으로서, 그의 개혁주의적이며 독특한 신학사상이 포괄적이고도 체계적으로 제시되어 있는 교의신학(教義神學) 교과서이다.

○사도신경의 삼위일체론적 형식에 따라 4부분으로 나뉘어 전개되고 있는 데, 제1부는 성부(聖父)이신 여호와, 제2부는 성자(聖子), 제3부는 성령(聖靈), 제4부는 교회(教會)에 관해서 논하고 있다.

◈교회요해(教會要解 : Catéchisme, 1537)와 신앙고백(信仰告白 : Confession de foi)

○칼뱅주의적 개혁파(改革派)의 원리를 제공하는 교육서(教育書)들임.

※ 칼뱅의 사상에 관하여는 주로 그의 주저 『그리스도교 강요』, 특히 그 요약본 『기독교강요선』 (휴톰슨 커 편, 이종성 역)을 참고하였으며, 아래의 약식표기 (I / iii / 1)은 원저의 제1부 제3장 제1절을 의미함.

◈ **교회법규(教會法規 : Ordonnances Ecclésiastiques, 1541)**

ㅇ개혁교회로서의 체제와 조직 및 운용에 관한 저술임.

ㅇ교회제도를 정비하고, 엄격한 신앙생활을 요구하며, 신정정치적(神政政治的) 체제를 수립하는 데 기여함.

Ⅳ. 사 상

1. 관심과 동기

◇ 신본주의(神本主義)

1) 르네상스 이래 고개를 들기 시작한 고대 그리스적 인본주의(Humanism)가 기왕의 신본주의(Godism)를 위협하는 상황은 용납될 수 없다.

◇ 개혁주의

2) 이런 상황에 대해 기존 카톨릭교회의 세속화와 부패상황은 하나의 원인으로서 일조를 하였으며, 따라서 자체개혁(自體改革)은 불가피하다.

◇ 성서주의(聖書主義) 또는 복음주의(福音主義)

3) 그러기 위하여는 철저하게 성서에만 입각하여 기존 교계(教界)를 정화함으로써, 교회의 위상을 새롭게 정립・강화해야만 한다.

◇ 신정정치론(神政政治論 : Theocracy)

4) 이러한 목적의 달성에는 현실적으로 세속적인 국가권력(國家權力)의 뒷받침이 불가결하며, 따라서 교회와 국가간의 유기적 관계가 재정립되어야 한다.

2. 인간관

◇ 창조론(대전제)

1) 〈여호와 Jehovah〉 유일신(唯一神)은 세계의 만물과 인간의 창조자(創造者)이므로 모든 것의 어버이이자 그 지배권(支配權)을 갖는다.

◇ 예배・봉사・희생의 의무

2) 고로 인간은 신이 실재함과 자신이 그의 피조물(被造物)임을 인정하고 예배・희생하지 않는다면, 저주(詛呪)를 받아야 한다(I / iii / 1).

◇원죄론(소전제)

3) 최초의 인간 아담이 타락한 것은 그의 '자유의지'의 선택이며, 이후 피할 수 없는 유전적(遺傳的) 불결성에 빠졌다. 이 경우 자유의지의 선택이므로 여호와의 책임은 없는 것이고, 이를 왜 신의 전능(全能)함으로 막지 않았는지는 비밀(秘密)이며, 이를 논의하지 않는 것이 우리의 의무이다(Ⅰ/xv/8).

◇논의회피를 위한 초논리(超論理)

◇성악설(性惡說)

4) 본성의 유전적 타락과 부패를 초래한 원죄(原罪)로 인해 인간은 선(善)한 것은 아무 것도 소유하고 있지 못하다(Ⅱ/ii/1).

◇인간자유(자율성)의 철저한 부정 = 철저한 신본주의

cf. "인간은 곧 창조주의 종이자 노예일 뿐이다(Ⅱ/ii-v)."

5) 따라서 인간에게 — 선과 악에 대한 '자발적 선택'이라는 의미에서의 — 〈자유의지〉란 없다. 굳이 있다면 자진해서 악(惡)을 행한다는 의미에서의 '자유의지'만 있을 뿐이다. 그것은 곧 〈노예의지〉로서 성령의 임함, 즉 신의 자의적 은총이 없이는 누구도 자유롭지 못하다(Ⅱ/ii/7-8).

3. 사회관

1) 종교

(1) 신본주의(神本主義)

◇절대적이고도 철저한 신중심주의(神中心主義)

① 여호와는 유일신으로서 실재자(實在者)이며, 세상 모든 것의 창조자이고 지배자이다(I/i-v, xiv-xv).

② 인간은 누구나 신의 존재에 대한 본능적 신념을 가지고 있으나(I/iii/2), 인간의 감성으로써는 감히 그 실체를 파악할 수 없으며(I/v/1), 인간은 전혀 자유의지가 없는 단지 그의 종이나 노예에 불과할 뿐이다(II/ii-v).

◇'신에게는 오로지 권리만 있고, 인간에게는 오로지 의무만 있다.'→인간 자율성의 완전부정

③ 따라서 신이 자비를 베풀어 인간을 구원코자 한다든가, 심판을 통하여 사악한 자를 처벌코자 한다든가, 공의로움으로써 충성된 자를 보호코자 하는 등의 모든 계획과 의지는 그의 자의적이고도 일방적인 결정일 뿐이다. 인간에게는 오로지 의무만 존재할 뿐이며, 그것들은 신을 두려움으로써 경외하고, 그의 영광을 찬송·찬미하면서, 회개·예배·희생하는 것 등이다(I/i-ii, Ⅰ/x/1-2).

◇지나친 호기심의 금지 : 신의 비밀스런 영역을 침범하는 모독적이고도 교만스런 질문의 금지→신의 철저한 독단주의(獨斷主義)

cf. 칼뱅이 인용한 한 예화 : '신은 세계창조 이전에 무얼하고 있었겠느냐'는 어떤 희롱가의 질문에 대해, '지나친 호기심을 가진 사람을 위한 지옥을 만들고 있었다'는 경건한 늙은이의 답변(I /xiv /1)

④ 우주의 모든 변화와 인간사, 즉 자연현상과 사회현상은 신의 뜻인 섭리(攝理)에 의한 것이며, 행운이나 숙명이나 우연은 존재하지 않는다. 즉, 모든 것이 그의 은밀한 계획에 의해서 지배받고 있으며, 그 뜻을 인간으로서는 이해할 수 없기 때문에 행운(幸運)이며, 운명(運命)이며, 혹은 우연(偶然)이라고 말할 뿐이다(I /xvi /1-9).

⑤ 그러므로 인간은 신의 비밀을 알 수도 없을 뿐만 아니라 알려고 해서도 안된다(I /xiii-xv). 모든 논의는 성서(복음)의 범위 안에서만 탐구하도록 제한하는 것이 우리－신학자－의 의무이며(I /xv /8), 그나마도 사소하고도 지엽적인 논쟁(論爭)은 유해할 뿐이다. "우리는 단어(單語)에 관한 논쟁에 지쳤으며, 진리는 말다툼하는 동안에 상실되어 버리고, 사랑은 밉살스러운 논쟁을 하는 동안에 효력이 없어졌다"(I /xiii /3).

(2) 성서주의(聖書主義)

◇복음주의(福音主義)

① 여호와는 성서의 저자(著者)이다. 즉 예언자나 사도(使徒)들의 언명들은 성령의 증언이며, 모든 이성(理性)에 우월하다(I /vii /4).

◇성서의 확실성과 성령의 내적 설복(內的 說服)

② 따라서 그 이해는 인간의 이성적 판단이나 추측을 넘어서 보다 높은 곳에 있는 원천에서 찾아야 하며, 그것은 곧 성령(聖靈)의 비침이다. 즉 성령의 내적 교훈을 받은 사람은 성서안에 있는 것을 전적으로 승인하게 된다. 그것은 이성을 필요로 하지 않는 설복(說服)이며, 최고이성(最高理性)의 지지를 받는 지식이다(I /vii /5).

cf. 〈알기 위한 믿음〉과 〈믿기 위한 앎〉의 차이

③ 다시 말해 성서는 여호와의 말씀이며, 믿음 없이는 알 수가 없다(I /viii /13). 달리 말해 성서는 성령의 임함과 그 내적 증언이라는 확신 속에서 그것을 열심히 읽고, 관심을 가지는 것이 우리의 의무이다 (I /ix /2).

◇교회보다 성서가 우선함

④ 교회의 권위(權威)는 복음에 대한 신앙을 가지도록 준비하게 하는 입문(入門)에 불과하므로, 교리－즉 성서－가 없이는 교회자체가 절대로 존재할 수 없다(I /vii /2-3).

◇성서에 대한 조작적 해석의 금지

⑤ 그러므로 성서를 떠나서 어떤 다른 방법으로 여호와에게

도달할 수 있다고 생각하는 사람은 과오를 범했다기보다 광기증(狂氣症)에 걸렸다고 할 수밖에 없다. 우리-신학자-의 직무는 교리를 새로 체계적으로 조작(造作)하는 데 있는 것이 아니라 기성교리(旣成敎理)를 그대로 따르는 데 있는 것이다(I /ix /1).

(3) 예정설과 소명론

◇예정설(豫定說 : predestination)
-*cf.* 사주팔자(四柱八字)

① 인류의 각 개인은 다양한 존재방식을 갖도록 예정(豫定)되어 창조되었으며, 그러한 〈예정〉은 '여호와의 영원한 섭리'로서 인간의지와는 전혀 상관없이 그 운명(運命)을 결정한다(III /xxi /5).

◇소명론(召命論 : calling)
-*cf.* 신내림

② 이렇게 볼 때 선택되어 구원에 이를 자와 버림받아 파멸에 이를 자도 마찬가지로 이미 예정되어 있으며, 이 경우 '신의 부름', 즉 소명(召命)은 선택에 대한 증거이다(III /xxiii-xxiv). 여기서 〈소명〉이 '선택의 증표'라면, 〈의인(義認)〉은 '선택의 표명'이며, 〈영광〉은 '선택의 완성'이다(III /xxi /7).

◇철저한 자의주의(恣意主義 : voluntaryism)

◇〈그가 원하는 까닭으로!〉의 이유

③ 그런데 선·악, 빈·부, 귀·천, 구원과 파멸, 기타 모든 인생행로가 신(神)의 비밀스런 계획에 의해 이미 결정되어 있다고 한다면, 그것은 마치 폭군(暴君)의 자의적이고도 변덕스러운 행동처럼 보일 것이다. 그러나 우리 인간은 그 이유를 묻거나 항의(抗議)해서도 안되고, 혹시 어떤 답변을 하더라도 반드시 '그가 원하는 까닭으로!'라고 해야 한다(Ⅲ /xxiii /2).

◇신의 자의적이고도 일방적인 결정사항

④ 이렇듯 예정과 선택, 그리고 버림(유기 : 遺棄) 등도 마찬가지로 신의 절대적 의지인 것이며, 무엇이든지 신이 원하는 것은 그가 원하기 때문에 옳은 것으로 인정해야 한다.

◇인간불평등기원론

⑤ 만약 버림을 받은 사람이 자신에 대한 예정이 불공평하다고 항변(抗辯)하더라도 여호와의 그러한 비밀계획(秘密計劃)은 우리는 알 수 없지만 확실한 공평성(公平性)으로써 정해진 것이며, 다른 한편에서 볼 때 비유컨대 "토기장이가 진흙 한 덩어리로 귀히 쓸 그릇과 천히 쓸 그릇을 구분하여 만들 권리조차 없단 말인가?"(Ⅲ /xiii /4, 9)

◇〈그가 원치 않는 까닭으로!〉의 이유

◇'신의 비밀을 알 수 없을 뿐만 아니라, 알려고 해서도 안된다'
→ 논리회피의 초논리

⑥ 또한 신은 어떠한 이유로 인간을 모두 구제하지 않고 선택적(選擇的)으로 은총을 내리는 것일까? 이런 의문에 대한 답변은 다음과 같다. "신은 전능(全能)하시므로 악한 자의 마음을 선하게 전환할 수 있다. 그러면 왜 그렇게 하지 않는가? 그가 원치 않는 까닭이다. 왜 그러는지는 우리는 알 수 없다" (Ⅲ/xxiv/13).

⑦ 우리 인간은 창조주의 이같은 비의(秘義)의 위대성에 단지 경탄하는 것으로 결론을 삼아야 하는 것이지, 어떠한 의문이나 항의나 변론을 제기해서는 안된다. 신께 반문(反問)하는 그대는 대체 누구인가? 인간적 가치척도(價値尺度)를 세워서 이로써 신의 의로움을 측량하려는 것은 가장 사악한 일에 지나지 않는다(Ⅲ/xxiv/17).

2) 교회

(1) 의의와 기능

◇신앙의 통일성(획일성)과 배타주의

◇세계관적 이데올로기로서의 조직의 영원성

◇교회주의

◇성례전 : 세례와 성찬식

① 교회는 불완전한 인간으로 하여금 믿음과 발전과 완성에로 나아가게 하기 위한 외적 조력기관(助力機關)이며, 또한 복음(福音)의 전파를 주요목적으로 삼는다(Ⅳ/i/1).

② 즉, 교회는 믿음의 거룩한 일치와 좋은 질서의 건설을 위한 불가결(不可缺)의 기구(機構)로서 우주적 통일성(統一性)을 유지해야 하며, 그 이유는 그것이 신의 선택의 기초가 되고 그리스도의 안정성을 확보해 주기 때문이다. 따라서 세계의 전 조직이 파괴되더라도 이것만은 파괴되지 않는다(Ⅳ/i/3, 9).

③ 그러므로 혼자서 성서를 읽고 묵상기도(默想祈禱)를 드리면 충분하다고 생각하는 자들은 치명적이고 유해한 몽상(夢想)에 빠져 있는 자들이며, 교회의 통일과 그 힘의 분산을 초래함으로 인해 응분의 심판을 피할 수 없다(Ⅳ/i/5).

④ 이같은 교회는 그리스도단체에 가입하는 입회의 증표이며 초보적인 고백으로서의 〈세례(洗禮)〉와 그리스도가 자신의 가족에게 영적 양식을 먹이는 계속적인 양육으로서의 〈성만찬(聖晩餐)〉을 주도한다(Ⅳ/xiv-xviii).

◇교회조직의 구성 및 행정의 회의제(會議制) → 장로주의로 발전

⑤ 교회조직은 성직자와 평신도로 구성된다. 성직자에는 사도(선교사), 예언자, 전도사, 목사, 교사, 감독, 장로, 집사 등이 있으며, 평상시 목사의 기능이 가장 중요하나 그는 신도들의 동의(同意)와 시인(是認)을 얻어서 피택되어야 한다. 왜냐하면 교회는 회의기관(會議機關)이기 때문이다(Ⅳ/iii/4-16).

◇성직자의 권위

⑥ 성직자는 신이 이 세상에 보낸 자신의 대리인(代理人)이자 사신(使臣)이며, 감추어진 뜻의 해석자(解釋者)이다. 따라서 우리가 사자(使者)에게 몸과 마음을 의탁하는 것은 곧 신에 대해 경건과 존경을 표하는 최선의 증거가 된다(Ⅳ/iii/1).

◇교회의 권위와 한계

⑦ 교회는 교리를 설정(設定)하는 권위와 교리를 설명(說明)하는 권위를 가지며, 일정한 영적(靈的) 정책의 필요상 재판권도 갖는다. 그러나 교회의 모든 활동은 성서의 테두리를 벗어나서는 아니되며, 이것이 교회 목사들이 갖는 권위의 한계이기도 하다(Ⅳ/viii/8-9, IV/xi/1).

◇세칙의 융통성

⑧ 교회가 정책수립과 질서유지를 위해 규칙(規則)을 필요로 하지만, 부차적이고 지엽적인 규칙의 경우 바울이 '모든 것을 적당하게 하고, 질서대로 하라'고 했듯이 각 시대와 민족(民族)의 양식(樣式)에 따라서 적당한 방법으로 변형될 수 있다(Ⅳ/x/27-30).

(2) 신도의 생활

◇신의 노예(奴隸)

① 우리는 여호와의 소유물(所有物)이기 때문에 사회생활의 모든 면을 그에게로 향하게 해야 한다. 즉, 우리는 그를 위하여 살고 죽어야 한다(Ⅲ/vii/1-2).

◇끊임없는 전진과 노력의 의무

② 따라서 우리 신자(信者)는 교만이 아닌 겸손, 나태가 아닌 근면, 교활과 허위가 아닌 성실을 그 생활의 원칙(原則)으로 삼아야 할 것이며, 어려움이 있더라도 망설이거나 실망하여 자포자기하지 않고 신(神)과의 완전한 교제를 가질 때까지 항구적(恒久的)인 전진과 노력이 있어야 할 것이다(Ⅲ/vi/1-5).

③ 그리고 그 밖에 봉사, 자제, 정중, 우정, 온유, 사랑, 품

◇금욕주의(禁慾主義)

위 등도 삶의 일반적 미덕(美德)이 되는 것들이며, 특히 피조물을 실용적(實用的)으로 이용하되 낭비하지 말고, 각종의 욕망(慾望)을 억제하며, 물질적 궁핍에 대해서도 인내(忍耐)할 줄 알아야 한다(Ⅲ/vii/1-6, III/x/2-6).

◇내세주의(來世主義)

④ 우리는 어떠한 시련에 당면할지라도 전(全) 생애를 통하여 '오직 천국(天國)에서의 영생(永生)을 동경할 뿐'이지 지상에서의 행복을 추구해서는 안된다. 현세의 공허함을 믿고 현세를 멸시하는 습관을 가지도록 해야 한다(Ⅲ/ix/1).

◇현세에의 지나친 애착금지→역으로 현세에 대한 적극적인 - 즉, 종으로서의 의무를 성실히 수행해야 한다는 - 의미부여

⑤ 그렇다고 해서 생(生)을 미워하거나 신에 대해 불손한 생각을 가져서는 아니된다. 왜냐하면 이 세상에서의 생활은 여호와의 자비의 선물(膳物)이기 때문이다. 다만 너무 지나치게 애착(愛着)하는 데서 해방되어야 한다는 것이다(Ⅲ/ix/3).

◇인간 4종(種)

⑥ 인간을 4계층으로 분류한다면, 신에 대한 지식이 없어 우상을 숭배하는 사람(우상숭배자), 성례전에 참여하면서도 말과 행동이 불일치하여 명목상 그리스도에 속하는 사람(언행불일치자), 마음 속의 죄를 거짓으로 숨기는 자(위선자), 끝으로 성령으로 거듭나서 자신을 참된 성결에 바치는 자(중생자 : 重生者) 등이 있다(Ⅲ/xiv/1).

◇기도의 의의와 요건

⑦ 이렇게 볼 때 진정한 신자는 성령으로 거듭나야 할 것이며, 그러기 위하여는 교회참여라는 의례적·공식적 활동 이외에도 기도(祈禱)라는 믿음의 개인적 단련이 필요하다. 〈기도〉는 '은총의 간원(懇願)'으로서 열정과 정신집중이 요구되며, 또한 적절한 소망이 곁들여지는 것이다. 여기에는 심적 안정 속에서 아집(我執)과 이기심 및 만용이 아닌 경건(敬虔), 죄과에 대한 고백으로서의 회개(悔改), 확실한 믿음으로서의 소망에 대한 확신(確信) 등의 태도가 필수적이며, 나아가 기도의 생활화가 이루어져야 한다(Ⅲ/xx/1-11, Ⅲ/xx/50).

◇믿음으로써의 의인(義認)과 공로로써의 의인 및 구원의 문제

⑧ 이상에서 주의할 점은 신도로서의 성실한 의무이행 및 끊임없는 전진과 노력, 그리고 사회생활에서의 각종 선행과 공로 등 모든 미덕(美德)은 선택과 구원의 가능성을 높여

주는 것일 뿐 그것과 직접적인 인과관계를 갖는 것은 아니라는 사실이다. 주인인 여호와는 노예(奴隷)인 인간으로 하여금 단지 의무만 요구할 뿐이고, 누구를 어떻게 선택하여 구원하느냐 하는 것은 완전히 그의 자의적이고도 비밀스런 판단에 맡겨져 있기 때문이다. 우리 인간은 오로지 그렇게 해야 할 뿐이다(Ⅲ/xviii/2-4).

4. 국가관

1) 국가

(1) 의의와 기능

◇중도적 국가관

① 교리의 난립과 혼란의 상황 속에서 나타난 두 가지 극단적으로 치우친 경향, 즉 그리스도의 영적 통치로서의 교회만 인정하고 세속정부(世俗政府)를 부정하는 입장과 국가권력을 지나치게 미화(美化)하면서 그에 아부하는 입장은 믿음의 순결성을 파괴하는 것이다(Ⅳ/xx/1).

◇국가와 교회의 분업성과 상호보완성

② 국가와 교회는 긴밀한 유기체적 관계에 있으며, 따라서 분업적(分業的)이고 상호보완적이다. 즉, 〈교회〉는 영적 정부로서 '영적(靈的)·내적(內的) 통치'를 담당하고 강제력이 없지만, 〈국가〉는 '육적(肉的)·외적(外的) 통치'를 담당하고 강제력을 갖는다(Ⅳ/xx/2).

◇국가의 필요성과 기능

③ 물리적 강제력으로서의 국가권력(國家權力)의 필요성(Ⅳ/xx/3)

a. 치안유지 : 현세적 삶의 질서확립
→ 평화유지, 소유권보호, 경제질서유지, 예의·도덕 함양 등

b. 율법유지 : 교회보호 및 교권보완
→ 사이비통제나 이단자·파괴자 제거

(2) 정부형태

① 정부조직의 세 가지 형태(Ⅳ/xx/8)

	이상형	타락형	지배자수
1	군주정치	독재정치	1인
2	귀족정치	과두정치	소수
3	민주정치	폭도정치	다수

◇귀족정부형태나 혼합 정부형태의 지지

② 과거 철학자들이 설명한 바와 같이 현실적으로 가장 이상적인 형태는 귀족정 또는 귀족정과 민주정의 혼합형태(混合形態)이며, 그 이유는 인간의 악덕과 불완전성을 상호 견제하고 보완해 줄 수 있기 때문이다(Ⅳ/xx/8).

2) 관료와 법률

(1) 관료

◇관리직의 신성성(神聖性)

① 〈관리〉는 여호와를 위한 '정의(正義)의 봉사자'이며, '신의 대리인(代理人)'이다. 따라서 그 직무는 신성하고 거룩한 것이며, 성실·신중·인자·절제·결백 등으로써 선(善)과 정의를 실현하려고 노력해야 한다(Ⅳ/xx/4-6).

② 관리의 임무(Ⅳ/xx/9-13)

a. 율법(律法)의 수호

경건한 자를 흥하게 할 것이며, 단순한 공익(公益) 도모는 옳지 않다.

b. 공평과 정의의 실현

약자(弱者), 즉 이방인·고아·과부 등을 보호하고, 공동평화와 전체안전을 도모해야 한다.

c. 중용적 태도

지나친 엄격성과 그릇된 인정(人情, 즉 관대함)에서 벗어나야 한다.

d. 물리적 강제력의 행사

◇소극적 행위인 〈수호〉와 적극적 행위인 〈심판〉

국가는 율법의 수호자(守護者)인 동시에 심판자이므로 최후수단으로서의 무력(武力)도 행사하여야 한다. 즉, 사형집행과 폭동진압 및 전쟁수행의 임무가 있다.

e. 합목적적 재정운용

국가는 정당한 재원으로서 공물(供物)과 세금을 거둬들일 필요가 있으나, 그것을 낭비하거나 허비해서는 안 되며 공동목적에 부합하도록 사용해야 한다.

(2) 법률

◇법의 정의

① 키케로(Cicero)와 플라톤(Platon)이 말한 바와 같이 '법(法)은 국가의 영혼'이라고 할 수 있다. 그러므로 일반정책의 강력한 신경조직(神經組織)이라 할 수 있는 〈법〉이 '무언(無言)의 관리'라면, 〈관리〉는 '유언(有言)의 법'인 것이다(Ⅳ/xx/14).

◇형식의 다양성과 목적의 불변성

② 모든 민족(民族)은 자기들의 편리에 따라서 법을 제정하는 자유를 소유한다. 그러나 그 강령은 불변하는 사랑의 법칙이라야 한다(Ⅳ/xx/15).

◇형식적 경직성 탈피
→ 환경적 다양성(多樣性) 인정
→ 편의주의적 해석

③ 따라서 〈모세 10계명〉같은 것도 민족적 다양성에 따른 하나의 형식에 불과하므로 그 보편성을 강요할 수 없다. 그것은 여호와가 특수한 환경에 대해 기울인 특수한 관심에 불과한 것이기 때문이다 (Ⅳ/xx/16).

3) 국민

(1) 의무

① 국가에 대한 신자(信者, 즉 인민)의 태도와 의무(Ⅳ/xx/17-23)

a. 존경의 의무

국가관리는 신의 봉사자요 대행자이므로 가장 높은 존경심을 표해야 한다. 인간이 아니라 그 신분(身分)이 명예와 존경을 받을 만한 가치가 있는 것이며, 그 이유는 신의 뜻에 따라 신분이 주어진 것이기 때문이다.

b. 국방의 의무

국가를 수호하는 등 공동방어(共同防禦)에 관계되는 의무를 이행해야 한다.

c. 납세의 의무

국가의 운용(運用)에 필요한 공물과 세금을 납부해야

한다.

d. 순응의 의무

설사 공적 행정에 문제가 있더라도 권한있는 해당관리에 심리를 맡길 뿐 간섭(干涉)하거나 저항(抵抗)해서는 안된다. 예컨대 재판의 경우에도 정당하게 공평한 주장만 내세울 뿐 상대방에 대해 증오심이나 복수심을 가져서는 아니되고, 결과가 불리하더라도 수용해야 한다.

◇절대적 복종의무 → 적극적 복종론

② 더구나 신의 사역사로서의 모습이 전혀 아닌 극악무도(極惡無道)한 – 예컨대 잔인한 폭행(暴行)과 약탈(掠奪)을 일삼고, 처녀와 유부녀를 강간(強姦)하고, 아이들을 살해(殺害)하는 – 폭군이나 관리일지라도 저주(詛呪)하는 마음을 가져서는 아니된다(Ⅳ/xx /24).

◇권력신수설(權力神授說)

③ 즉, 관리로서의 의무를 전혀 이행치 않더라도 그 정부에 절대복종(絶對服從)해야 하는 것이며, 그 이유는 국가권력이 신(神)으로부터 유래(由來)한 것이고, 불의와 포악으로 다스리는 자도 민중의 죄(罪)를 벌하기 위해 임명(任命)된 자들이기 때문이다(Ⅳ/xx/25).

◇무비판적 체제순응

④ 따라서 우리는 국가관리들을 면밀히 검사하는 것을 배우기보다 주님의 뜻을 통해서 그들에게 그같은 기능이 부여되었다는 것을 아는 것으로 만족(滿足)을 느껴야 한다(Ⅳ/xx/29).

◇국가와 국민의 상호의무 이론에 대한 가부장권론적 해석(家父長權論的 解釋)

⑤ 이를 비유를 통해 부연설명한다면, 지배자와 인민은 상호의무(相互義務)를 지지만 그 관계는 남편과 부인, 또는 부모와 자녀간의 상호의무와 같아서 설사 남편이나 부모에 잘못이 있더라도 그 부인이나 자녀가 이에 항거(抗拒)할 수 없는 것과 같다(Ⅳ/xx /29).

◇'모든 게 내 탓'이라는 원죄론적 자기책임론

⑥ 그리고 국가권력(國家權力)으로부터 어떠한 무시나 박해를 받더라도 먼저 우리 자신이 여호와에 대한 범죄자라는 사실을 기억하자! 다음으로 그와 같은 악(惡)을 시정하는 것은 우리의 할 일이 아니라는 것을 생각하자!(Ⅳ/xx/29)

◇신(神)만이 권리소유
→ 나머지 교회나 국가, 그리고 인민은 제각기 적절한 책무만 있을 뿐임.

◇통치자의 어떠한 범죄도 용납되나 신의 뜻－곧, 성서와 교회－을 훼손하는 것은 용납할 수 없다.
→ 소극적 거부권(조건부 저항권)
→ 궁극적으로 국가에 대한 성서와 교회의 우위론을 암시

(2) 권리

① 인민은 국가에 대하여 어떠한 권리(權利)도 없으며, 왕(王)들의 마음과 국가의 혁명(革命)은 오직 여호와의 손에 매어 있다. 여기에 신의 놀라운 선(善)과 권능(權能)과 섭리가 전개되고 있으니, 그것은 자기의 종을 세워서 여러 형태로 지배자들을 심판하는 것이다(Ⅳ/xx/30).

② 그러나 통치자(統治者)의 권위(權威)에 대한 복종과 의무에는 반드시 예외(例外)가 있어야 한다. 즉, '여호와에 대한 복종에서 우리를 떠나게 하지 않는 한, 우리는 통치자에게 복종하여야 한다는 것이다.' 다시 말해서 국가가 신(神)의 뜻에 맞지 않게 명령한다면 그것에는 상관치 말 것이다. 마찬가지로 관리에게 부여된 모든 위엄도 고려할 필요가 없다(Ⅳ/xx/32).

Ⅴ. 평　　가

◇개혁주의
◇반봉건주의(反封建主義)

1. 〈종교개혁〉은 기독교가 중세의 지배질서와 결부된 봉건제 이데올로기로서 세속화(世俗化)되고 부패(腐敗)한 데 대한 저항이며 내부적 개혁운동으로서, 그 기초를 반봉건적(反封建的) 민중심리에 두었다는 점에서 귀족적 성격을 띤 르네상스에 비해 역사변화에 실질적으로 더 큰 영향을 미쳤다.

◇교회의 분열과 약화
◇절대군주주의와 민족국가형성에 영향

2. 로마교회의 보편주의적·위계주의적 권위에 반대하면서 등장한 프로테스탄트 제파(諸派)는 기왕에 진행되어 온 교권(教權)의 약화와 교회분열을 가속화시켰고, 결과적으로 왕권강화와 근대 민족국가형성에 도움을 주면서 정교분리(政教分離)와 종교에 대한 국가우위(國家優位)라는 근대적 국가이념정립의 단초를 제공하였다.

3. 특히 칼뱅의 〈예정설〉과 〈소명론〉은 이후 그 추종자들, 즉 칼뱅주의자들에 의해 직업소명론(職業召命論)과 청교

◇'근로와 금욕'이라는 자본주의정신의 기원
cf. 베버(Max Weber), 〈프로테스탄티즘의 윤리와 자본주의정신〉, 1904-5.

◇권력신수설(權力神授說)과 적극적 복종론
◇귀족주의적 과두제

◇칼뱅의 〈소극적 거부론〉과 칼뱅주의자들의 〈적극적 반항론〉

◇장로회의 독재
◇칼뱅과 칼뱅주의자들

◇정교일치주의
◇신정정치적(神政政治的) 독재 = 신권적(神權的) 전제정치
cf. 국가우위론과 종교우위론

◇칼뱅주의의 저항권이론과 대 독재투쟁(對 獨裁鬪爭)

도주의적 도덕론(道德論)으로 발전하면서 세속적 삶의 중요성 인식 및 생산성 향상과 자본축적을 촉진함으로써, 서구 자본주의(資本主義) 출발의 하나의 주요한 원동력이 되기도 하였다.

4. 그러나 국가공권력(國家公權力)이 갖는 강제성의 의의를 이론적으로 뒷받침하면서 적극적 복종론을 〈권력신수설〉로써 보완하고 있는 칼뱅의 입장은 절대주의적 전제주의(專制主義)를 옹호하는 것이며, 그것은 곧 자신이 채택한 제네바의 정치형태인 '귀족주의적 과두제(寡頭制)'를 합리화(合理化)하는 것이었다.

5. 그 경우 종교의 속성상 어쩔 수 없이 채택하지 않을 수 없었던 예외적 단서, 즉 '지배자가 신에의 배반을 명령했다면 복종하지 않아도 좋다'는 그의 '소극적 거부론'(消極的 拒否論)은 나중에 칼뱅주의자들에 의해 적극적 반항권 또는 폭군방벌론(暴君放伐論)으로 진전되게 된다. 그 이유는 제네바에서는 교회의 직무도 공직(公職)이었고 정치적 실권을 장로회(長老會)가 장악하고 있었던 상황에서, 장애물이 있을 수 없었던 칼뱅과는 달리 칼뱅주의자들은 도처에서 권력의 박해를 받고 이와 싸워야 하는 비국교적(非國敎的) 위치에 처해 있었기 때문이다.

6. 즉, 루터와 쯔빙글리 등이 교회를 국가에 종속(從屬)시켜 종교를 국교적 지위에 머무르게 했던 반면 칼뱅은 성직자에게 교권뿐만 아니라 세속적 권력까지 장악하게 한 점에서 사실상 중세의 법황권론자(法皇權論者)와 다름 없었고, 이같은 교리를 추종하는 칼뱅주의자들의 경우 카톨릭적인 군주제에 반대해야 하는 나라들에서 칼뱅의 적극적 복종론보다는 반항권이론이 선명하게 전면(前面)에 나타날 수밖에 없었다.

7. 이같은 〈칼뱅주의〉의 저항권(抵抗權)이론은 인민주권론으로까지 발전하면서 프랑스에서의 대왕권투쟁(對王權鬪爭)과 위그노전쟁, 네덜란드의 독립전쟁, 영국에서의 청교도혁명 등의 이론적 기초가 되었으며, 나아가 정치·사회적으로 절대주의(絶對主義)를 타도하고 개인주의(個人主

◇창조론과 원죄론

◇반(反)인본주의자

◇세계관적 이데올로기로서의 전략적 타협
→ 기독교일원주의
→ 종교적·문화적 다원주의 부정

義) 의식에 눈을 뜨게 하는 데 주요한 영향을 끼쳤다.

8. 그러나 기독교신학에 있어 근본적으로 교리적 특성이 되고 있는 창조론적 유일신관(唯一神觀)과 원죄론적 인간관, 특히 칼뱅적 교리의 철저한 신본주의(神本主義)와 그 '독단성' 및 '배타성'은 이미 세계 어디에서나 종교적 갈등을 예고(豫告)하는 것이었고, 칼뱅의 최대의 적(敵)은 본질적으로 — 현대사회를 태동시킨 — 인본주의자(人本主義者 : Humanist)들임을 부인할 수 없다.

9. 이렇게 볼 때 칼뱅에 있어 단순한 지엽적 교리(敎理)들의 변형가능성과 법률(法律)의 민족적 다양성을 인정하는 식의 융통성과 관용을 보인 부분이 보일지라도, 그것은 어디까지나 자신의 주요교리의 본질적 부분들과 그 세계화(世界化)를 훼손하지 않는 범위내에서 허용되는 전략상(戰略上)의 타협일 뿐이며, 따라서 그것이 종교적·문화적 다원주의(多元主義)로까지 연결될 수 없음은 너무나 당연한 일이다.

▣ 생각해 볼 문제들 ▣

1. 현대민주주의 이념의 토대가 되는 〈인간 존엄성〉이라는 가치, 즉 인간주의(humanism)적 척도들과 신중심적(神中心的) 종교교리들과의 상충점에 관해 이야기해 보자.

2. 이와 관련하여 〈국가〉와 〈종교〉간의 관계에 있어 불가피 등장하게 되는 이해관계(利害關係)의 대결점들은 어떻게 해소되고 있는가?

3. 특히 오늘날 지배적으로 영향력을 행사하고 있는 개인주의, 사회주의, 그리고 과학주의(科學主義) 이데올로기들은 기성 종교세력들의 영향력을 어떻게 약화시키고 있는가?

4. 베버(M. Weber)가 말한 바와 같이 프로테스탄티즘, 특히 칼뱅이즘이 서구 자본주의(資本主義)의 원동력이 되었다고 하는 경우, 그 구체적 논리를 살펴보자.

5. 국가(國家)와 인민(人民)간의 관계에 있어 칼뱅이 주장한 〈적극적 복종론〉은 그의 추종자들 — 칼뱅주의자들 — 에 의해 왜 〈적극적 반항론〉으로 변질될 수밖에 없었는가?

6. 칼뱅은 자신의 신권적 전제정치를 어떠한 식으로 합리화(合理化)시키면서, 교회(敎會)의 목적을 달성하고 있는가?

7. 교리(敎理)의 형식적 변형가능성과 법률(法律)의 민족적 다양성을 인정하고 있는 칼뱅의 입장을 단순한 전략적(戰略的) 수단에 불과한 것으로 폄하하는 경우, 그 근거는 무엇인가?

보댕(Jean Bodin, 1530 - 1596)

I. 배　　경

◇ 절대군주제(絶對君主制)의 형성과 의의

〈르네상스〉와 〈종교개혁〉이 전개되는 무렵 절대군주제는 유럽 각 지역에서 주로 실력적(實力的) 수단에 의해 형성되기 시작하였다. 이런 상황은 중세의 그리스도교적 보편주의 사회에 비한다면 권력주체의 다원화(多元化)와 국제사회의 성립을 의미하는 것이며, 다른 한편으로 봉건시대의 민족내 다원적 정치사회에 비한다면 일원적(一元的)이며 통일적인 민족국가사회(民族國家社會)의 성립을 의미하는 것이었다.

이러한 절대군주제는 영국의 튜우더(Tudor) 왕조, 프랑스의 부르봉(Bourbon) 왕조에서 시작하였고, 스페인·포르투갈·러시아 등에서는 15-16세기에 걸쳐 이루어졌으나, 독일에서만은 그 특유의 상황으로 인해 19세기에 이르러서야 비로소 그 완성을 보게 된다.

◇ 종교전쟁에 따른 다양한 정치사상의 전개

많은 우여곡절이 있었지만 종교개혁과 그에 따른 교회(敎會)의 분열은 민족국가의 성립과 정치권력의 강화에 직접적으로 이바지하였다. 이 경우 개별국가들내의 복잡한 사정과 종파(宗派)간의 대립에 따라 발생된 종교전쟁(宗敎戰爭)은 절대군주제에 대해 한편으로는 촉진적 역할을 하고, 또 한편으로는 방해적 역할을 하면서 다양한 정치적 사유(思惟)가 나타나게 되었고, 그 중 군주제하에서의 정치사상이 가장 활발하게 전개된 국가가 프랑스였다.

16세기 후반 프랑스에서는 칼뱅의 사상이 침투하면서 칼뱅파인 〈위그노〉와 카톨릭적 〈리구울 Ligouour〉파 간의 대립이 격화되었고, 여기에 왕위계승권(王位繼承權)을 둘러싼 당파적 갈등과 중앙집권에 대한 귀족(貴族)의 지방적 이해가 복잡하게 얽히면서 장기적인 내란과 혼란에 빠져 있었다. 1592년 유명한 성(聖) 바아돌로뮤(Bartholomeu)학살사건이나 왕위에 오르자 신교(新教)를 지원했던 앙리 3세의 살해 등은 그 대표적 예이다. 더구나 외부세력(外部勢力)이 개입하여 〈리구울〉파는 스페인이, 〈위그노〉는 영국이 지원하게 되면서 양상을 한층 복잡하게 만들었다. 결국 프로테스탄트 출신으로서 왕위에 오른 앙리 4세가 몸소 구교(舊教)로 개종하면서 보인 정치력에 의해 내분이 수습되었으나 그것은 프랑스교회파인 〈갈리카니즘 Gallicanism〉의 승리를 의미했으며, 〈위그노〉신교도들은 1598년 〈낭트칙령 Edict of Nantes〉이 공포됨에 이르러서야 비로소 신앙(信仰)의 자유를 얻게 된다. 그러나 이것도 나중에 절대군주 루이 14세(1643 - 1715)가 1685년 칙령의 전 조항을 폐지함으로써 물거품이 되고, 이리하여 주로 남·서프랑스에 많이 거주하던 약 100만의 신교도가 크게 동요하면서 이 중 약 40만명은 외국으로 망명하는 사태가 일어나게 된다.

이같은 상황 속에서 왕권에 관한 정치사상은 크게 세 가지 양태로 전개되었으니, 폭군방벌론(暴君放伐論)과 왕권신수설(王權神授說) 및 군주주권론(君主主權論)이 그것이다. 〈폭군방벌론〉은 위그노의 비판적 반군주론(反君主論)으로서 모나르코마키(Monarchomachi) 이론에 속하며, 이것은 주로 자연상태와 국가기원, 인민과 군주간의 계약과 위임에 따른 지배자의 의무, 인민의 자유권 등에 관한 논의들로 이루어져 있다. 그리고 이 이론은 군주제를 근본적으로 부정하는 공화제(共和制) 이론으로까지 전개된 것은 아니었으나, 군주의 의무가 강조되고 '군주는 인민이 만드는 것'이라고 봄으로써 인민주권설(人民主權說)의 선구자로서 평가된다. 이에 반해 〈왕권신수설 Theory of Divine Right of Kingships〉은 위의 폭군방벌론 즉, 인민의 반항권이론과는 정면 배치되는 리구울적 카톨릭옹호론으로서 군주권의 신성성(神聖性)

cf. 위그노전쟁 (Huguenots Wars, 1562 - 1598) : 〈위그노〉란 프랑스 칼뱅파 신교도의 별칭이며, 〈위그노전쟁〉은 신구(新舊) 양파간의 대립과 제세력간의 이해관계가 얽히어 발생한 36년간에 걸친 프랑스의 종교내전을 말함.

◇〈갈리카니즘〉: 프랑스 교회의 자주권(自主權)과 자유권을 옹호하는 이론

◇〈낭트칙령〉: 앙리 4세가 낭트에서 공포한 칙령으로서 신교파에게 조건부 신앙의 자유를 허용하면서 〈위그노전쟁〉을 종식시킴.

◇〈폭군방벌론〉

◇폭군방벌론과 같은 반군주이론은 신교뿐만 아니라 구교, 특히 스페인의 지원을 받으면서 로마법황권 강화를 목적으로 하는 〈예수회 Jesuits〉에 의해서도 강력히 전개되었다.

◇〈왕권신수설〉

과 이에 따른 절대복종을 그 주요내용으로 하고 있다. 이 이론은 절대군주제를 합리화시켜 주었으나 군주제가 전제화(專制化)·반동화(反動化)함에 따라 근대시민의 도전을 받게 되고, 그리하여 그 사회적 타당근거를 상실하면서 자연법적·사회계약적 합리주의에 자리를 내놓게 된다. 끝으로 〈군주주권론〉은 프랑스교회파에 속하는 군주권옹호론으로서 왕권신수설과 마찬가지로 절대군주제를 지지하지만, 권력론에서 신학적(神學的) 요소들을 배제하는 주권이론을 구사함으로써 국가와 종교의 분리 및 종교적 분열의 해소, 그리고 프랑스의 국가적 통일과 안정을 꾀하고자 한 국가주의적(國家主義的) 이론이다. 이러한 입장의 프랑스교회파는 일단의 행정관·법률가·평론가들로 구성된 이른바 〈폴리티크파〉인 것이며, 장 보댕(Jean Bodin)이 그 대표적 인물이다.

◇〈군주주권론〉

◇이들 폴리티크파는 〈갈리카니즘파〉에 소속되어 있었으나, 카톨릭적이라기보다는 민족국가를 지향한 현실주의자들이었다.

Ⅱ. 생　애

◈ 몽테뉴에 비견되는 종교전쟁시대의 문필가로서, 프랑스인 부친과 스페인계 유대인 모친 사이에 1530년 앙제이(Angers)에서 출생.

◈ 처음에는 승직(僧職)을 희망하여 수도원에 들어갔으나, 도리어 르네상스시대의 사상적 영향을 받아 뚤루즈(Toulouse)대학에 입학하여 법학(法學)을 전공함.

◇1546년 루터(M. Ruther) 사망

◈ 후에 동 대학에서 1561년까지 법학강사로 근무함.

◈ 1561년 파리에서 변호사를 개업하였고, 1571년 이후 국정에 참여하게 됨.

◇1562년 〈위그노전쟁〉 발발

◈ 1575년 베르망드와(Vermandois) 주(州)의 제3계급 대표자로 선출됨.

◇1564년 칼뱅(Jean Calvin) 사망

◈ 〈위그노〉의 반란 등으로 프랑스가 정치적·종교적으로 혼란에 빠지게 되는 무렵 앙리 3세(Henri Ⅲ)의 신임을 받아 1576년 라옹(Laon)의 궁정변호관에 임명됨.

◇1572년 〈바아돌로뮤 학살사건〉 발생

◈ 1576 - 77년에 소집된 블로와(Blois)의 등족회의(等族會議 : 3部會 Etats-Généraux)에 참석했으며, 거기서 앙리 3세가 왕령(王領)을 팔고 신교도와 싸우려는 것을 막는 데 성공하지만 이를 계기로 앙리 3세와의 사이가 나빠지게 된다.

◈ 1581년 영국 엘리자베드 1세(1558 - 1603) 여왕에 대한 앙리 3세의 구혼사절(求婚使節)로 수행했으나, 사명의 실패로 인해 그의 공적(公的) 정치생활에 종지부를 찍게 됨.

◈ 1584년 그동안 친교를 맺어왔던 알랑송 公(Duc d'Alençon)이 사망하자 정계(政界)를 은퇴함.

◈ 1596년 흑사병(黑死病)으로 객지에서 사망.

◇ 1598년 〈낭트칙령〉 공포와 종교전쟁 종식

Ⅲ. 저 작

◈ 역사인식의 방법(Methodus ad Facilem Historiarum Cognitionem, 1566 = A Method for the Easy Understanding of History)

- 역사(歷史)에 대한 인식방법 및 그 의의에 관한 고찰임.
- 정치적으로는 자유주의적(自由主義的) 경향을 보이고 있으나, 여기서 주장하고 있는 방법론은 역사법학(歷史法學)과 비교법학(比較法學)의 선구로 간주된다.
- 왕권신수설(王權神授說)을 배척하고, 이성(理性)의 지배를 강조하였음.

◈ 말스트로와 反論(Résponse au Paradoxe de Monsieur de Malestroit, 1568)

- 경제이론서로서 그의 중상주의적(重商主義的) 입장을 엿볼 수 있으며, 화폐수량설의 선구자로서 간주되는 이론을 전개하고 있다.
- 국부(國富)는 금이나 은의 수량으로써만이 측정할 수 있는 것이 아니라고 주장함.

◇불후의 대표작으로서 근대민족국가건설의 이론적 근거를 제공하는 주권이론(主權理論)을 전개하고 있음.

◈ 국가론 (Les six livres de la République, 1576 = The Six Books Concerning the State)

◦ 국가의 의의와 기능 등 정치권력 전반에 관한 연구로서 그의 주저(主著)임.
◦ 보댕적 정치학설의 중심이론인 주권(主權)에 관한 논의가 전개되고 있으며, 거기서 군주주권, 즉 세습군주의 절대권력을 지지하고 있다.
◦ 국가의 기원(起源), 기본적 구성단위, 국체(國體), 혁명과 개혁 등을 다루면서, 정교분리(政敎分離)와 국가적 통일(統一) 및 정치권력의 종교적 관용(寬容)을 주장하고 있다.

◈ 헤프타플로메레스 대화집(Colloquium Heptaplomeres, 1588)

◦ 1857년에 완전 출간되었으며, 모든 교파(敎派)를 고루 비판하고 있음.
◦ 그의 종교관을 엿볼 수 있는 신학적(神學的) 논의가 실려 있으며, 종교적 관용론을 철학적으로 다룬 방대한 대화집(對話集)임.

Ⅳ. 사　　상

1. 관심과 동기

◇종교내란과 정치분열의 해결

1) 작금의 조국 프랑스내 종교적 내란(內亂)은 정치적 분열까지 초래하고 있는 위험한 상황으로서 무엇보다도 우선적으로 해결해야 할 과제이다.

cf. 마키아벨리(N. Machiavelli, 1469-1527)의 민족주의적 성격

2) 또한 시대적 현실의 흐름과 그 요구는 중세적인 법황주의(法皇主義)로의 회귀나 특정 신교에로의 종파적 일원주의(一元主義)가 아니라 종교로부터의 국가분리 및 〈정치적 안정과 민족적 통일〉인 것이다.

◇현실주의 또는 세속주의

3) 따라서 이의 해결책은 종교적 분열, 즉 종파적 다원성과 정치적 통일은 양립(兩立)할 수 있다는 전제 위에서 출발하여야 한다. 달리 말해서 종교적 관용과 신앙의 자유가 허용되더라도 정치적 통일만 이루어진다면 평화(平和)는 확보될 수 있는 것이다.

◇군주권 강화→정치적 안정과 통일

4) 그런데 정치적 통일의 확립에는 현실적으로 정치권력의 집중화(集中化)를 통한 군주권(君主權)의 절대적 강화가 불가피하다.

◇정치이론의 재구성

5) 이상의 목적을 실현하기 위하여는 지금까지의 국가관(國家觀)이나 권력론에 있어 신학적(神學的) 요소들을 배제하는 방향으로 그 개념들이나 논리가 전면 재구성되어야 한다.

2. 인간관

◇생존목적 우선주의

1) 현실에 있어 인간의 가장 기본적이고도 제1차적 목적은 생존(生存), 즉 〈안전과 평화〉에 있다. 신의 은총이나 사후영생(死後永生)과 같은 종교적 가치는 그 다음의 문제인 것이다.

◇인간진보론(theory of human progress)→황금시대관(黃金時代觀)의 인간퇴화론(dogma of man's degeneration) 거부

2) 그리고 인간은 평등한 것은 아니나 항상 진보(進步)하고 있으며, 과거보다는 현재가 현재보다는 미래가 더 좋은 것이다. 따라서 역사(歷史)는 끊임없이 변하고 있는 것이며, 역사연구의 목적은 일반적 원칙(原則)을 발견하여 현재를 더욱 발전시키는 데 있다.

◇환경론적 입장
cf. 본성론적 입장

3) 이렇게 비교역사적 관점에서 볼 때, 인간의 사고(思考)나 가치, 그리고 성향(性向) 등 모든 특성은 풍토(風土)나 제도·관습과 같은 환경적 요인에 의해 결정적으로 영향을 받고 있다.

◇개혁주의 : 현상유지에 대한 반대

4) 그러나 그같은 환경적(環境的) 요인들이 보다 커다란 차원에서 역사적 상황이나 시대적 조류에 어긋나는 경우, 가능하다면 그것들은 인간의 생존목적에 유용(有用)하게끔 바뀌어야 한다.

5) 따라서 사회가 변화하는 한 법(法)과 제도(制度) 등도

변화해야만 가치가 유지되는 것이며, 불변(不變)의 법은 무의미한 것이다.

3. 사회관

1) 가족

(1) 의의

cf. 자연적 사회(가족)와 인위적 사회(국가)

① 인류 최초의 자연적 공동사회(自然的 共同社會)는 하나의 남자와 그 아내, 그리고 자식들과 재산으로 구성되는 가족(家族)이다.

② 여기서 개인(個人)은 가족을 구성하는 하나의 분자(分子)로서 비독립적(非獨立的) 존재일 뿐이다.

◇사회의 기본단위

③ 이러한 〈가족사회〉는 인간의 이성적(理性的) 협동생활체이며, 국가와 기타 모든 사회단체가 형성되는 자연적 기본단위(基本單位)이다.

◇사유재산권(私有財產權)의 불가침

④ 이 경우 재산(財產)은 가족의 생존과 유지에 불가결한 접합제(接合劑)이다. 따라서 〈재산소유권〉은 하나의 자연권(自然權)으로서 국가는 이를 확인하고 보호해야 한다.

(2) 가부장권

① 가부장(家父長)은 그 아내와 자식들, 그리고 재산을 배타적으로 지배하는 절대적 권력(絶對的 權力)을 갖는다.

cf. 로마의 관념 : "국가의 통치권은 가정의 문지방 앞에서 그친다."

② 그 이유는 가부장의 이성(理性)은 다른 구성원보다 우수하기 때문이다. 즉, 자식들은 이성이 불충분하고, 아내는 다감(多感)한데다 변덕이 심해 이들에게 책임을 맡길 수 없기 때문이다.

cf. 아리스토텔레스(Aristoteles)의 관점 : "남자는 이성의 화신(化身)이다."

③ 국가구성의 기본단위는 가족이기 때문에 가장(家長)만이 시민으로서의 자유(自由)를 가지고 있는 것이며, 처자(妻子)·하인(下人)에게는 시민자격이 없다.

◇인간불평등론 → 자연권·시민권의 제한

④ 이같은 〈가부장권〉은 가족구성원의 안전(安全)과 이익(利益)을 확보하기 위해 요구되는 통제권으로서 그들 구성원에게 주어진 자연적 자유를 구속(拘束)한다.

⑤ 이렇게 볼 때 국가구성의 기본단위인 가족에서의 무질서

◇군주권 ←가부장권

(無秩序)는 국가의 혼란을 초래하는 것이며, 그런 의미에서 군주권은 가부장권에서 기원(起源)하는 것이다.

2) 종교

(1) 의의와 실용성

◇신법과 종교

① 국가사회의 최고권, 즉 주권(主權)의 행사가 신법(神法)에 의해 제약을 받아야 하고 그에 부합하여야 하듯이, 원칙적으로 종교(宗教)는 궁극적 가치를 지닌다.

◇교리(教理)의 가변성

② 그러나 역사의 전개와 발전은 인간을 제약하는 여러 환경적 요소들에 의해 규정되는 것이므로 신앙상의 구체적 교리들도 예외일 수는 없으며, 따라서 특정교리의 배타적 주장은 반역사적(反歷史的)·반사회적(反社會的)이다.

◇종교의 실용주의적 이해 →종교다원주의적 경향

③ 이렇듯 현실적·실용적 차원에서 이해할 때, 종교는 사회의 평화화(平和化)와 질서화(秩序化)에 본질적이고 누구나 신앙은 가져야 하지만, 종교의 획일화(劃一化)는 국가통일과 평화확립에 장해가 되는 것이다.

(2) 국가사회우위론

◇생존목적

① 사회형성의 가장 기본적이고도 우선적인 목적은 생존(生存)에 있다.

◇평화와 안전

② 이 경우 사회발전의 최종적 형태는 민족적 국가사회로서 그 국가는 사회내 모든 구성원의 평화(平和)와 안전(安全)을 보장할 의무가 있다.

◇교리의 배타성과 사회의 분열

③ 작금 한 개 교리(教理)의 완고한 고집에서 비롯된 종교내란(宗教內亂)의 현 상황은 단순히 종교적 분열에 그치지 않고, 국가적·민족적 통일과 안전을 위협하는 정치적 분열로 치닫고 있다.

◇정교분리(政教分離)→〈종교적 분열〉과 〈정치적 통일〉의 양립

④ 이를 해결할 수 있는 현실적 대안은 정치와 종교를 분리하여 신앙(信仰)의 자유(自由)를 허용하는 〈종교적 관용정책〉뿐이며, 이를 통하여 종교적 분열은 있더라도 민족통일과 국가안전(國家安全)은 도모할 수 있는 것이다.

◇민족(국가)주의

⑤ 그러기 위하여는 정치적 권위의 집중화(集中化)와 군주권(君主權)의 강화가 불가피하며, 따라서 프랑스내 재산에

재산에 대한 법황(法皇)의 관리권이나 반군주론적(反君主論的)인 사상들은 거부되어야 한다.

3) 경제

(1) 재산과 계약

cf. 자본주의체제를 뒷받침하고 있는 근대 민법의 2대 원칙 :
① 소유권절대의 원칙,
② 계약자유의 원칙

◇사유재산권의 보호
◇계약권의 보호

① 재산(財産)은 가족의 생존과 유지에 필수적인 것이며, 따라서 〈재산권〉이나 〈상속권〉은 자연법(自然法)에서 유래하는 자연권으로서 국가주권을 제약한다.
② 그러므로 과세권(課稅權)의 발동에는 시민의 동의, 즉 삼부회(三部會)의 승인이 필요하다.
③ 또한 각종 〈계약(契約)〉도 자연법에 속하는 것이며, 따라서 군주와 개인 사이에 맺어진 계약일지라도 그것이 착오(錯誤)·강박(強迫)·사기(詐欺)에 의거하지 않는 한 유효한 것이다.

(2) 경제정책

◇세속주의

① 국가는 우선적으로 물질적(物質的)·경제적 복지를 지향하는 제정책을 추구해야 한다.

◇중상주의와 자유무역주의

② 국제관계(國際關係)의 기초는 경제적 요인에 있으며, 국가는 중상주의적(重商主義的) 자유무역정책을 실시하여 부국강병(富國強兵)을 도모하여야 한다.

◇부(富)의 불평등 해소정책과 반공주의(反共主義)

③ 사유재산의 극단적 불평등(極端的 不平等)은 정치적 불안정을 가져오므로 이를 피할 수 있도록 권력의 적절한 행사가 필요하다. 그러나 공산주의적(共產主義的) 평등론에 대해서는 반대한다.

4) 역사

(1) 의의와 전개

◇역사철학

① 철학(哲學)은 역사(歷史)의 힘을 얻지 못할 때 그의 명제 속에서 사라지고 만다. 즉, 역사적 사실들은 확실성과 이성(理性)에 의미를 부여하는 것이다.

◇신법과 자연법, 그리고 도덕법간의 관계

② 역사의 전개는 인간적 단계, 자연적 단계, 그리고 신적(神的) 단계로 이루어지며, 자연계(自然界 natural world)는

신계(神界 divine world)와 인간계(人間界 human world)를 연결하는 중간체이다. 인간계를 지배하는 도덕법(道德法 Moral Law)은 〈자연법〉과 〈신법〉으로부터 우러나온 것이다.

(2) 일반성과 특수성

◇역사적 진보론→〈황금시대관(黃金時代觀)〉에서 주장되는 인간퇴화론의 거부

① 역사적 사실은 인간이 항상 진보(進步)하고 있음을 보여주고 있으며, 그런 의미에서 역사학은 변화의 일반원칙(一般原則)을 발견하여－물질적으로나 정신적으로－현재를 보다 발전(發展)시키는 데 있는 것이다.

◇일반성, 즉 보편적 법칙 발견 추구

◇비교역사법학

② 따라서 특정(特定)의 민족적 관념에 몰두하기보다는 각 민족간에 존재하는 보편적 요소(普遍的 要素)에 관심을 두어야 한다. 예컨대 법률연구(法律硏究)의 경우 기왕의 법학자들이 해 온 것처럼 로마법 연구만으로 만족해서는 아니되며, 제민족(諸民族)의 법들에 대해 역사적(歷史的)이고도 비교적(比較的)인 방법을 적용하여 어떤 원칙을 발견하는 데 연구의 초점을 맞추어야 한다.

◇특수성, 즉 환경적 요소 중시

③ 그러나 정립된 일반원칙이 반드시 동일한 방법으로 모든 상황에 적용될 수 있는 것은 아니다. 이를테면 특수한 지리적 환경으로서의 풍토(風土)와 같은 요소는 원칙의 일반적 적용을 거부하며, 따라서 환경(環境)의 문제가 무시되어서는 아니된다.

◇점성학의 필요성

④ 이 경우 보다 거시적(巨視的)인 안목에서 볼 때 제민족의 역사와 환경은 천체(天體)의 운행과 별들에 영향을 받고 있음이 확실하며, 그러므로 점성술(占星術)의 연구에 의하여 제국(諸國)의 역사를 보다 깊이 이해할 수 있다.

4. 국가관

1) 법률

(1) 실용성

◇법의 실용성과 다양성

① 일반적으로 국가사회의 법(法)은 그 자체만으로서는 의미가 없으며, 인간의 생존목적(生存目的)에 유용(有用)할 때

가치가 있는 것이다.

② 그러므로 각 인민의 법과 여러 가지 제도는 그들의 특질(特質)과 조건(條件)에 적합해야 한다.

(2) 가변성

① 이렇게 볼 때 사회가 변화하는 한 법도 변화해야만 가치가 유지되는 것이며, 불변(不變)의 법은 가치가 없는 것이다.

◇법률에 대한 비교역사학적 접근

② 따라서 법률에 대한 역사적·비교적 연구가 요구되는 것이며, 〈법률학〉과 〈정치학〉은 다같이 역사(歷史)뿐만 아니라 인간의 물질적 환경·기후(氣候)·지형(地形) 및 인종(人種) 등에 비추어 연구될 필요가 있다.

◇관습법의 무력화(無力化) → 봉건적 정치세력의 무력화

◇법에 대한 힘(권력)의 우위

→ 절대군주주의

→ 근대적 입법권의 최초 주장

③ 예컨대 불변적 성격을 지닌 관습법(慣習法)도 시대 상황의 변천에 맞추어 입법권에 의해 수정 또는 폐기되어야 하며, 그런 의미에서 지금까지의 주장처럼 '법(法)이 권력에 선재(先在)하는 것'이 아니라 '권력(權力)이 법에 앞서는 것'이다.

2) 주권

(1) 기원

◇역사적 요구

→ 현실적 필요성

① 인간사회의 최고권으로서의 주권(主權)은 신(神)으로부터 유래되었다기보다는 사회생활의 필요상 인간성(人間性)에서 기원하는 것이다.

◇'국가의 성립은 주권의 존재를 전제로 한다.'

② 〈주권〉의 유무(有無)가 가족을 비롯한 기타 모든 사회집단(社會集團)과 국가를 구별하는 특징이라고 볼 때 그것은 종교적·지방적·관습적·계급적 차이와 그밖의 분열적 요소들을 정치적(政治的)으로 결합시키는 힘을 갖는 정치적 공동체, 즉 국가(國家)와 출발을 같이한다.

③ 다시 말해 국가에 있어 〈주권〉이 존재하지 않는다면 인간의 정신적·육체적 생활(生活)은 불가능한 것이다. 즉 오늘날 요구되는 정치적 공동체의 본질적 요소는 주권자(主權者)의 존재이다.

(2) 정의

◇국가의 최고권

① 주권(Sovereignty)은 시민(市民 : citizens)과 신민(臣民 : subjects)을 통치하는 최고권력(supreme power)으로서, 소극적으로는 법률의 제한을 받지 않을 뿐만 아니라 적극적으로는 법률을 제정 · 해석 · 집행하는 권리이다.

◇주권의 속성

② 〈주권〉은 절대성(絶對性)과 항구성(恒久性)을 가지며, 양도(讓渡)될 수 없고, 시효(時效)에 구속되지 않는다. 예컨대 과거 로마공화국의 위임독재형태는 시효의 영향을 받기 때문에 주권이 될 수 없다.

③ 요컨대 〈주권〉은 국가최고(國家最高)의 권력으로서, 국가사회의 모든 구성원과 제집단에 대해 법(法)을 제공함과 동시에 그들로부터 어떠한 제약(制約)도 받지 않는 항구적이고도 절대적인 권력을 의미한다.

(3) 내용

◇입법권(법률제정권)

① 〈주권〉은 한마디로 법률제정권(法律制定權)으로서, 모든 법률은 주권자(主權者)로부터 나오는 것이며, 하물며 관습법(慣習法)도 그의 재가(裁可)를 받아야 하는 것이다.

◇그 밖의 내용과 기능

② 이러한 입법권(立法權) 이외에 열거할 수 있는 그 밖의 구체적 내용은 선전강화권(宣戰講和權), 관리임면권(官吏任免權), 최고재판권, 은사권(恩赦權), 충성 및 복종요구권, 화폐주조 및 도량형선정권(度量衡選定權), 과세권(課稅權), 경제권, 그리고 국가전반의 정무통할권(政務統轄權) 등이다.

◇군주주권론

③ 이와같은 주권은 곧 군주권(君主權)과 동일한 것이다. 왜냐하면 가족에 가장(家長)이 한 사람 있고, 하늘에도 한 개의 태양이 있는 것처럼 한 사람에 의한 지배가 자연적(自然的)인 것이며, 또한 주권은 불가분(不可分)의 단일성(單一性)을 가지기 때문이다.

◇조약과 국제법

④ 조약(條約)과 국제법(國際法)은 군주나 국가에 불리(不利)할 때는 준수할 필요가 없다.

◇관습법

⑤ 관습법(慣習法)도 군주를 구속할 수 없다. 관습이 덕(德)이 되고, 강제력을 가지게 되는 것은 군주가 그 관습을 법

◇여론과 의회
◇시민의 참정권 불용
◇상위법(上位法)으로서의 신법과 자연법
◇폭군의 부당성
◇정당성과 부당성의 판단 주체 = 군주
◇도덕적 의무와 법적 의무
◇인민의 절대복종론
◇권력승계법과 영토관계법

으로 인정(認定)한 까닭이다.

⑥ 여론(輿論)과 의회(議會)도 마찬가지로 군주를 구속할 수 없다. 즉, 여론이 국왕을 구속하게 되면 질서가 문란해지고, 혁명(革命)이 일어나기 때문이다. 그리고 의회는 주권을 보유하는 것이 아니라 단지 주권의 작용을 보좌(補佐)하는 데 그 기능이 있기 때문이다.

⑦ 시민의 참정권(參政權)은 허용될 수 없다. 〈폴리스 polis〉에 비해 지리적으로 규모가 커다란 근대국가는 통치기술상 중앙집권화(中央集權化) 이외에는 다른 방법이 없기 때문이다. 그런 뜻에서 '시민의 자유(自由)'라는 것은 시민이 노예가 아니라 보호를 받고 있다는 의미인 것이다.

(4) 한계

① 신법과 자연법

a. 주권자는 신(神)을 제외한 경우에 최고위치에 놓여 있는 것이다.

b. 신법(神法)과 자연법(自然法)은 정의(正義)를 실현하기 위한 것이므로 이에 따른 통치가 정당한 지배이다.

c. 그러므로 폭군제(暴君制)에서 나타나는 공포정치는 정당한 지배가 아닌 것이다.

d. 진실한 국가가 단순히 실력적인 폭력(暴力)과 구별되는 이유는 그것이 인간법(人間法)의 상위에 존립하는 자연법(自然法)을 준수하기 때문이다.

e. 그러나 정당(正當)한 지배와 부당(不當)한 지배의 식별은 〈주권자〉의 의사에 맡겨져 있는 것이며, 지상에서의 신(神)의 영상(映像)인 〈군주〉는 단지 신에 대해서만 그 책임을 진다.

f. 이와같은 지배의 정당성문제는 도덕적 의무(道德的 義務)에 해당하는 것이지 법적 의무는 아닌 것이다. 따라서 인민은 여하한 군주에게도 복종(服從)해야 하는 것이다.

② 국가기본법

a. 만일 이를 침해하게 되면 주권 자체를 소멸하게 하는

결과를 초래하는 것으로서 왕위계승(王位繼承)과 영토(領土)에 관한 내용이다.

b. 즉, 왕위계승법의 존중은 현 군주권에 정당성(正當性)을 부여할 뿐만 아니라 왕위를 둘러싼 권력투쟁(權力鬪爭)을 방지하는 데 필요하다.

c. 그리고 영토의 요소(要素)없이 국왕은 존재할 수도 권력을 가질 수도 없을 뿐만 아니라, 영토의 증감(增減)은 국가의 흥망에 중대한 영향을 미치기 때문이다.

③ 사유재산과 계약

◇소유권과 계약권의 보호 및 불가침

a. 사유재산(私有財産)과 계약(契約)은 신법과 자연법에서 기원한 것으로서 주권은 이에도 제약을 받게 된다.

b. 즉, 자연적 공동체이자 국가구성의 기본단위인 가족(家族)과 그 생존조건인 〈사유재산〉은 군주라 하더라도 자의적으로 침해할 수 없다. 따라서 과세권(課稅權)의 행사에는 일정한 동의절차를 거쳐야 한다.

c. 〈계약〉도 존중되어야 하며, 그것은 주권자가 정의(正義)의 수호자로서 취해야 할 의무이다. 그러므로 군주의 일방적 의사에 의해서 파기될 수 없는 것이다.

3) 국가

(1) 기원

◇국가기원설 : 가부장권적 실력설

① 모든 사회형태는 가족(家族)을 기본단위로 해서 존립하는 것이다. 그 점에서 국가사회도 마찬가지이며, 군주권도 '가부장권'(家父長權)에서 기원하는 것이다.

② 가족보다 큰 단위의 여러 사회형태들－예컨대 협회(協會 college), 조합(組合 corporation), 자치단체(自治團體 commune) 등－은 가족과 같이 작은 단위로써는 충족시킬 수 없는 어떤 목적들의 성취를 위해 나타나게 되며, 국가는 그 최종형태이다.

◇국가의 특징과 정당성기초
→주권의 소유

③ 국가는 전쟁(戰爭)이나 정복(征服)과 같은 실력을 통하여 형성되었으며, 이 점이 다른 사회형태들과의 차이점이다. 즉 국가의 정당성(正當性) 계기는 오직 실력(實力)에 있는 것이며, 국가사회내의 다양한 사회형태들의 결합적

계기도 바로 이같은 '실력', 즉 주권(主權)에 있는 것이다.

(2) 정의

◇주권과 이성에 의한 지배

① 국가(state)는 가족들과 그 공유물(共有物)의 결합체(association)로서, 최고권력(주권)과 이성(理性)에 의거하여 이를 지배한다.

◇일반 폭력조직과의 차이점

② 〈국가〉는 주권행사와 같이 실력에 의거하는 것이 하나의 주요한 특징을 이루지만, 주권은 그 자체가 목적이 아니라 하나의 수단(手段)으로서의 장치에 불과하다는 점에서 도적(盜賊)과 같은 폭력단체와는 다른 것이다.

◇육체적 · 정신적 선(善)의 구현
→ 이성적 주권행사
→ 폭군배제

③ 즉, 〈국가〉의 궁극적 목적(窮極的 目的)은 모든 사람의 정신적인 선(善)과 육체적인 선(善) 모두를 확보해 주는 데 있으며, 이 점에서 그 지배는 단순한 실력적 폭력행사가 아니라 이성적(理性的) 지배인 것이다.

(3) 정치형태 : 국체와 정체

◇국체와 정체의 구분 및 내용

① 주권의 소유(所有)와 운용(運用)의 형태를 기준으로 국체(國體 : 국가의 형태 Form of State)와 정체(政體 : 정부의 형태 Form of Government)를 구분할 수 있다.

② 〈국체〉는 최고권력, 즉 주권의 귀속형태이며, 〈정체〉는 권력운용방식의 형태이다. 국체와 정체는 다같이 통치자의 수에 따라 군주제(君主制) · 귀족제(貴族制) · 민주제(民主制)의 세 가지로 구분된다. '군주국'은 최고권력이 한 사람에게 있는 경우이고, '귀족국'은 시민의 소수자에게 있는 경우이며, '민주국'은 시민전체 또는 다수자에게 있는 경우이다. 군주제는 다시 권력행사의 자의성이나 근거 및 권력승계방식 등에 따라 아래와 같이 여러가지로 세분된다.

◇정치형태의 3분법

③ 정치형태의 분류

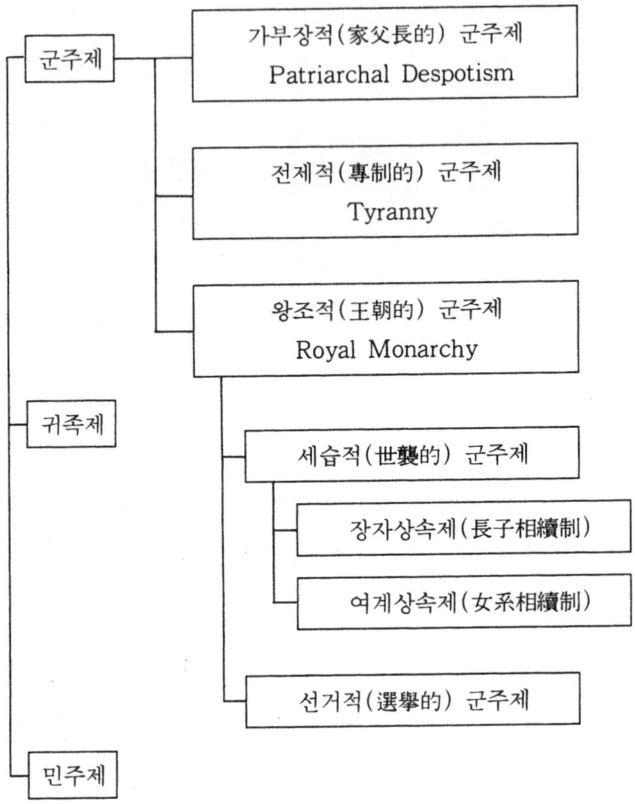

◇민주제의 문제점

④ 〈민주국〉은 자연에 알맞는 국체처럼 보이지만, 첫째 불안정(不安定)하고, 둘째 배금주의적(拜金主義的)이며, 셋째 정무(政務)가 지체되기 쉽고, 넷째 오늘날과 같이 영토가 방대한 경우에는 비효율적이며 비현실적(非現實的)이라는 결함을 갖는다.

◇군주제의 타당성

⑤ 주권이 불가분성(不可分性)을 가지며, 권력의 분산은 정치적 분열의 원인이 된다는 점에서 볼 때, 보다 자연적이고 이상적(理想的)인 정치형태는 〈군주제〉로서 이것만이 '질서있는 국가'를 보장할 수 있다.

cf. 봉건적 군주와 폭군 및 입헌군주

⑥ 〈가부장적 군주제〉가 인민과 재산의 주인(主人)으로서 그것들을 배타적으로 지배하는 형태라면, 〈전제적 군주제〉, 즉 폭군제는 군주가 신법과 자연법을 침범하고 인민을 노예(奴隸)처럼 자의적(恣意的)으로 지배하는 형태이

다. 이와는 달리 협의(狹義)의 군주제, 즉 〈왕조적 군주제〉는 신법과 자연법을 지킴으로써 인민의 능력과 자유(自由)를 인정하고, 그 재산을 보호(保護)하는 군주정치 형태인 것이다.

◇이상적 형태 : 장자상속형 세습군주제

⑦ 그리고 권력승계방식에 있어서는 퇴위와 즉위시에 단절의 위험성과 권력투쟁(權力鬪爭)을 최소화할 수 있는 세습제가 타당하며, 이 경우 특히 남계(男系) 장자상속제로 해야 한다. 이렇게 볼 때 가장 이상적인 군주제는 '장자상속형의 세습적인 왕조적 군주제'인 것이다.

(4) 혁명과 개혁

① 혁명(革命 conversio, Revolution)은 속도상으로 급진적(急進的)인 형태로서 주권소재(主權所在)의 이전(移轉)에 따른 '국체(國體)의 변화'를 의미한다. 개혁(改革 alteratio, Reform)은 점진적(漸進的)인 형태로서 주권을 포함하지 않는 '법률이나 제도의 변화'를 말한다.

◇혁명의 요인들

◇점성학(占星學)의 중요성

② 군주국이 가장 안정적이고, 민주국은 가장 혁명의 가능성이 많다. 그 밖에 혁명의 원인에는 신적(神的)·인적(人的)·자연적 요인들이 있으며, 특히 자연적 요인 중 중요한 것은 천체(天體)의 운동으로서 여기에는 점성술(占星術)에 관한 깊이있는 연구가 요구된다.

◇현상유지의 거부 → 점진적 개혁주의

③ 결국 이상적인 군주는 선정(善政)을 행하는―신법과 자연법은 지키면서 이성적으로 지배하는―군주인 것이며, 그는 사회란 변동(變動)하고 있으며 현상유지란 불가능하다는 사실, 즉 현상유지(現狀維持)에만 힘쓴다면 혁명을 초래한다는 사실을 인식함으로써 혁명을 예방하는 점진적인 개량정책(改良政策)을 추구해야 하는 것이다.

V. 평 가

1. 보댕(J. Bodin)은 조국 프랑스내의 종교내란(宗教內亂)

◇민족적 국가주의자
cf. 마키아벨리의 민족통일론

◇세속적 현실주의자

◇절대군주주의자

◇보댕적 '주권'이론
→근대적 입법권의 최초 주장

◇환경주의자

◇비교역사주의자
→마키아벨리식 역사적 연구방법과 아리스토텔레스식 비교적 탐구방법을 진일보시킴

◇개혁주의자

◇이상적 군주 : 선정(善政)을 행하는 군주
→*cf.* 입헌군주

이 정치적 분열의 양상으로까지 전개되자 이를 종식시키기 위해 신학적(神學的) 접근과 구속으로부터 해방된 정치사상을 전개함으로써, 정치적 통일을 꾀하고자 했던 민족적 국가주의자(國家主義者)이다.

2. 또한 그는 내세적 영생(永生)보다는 현실적 생존(生存)의 문제를, 그리고 종교적 통일보다는 정치적 통일에 먼저 관심을 둠으로써, 출발점에서부터 이미 세속주의자(世俗主義者)이며 현실주의자임을 드러내주고 있다.

3. 이같은 그의 현실주의적·국가주의적 입장은 정치적 통일을 위하여는 정치권력의 집중화(集中化)와 군주권의 강화(強化)가 불가피하다는 결론에 이르면서 자신의 정치이론의 대부분을 군주주의(君主主義) 정당화에 투여하게 되고, 이는 당시 절대주의적(絕對主義的) 시대조류의 본류(本流)를 타고 있음을 의미하는 것이기도 하다.

4. 이 과정에서 그의 정치철학 중 가장 중요한 부분에 해당하는 보댕적 '주권'(主權) 원리는, 국가의 기원(起源)과 그 정당성이라는 정치사상의 근원적 문제들을 취급함에 있어 당시의 신권설(神權說)이 남겨 준 신학적 구속으로부터 주권이념을 벗어나게 함으로써, 정교분리(政教分離)의 원칙과 함께 현대적 국가론(國家論) 및 헌법학(憲法學) 등에 결정적인 공헌을 하였다.

5. 인간의 사고(思考)나 가치 등 제반 특성은 제도·관습·풍토(風土)와 같은 환경적 요인(環境的 要因)들에 의해 결정적으로 영향을 받는다는 보댕의 환경주의적·비교역사주의적 상황진단은, 이에 앞서 모든 조건은 인간의 생존목적(生存目的)에 유리한 방향으로 변화되어야 하고 따라서 사회가 변화하면 법(法)과 제도(制度) 등도 변화해야만 한다는 현실주의적·진보주의적 주장과 연결되면서, 그의 개혁주의적(改革主義的) 성향을 매우 합리적으로 만들고 있다.

6. 특히 이상적(理想的)인 군주는 역사적·사회적 상황변화에 민감하여 현상유지가 아니라 현상변혁, 즉 개혁정책(改革政策)을 추구해 나아가야 하며, 권력강화나 신앙상의 관

◇보댕의 적(敵)들
: 봉건세력들, 루터주의자나 칼뱅주의자들, 교황주의자들 등

◇개인주의적 발상
→ 반(反)공산주의자

◇논리의 비체계성과 신비주의적 경향

◇가부장권주의자
◇봉건적 사고의 잔재

용정책은 그 일환이라는 정치적 결론은 그의 최대의 적(敵)이 보수적 전통주의자(傳統主義者)나 독단적 종교주의자(宗敎主義者)들임을 보여주는 것이다.

7. 그리고 사유재산(私有財產)과 계약(契約)에 대한 주권의 불가침성을 두드러지게 강조하고 있는 보댕의 개인주의적 발상은 과거 로마법적 관념을 이어받은 것이긴 하지만 근대 시민권의 발전사와 연관시켜 볼 때, 새로운 사회세력으로 등장하기 시작한 자유주의적(自由主義的) 부르조아의 이해관계를 이미 감지하고 있는 것으로 볼 수 있다.
8. 그러나 폭정을 방지하고자 최고권으로서의 주권을 제한하는 상위법으로서 신법(神法)과 자연법(自然法)을 설정하는 과정, 그리고 사회진보론을 주장하고자 역사적·문화적 다양성과 환경의 중요성을 제시하면서 돌출된 점성술(占星術)의 강조과정은 당시 대부분의 사상들이 그러하듯이 그의 전체적 논리체계를 혼란케 하는 모호성과 추상성 및 신비주의적 경향을 드러내고 있다.
9. 또한 비록 노예제도(奴隸制度)는 부정하지만 철저한 가부장권적(家父長權的) 논리로써 처자(妻子)와 하인(下人)의 시민권을 제한하고 있는 보댕의 가족주의적(家族主義的) 사회구성이론은 그가 구태의연한 봉건적(封建的) 가치나 사고로부터 완전히 탈피하고 있지는 못하고 있는 또하나의 단면이다.

▣ 생각해 볼 문제들 ▣

1. 보댕은 자신의 군주주권론(君主主權論)을 뒷받침하기 위하여 어떠한 논리들을 동원하고 있고, 거기서 볼 수 있는 봉건적(封建的)이고도 비합리적인 요소들은 무엇인가?
2. 그의 정치사상 중 가장 큰 업적으로 평가되는 '주권이론'(主權理論)은 어떤 특성을 지니고 있으며, 이것이 오늘날의 정치철학이나 헌법학(憲法學)에 기여한 구체적 내용은 무엇인가?

3. 보댕의 적(敵)들이 그를 "왕국이 신(神)을 가지고 전쟁(戰爭)을 하는 상태에 머무는 것보다 차라리 신(神)없이 평화롭게 사는 것을 택하는 사람들" 중의 하나라고 비난 · 조롱하는 경우, 이는 그의 이론의 어떠한 특성 때문인가?

4. 보댕을 현실주의적 중용론자(中庸論者)라 하는 경우, 어떠한 점들에서 그렇게 볼 수 있는가를 깊이있게 토론해 보자.

5. 우리가 그를 신비주의자(神秘主義者)라고 규정하는 경우, 흔히 점성학적(占星學的) 사회변동론에 관한 그의 언급들에서 이유를 찾고 있으나, 오늘날 과거의 신비주의적 · 자연주의적 이론들에 대한 '관심'(關心)이 새롭게 점증하고 있는 상황에 비추어 볼 때 이를 전적으로 부정적인 측면에서만 바라보아야 하는 것인지, 또는 우리가 지금까지 배제해 왔던 이른바 '비과학적'(非科學的) 영역들에서 어떤 새로운 가능성(可能性)들을 전혀 발견할 수는 없는 것인지에 관하여 논의해 보자.

홉스(Thomas Hobbes, 1588 - 1679)

Ⅰ. 배 경

◇ 절대군주체제의 확립 → 근대 시민국가의 기초

근대국가 성립의 기초는 절대군주제하의 강력한 중앙집권적 정치조직을 가진 민족국가형태에 있었다. 근대적 시민의 자유로운 활동을 위하여는 사회·경제적으로 봉건적 자연경제의 해체가 전제되어야 하고, 이를 위해 정치적으로는 봉건적 제후(諸侯)와의 투쟁에서 실력을 통해 승리해야만 했다. 이리하여 유럽 여러 민족은 종교전쟁시대를 거쳐 민족적 발흥시대로 접어들게 되고, 특히 필립 2세의 스페인, 루이 14세의 프랑스, 엘리자베드 여왕의 영국 등이 주도하면서 여러 민족의 기초가 성립되었다.

◇ 절대군주체제의 동요와 반동화(反動化)

그러나 이렇게 성립된 절대군주제도 시간이 지남에 따라 근대시민의 성장에 방해가 되는 한갖 거추장스런 존재에 불과하게 된다. 여전히 봉건적 토지소유제(土地所有制)에 기초한 절대군주제는 근대시민의 발전과 일치하는 면보다는 도리어 장애물로서의 성격이 더 크게 드러나면서, 절대주의체제는 갈등과 동요가 드러나기 시작하였다. 즉 절대군주제의 지지세력은 과거와는 달리 반동적(反動的)으로 봉건적 귀족세력과 연합을 시도하면서 성장하는 시민세력을 억압함으로써 그 대립은 점차 심화되어 갔다.

영국은 프랑스와의 백년전쟁(Hundred Years' War, 1337 - 1453)과 귀족들간의 권력투쟁인 장미전쟁(Wars of the Roses, 1455 - 85)을 거치면서, 귀족세력이 몰락하고 봉

◇〈튜더(Tudor) 왕조, 1485-1603〉: 장미전쟁을 수습하고 즉위한 헨리 7세로부터 국교회를 세우고 스페인의 무적함대를 격파함으로써 절대주의의 최성기를 이룩한 엘리자베드 1세에 이르기까지 5대 118년에 걸친 영국의 절대주의시대

◇〈스튜어트(Stewart) 왕조〉: 청교도혁명으로 인한 왕위공백기 (1649-60)를 기준으로 하여, 제임스 1세와 그 아들 찰스 1세의 집권기인 전기(前期) 왕조(1603-1649)와 찰스 2세의 왕정복고 이후 후사(後嗣)없이 죽은 앤 여왕에 이르기까지의 후기(後期) 왕조(1660-1714)로 나뉨.

◇〈마그나카르트타 Magna Carta〉: 1215년 영국왕 존이 귀족들의 강압에 못이겨 승인한 칙허장(勅許章)으로서 대헌장(大憲章)이라고도 한다. 본래 귀족의 권리를 확인해 준 봉건적 문서였으나, 17세기에 이르러 의회에서 시민의 권리를 옹호하기 위한 최대의 전거로서 이용되었다.

건제가 쇠퇴하였다. 이에 따라 성립된 튜더왕조의 초대 군왕인 헨리 7세때부터 중앙집권적 군주정치가 시작되었으며, 뒤이어 헨리 8세는 영국 국교회를 세우고 로마교황과의 관계를 단절하기에 이르른다.

이렇게 〈튜더왕조〉시대에 확립된 영국의 절대주의는 초기에는 의회의 동조하에 발전하였으며, 이리하여 왕조 말기에는 영국이 국제적으로 강대국의 지위로까지 상승하게 된다. 그러나 내적으로는 그동안 성장한 시민의 정치참여요구가 거세지면서 의회와의 갈등도 표면화되기 시작하였다. 왕조의 마지막 왕인 엘리자베드 1세 시대(1558-1603)에 시작된 군주와 의회와의 대립은 뒤이은 〈스튜어트왕조〉시대에서 극에 다다르게 된다. 영국과 스코틀랜드 양국의 왕위를 겸하게 됨으로써 대(大)브리튼왕국의 기초를 세운 제임스 1세(James Ⅰ, 1566-1625)와 그의 차남 찰스 1세(Charles Ⅰ, 1600-1649)는 왕권신수설(王權神授說)을 신봉하면서 전제정치를 행했기 때문에 드디어 청교도혁명(淸敎徒革命 : Puritan Revolution, 1640-60)이 일어나게 된다. 이는 청교도가 중심이 되어 일으킨 최초의 시민혁명인 것이다.

본래 영국은 프랑스에 비해 중앙집권적 정치조직에 있어서 뿐만 아니라 상비군(常備軍)이나 관료조직이 강대하지 못하였고, 오랜 역사적 전거(典據)인 13세기 초의 대헌장, 즉 〈마그나카르타〉에 의해 의회의 직접적 간섭을 받는 중세적 입헌군주제가 잔재하고 있었다. 이와같은 역사적 전통은 시민과 군주의 대립에 있어 의회를 정치적 교두보로 만들어 주는 것이었다. 17세기 전반 의회와 군주가 대립하는 시민혁명의 전개과정에 있어 네 개의 정치적 파당, 즉 의회파에 속하는 장로파·독립파·수평파 등 3개파와 왕당파가 중요한 변수로 작용하게 된다.

혁명 초기 〈왕당파〉와 〈의회파〉의 대결에 있어, 전자(前者)는 서부·북부를 기반으로 하여 국교회 소속이 대부분이었으며, 주로 귀족·젠틀맨(gentleman ; gentry)과 그 밑의 소작농민들로 구성되었다. 후자(後者)는 동부·남부를 근거로 하여 청교도, 특히 장로파(長老派, Presbyterian)가

주류를 이루었고, 귀족·젠틀맨의 일부와 자유농민(yeoman, yeomanry)·상공업자들로 구성되었다. 그러나 청교도 자유농민을 중핵으로 하는 기병대를 조직하여 제1차 내란을 승리로 이끈 크롬웰(Oliver Cromwell, 1599-1658)이 등장함에 따라, 처음부터 내부문제를 안고 있던 의회파는 장로파와 독립파(獨立派, Independents)로 분열된다. 같은 청교도 교파이지만 〈장로파〉는 국왕과의 화평을 고려하고, 런던의 대상인이나 귀족에 지지자가 많았다. 이에 비해 크롬웰을 중심으로 한 〈독립파〉는 계속적 항전을 주장하였고, 상대적으로 하위계층에 의존하고 있었다. 이런 양파간의 대립 속에 제3세력으로서 런던의 빈민층인 수공업자·직인층(職人層)을 기반으로 한 〈수평파(水平派, Levellers)〉가 등장하여 공화제·인민주권·보통선거·기본인권 등을 주장함으로써 양상은 복잡하게 전개되었다. 이들은 청교도의 여러 교파를 포함하고 있으면서 소농민과 도시의 하층일꾼 및 기타 소상인의 이해를 대변하고 있었고, 군 간부를 기반으로 한 독립파에 비해 군 내부 하층병사의 지지를 받고 있었다. 스코틀랜드와 결탁한 장로파가 제2차 내란을 일으키자 독립파는 수평파와 연합하여 이를 진압하고, 1649년 국왕 찰스 1세를 처형하기에 이르른다. 이로써 군주제와 귀족원이 폐지되고 〈공화국〉이 탄생하게 된다.

◇크롬웰의 군사독재

그러나 1653년 크롬웰의 호민관(護民官 : Lord Protector) 정치, 즉 군사독재가 성립되고, 200파운드 이상의 재산 소유자에게만 의원선거자격을 부여함과 동시에 혁명의 철저화와 토지개혁을 요구하는 수평파를 제압함으로써, 크롬웰독재체제는 유산시민층(有産市民層)의 정치적 패권을 의미하는 것이었다. 크롬웰정권은 왕당파와 장로파를 무력으로 진압하고, 급진적인 수평파를 제압했을 뿐만 아니라 스코틀랜드와 아일랜드의 저항도 무력으로 해결한 강력한 군사독재정권으로서, 인민에 대하여는 청교도적 신앙과 생활을 강요하였다. 이같은 틀 속에서 영국의 산업자본은 번영하고 봉건제도는 해체되어 갔으나, 그 강압적 공포정치는 인민의 원성

◇ 절대군주제에서 입헌군주제에로의 전환

(怨聲)의 대상이었다. 그리하여 크롬웰이 죽자 무정부상태에 빠지면서 결국 1660년에는 왕정복고(王政復古)가 이루어져 후기 스튜어트왕조가 시작되게 된다. 이렇듯 홉스가 살았던 16세기 말부터 17세기 말까지의 기간은 영국이 대외적으로 발전하면서도 내적으로는 절대군주제가 동요를 보이고, 내란을 거쳐 〈입헌군주제〉가 성립되는 일련의 혼란기에 해당하였다.

Ⅱ. 생 애

◇ 1588년 스페인 무적함대의 영국침공
－모친이 이에 놀라 홉스를 조산(早産)했다는 설이 있음.

◈ 1588년 영국 윌트셔(Wiltshire)의 말므즈버리(Malmesbury)에서 가난한 목사의 아들로 출생

◈ 1592년 웨스트포오트의 교회학교에 입학

◈ 1600년 목사직에서 파면된 부친의 도망으로 형, 누이와 함께 부유한 장갑제조업자인 삼촌 프란시스 홉스에게로 가 양육됨. 로버트 라티머의 사립학교에 입학

◈ 조숙한 편이어서 소년시절부터 자주 우울증에 빠져 방 한 구석에서 책이나 읽으며 시간을 보내기 일쑤였고, 머리카락이 검은 탓에 '까마귀'라는 별명이 있었다고 함.

◇ 1603년 엘리자베드 여왕 사망

◈ 15살 때(1603년) 옥스포드 대학 머들린 학교(Magdalen Hall)에 입학하여 스토아철학, 수학, 아리스토텔레스 철학을 연구하고, 20살(1608년)에 졸업함.

◈ 그 후 초대 데본셔(Devonshire) 백작인 가벤디시(Gavendish)의 장남의 가정교사가 되었고, 백작가(伯爵家)에는 항상 유력한 정치인들이 많이 모여들어 이때부터 현실정치에 대한 지식을 얻음.

◈ 이런 인연으로 1610년에는 그 제자와 함께 유럽대륙을 방문할 기회를 갖게 되고, 대륙내 종교전쟁(宗敎戰爭)을 목격하게 됨.

◈ 런던으로 돌아온 후에는 베이컨(Francis Bacon, 1561-1626)의 비서가 되어 교분을 가지면서 그의 논문을 라틴

어로 번역함. 그리고 투키디데스(Thoukydides)의 「사기(史記)」의 영역(英譯)에 착수하였으며, 번역의 동기는 민주주의 위험성을 시민들에게 알리기 위한 것이라 함.

◈ 1626년과 29년에 데본셔 백작과 그의 아들이 각각 사망함에 따라 자베스 클린턴(Gevase Clinton) 가(家)의 가정교사가 되면서 재차 대륙여행을 하게 되고, 이때 유클리드(Euclid) 기하학(幾何學)에 처음 접하면서 깊은 감명을 받게 됨.

◇1628년 권리청원(Petition of Rights) 제출－찰스 1세의 승인을 얻어낸 인권선언으로서 청교도혁명과 관련됨.

◈ 1631년 데본셔 가(家)의 재초청으로 제3대 데본셔 백작의 교육을 맡으면서 1634년 세 번째로 대륙을 여행하게 되고, 이때 여러 신흥과학사상(新興科學思想)들을 접하게 됨. 파리에서는 물리학자이자 수학자인 메르센느(Marin Mersenne, 1588 - 1648), 철학자이자 수학자인 데카르트(René Descartes, 1596 - 1650)와 교제하며 우의를 돈독히 하였고, 이탈리아에서는 천문학자 갈릴레이(Galileo Galilei, 1564 - 1642)를 만나 크게 감명을 받음.

◈ 장기간의 가정교사생활 속에서도 연구를 계속하고, 대륙여행의 경험을 통해 독자적인 철학을 형성하게 됨. 특히 청교도혁명 발발 전후의 격동기에 반혁명적(反革命的)인 정치이론을 구상하게 됨.

◇청교도혁명(1640 - 1660년)
－*cf*. 과도의회체제(1649 - 1653)

◈ 1640년 최초의 정치적 저작 『법학강요』를 회람용 사본의 형식으로 펴냈으며, 절대군주를 지지한 이 책으로 인해 의회파의 보복이 있을까 두려워하여 서둘러 프랑스로 피신하게 됨.

◈ 프랑스에 체류하는 동안 루이 13세 치하에서 절대주의의 기초를 닦은 재상(宰相) 리실뢰(Duc de Richelieu, 1585 - 1642)의 정치를 직접 경험하게 됨.

◈ 파리에서 청교도혁명의 추이를 지켜보면서, 1642년 『시민론』을 익명(匿名)으로 출판하고, 이어서 그의 대저(大著) 『리바이어던』의 집필에 착수함.

◈ 1649년 찰스 1세가 처형되자 파리로 망명한 왕당파 귀족들은 후에 찰스 2세가 된 윌즈 공(公)을 옹립하여 망명

정권을 수립하였으며, 이때 홉스는 그의 스승이 되어 수학(數學)을 가르침.

◈ 그러나 자신의 유물론적(唯物論的) 견해로 인해 궁정의 인물들과의 대립은 점차 심화되어 나가고, 한편으로 신공화국(新共和國), 즉 영국의 혁명정권에 대한 기대감이 증대되어 감.

◇크롬웰의 호민관정치 (1654 - 1658)

◈ 1651년 『시민론』의 영역본이 나오고, 여름에는 『리바이어던』이 출판됨. 이 책의 출판으로 무신론자(無神論者)라는 낙인이 찍혀 망명궁정의 출입이 금지됨. 크롬웰의 대사령(大赦令)이 선포되자, 이 해 겨울 마침내 11년간의 망명생활을 끝내고 귀국하여 신정부에 대한 충성을 서약하게 됨.

◇크롬웰 사망(1658)

◈ 이미 펴냈던 『법학강요』를 2부로 나누어 1655년에는 『물체론』을, 1658년에는 『인간론』을 출판함으로써, 『시민론』과 함께 그의 철학의 3부작을 완성함.

◇후기 스튜어트 왕조 (1660 - 1714)의 시작

◈ 1660년 왕정복고가 이루어지면서 즉위하게 된 찰스 2세는 과거 자신의 스승이었던 홉스에 대해 이따금 연금을 부여하고 궁전출입을 허용할 정도로 호의적이었으나, 궁정과 국교는 그의 무신론적 입장을 강력히 비난하게 됨.

◈ 1665년 『리바이어던』의 인쇄가 금지당하면서 급기야 1666년에는 그의 저서를 심문하기 위해 의회에 동의(動議)가 제출됨. 1668년에 완성된 또하나의 저술 『비히모스』의 출판도 금지되고, 그의 사후(死後) 1683년에는 모교 옥스포드대학이 『리바이어던』을 금서(禁書)로 규정하여 불태우기에 이름. 그러나 해외에서는 그의 명성이 높아져 『리바이어던』이 출판됨.

◈ 1675년 호메로스(Homeros, B.C. 800? - B.C. 750)의 『일리아드』와 『오디세이』를 영역(英譯)함.

◈ 1679년 『비히모스』가 비밀리에 출판됨. 일생 독신(獨身)이었던 그는 구(舊)사상의 공격을 받으면서도 치명적 타격을 입지 않고 평생의 후원자인 데본셔 가(家)의 보호 아래 여생을 보내다가, 그 해 겨울 91세의 고령으로 하드위크(Hardwick)에서 사망함.

Ⅲ. 저　　작

◇『법학강요』는 나중에 2부로 나뉘어져 아래의 『물체론』과 『인간론』으로 출간됨.

◈ 투키디데스의 『사기(史記, Historiai)』

○ 1613년 그리스의 역사가인 투키디데스(Thukydides, B.C. 460? - 400)가 저술한 역사서 8권을 영역한 것임.

○『사기』는 30년 가까운 펠로폰네소스 전쟁(Peloponnesian War, BC 431 - 404)의 역사를 다룬 것으로서, 엄밀한 사료비판과 인간심리에 대한 깊은 통찰을 보여 주어 고대의 역사기술 중 최고의 역사서로 일컬어짐.

◈ 법학강요(法學綱要 : The Elements of Law, Natural and Politic, 1640)

○ 최초의 정치적 저작으로서 친우들에게 회람시키기 위해 사본(寫本)의 형식으로 엮어진 것임.

○ 청교도혁명 직전의 격동기 상황에서 반혁명적(反革命的)인 정치이론구상의 결과물임.

○ 왕과 교회 및 의회와의 관계를 설명하면서, 주권분할의 불가능성과 왕의 절대권을 주장

◈ 시민론(De Cive, 1642)

○ 처음에는 라틴어로 출판되었으며, 1651년 영역본(英譯本)이 나옴.

○『물체론』이 이탈리아 천문학자 갈릴레오(G. Galileo, 1564 - 1642)에서, 그리고 『인간론』이 영국의 의사 하아비(W. Harvey, 1578 - 1657)에서 영향을 받았다면, 『시민론』은 스스로 정치철학의 시발점으로 자부하고 있는 작품임.

○ 자신의 유물론적 기본입장을 윤리 · 법 · 사회의 이론에까지 확대 · 적용한 것으로서 의지(意志)는 외적으로 결정되며, 결정론(決定論)은 필연적인 것으로 봄.

ㅇ본질적으로 선(善)한 것은 없고, 선악(善惡)·정사(正邪)는 상대적인 것이어서 국가와 법이 성립함으로써 비로소 그 판정의 기준이 생긴다고 함.

◈ 물체론(De Corpore, 1655)

ㅇ욕구·숙고·의지·행위 등을 하나의 물질적 운동현상으로 설명

ㅇ자연학(自然學)에 철학의 기초를 두었으며, 아리스토텔레스의 형상인(形相因)·목적인(目的因)을 버리고 전(全) 실재를 물체와 그 운동이라는 동력인(動力因)만으로 설명하려는 기계론적 유물론의 입장을 취함.

◈ 인간론(De Homine, 1658)

◇홉스철학의 3부작 : 〈물체론〉, 〈인간론〉, 그리고 〈시민론〉

ㅇ『물체론』에서 정립된 그의 기계론적 유물론을 인간의 감각·감성 등과 관련한 인식론이나 정념론(情念論)에도 일관되게 적용하고 있음.

ㅇ인간의 감각과 정념을 생리적 운동과 동물적 운동개념으로 해석

ㅇ정신(精神)은 미세한 물체이고, 인식(認識)은 외계의 운동이 감관(感官)에 주는 인상에서 생기는 것으로서 주관적이며, 이는 기억속에 저장된다고 봄.

ㅇ지적인 판단이나 추리는 그 표현수단으로서 언어(言語)를 필요로 하지만 실재(實在)하는 것은 개개의 물체뿐이며, 추상적·보편적 개념은 단순히 기호(記號)에 지나지 않는다고 함.

◈ 리바이어던(Leviathan : The Matter, Form, and Power of a Common-Wealth Ecclesiastical and Civil, 1651)

cf. '리바이어던'(Leviathan) : 〈구약성서〉 욥(Job)기(記) 제41장 제1절에 나오는 괴수명(怪獸名)

ㅇ그의 주저(主著)로서 프랑스 피난 중 작성된 것이나 런던에서 출판됨.

ㅇ홉스 정치철학의 독창성이 구체적으로 명쾌하게 나타난 것으로서, 국가의 구성체인 인간의 본성(本性)을 탐구하는 데서 출발하여 총체적 국가론을 제시

○ 국가(國家)를 인간의 필요성에 의해 만들어진 인공적 인간(artificial man), 즉 성서(聖書)상의 가상적 괴물 '리바이어던'에 비유

○ 철저한 개인주의(個人主義)에 입각하여 국가사회의 원초적이고도 기본적인 요소로서의 이기적(利己的) 개인을 출발점으로 했다는 점에서 정치사상 중요한 전환점을 이루게 하였다.

cf. '비히모스'(Behemoth) : '리바이어던'과 마찬가지로 성서에 나오는 거대한 짐승이름

◈ **비히모스(Behemoth : the History of Causes of the Civil Wars of England, 1679)**

○ 1668년에 완성하였으나 탄압으로 출판금지되다가, 1679년에 비밀리에 출판됨

○ 청교도혁명을 전후한 영국 내란사임.

Ⅳ. 사　　상

1. 관심과 동기

◇ 무정부상태의 해악

1) 어떤 희생이나 대가를 지불하더라도 가장 비참한 상황인 무정부상태(無政府狀態), 즉 '만인의 만인에 대한 투쟁상태'는 극복되어야 한다.

◇ 의회파와 왕당파간의 대결

2) 작금 영국의 내란상황은 지나치게 많은 자유(自由)를 요구하는 사람들과 지나치게 많은 권위(權威)를 요구하는 사람들간의 분열로 인해 사실상 무정부상태에 놓여 있다.

◇ 절대군주주의

3) 이를 해결하기 위하여는 현재 스튜어트왕조의 실추된 권위를 회복시켜 왕권의 절대성(絶對性)을 확립하는 것이 평화유지의 최선의 길이다.

4) 이의 논증(論證)을 위해 인간본성, 자연상태와 사회계약, 그리고 교회·귀족을 비롯한 사회 제집단과 국가와의 관계 등에 관한 기존교리나 학설의 전면적 수정과 재구성이 요구된다.

2. 인간관

ㅇ성악설적 인간관

ㅇ자기보존 = 생명운동의 지속

1) 다른 동물(動物)에 있어서와 마찬가지로 인간(人間)의 욕망 가운데 가장 중요한 것은 '자기보존'(또는 안전보장)이며, 따라서 인간은 처음부터 자연적으로 사회적 동물이 아니라 '이기적 이익'(利己的 利益)의 추구를 그 본성(本性)으로 한다.

◇유물론적 세계관·인간관

2) 이 세상은 오로지 물질(物質)로써만 구성되어 있으며, 따라서 인간도 하나의 물질적 운동체에 불과하고, 그 운동 메커니즘은 다음과 같다.

◇경험주의적 인식론－특히 실증주의적 입장

〈감각〉 〈매개〉 〈상상·기억〉
직접접촉(미각·촉각)
간접접촉(시각·청각·후각) ⇒ 신경·근육·박막 ⇒ 두뇌

〈정념·노력〉 〈외적 운동〉
⇒ 심장 ⇒ 행위

◇"유령이나 망령, 숲 속의 정령·요정, 요마(妖魔), 마녀, 마력, 주문(呪文), 해몽(解夢), 예언 등은 흔히 미신이며, 속임수이고 망상이다."
→〈초자연적·신비적 현상들〉의 부정
◇"그러나 '신'(神, 여호와)만은 그런 것들을 만들어 낼 수 있다. 하지만 필요없이 자주 행하지는 않는다."
→즉, 성서상의 신비현상만 인정(모순과 기회주의)

* 감각(sense) : 신체의 기관운동, 외부물체와의 접촉으로 생긴 환상
* 상상(imagination) : 기관운동의 잔해, 동물운동의 최초의 내적 동기, 접촉 이후에 남는 이미지 = '쇠퇴해 가는 감각'(decaying sense)
* 기억(memory) : 과거의 감각, 사실상 상상과 동일
  cf. 꿈(dream) : 잠자는 동안에 느끼는 사물들의 상상, 신체내부의 이상이나 흥분에서 생기는 현상
  cf. 환영·유령·마법 : 꿈에서와 마찬가지로 실재하지 않는 환상에 불과
* 정념(情念, passion) : 노력 이전의 극소한 내적 동기, 심장의 노력
* 노력(endeavour) : 행위 이전의 작은 동기, 동물운동(자발적·의지적 운동)의 시작
* 행위 : 의지적 운동(voluntary motion), 또는 동물운동

cf. ① 생명운동(vital motion) : 혈액, 맥박, 호흡, 소화, 배설 등……지속적 운동
② 동물운동(animal motion) : 신체 각 부분의 의지적 운동(걷기, 말하기 등의 행위)……간헐적 운동

3) 이와같은 인간의 운동메커니즘에서 복잡하고도 중요한 부분은 〈정념〉으로부터 가시적인 〈행위〉가 나타나기 전까지의 일련의 정서적·사고적 흐름이며, 이를 보다 세부적으로 다음과 같이 나타낼 수 있다.

〈목적·목표〉		〈정념·감성〉		〈노력〉
쾌락(선)	⇒	욕구	⇒	접근
고통(악)	⇒	혐오	⇒	회피

〈숙고〉		〈의지〉		〈동물운동〉
⇒사고의 흐름 (이성의 개입)	⇒	수단의 선택	⇒	행위·능력

* 쾌락 : 생명운동에 이로운 경우이며, 욕구의 결과적 변형이기도 하다(편안, 기쁨, 즐거움 등)→사랑·희망의 발생
* 고통 : 생명운동에 해로운 경우이며, 혐오의 결과적 변형이기도 하다(불안, 공포, 슬픔 등)→미움·실망의 발생
* 욕구(欲求, appetite) 또는 의욕(desire) : 행위가 외적 대상을 지향하는 경우→선(욕망·접근의 대상)의 발생
* 혐오(嫌惡, aversion) : 행위가 외적 대상을 회피할 경우 →악(증오·기피의 대상)의 발생
* 노력(endeavour) : 가시적 행위이전에 나타나는 신체내부의 작은 시발·계기
* 숙고(deliberation) : 어떤 행위의 결과로 인해 예상되는 선과 악, 즉 욕구·혐오와 희망·공포 등 여러 관념의 상호 교차적 연속이다. 이 경우 선과 악에 대한 주관적 판단을 내포하는 과정에서 인간에게만 특유하게 체계적 '추리능력'으로서 이성(理性)이 개입한다.
* 의지(will) : 행위에 직접적으로 연결되는 최후의 욕구나 혐

cf. 결정론의 예 : "날아가는 돌에 의지가 있는가?" ◇나중에 『리바이어던』에서는 〈의지〉를 자발적·선택적 능력이라 함으로써, 자유의지의 부정에 해당하는 이전의 결정론적 입장을 완화하는 주의주의(主意主義, voluntaryism)적 처리를 하고 있다. −*cf.* '사회계약상의 정치적 의무 도출과정에서'

오로서, 숙고의 결과로 인한 단순한 생리적 · 기계적 현상에 불과하며, 필연성에 의해 주어진 행동의 동인(動因)일 뿐이다.

◇'이성은 감성의 구현수단에 불과하다.'

4) 다른 동물과 달리 인간은 '이성'을 가지고 있다. 그러나 동물운동 이전에 숙고의 과정에서 작용하는 이같은 〈이성〉은 실상들 사이의 관련성을 '언어적으로 추리하는 능력'에 불과하며, '목적달성－즉 정념(감성)의 실현－을 위해 득실(得失)을 계산할 수 있는 가장 효과적인 수단(手段)'이다.

5) 즉, 단순히 경험과 기억에서 얻어지는 신중성(경험 · 기억 → 신중 prudence)은 모든 동물에서 볼 수 있지만, 인간에게만 특유한 언어사용과 추리 · 예견, 학문과 지혜, 그리고 덕성 등은 이성적 작용의 양태들인 것이다.

언어 → 추리 · 예견 → 학문 → 지혜(wisdom) → 덕(德)

◇ "인간정신의 빛은 정확한 개념정의로써 감지되고, 추리는 그 발걸음이고, 학문의 발전은 그 도정(道程)이며, 인류의 이익은 그 목표이다." －홉스적 언어철학

* 언어 : 기억의 부호나 기호로서 지식축적과 의사소통의 효용을 갖는다.
* 추리(推理) : 부분에서 전체를, 또는 전체에서 부분을 추측하는 것이며, 합의된 일반적 개념들간의 상관성을 계산하여 한 결론에서 다른 결론을 도출 · 예견하는 것으로서 인과성 · 논리성이 요구된다.
* 학문 : 오류나 부조리가 아닌 옳고 체계적인 방법, 즉 논리적인 추리를 통해 획득된 지식, 또는 하나의 사실과 다른 사실간의 관련성과 의존관계에 관한 지식이다. 간단히 말해서 논리적 결과에 대한 지식으로서 조건부 지식이다.

◇직접경험과 간접경험

* 지혜 : 학문에 의해 습득되며 보다 완전무결함(← 간접 경험)

  cf. 신중 : 경험에 의해 습득됨(← 직접 경험)

  cf. 지혜와 신중은 모두 유용하나 직접경험은 한정되어 있으므로 경험의 폭을 넓히기 위하여는 전자(前者)가 더 중시됨.
* 덕(德) : 모든 종류의 문제에 있어 탁월한 것으로 존중되고, 비교에 기초하는 그 어떤 것으로서 인간이 찬양하고

바라는 정신의 능력, 즉 지력(知力)이다. 이 경우 훌륭한 〈지력〉은 곧 훌륭한 상상력, 판단력, 분별력 등을 포함한다.

◇인간의 가치(價値)

◇'이성적 동물'로서의 인간의 특성들－권력욕, 명예욕, 언어능력, 학문과 지혜, 반성과 창조력 등

6) 이상에서 볼 때 인간은 다른 동물과 마찬가지로 힘에 의한 〈자기보존〉을 본성으로 하는 이기적(利己的) 동물이며, 그 특유의 이성적 능력에서 발현된 모든 학문과 지혜라는 것도 '생명의 유지'라는 정념의 지향목표를 달성하기 위한 한갖 수단(手段)에 불과한 것이다. 따라서 "인간의 가치도 물건과 마찬가지로 하나의 가격(價格)에 해당하며, 그 보유한 힘의 양과 효용성에 따라 수요자에 의해 결정되는 것이다."

3. 국가관

1) 국가의 발생과 의의

(1) 자연상태

◇홉스적 〈자연상태〉개념은 역사적 개념이 아니라 인간본성론에서 유추된 이론적 개념임.

◇〈자연권〉의 의미

① 자연적 능력의 실현과 자기보존적 본성의 자유로운 발동, 즉 〈자연권〉을 행사하는 데 외부적 장해가 전혀 없는 상태이다.

② 이러한 〈자연권〉은 각 개인이 자신의 고유한 힘을 행사하는 자유이며, 구체적으로 말해서 자기 고유의 판단과 이성만으로써 스스로의 능력과 힘을 실현하기 위해서 적당하다고 생각한 수단을 선택하는 동물운동을 말한다.

◇능력의 평등과 욕망의 평등

③ 자연은 인간을 평등하게 창조했다. 〈자연상태〉에서 모든 인간은 육체적으로나 정신적으로 평등하다. 물론 상대적인 차이가 있지만 자신의 이익을 타인에게 절대적으로 강요할 수 있을 정도의 차이는 아니다. 즉, 가장 약한 자라도 음모나 공모에 의해 가장 강한 자를 물리칠 수 있으며, 누구나 비슷한 욕구를 가지고 있다.

◇투쟁상태 = 실제적 또는 잠재적 전쟁상태

④ 그런데 자연권행사의 대상은 한정되어 있고, 절대적 우월자가 없음으로 해서 각 사람은 서로가 적(敵)이며, 필연적으로 '만인(萬人)의 만인에 대한 투쟁상태'를 면할 수

없다. 즉 자연상태하에서의 인간관계는 경쟁(competition), 불신(distrust)과 공포(fear), 그리고 명예욕(love of glory)에 의해 결정된다.

◇인간의 권력욕 : 목표로서의 〈생존〉과 수단으로서의 〈권력〉

⑤ 이 경우 무엇보다도 중요한 것은, 여러 부류의 인간에 있어 정념의 다양성과 지식이나 의견의 차이를 보일지라도, 모든 인류의 일반적 성향(性向)은 죽음으로써만 그치게 되는 힘(또는 권력, power)에 대한 영속적이고도 부단한 추구욕(追求欲)을 갖는다는 사실이다.

◇자연상태의 비참과 모순

◇"자연상태에서는 선(善)·악(惡)과 정(正)·부정(不正)의 기준이나 사유재산 같은 것은 없다."

⑥ 이리하여 자연상태는 산업·기예·사회도 없으며, 공포와 위험이 상존하는 상태로서 그 속에서 인간은 고립적이고 비참하며 다른 동물과 다름없다. 결국 〈자연상태〉는 자기보존을 목적으로 하면서도 도리어 생존자체가 위협을 받는 모순된 투쟁상태이다.

(2) 사회계약-국가의 발생

◇이성적 숙고(熟考)와 자연법

① 자연상태의 모순과 공포로부터 벗어나 생명유지와 안전보장을 위해 인간특유의 이성적 능력은 자연법(自然法)을 발견하게 된다.

② 〈자연법〉은 이성에 의해 발견된 계율(戒律) 또는 보편적 법칙으로서, 그 중요한 세 가지만 설명하면 다음과 같다.

cf. 〈제1자연법〉에서 추론되는 이 밖의 자연법을 간략히 제시하면 다음과 같다.
d. 은혜보답(報恩)
e. 사회적응(順從)
f. 속죄용납(容恕)
g. 복수금지(矯導)
h. 경멸금지(尊重)
i. 자존금지(平等)
j. 거만금지(謙虛)
k. 재판공정(衡平)
l. 공동사용(共用)
m. 추첨배분(抽籤)
n. 점유우선(占有)
o. 중개보호(仲介)

a. 평화추구(안전)의 원칙

자연적으로 모든 인간은 모든 것에 대해 권리를 갖는다. 또한 인간은 욕구의 일시적 향유뿐만 아니라 영구적 보증을 추구한다. 그러나 이러한 〈자연권〉은 자연상태의 모순으로 인해 오히려 자기보존(自己保存)마저 위협받게 된다. 따라서 평화가 불가능할 경우에는 자기방어적 자연권의 행사가 불가피하지만 가능하다면 안전보장을 위해 평화(平和)를 추구해야 한다. 이것은 곧 자연권의 합리적(合理的) 관철(貫徹)인 것이다. -〈제 1 자연법〉

b. 권리포기(양도)의 원칙

평화를 획득하기 위하여는 타인과 같은 조건이라면 모든 것에 대한 권리를 스스로 포기(抛棄)해야 한다. 그리고 타인과 같은 정도의 자유에 만족해야 한다. 즉,

p. 중재복종(仲裁)
q. 자기재판의 금지(客觀性)
r. 재판관 선정의 공정성(裁判官)
s. 증인선정의 공정성(證言)

"네가 너를 위하여 바라지 않는 것을 타인에게 행하지 말라." –〈제 2 자연법〉

cf. '己所不欲 勿施於人'(『논어』제15편 제23장)

c. 신약이행(성실)의 원칙

평화추구에 따른 권리포기의 상호신약(相互信約)은 이행(移行)되어야 한다. 이 경우 〈신약〉의 유효성은 인간으로 하여금 이를 지키도록 강제하는 데 충분한 공동(共同)의 물리적 강제력, 즉 사회권력(주권)이 존재함으로써만이 확보될 수 있다. 이리하여 권리포기에 따른 보상적 이익인 정의(正義)나 소유권(所有權)같은 것도 국가의 설립과 더불어 비롯되는 것이며, 이렇게 볼 때 "국가의 탄생은 신약이행의 결과이자 그 보증이다." –〈제3자연법〉

cf. 신약(信約, covenant) : 신뢰 · 약속 · 양심
→ 도덕적 의무
계약(契約, contract) : 권리의 상호양도
→ 법률적 의무

③ 요컨대 〈자연상태〉에서의 인간은 자신의 가치를 극대화하기 위해 절대적 힘의 보존 및 증대를 꾀하고 상대적 힘의 저하를 막기 위해 무한히 힘의 추구에 휘말리지 않을 수 없게 되며, 이는 곧 불안(不安)과 공포(恐怖)의 〈전쟁상태〉로서 이성적 능력에 의해 안전장치의 필요성을 느끼게 되고, 그리하여 〈상호계약〉을 통해 평화를 객관적으로 보증할 제3의 강제력, 즉 〈주권〉을 갖는 〈국가〉를 탄생시키게 된다.

cf. 정념 중 최대가치 = 힘(권력)
* 자연적 힘 : 신체나 정신 능력의 우수성 – 선천적임.
* 수단적 힘 : 사회적 권력이나 부, 명성, 친구 등 자연적 힘에 의해 뒷받침되면서도 동시에 이를 보완하는 각종 수단과 방법 –후천적임.

cf. 국가기원설 : 가족설(부권설), 실력설(정복설), 계약설, 계급설 등

→ 사회계약론, 국가주권론

cf. 발생원인에 따른 국가의 종류

i) 제정된 국가 – 계약(동의)에 의해 수립, 자율성에 기초, 기본적 양태

ii) 획득된 국가 – 정복(실력)에 의해 수립, 타율성에 기초, 변형적 양태

……국가가 절대적 주권을 소유한다는 점에서 양자

의 기능은 사실상 동일하다.

(3) 국가주권

① 정의

◇ "칼 없는 계약은 무의미하다."

주권(主權)은 공동이익(共同利益)을 구현하고자 인위적 계약(契約)에 의해 만들어진 공동권력(common power)으로서 사회적 합의를 항구적·지속적으로 만들기 위해 행사되는 물리적 강제력이며, 절대적 성격을 가진다. 국가(國家)는 주권 그 자체로서 하나의 인격체이며, 이 인격을 획득한 사람을 주권자(主權者)라 하고, '그는 주권을 소유한다'고 말한다. 그 밖의 모든 사람은 그의 신민(臣民)이다.

◇ 국가주권론

② 내용

a. '신민은 정체(政體)를 변경시킬 수 없다.' 각 사람의 모든 권리는 양도(讓渡)되었으므로 주권자의 허락 없이는 다른 사람에게 복종하는 새로운 계약을 합법적으로 체결할 수 없다.

b. '주권은 찬탈될 수 없다.' 사회계약은 주권자와의 계약이 아니라 그들 상호간의 계약이므로 제3자인 주권자의 계약위반이 일어날 수 없으며, 따라서 "어떤 구실에 의해서도 그의 예속(隸屬)으로부터 벗어날 수 없다."

◇〈다수결의 원칙〉: "소수는 다수에 동조해야 한다. 그렇지 않으면 그는 누군가에 의해서든 부정의(不正義) 없이 살해될 수 있기 때문이다."

c. '다수에 의해 선포된 주권자의 제도에 반항할 수 없다.' 왜냐하면 다수(多數)의 동의(同意)에 의해 주권자를 선언했기 때문이다.

d. '주권자의 행위는 비판되어질 수 없다.' 주권자는 모든 행동과 판단의 창조자(創造者)이기 때문이다.

e. 주권자의 행위는 처벌될 수 없다.

f. 주권자는 사상과 이론의 유해여부를 판정하고 검열하는 재판관(裁判官)이다.

◇ 입법권

g. 모든 규칙, 즉 시민법(市民法)의 제정권을 갖는다. 이로써 비로소 선과 악, 합법과 불법의 관념이 나타나게 된다.

◇ 사법권

h. 모든 분쟁을 청문하고 결정하는 사법권(司法權)을 갖

◇외교권과 군통수권

◇인사권(관리임면권)

◇상벌권

◇서작 · 서품권

◇절대 · 최고 · 불가분(不可分) · 불가양(不可讓)의 속성

는다.

i. 선전(宣戰) · 강화(講和) 등 외교권과 군통수권(軍統帥權)을 갖는다.

j. 국가기관의 조직 및 임명의 권한을 갖는다.

k. 모든 종류의 상벌권(賞罰權)을 소유한다.

l. 국가에 봉사했거나 봉사할 수 있는 인물에 대한 서작(敍爵) · 서품(敍品)의 권한을 소유한다.

③ 이같은 권리들은 주권의 중추(中樞)를 이루는 것들이며, 불가분 · 불가양의 성격을 갖는다. "만일 이같은 견해가 영국(英國) 내에서 일찍이 받아들여졌다면 현재와 같은 참혹한 내란(內亂), 즉 전쟁상태(자연상태)에는 빠지지 않았을 것이다. 왜냐하면 어떠한 해독(害毒)도 주권의 결핍상태(缺乏狀態)보다 더하지는 않기 때문이다."

2) 국가의 목적 및 형태와 구성

(1) 목적

대내적으로 정의(正義)와 평화(平和)를 확립하고, 대외적으로는 공동방위(共同防衛)의 사업을 수행함을 목적으로 한다.

(2) 형태

국가는 한 사회내 개개인의 상호계약에 의해 그들의 의지가 합체하게 된 하나의 인격(人格)으로서 주권을 소유(所有)하며, 그 주권의 구성자수(構成者數)에 따라 다음과 같이 세 가지 형태를 갖는다.

① 군주국(君主國, Monarchy) : 주권자가 1인인 경우

② 귀족국(貴族國, Aristocracy) : 인민의 일부가 합의체를 만드는 경우

③ 민주국(民主國, Democracy, Popular Government) : 인민전체가 합의체를 만드는 경우

※ "위의 타락형태라고 하는 폭군국이나 과두국(寡頭國), 또는 무정부상태 등과 같은 구별은 의미가 없다."

◇군주주의 → 절대적 군주제

→ 이유 : 군주나 합의체, 즉 주권자는 언제나 선정(善政)을 한다는 것이 전제로 되어 있기 때문이다.

※ "최선의 국가형태는 주권자가 1인인 군주국체제이다."

→ 이유 : 사리(私利)와 공익(公益)이 일치하며, 비밀유지가 쉽고, 인재등용이나 의사결정에 있어 능률적이며, 오류를 범할 가능성이 가장 적기 때문이다.

◇의제적 유기체설(擬制的有機體說)

(3) 구성

〈국가〉는 인간의 이성적(理性的) 작품으로서 고도의 기술(技術)에 의해 창조(創造)된 인공적 생명체(人工的 生命體)이다. 그 주요구성요소를 유기체론적 대비로써 제시하면 다음과 같다.

a. 국가 ……………………………괴수(怪獸, Leviathan), 인공적 인간(an Artificial Man)
b. 주권 ………………………………………………………심장
c. 주권자 …………………영혼(Soul) *cf.* 불가분 · 불가양
d. 법률(法律) ………………………………………이성적 명령
e. 상벌(賞罰) ………………………………………신경(神經)
f. 재판관 ……………………………발성기관(發聲器官)
g. 행정관 ……………손(手)과 발(足), 눈(眼)과 귀(耳)
h. 고문관(Counsellors) …………………기억(Memory)
i. 집단(제도) …………………………………………………근육
j. 육지나 바다의 산물 ……………………………영양분 *cf.* 노동과 근면, 풍요와 분배
k. 화폐 ………………………………………………………혈액
l. 식민지 ……………………………………………자녀의 出産
m. 화합(和合) ……………………………건강(Health)
n. 모든 구성원의 부와 재산…………………힘(Strength)
o. 재산의 독과점(獨寡占) …………………………늑막염
p. 불법적 집회나 소요(騷擾) …종기(腫氣)나 농양(膿瘍)과 같은 질병(Sickness)
q. 내란(Civil War)이나 전쟁 ………………죽음(Death)

3) 주권자와 신민과의 관계

◇홉스적 의미의 '주권자' = 군주 또는 주권자집단

(1) 주권자의 직무

◇기본직무 = 자연법적 의무

① 주권자의 가장 기본적인 직무는 인민의 〈안전〉과 〈이익〉을 보장해 주는 데 있다.

② 교시(敎示)나 법률(法律)에 의해 신민을 보호하여야 한다.

③ 주권의 본질적 권리는 포기되어서는 아니된다. 즉 주요한 권리는 양도하거나 방기(放棄)될 수 없으며, 국법에 의해 제약받아서도 안된다.

④ 주권자는 단순히 인민을 법적 처벌의 위협에 의해서만 통치할 것이 아니라 절대적 주권의 근거와 이유에 대해 올바른 지식(知識)을 가지도록 가르쳐야 한다.

⑤ 신민들에게 통치의 변경과 주권자에 대한 배반이나 비판, 그리고 사회질서의 파괴 등을 꾀하지 못하도록 교육(敎育)해야 한다.

⑥ 평등한 과세와 공적 자선(慈善)을 행해야 한다.

⑦ 법은 그 제정의 원인과 동기를 명확히 밝힘으로써 명료해야 한다.

⑧ 처벌과 보상은 적절하고도 올바르게 시행되어야 한다.

⑨ 유능한 조언자(助言者)를 선택하기 위해 노력해야 한다. 가장 유능한 조언자는 국가의 평화와 이익에 도움이 되는 모든 일들에 대해 가장 많은 지식을 가지고 있는 사람들이다(고문관).

⑩ 군대의 최고 지휘관으로서 명망이 있어야 한다. 즉, 휘하 장병으로부터 평판과 사랑을 받을 수 있도록 근면·용맹·원만·관대·행운적이어야 한다.

(2) 신민(臣民)의 자유

① 〈자유〉는 의도하는 바를 행하는 데 있어 어떠한 장애물도 발견되지 않는 상태에 존재한다.

◇절대적 자유와 상대적 자유

② 〈자연상태〉하에서 일반적으로 모든 인간은 절대적 자유를 가진다. 그러나 〈국가사회〉안에서 신민은 기본적으로

복종만이 있을 따름이며, 그 자유는 상대적(相對的)이다. 이에 반해 국가, 즉 주권자는 절대적 자유를 가지며, 따라서 각국간의 관계는 하나의 투쟁상태로서 자연상태이다.

③ 공포(fear)와 자유는 일치한다. 예컨대 범법(犯法)에 따른 제재라는 공포심으로 인해 이루어진 행위도 자유로운 것이다.

◇자유든 부자유든 모든 사물과 인간은 기계론적 필연성을 갖는다.

④ 자유와 필연성(Necessity)은 일치한다. 인간의 모든 의사와 행동은 인과적 쇠사슬에서 연유하기 때문에 필연적이다. "마치 수로(水路)의 물이 낙하할 자유를 가짐과 동시에 그 흐름의 방향이 결정되어 있는 것과 같다."

⑤ 사회계약을 통한 주권적 발현으로서의 〈시민법〉이라는 인위적 사슬은 그 한쪽 끝을 주권자의 '입'에, 다른 한쪽 끝은 신민의 '귀'에 연결시켰다. 따라서 "신민의 최대자유는 법의 침묵(沈默)에 의존한다."

⑥ 이렇게 볼 때 이른바 학자들이 찬양하는 자유는 '주권자의 자유'이지 사인(私人)의 자유는 아니며, 신민의 자유는 단지 법의 허용이나 면제에 한정될 뿐이다. 흔한 예를 든다면 매매·계약·양육의 자유나 주거선택·식사선택·직업선택의 자유 등이다.

(3) 복종의무의 해제사유들

① 소극적 저항권

◇자연법적 해제사유들 - 주권을 제한하는 '생존권'

사회계약의 본질상 양도될 수 없는 권리로서의 자유가 있다. 그것은 자기보존(생명유지)에 직접적으로 관련되는 것들로서 일종의 복종거부권(服從拒否權)에 해당한다.

a. 신체방어권

어떤 사람도 그 자신을 죽음이나 상해(傷害)·투옥(投獄) 등 신체적 침해로부터 보호하는 권리를 양도하거나 포기할 수 없다. "합법적인 폭력에 대해서도 방어할 권리가 있다."

b. 자해거부권

주권자의 정당한 판결에 의해 자해(自害)하도록 명령을 받았다고 하더라도 이를 거부할 자유가 있다. 자해·

자상(自傷)이나 기타 생명유지에 불가결한 식량이나 물품의 사용금지 등 스스로에게 가해하라는 명령에 복종할 의무가 없다.

c. 전투회피권

전투명령거부에 대한 처벌보다도 전쟁상황이라는 목전의 공포가 더 크다면 그 전투를 수행할 의무가 없다. 이러한 회피는 불명예스럽고 비겁한 것으로 비판될 수는 있어도 부정의(不正義)한 것으로 평가되어서는 안된다. 그 이유는 개개인의 특성상 용감성의 부족, 즉 소심성(小心性)이 참작되어야 하고, 그러한 회피만으로 국가에 대한 봉사의무를 저버린 것으로는 볼 수 없기 때문이다.

◇ 기술적 해제사유들

② 자동적 의무해제

다음의 경우에는 계약이행이 기술적으로 불가능하기 때문에 자동적으로 복종의무가 해제된다.

a. 적의 포로가 된 경우

b. 주권자가 주권을 포기하거나, 후계자 없이 죽은 경우

c. 추방(追放)된 경우

d. 주권자가 타주권자(他主權者)의 지배하에 들어간 경우

4) 국가의 약화와 해체

(1) 약화의 요인들

◇ 권력상대주의 부정

① 절대권력의 결핍, 제한 또는 미확보

이는 소요·반란의 직접적 원인이 된다. "주권은 절대·불가분·최고의 것이기 때문에 상대적일 수 없다."

◇ 개인주의 비판
→ 철저한 국가주의

② 선악(善惡)에 대한 사적 판단

'모든 개개인은 선행과 악행의 판단자'라는 선동적 교설은 국가명령에 대한 이의(異議)제기의 원인이 된다. "선악은 주권자의 의지와 시민법을 기준으로, 즉 공적(公的)으로 판단될 뿐이다."

◇ 양심주의 비판

③ 그릇된 양심(良心)

'양심에 반하는 행위는 모두 죄악'이라는 그릇된 교설은 사적 양심의 다양성으로 인해 국가를 혼란에 빠뜨릴 뿐이

다. "〈법〉이 곧 공적 양심이며, 올바른 양심인 것이다."

④ 영감(靈感)의 가장(假裝)

◇신비주의 비판
→성직자들의 혀와 펜에 대한 경계

'신앙과 신성은 연구와 추리가 아니라 초자연적 영감에 의해 획득된다'는 일반적 오류는 자연적 이성에 반하는 것이다. 이는 계시(啓示)와 국법간의 상충을 초래하고, 영감을 거짓 가장한 사사로운 사람들에게 선악의 판단을 맡기는 과오에 빠지게 된다.

⑤ 시민법에 대한 주권자의 복종

◇입헌주의(또는 입헌군주제)의 반대

'주권자도 시민법의 지배를 받아야 한다'는 것은 법을 입법자보다 우위에 두는 잘못된 견해로서, 위법한 주권자나 재판관을 처벌할 또다른 주권자를 만들어야 하는 모순에 빠진다.

⑥ 절대적 소유권의 부여

◇재산권 절대주의 부정

'모든 사인(私人)은 절대적 재산소유권을 가진다'는 교설은 같은 신민들 사이에서는 정당하다. 그러나 이것이 주권을 제한한다면 주권자는 공적 직무를 수행할 수 없게 된다.

⑦ 권력의 분배

◇권력분립주의 반대

'주권은 분할할 수 있다'는 또다른 그릇된 교설도 마찬가지로 국가의 분열과 해체에 기여할 뿐이다. 왜냐하면 분할된 권력은 서로를 파괴하기 때문이다.

⑧ 인접국가의 모방

◇국체변경의 불가

통치형태를 변경시키려는 이같은 시도는 피부의 옴과 같은 〈가려움증〉에 해당한다.

⑨ 그리스·로마의 모방

◇민주정·귀족정이나 교회법의 부정

'폭군의 살해는 합법적'이라는 학설(學說)이나 '지상적 국가법에 상응하는 영혼적 교회법'의 교설(敎說)을 담고 있는 고대 그리스·로마의 서적들이 공공연히 읽혀지는 것 만큼이나 군주체제에 더 유해한 것은 없다. 비유컨대 이는 국가(즉, 리바이어던)가 광견병(狂犬病)이나 지랄병에 걸리는 것이다.

⑩ 혼합통치(混合統治)

'단순히 시민통치에 있어서는 하나 이상의 영혼이 존재

◇분권적 혼합정(混合政)의 부정→귀족이나 종교·의회세력, 또는 파당에 의한 권력분점의 거부

할 수 있다'는 교설로서, 예컨대 화폐징수권과 지휘·명령권 및 법률제정권을 각각 다른 대표자나 대표집단에 분리·독립시킬 수 있다는 흔히 말하는 〈혼합군주정치체제〉의 주장이 있다. 이는 국가를 세 개의 당파(黨派)로 분할하는 것이며, 세 개의 주권자를 설정하는 것으로서, 비유컨대 영양섭취기능과 운동기능, 그리고 이성적 기능이 각각 제멋대로 작동하는 기형적(畸形的) 병리현상이다.

⑪ 기타 요인들

a. 화폐의 결핍 ……………………………혈액의 공급부족
b. 수세리(收稅吏)의 독점과 직권남용………………늑막염
c. 명망(名望)있고, 야심적·선동적 인물 ………마법 도취
d. 도시(都市)의 비대와 조합(組合)의 과다 ……기생충병
e. 주권에 대한 반론(反論)의 자유…………작은 기생충인 회충 감염
f. 무리한 영토확장 야욕………………………………게걸병
g. 통일성없는 피정복지 ………………………사마귀나 혹
h. 안일성과 게으름 …………………………기면증(嗜眠症)
i. 폭동과 낭비 ……………………………………………폐병

(2) 국가의 해체

① 이상의 요인들에 의해 주권자의 힘(생명력)이 약화되다가 내란(內亂)이나 전쟁(戰爭)에서 패하게 되면 더 이상 신민을 보호해 줄 수 없게 되어 국가는 해체된다.

② 주권자는 국가에 대해 생명과 운동을 부여하는 공적 영혼(靈魂)이므로 국가가 사멸하면 그 영혼이 떠나게 되고, 육신(신민)은 더 이상 그에 대한 복종의무가 없다.

4. 사회관

1) 집단과 가족

(1) 집단

① 제도(단체·집단)는 어떤 이해관계나 사업에 의해 결합된 다수의 사람이다.

◇국가사회내 제집단의 분류

② 제도는 대표자(代表者)가 있는 경우와 없는 경우로 나누어 정규적(正規的) 제도와 비정규적(非正規的) 제도로 나눌 수 있으며, 국가(國家)는 주권자를 그 대표자로 하는 독립적이고도 절대적인 제도이다. 그 세부 유형은 다음과 같다.

- 제도 (단체, 집단)
  - 정규적 제도 (Regular)
    - 독립적 제도……국가 (Independent)
    - 예속적 제도 (Dependent)
      - 정치적 제도 (Political) …자치단체, 위임단체, 자문단체 등
      - 사적 제도 (Private)
        - 합법적 제도 (Lawful) ……가족
        - 불법적 제도 (Unlawful) …구걸자, 절도자, 유랑배단체나 반국가적 결사체
  - 비정규적 제도 (Irregular)
    - 합법적 제도…시장, 공연장 등의 군중
    - 불법적 제도…파당적 동맹체, 이례적 다수의 군중

◇예컨대 길드적 도시세력의 잠재적 위험성

cf. 길드(guild) : 중세유럽의 각 도시에서 발달한 상인·수공업자의 동업자조합

→ 이익단체

◇종교적·정치적 파당의 불허

③ 국가 이외의 모든 제도는 주권(主權)에 예속되며, 정치단체의 경우에도 그 대표권은 주권자의 법률(法律)에 의해 제한된다.

④ 신민의 동맹(同盟)은 그 의도가 사악하든 그렇지 않든간에 불법적(不法的)이며, 인민대중에 대해 위험한 것이다.

⑤ 특히 주권자의 통치권을 약화시키는 파당(派黨), 예컨대 교황예찬주의자나 프로테스탄트 등과 같은 종교적 지배를 위한 파당, 귀족정치 신봉자나 민주주의자 등과 같은 정치적 파당은 용납되어서는 아니된다.

◇홉스적 개인주의에서 본 우선순위 :
생명>가정>재산

(2) 가족

① 〈가족〉은 정규적 · 사적 · 합법적 단체로서 가장(家長)과 자녀와 하인(下人)들로 구성된 하나의 작은 군주정치체제이다.

② 그러나 그 자체만으로 전쟁의 위험에 대비하기에는 너무 약(弱)하여 본연의 국가는 될 수 없다.

③ 가부장적 통치권은 계약에 의해서가 아니라 생식(生殖)에 의해 획득되며, 아버지나 족장(族長)은 법이 허용하는 범위 안에서 그 자녀들과 종인에게 의무지울 수 있다.

◇남녀평등론
ex)아마존의 여인족

◇'입양아의 경우에는 양부모에게 지배권이 있다.'

④ 가장으로서 자식에 대한 통치권은 부모에 속하며, 그 아버지나 어머니 중의 누구에게 주어지느냐의 문제는 시민법에 의해 결정된다. 왜냐하면 남성과 여성 사이에 힘이나 분별력의 차이가 항상 존재하는 것은 아니기 때문이다. 그러나 유아(幼兒)의 경우에는 직접적으로 양육하게 되는 어머니에게 그 지배권이 있다.

⑤ 사사로운 개인이 정부보다도 많은 하인(下人)을 가족의 성원으로서 포용하고 직업을 부여한다면 불법적인 것이다. 왜냐하면 국가의 성립 이후로는 사병(私兵)의 보호가 필요없기 때문이다.

2) 법과 관습과 예절

(1) 시민법

① 정의

'국가의 구성원이기 때문에 인간이 준수하지 않을 수 없는 여러 법률'이며, '신민이 이미 그 지도를 받기로 약속한 공적 양심(公的 良心)'이다. 달리 구체적으로 정의하면, '국가가 모든 신민에게 옳고 그름의 구별을 위해 사용할 수 있도록 하기 위해서 언어 · 문서, 또는 그 밖의 다른 충분한 의미의 표지를 통해 명령하는 여러 규칙'이다.

cf. 어원상 로마제국시대의 〈Civitas〉는 〈국가〉를 의미하므로 시민법은 곧 〈국법〉임.

② 추론적 명제들

a. "주권자는 입법자(立法者)이다." 국가는 그 대표자, 즉 주권자에 의하지 않고는 어떤 일도 할 수 없으므로 주

권자는 유일(唯一)한 입법자이다.

b. "주권자는 시민법의 지배를 받지 아니한다." 주권자는 절대적 자유를 가지며, 스스로를 구속할 수 있는 자는 스스로를 해방시킬 수도 있기 때문이다.

c. "자연법과 시민법은 상호 양립·보완적이다." 양자(兩者)는 법의 상이한 부분으로서, 성문화되면 실정법으로서의 〈시민법〉이고 불문화되면 〈자연법〉이다.

d. "법의 해석은 입법자의 권한이며, 그의 의지(意志)에 일치해야 한다." 왜냐하면 법은 국가의 이성적 명령이기 때문이다. 따라서 재판관의 자의적 기준에 의해 해석되어서는 아니된다.

e. "법은 공표되지 않거나 입법자를 알 수 없는 곳에서는 어떤 것도 법이 아니다." 입법자의 의지를 발견할 수 없기 때문이다.

(2) 관습

① 관습(慣習)은 '시간의 힘'에 의해 법(法)이 되는 것이 아니고, 주권자의 '동의(同意)의 힘'에 의해 법이 된다.

② 즉 오랜 관습이 법으로서의 권위를 획득하는 경우, 그 권위를 만드는 것은 시간의 길이가 아니고, 침묵(沈默)에 의해 전달된 주권자의 의지이다. 여기서 '주권자의 침묵'은 동의의 증거이다.

◇불문법 : 자연법, 관습법

③ 이리하여 불문(不文)의 관습은 자연법에 배치되지 않고, 주권자의 암묵적(暗默的) 동의를 얻음으로써만 이 법이 되는 것이다.

④ 따라서 합리적 관습과 사악한 관습의 판단권한은 입법자, 즉 주권자 집단이나 군주에게 속하는 것이다.

(3) 예절

① 정의

◇"〈행복〉이란 '하나의 목적에서 다른 목적으로 가는 욕구의 계속적 진행'이다."

예법(manner)은 평화와 통일 속에서 함께 살아가는 데 관련되는 인간적 특성이다. 그것은 인간의 부단한 행복추구의 의욕에서 비롯된 자발적 행동과 성향으로서 개개인의 지식이나 의견의 차이 및 정념의 다양성만큼이나 그 방법

(즉, 행위)의 차이를 보여주는 것에 불과할 뿐이다.

② 이러한 차이나 다양성에서 비롯된 예법의 여러 양태나 원인들은 다음과 같다.

a. 힘(권력)에 대한 영속적이고도 부단한 의욕

◇반목(反目)과 고대에 대한 숭배
◇한가함에 대한 욕구

b. 경쟁심에서 야기되는 논쟁(論爭)에 대한 애호

c. 안락과 쾌락에 대한 애착에서 생기는 사회적 복종

d. 지식과 기예(技藝)에 대한 애착에서 비롯된 복종심

e. 칭찬에 대한 애착에서 비롯된 덕(德)에 대한 사랑

f. 은혜(恩惠)를 입은 데서 야기되는 의무감과 증오

g. 복수와 용서, 억압에 대한 공포에서 비롯된 행위

◇상의(相議), 겉치장, 명성, 우유부단 등

h. 자기불신, 허영심, 야심, 소심 등에서 생기는 것들

i. 웅변과 아첨을 현명·친절의 표지로 오인하는 데서 생기는 것들

◇타인의 충고와 권위에의 의존, 이설(異說)과 정설(正說)의 혼동과 자의적 선택
◇선례와 거짓 척도
◇미신적 의례

j. 자연적 원인에 대한 무지(無知)·이해력의 부족 등에서 생기는 것들

k. 정사(正邪)의 성격에 대한 무지에서 생기는 관습에의 집착

l. 미래에 대한 배려에서 생기는 지적 호기심(好奇心)

m. 이러한 호기심에서 생기는 자연적 종교(宗敎)

3) 교육(敎育)

(1) 의의

① 〈국법〉은 처벌의 공포에 의한 '강제적(強制的) 복종'을 가져오고, 〈교육〉은 절대적 주권의 당위성에 대한 합리적 이해와 설득을 통해서 '자율적(自律的) 복종'을 유도하는 데 그 목적이 있다.

② 그런데 국법의 강제성만으로는 국가가 유지될 수 없다. 즉, 국가는 신민을 우매하게 내버려두어 반항(反抗)이 일어날 조건을 제공해서는 아니된다. 따라서 교육은 주권자의 주요한 직무 중의 하나이다.

◇자연법과 사회계약 및 주권의 내용에 관한 교육

③ 이렇게 볼 때 주권자에 필요한 유일(唯一)의 학문은 자연적 정의와 의무, 즉 '신약(信約)의 내용과 그 이행에 관

한 학문'인 것이다. 이러한 〈자연적 왕국〉의 율법은 아래와 같이 〈신의 왕국〉의 십계명(十誡命)에 비유될 수 있다.

(2) 내용

cf. '야훼 이외의 다른 신을 섬기지 말라'-십계명 제1계명

cf. 안식일

◇ "모든 사람의 아버지는 주권자이다."

① 다른 나라의 통치형태를 더 좋아해서는 안된다(제1계명).
② 주권자를 배반해서는 안된다(제2계명).
③ 주권자의 권력을 비판해서도 안된다(제3계명).
④ 일정한 날짜와 시간을 정하여 규칙적이고도 체계적으로 설교되어야 한다(제4계명).
⑤ 부모를 공경해야 한다(제5계명).
⑥ 타인에게 해(害)를 입히지 말라. 타인의 생명과 신체, 부부애, 재산 등을 침탈해서는 안된다(제6, 7, 8, 9, 10계명).

(3) 대학(大學)의 효용

◇ "그러나 사후(死後)의 인간상태에 관하여는 인식이 불가능하며, 신앙의 파괴로 주어질 처벌에 대해서는 더욱 더 알 수 없다."-「자연법은 사후의 영원한 행복에 도움이 되는 법칙일 뿐이라는 일부 교설들」을 비판하면서

① 그릇된 원리(原理)들이나 인류의 평화에 배치되는 모순된 교설(敎說)들은 인민을 잘못 인도하고, 자연의 왕국에 해독만 끼칠 뿐이다.
② 궁극적으로 국가를 약화·해체시키게 되는 이같은 원리·교설·학설들의 생성과 유행에는 부분적으로 설교대의 성직자들, 이웃이나 친지들, 법률학교나 대학의 저명인사들에 그 책임이 있다.
③ 특히 대학의 경우 그러한 그릇된 교설의 창조자는 아니었다 할지라도 방치의 책임은 면할 수 없다.
④ 인민의 교육은 전적으로 자연법(自然法)에 대한 올바른 연구와 대학의 젊은이에 대한 올바른 가르침에 의존해야 한다.

4) 종교

(1) 의미

① 〈종교〉란 '정념이나 공공연히 인정된 얘기에서 상상된 보이지 않는 힘에 대한 공포'이다.

◇무신론(無神論)비판
→홉스적 유신론

◇"〈신〉이라는 것은 인간이 공포로 인해 창조한 최초의 것이다."

◇죽음이나 빈곤, 기타 재앙에 대한 공포

◇정치적 목적 : 통치자에 대한 반항심의 약화(弱化)

② 달리 설명하면, 탐구심과 호기심, 그리고 무지(無知)에서 비롯된 공포심 등이 상상력(想像力)을 자극하고, 그 결과 무수한 신들을 창조하여 숭배하는 것이 〈종교〉이고, 이 경우 사람들은 자기들과 다른 신을 숭배하는 경우에는 서로가 〈미신〉이라고 하였다.

③ 인간은 자신의 의사와는 상관없이 신(神)의 존재를 인정하고, 그의 권력에 복종해야만 한다. 세계를 지배하고, 인류에게 계율을 주며, 보상과 처벌을 제시하는 신이 존재한다고 믿는 사람들은 신의 신민(臣民)이며, 나머지는 적(敵)이다.

(2) 발생원인

종교는 인간에게만 존재한다. 이는 종교를 발생시키는 인간만의 특별한 성질이 존재한다는 것을 의미한다.

① 지적 호기심(知的 好奇心)에서 생긴다.
② 사건이나 사물의 원인과 결과에 대한 탐구심에서 생긴다.
③ 장래에 대한 불안(不安)과 공포(恐怖)로부터 생긴다.

(3) 두 가지 유형

많은 종교들 중에서 상상된 힘(즉, 神)이 진실로 우리가 상상하는 것과 같은 경우에만이 〈진정한 종교〉이고, 나머지는 〈그릇된 종교〉, 즉 〈미신(迷信)〉이다.

① 그릇된 종교－미신

이교풍(異教風)의 우상숭배에서는 신이나 악마로 만들지 않는 것은 아무 것도 없을 정도이다. 그것은 이방인의 무지(無知)에서뿐만 아니라 최초 창안자들의 정치적 목적에서 기인한 것이다.

a. 신비화 양태

i) 사물들의 신격화……새, 악어, 뱀, 별, 불, 대지, 바람 등
ii) 시간들의 신격화……밤, 낮, 계절 등
iii) 장소들의 신격화……산, 숲, 강, 바다, 우물 등
iv) 성질들의 신격화……사랑, 복수, 질투, 운명, 기예,

건강, 질병 등

v) 사자(死者)들의 신격화……유령, 요괴, 조상 등

b. 미신적 예언기법

i) 점복술(占卜術)…델피(Delphi)의 신탁(神託), 노스트라다무스(Nostradamus)의 예언, 무녀(巫女)의 공수, 새점(Augury), 복장(卜腸), 기타 신점(神占)들

ii) 점성술……별들의 관측을 통한 개인이나 국가의 운명해석법

iii) 관상술……손이나 얼굴의 상(相)에 의거한 예언

iv) 해몽법……꿈의 해석을 통한 예언

v) 예조법(豫兆法)……일·월식, 혜성이나 유성(流星), 지진, 홍수, 까마귀 울음소리, 특이한 출생(出生) 등의 해석

vi) 기타……동전던지기, 제비뽑기 등

② 진정한 종교－신국(神國)

왕(王)중의 왕으로서, 모든 이 세상의 왕인 동시에 신약(信約)에 의해 그가 선택한 인민의 왕이기도 한 유일·실재의 〈신〉은 이중왕국(二重王國), 즉 〈자연적 왕국〉과 〈예언적 왕국〉을 통치한다.

a. 자연적 왕국

i) 신이 올바른 이성의 〈자연적 명령〉에 의거하여 그의 섭리를 인정하는 다수의 인류를 통치하는 신국(神國)이다.

ii) 신의 주권(主權)은 그의 전지전능성(全知全能性)으로부터 생기며, 이곳의 〈신법(神法)〉은 곧 〈자연법〉이다.

◇인간의 무한한 권력욕 → 존경(겸손)과 숭배

iii) 힘(권력)과 선(善)에 대한 인간의 궁극적 욕구에서 비롯된 〈내적 존경〉으로부터 사랑·희망·공포의 정념이, 그리고 〈외적 숭배〉로부터는 상찬(賞讚)·찬미·축복의 정념이 생기는 것이다.

◇ "신의 본질에 대해 논란하는 것도 신에 대한 존경에 배치되는 것이다."

iv) 따라서 신은 추상적이고도 규정불능 또는 최상급의 용어로 규정되어야 한다. 즉, 신은 〈무한〉·〈영원〉·〈불가해〉하며, 〈가장 고귀한〉·〈가장 위대한〉 실재이고, 〈선〉·〈정의〉·〈창조자〉이다. 이와달리 "구체적으로 신이 무엇인가를 선언하려는 시도는 인간의 상상력의 한계 안에 신을 제한하는 오만과 불경이다."

v) 존경과 숭배의 징표－행위적 표현들

○기도 ○사은(謝恩) ○봉납(奉納) ○맹세 ○신중-외경(畏敬) ○정성-의례 ○전도 ○신법(즉, 자연법)에 대한 숭배

vi) 〈공적 숭배〉는 통일성(統一性)에 있다. 국가도 하나의 인격으로서 마땅히 숭배를 표시해야 하며, 이러한 국교적 행사에서 사사로운 개인들의 각양각색 숭배행위는 허용될 수 없다.

◇종교교리에 대한 〈시민법〉의 지배

vii) "자연적 왕국에서 신의 모든 속성은 〈시민법〉에 의존한다." 이성(理性) 이외에는 법이 존재하지 않는 곳에서는 국가의 의지, 즉 시민법이 신에 대한 모든 언어적 표현을 결정할 수밖에 없기 때문이다.

viii) 이 왕국에서 신은 자연법 위반에 대해 자연적 처벌을 내린다. 방종에는 질병이, 경솔에는 불행이, 부정의(不正義)에는 적의 폭력이, 왕의 폭정에는 반란이, 반란에는 학살이 자연적 결과로서 수반되는 것이다.

b. 예언적 왕국

◇신과 유대민족간의 계약

i) 신이 하나의 특정한 국민(유대민족)을 자신의 신민으로 선택하여 그들과의 약속(구약 舊約)에 의해 통치하는 왕국이다.

ii) 이곳에서 신은 〈자연적 이성〉뿐만 아니라 특히 〈계시〉와 〈예언〉에 의해 통치한다.

iii) 즉 신성한 예언자들의 입술을 통해 하사한 실정법(즉, 성경)에 의해서 오직 유대민족만을 통치한다.

cf. 신의 말씀(의지 · 명령)의 세 측면 : 이성 · 계시(啓示) · 예언

* 법
  - 불문법(不文法) ················ 자연법(이성)
  - 실정법(實定法)
    - 인정적 실정법(人定的) ········ 시민법
    - 신정적 실정법(神定的) ········ 성경(계시, 예언)

→ "시민법은 불문적 자연법의 충분하고도 명백한 공표이다."

* 신법(神法)
  - 이성 ················ 자연적 왕국
  - 계시 · 예언 ················ 예언적 왕국

◇〈계시〉나 〈예언〉, 즉 성경의 신성(神聖)을 부인하지는 않으나, 그 특수성을 부각시켜 절대성을 부인함으로써, 시민법-달리 말해 자연적 왕국-의 우위를 이론적으로 확보하고자 함.

→ *cf.* "그러므로 나는 자연법에 어긋나지 않는 한, 모든 신민은 국법에 의해 신법이라고 선언된 경우에만 복종할 의무가 있다고 결론짓는다."

→ ㅇ 계시(啓示)나 영감(靈感) 및 예언(豫言)에는 어떤 보편적 법칙이 존재하지 않는다. 그 이유는 이들이 특수한 방식으로 특수한 사람들에게 특수한 사안들에 관하여 주어지기 때문이다.

ㅇ 그러나 신의 의지인 자연적 이성(理性)은 유구하고 영구적이며 일반적이므로 보편타당성을 갖는다.

◇종교의 사회적 효용성과 편의적 인정

(4) 성경(聖經)의 올바른 이해-기독교국가론

① 양약(良藥)이 씹으면 써도 삼키면 몸에 이롭듯이, 종교도 복종할 때 복종하는 것이 좋다. 그러나 우리의 감관(感官)이나 〈경험〉과 〈이성〉을 포기할 수는 없다.

② 따라서 기독교(Christianity)를 국교(國敎)로 하는 우리의 국가들-신의 자연적 왕국-에서 성경이나 교회법과 시민법간에 상충되는 상황을 피하기 위하여는 성경에 대한 올바른 해석, 즉 이성적(理性的) 검토가 불가피하다.

③ 더구나 그 이유는, 신의 말씀인 성경이 자연법과 다르지 않고, 시민법 또한 자연법과 다르지 않을 뿐만 아니라 "모든 법이나 계율이 법으로서의 강제력(強制力)을 갖기 위

하여는 주권자의 권위에 의해 확인되지 않으면 안되기 때문이다."

④ 주요사항에 대한 이성적 판단은 다음과 같다.

◇부분적 · 선별적 인정 → 모순의 기회주의적 처리

a. 성경 속의 정령(精靈)이나 천사(天使)가 물체라면 존재하지만 그렇지 않으면 존재할 수 없다. 그러나 신의 특별한 작업에 의해 초자연적(超自然的)인 것으로서 존재할 수 있다.

◇예언과 기적

b. 자칭 예언자(豫言者)의 말, 특히 '주권자의 인정'이 없는 예언은 언제나 경계해야 한다.

c. 신의 작용인 기적(奇蹟)은 드물게 일어난다. 그러나 사이비 기적이 많으므로 '주권자의 확인'이 있어야 한다.

◇교회와 국가간의 관계

d. '주권자의 허가(許可)'가 없는 교회나 집회는 불법이다. 왜냐하면 "기독교국가에서는 국가가 곧 교회이기 때문이다."

◇신앙과 순교

e. 인민을 지배하고 형벌을 가할 수 있는 것은 국가뿐이고, 국가의 원수가 불신자(不信者)일지라도 그에 복종해야 한다. "설사 기독교를 금지하더라도 외형상으로는 복종(服從)해야 한다. 순교자(殉教者)도 죄인인 것이다."

◇성서의 유효성 기초 ← 국가권력

f. 성서를 율법의 서(書)로 만드는 것은 주권자이다. 구약(舊約)이 법이 된 것은 이사도라가 국가를 재건했을 때이며, 신약(新約)이 법이 된 것은 콘스탄티누스황제에 의해서였다.

◇교리의 선택과 해석

g. 교리(教理)의 제정과 해석에 있어 최종적 판단자는 주권자이고, 목사(牧師)는 단지 주권자의 대리인(代理人)에 불과할 뿐이다. "기독교국가에서 주권자는 최고위(最高位)의 목사이기도 하다."

◇구원과 천국

h. 천국(天國)에 들어가는 것과 관련하여 참다운 신국(神國)에서의 계율은 〈그리스도에 대한 신앙〉과 〈법에 대한 복종〉으로 요약되는 데, 후자만으로도 충분하다. "주권자가 신앙인(信仰人)이 아니더라도 그에게 복종하면 구원(救援)받을 수 있다."

i. 성경의 오해(誤解)와 남용(濫用)에서 비롯된 정신적

ex) 지옥과 천국의 이론들, 교권우월론, 교회의 신국화(神國化), 금혼(禁婚)의 신성화, 의례시 주문암송과 마법의 신성화, 환상적인 그리스철학의 수용, 교황무오류설(教皇無誤謬說), 면죄부 판매 등등.

암흑은 수많은 그릇된 교설, 황당무계한 우상숭배, 그리고 환상적 전통과 공허한 철학들이 침투하면서 조성되었다. "모든 학설이나 교리의 오류를 통해 신민을 무지몽매(無知蒙昧)에 빠지게 함으로써, '누가 이익을 얻는가'에 우리는 항상 주목해야 한다."

(5) 종교의 변화

① 모든 기성종교는 처음에는 다수가 현인(賢人)이나 성인(聖人)으로 간주되는 어떤 한 사람(창시자)에게 갖는 신앙(믿음)에 근거하고, 그 계승자들의 인격(人格)에 바탕을 둔 전도노력과 조직력에 의해 발전되어 왔다.

② 다음과 같은 경우에 종교는 변화될 수밖에 없다.

◇생존에 유해한 '불쾌한 제사(의례)들'

a. 불가능(不可能)에 대한 믿음을 강요할 때

◇〈지혜〉의 명성 실추
cf. '무지(無知)도 기회주의적이다'

모순된 일에 대한 믿음의 강요는 무지(無知)의 증거이며, 〈지혜〉의 명성을 떨어뜨리는 것으로서 종교에 대한 불신의 원인이 된다.

b. 스스로 종교에 반(反)하는 행위를 하는 경우

◇〈사랑〉의 명성 실추

성직자들이 타인에게 믿도록 요구한 것을 그들 자신은 믿지 않는 경우로서 위선(僞善)과 허위(虛僞)의 언행을 말한다. 이에는 부정의(不正義), 잔학, 독신(瀆神), 탐욕, 사치와 같은 것들이 있다. 이것들은 〈사랑〉의 명성을 떨어뜨리는 일로서, 대부분 사적이고도 이기적인 목적이 폭로된 경우이다.

◇〈신성〉의 명성 실추

c. 기적의 증거(證據)가 부족한 경우

신의 부르심(기적)에 대한 증거는 그 작용의 감각적 증명과 넘치는 행복 외에는 어떤 다른 것도 있을 수 없다. 종교사적으로 볼 때 대부분의 기적은 부패와 탐욕, 아첨 등에 의한 모순과 불합리, 무지와 사기적(詐欺的) 의도로 점철되어 있었다. "누구의 이익에 도움이 되는가!"

③ 이상의 변화요인들은 작금의 로마카톨릭 교회뿐만 아니라 이의 변혁을 요구하는 종교개혁주의자들의 교회 안에도 존재하고 있다.

V. 평 가

◇평화주의자

1. 16-17세기 영국(英國)의 시대적 상황은 경제적으로 상업자본주의에서 산업자본주의로 점차 이행하기 시작하고, 종교적으로는 신교와 구교간의 대립이 첨예화되면서, 정치적으로 시민혁명을 통해 〈절대군주제〉가 〈입헌군주제〉로 변혁되는 격동의 혼란시기였다. 홉스(Thomas Hobbes)는 양 세기에 걸쳐 가장 험난한 시기에 살았던 풍운아(風雲兒)인 동시에, 그마만큼이나 내란상태에 빠져 있는 조국(祖國)의 평화와 안정을 희구하며 가장 고민을 깊이 하였던 인물들 중의 한 사람이었다.

◇절대주의자

2. 그는 이같은 비참한 혼란상태를 해결하는 최선의 길은 군주의 절대권(絶對權)을 확립하는 것이라고 보았다. 그리하여 이를 논증하는 데 주력하게 되고, 이 과정에서 정치철학적·사변적 숙고(熟考)를 통해 홉스적인 〈혁명적 발상들〉이 나타나게 된다. 그것들은 유물론적 인간관(세계관), 사회계약설적 국가기원론, 인공적 유기체로서의 국가(리바이어던)의 절대성, 국가와 국가사회내 제집단 및 종교(교회)간의 관계, 자연법·시민법·신법간의 상관성, 교육의 중요성과 학문의 역할 등에 관한 독특한 주장과 설명들에서 볼 수 있다.

◇국가주의자
-국가주권의 강화

3. 홉스의 〈국가이론〉은 인간의 일반적 이익에 반하는 특수적 이해들을 억압하고, 확고한 국가의 통일과 국민의 통일을 확보하는 것을 목적으로 하는 '국가권력의 절대성에 관한 이론'이다. 그러한 특수적 이해(特殊的 利害)들은 재산상이나 신분상 또는 종교상의 모든 우월적 특권으로서, 이해관계에만 좌우되는 근대 상업시민과 길드(guild)적 도시세력, 신분적 특권계급으로서의 봉건 귀족세력, 기득권을 유지하려는 카톨릭 세력과 새롭게 교권을 수립하려는

◇홉스의 적(敵)들

개신교집단 등이며, 이들은 국가권력의 분할이나 제한을 꾀하는 세력들로서 홉스의 적(敵)이 되고 있다.

◇유물론자
－기계론적 유물론

4. 삼라만상과 그 모든 역사적 변화는 세계구성요소들간의 물질적 운동현상이며, 마찬가지로 인간도 그 일부를 구성하는 한갖 동물적 운동체로서 사고나 감정이라는 것도 외적 자극에 접하여 생명유지를 위한 생명체로서의 필연적 운동과정에 불과한 것으로 파악하고 있는 그의 기계론적 유물론(機械論的 唯物論)은, 지리상의 발견과 함께 그 당시 세계관의 혁명적 전환을 주도했던 자연과학적(自然科學的) 성과들을 반영하는 것이었다.

◇기회주의적 유신론(有神論)

5. 그러나 예외로서 인간(人間)에게 다른 사물이나 동물과는 달리 이성적 능력으로서의 창조성(創造性)을 부여함으로써, 그렇게 그에 의해 '창조된' 인간은 〈국가〉를 창조하고, 나아가 주권적 국법에 의해서만이 신의 의사가 확인될 수 있다고 함으로써 결국 〈신〉까지도 창조하게 된다. 이렇게 볼 때 모순임을 감수하면서까지 무신론자를 적(敵)으로 규정하고, '－기독교적, 그러나 추상적인－신은 무형적이지만 실재한다'고 누누이 강조하며 아첨했던 것은 당시 지배적인 기독교세력의 힘에 대한 공포(恐怖)이며, 어설픈 타협(妥協)이다.

◇이성주의자

◇개인주의자

◇사회계약설
－근대적 의미의 〈사회계약설〉 최초 제시

◇의제적 국가유기체설

6. 홉스의 경우, 모든 논쟁적 문제들의 해결에 있어 인간의 〈이성〉은 유일·최고의 판단기준이 된다. 만인이 서로 투쟁하는, 그러나 어떠한 특권계급도 존재하지 않고, 어떠한 개인도 우월적 힘을 갖지 못하는 평등하면서도 비참한, 그리고 이기적인 〈자연상태〉로부터 탈출하기 위해 인간이라는 동물에 특유(特有)한 이성(理性)은 〈자연법〉을 발견하고, 이에 기초하여 자발적인 〈사회계약〉을 통해 창조한 살아있는 생명체인 〈국가〉의 주권적 권력체(대표자 또는 대표집단)와 국법(시민법)에 국가사회구성원은 생명유지에 직접적으로 해가 되지 않는 한 절대복종(絶對服從)해야만 한다. 이것이 바로 올바른 윤리·도덕이며, 그런 의미에서 시민법은 〈정의(正義)〉의 결정체이다.

7. 나아가 주권자의 의지의 표현인 〈시민법〉에 대한 복종을

◇권력주의자
◇현실주의자

강제하는 것은 힘에 대한 공포(恐怖)이며, 이것이 없이는 법은 그 의미를 상실케 된다고 함으로써, '힘(권력)은 곧 정의'라는 지극히 현실주의적－달리 보면 '반(反)도덕주의적'－입장을 취하고 있다. 이리하여 역설적이게도 〈국가〉, 즉 주권자는 그 산하의 모든 제도들과 세력들뿐만 아니라－마찬가지로 이성적 사유의 결과들인－종교적 교리들과 정치적 학설들 및 교육과 학문까지도 지배·통제·검열해야 한다고 함으로써, 이성적 산물인 국가가 거꾸로 이성을 거부하는 모순(矛盾)된 결과를 연출하고 있다.

◇개인주의(개인의 해방과 평등)와 다수결주의(다수결의 원칙)

8. 평등한 개개인의 자율적이고도 이성적인 묵시적·의제적 상호합의에 의해 창출된 제3자로서의 인조인간(人造人間)〈국가〉가 역(逆)으로 다시 개개인의 이성적 결단들을 통제해야 하는－바꾸어 말해서 한번 창조된 인조인간은 그 창조자들에 의해서 결코 죽임을 당할 수 없다는－논리적 모순을 감지했음인지 그는 주권의 의의를 설명하는 다른 곳들에서 '다수의사의 지배원칙'을 간단하게 언뜻 내비추고 있다. 그러나 '소수(少數)가 반항할 수 없는 이유는 다수(多數)가 주권자를 선언했기 때문'이라는 그의 다수결(多數決)의 논리는 소수가 다수로도 될 수 있는 제도적 장치인 '학문 및 양심, 언론·출판·집회·결사의 자유'가 보장되어야 한다는 또다른 모순을 낳게 된다. 그렇지만 이러한 그의 〈개인주의적 사고〉와 〈다수결의 원칙〉은 아이러니컬하게도 그 후 근대시민국가의 형성에 중요한 교두보역할을 하였으며, 사상사적으로는 19세기 이후의 공리주의(功利主義)로 결실을 맺게 된다.

◇군주주의, 전제주의－절대적 군주정

9. '어떠한 정부형태라도 질서유지와 외적방어의 능력만 있다면 상관없다'고까지 하였지만 그의 이성적 사고와 주권론은－그의 글에서 국가의 대표자로서 '주권자집단'이라는 복수적(複數的) 표현을 자주 함께 사용하는 이유가 크롬웰 집단지도체제에 대한 공포나 그 정권의 가능성에 대한 기대에 있다고 볼 수 있지만－역시 귀족정이나 혼합정, 그리고 입헌정 등을 부정하고 〈절대적 군주정〉에 귀착될 수밖

◇ 경험주의자
◇ 국가우위론
◇ 실정법주의

에 없다. 어떠한 형태이든 국가권력의 절대성(絶對性)에 대한 신념은 확고하며, 이를 뒷받침하는 그의 관점과 논법은 봉건적 이데올로기로서의 허위적인 스콜라철학과 기만적인 승려주의사상을 철저히 분쇄하고 '경험(經驗)과 추리(推理)'에 입각하는 근대과학(학문)의 기초를 닦는 한편, 실정법주의(實定法主義)에 근거하는 근대적인 주권적 민족국가이론을 합리적으로 재구성(再構成)하였다.

◇ 기계론적 유물론의 '소박한'(naive) 경험주의

10. 그러나 힘(권력)에 대한 공포와 불안만으로 이루어지는 동물적 인간의 필연적 행동양식은 '힘이 곧 정의'가 될 수 밖에 없는 홉스적 '이상사회(?)'를 주조(鑄造)하는 틀이 되고 있으며, 이러한 단순한 틀 속에서는—아직까지 어떠한 세계관도 진리로서 결정적일 수 없는 현재의 수준에서—설사 일견 비합리적인 것처럼 보일지라도 그때그때마다 〈사회적 합의〉를 이루고 있는 '다양한 시대적 가치(價値)'도 또하나의 힘이 되어야 하고, 또한 되어 왔었다는 사실, 그리고 이것이 어느 의미에서는 인류역사 진보에 있어 물리적 강제력보다 더한 실질적 추진력이 되어 왔다는 사실이 간과(看過)되고 있다.

11. 그럼에도 불구하고 봉건체제의 억압적 그물에서 해방된 원자적(原子的) 개인들의 자유와 경쟁, 이들에 어떠한 중간단체의 방해도 받지 않고 직접적으로 유일하게 행동방향을 설정해 주는 국가의 절대성과 배타성, 그러나 주권으로서도 침해할 수 없는 인간의 평등한 생존권의 사상, 그리고 유물론적 세계관과 자연법적 사회계약의 논리적 귀결인 힘에 의한 공포정치와 권력집중, 절대적 재산권의 배제, 인민의 생명 및 평등의 공적 보장 등 특수혈액 형(特殊血液型)을 가진 괴물〈리바이어던〉은 죽고 없지만, 그 피는 이후 근대 개인주의적 부르조아자유주의, 국가사회주의적 파시즘전체주의 및 유물론적·획일주의적 공산주의 등 전혀 성격을 달리하는 생명체들에 각각 선별적(選別的)으로 그 생장에 필요한 만큼 수혈(輸血)되면서 그 분신(分身)의 형태들은 면면히 살아 있음은 부인할 수 없다.

◇ 부르조아 자유주의, 파시즘, 공산주의에의 영향

12. 또한 오늘날 후기자본주의체제하에서도 여전히 지배적인

◇사회민주주의와 홉스적 국가론

◇홉스 정치철학의 사상사적 지위

영향력을 행사하면서 재산소유권의 절대성을 고수(固守)하고 국가와 사회를 분리(分離)하고자 하는 자유주의적 다원주의이데올로기는 국가의 사회에 대한 형성적 영향력을 확보하려는 사회민주주의(社會民主主義)세력들에 의해 그 허구성과 보수성(保守性)이 폭로되고 있으며, 이러한 작업에도 홉스적 국가론은 적잖이 힘을 보태주고 있다. 어쨌든 '어떠한 대가를 지불하더라도 평화는 유지되어야 한다'고 역설할 정도로 홉스의 병적(病的) 공포증의 산물이며 괴이한 기형아(畸形兒)에 불과할지라도, 그의 주저(主著) 『리바이어던』은 마키아벨리의 『군주론』, 로크의 『정치론』, 루소의 『사회계약론』과 더불어 근대 정치철학의 고전(古典)으로서 확고한 지위를 차지하고 있다.

▣ 생각해 볼 문제들 ▣

1. 혹평가(酷評家)들이 홉스(Thmas Hobbes)를 '무신론(無神論)의 괴물'로 취급하는 것은 그 사상의 어떠한 특성들 때문인가?
2. 다른 한편으로 그를 기회주의적 유신론자(有神論者)로 규정하는 경우 그 근거는 무엇이며, 거기서 볼 수 있는 홉스적 '신'(神)의 관념은 기성종교교리들과 어떻게 상충되고 있는가?
3. 그때까지 지배적이었던 형이상학적·신비적인 이성주의이데올로기의 허구성을 비판하면서 기계론적 유물론에 의거하여 단순히 정념(情念)의 실천수단에 불과한 것으로 평가절하된 '이성'개념이 자연법사상과 국가론을 통해 다시금 신격화(神格化)되어가는 과정을 살펴보자.
4. 홉스의 적(敵)들에는 어떤 세력들이 있으며, 그들의 이해관계는 홉스의 사상과 어떠한 점들에서 충돌할 수밖에 없는가?
5. 홉스적 사고에 있어 근대 시민국가형성에 영향을 미친 긍정적 요소들과 부정적 요소들을 각각 나열하고, 결론적으로 긍정적 평가를 하게 되는 이유를 논의해 보자.
6. 홉스의 의제적(擬制的) 국가사회유기체설을 비슷한 발상에서 출발하고 있는 오늘날의 구조기능주의적 사회체계이론(social system theory)과 비교해 보자.

7. 이성과 정의(正義)를 앞세우며 당시 사회의 타락과 혼란을 공격하였던 그의 입장을 두고서, 거꾸로 '도덕의 부패가 오히려 홉스에게 있었다'고 비난하는 반대세력의 논리적 근거는 무엇이라고 보는가?

8. 현대의 실증주의적 과학주의이데올로기와 직접적으로 상관성을 갖는 홉스적 유물론의 '소박한' 경험주의적 특성들을 열거해 보고, 그 협소성(狹小性)과 비인간성(非人間性), 독단성(獨斷性) 등을 규명해 보자.

9. 한 시대를 지배했던－그러나 여전히 막강한 잠재력을 가지고 보이지 않게 영향을 미치고 있는－사상조류들, 특히 부르조아적 개인주의나 전체주의적 파시즘, 그리고 유물론적 공산주의 등의 경우 그 주요 특징들에서 발견되는 홉스적 요소들은 무엇인가?

로크(John Locke, 1632 - 1704)

I. 배 경

◇제한군주주의
= 입헌군주주의
←공화주의
◇필머 경(卿)-신학적으로 합리화시킨 절대적 가부장권론(家父長權論)에 기초하여 전제군주를 옹호함
◇밀턴-군주나 일반민중을 거부하고 중산계급(中產階級)을 지지하는 공화주의자로서 지적(知的) 귀족주의의 입장을 취함
◇해링턴-정치권력구조의 기반은 경제적 조건에 있다고 보는 공화주의자로서 토지소유의 과도한 집중을 막는 데 관심을 가짐

홉스(Thomas Hobbes, 1588 - 1679)에 비해 약 40여년 늦게 태어난 로크의 경우, 그가 체험했던 영국의 정치·사회적 상황은 절대주의와 공화주의의 대결이라는 점에서 홉스의 그것과 본질적인 차이를 보여 주는 것은 아니었다. 차이가 있다면 로크는 홉스와는 달리 공화주의자였으며, 명예혁명을 통하여 자신이 고대하던 입헌군주제의 성립을 눈여겨 감상한 정치적·학문적 승리자였다는 점일 것이다.

17세기 영국의 정치적 현실은 절대군주주의와 제한군주주의가 서로 격렬히 대립·투쟁하는 시기로서, 엄청난 사회혼란을 초래한 청교도혁명(1640 - 1660)은 그 절정을 보여주는 것이었다. 이같은 상황은 정치사상의 다양하고도 활발한 전개를 의미하는 것이기도 하다. 홉스나 필머 경(Sir Robert Filmer, 1589 - 1653)과 같이 주권의 절대성을 강조함으로써 절대군주주의를 변호하는 세력이 있는가 하면, 밀턴(John Milton, 1608 - 1674)이나 해링턴(James Harrington, 1611 - 1677)과 같이 군주의 절대권을 제한하고자 하는 공화주의적 세력이 있었다. 여기에는 인민주권론에 입각하여 정치적 민주주의의 보다 철저한 관철뿐만 아니라 사회·경제적 평등도 함께 요구함으로써 공산주의적 발상에까지 이르는 다양한 〈수평파〉의 세력이 가세하고 있었다. 이들 수평파(Levellers)는 자본주의 성장에 동반된 인클로우저 운동(enclos ure movement)의 희생자인 빈민층을 그 지지 기반으로 하고 있었다.

◇〈청교도혁명〉과 〈왕정복고〉

어쨌든 내란의 종말은 공화주의의 승리로 끝났으며, 그 구체적 형태는 크롬웰의 군사독재였다. 그러나 그의 공포정치적 공화제는 영국 시민의 일반적 불신을 초래하면서, 결국 왕정복고(Restoration, 1660)가 이루어지게 된다. 1658년 크롬웰이 죽자 그의 아들이 호국경(護國卿) 직책을 이어받았으나 군부와 종교계의 지지를 받지 못해 이듬해 사직하게 된다. 그러자 의회가 국가주도권을 장악하려 기도하였고, 군대가 이에 반발하여 의회를 무력으로 해산시킴으로써 국가체제는 일순간에 혼란에 빠지게 된다. 이에 네덜란드에 망명 중이던 찰스 2세(Charles Ⅱ, 1630-1685)는 군부실세와 은밀히 내통하면서 혁명파와 군부의 기득권을 인정하는 〈브레다선언〉을 발표하고, 임시의회의 왕당파와 장로파의 지지를 받아 1660년 국왕에 즉위함으로써 스튜어트왕조가 부활하게 된다.

◇후기 스튜어트왕조의 시작

그러나 찰스 2세의 집권 후반기에 들어서 구교(舊敎)를 옹호하고 부활시키려는 야심이 표면화되면서 전제정치화하기 시작하였고, 의회와의 마찰 속에서 만년의 4년간은 의회를 소집하지 않음으로써 명예혁명의 한 요인을 제공하게 되었다. 더구나 그의 뒤를 이은 동생 제임스 2세(James Ⅱ, 1633-1701)는 구교도로서 이미 즉위 이전부터 왕위계승문제와 관련하여 의회의 철저한 견제대상인물이었었다. 그는 카톨릭교 부활정책과 전제정치를 강력히 추진해 나가려 하였다. 과거 의회에서 제정한 반(反)구교적인 〈심사율(審査律)〉을 무시하고, 구교도를 관리로 등용하여 국민이 반대하는 상비군(常備軍)을 설치하려 하였고, 87년과 88년에 잇따라 신앙자유선언을 공표하였다. 그 선언은 '신앙의 자유'라는 명목으로 카톨릭교(구교)를 부활하려는 의도였으며, 특히 88년의 선언은 이를 교회에서 낭독하라는 명령으로서 이에 반대청원을 한 7명의 주교가 투옥되면서 국민의 반감은 고조되어갔다. 그리고 그 해 6월 때마침 후사(後嗣)가 없던 왕에게 왕자가 출생함에 따라 양측의 대립은 표면화되기에 이르른다. 제임스 2세의 장녀로서 기독교도(신교도)인 메리

◇제임스 2세의 전제정과 종교적 갈등

◇토리당(黨) : 왕당파로서 제임스 2세 즉위 이전인 1679년 의회에 상정된 반(反)구교적인 '왕위배제법안'에 대한 반대파벌임. 영국 〈보수당〉의 전신(前身)

◇휘그당(黨) : 공화파로서 '왕위배제법안'에 대한 찬성파벌이며, 영국 최초의 근대적 정당임. 〈자유당〉의 전신(前身)

◇〈권리장전〉의 주요내용 : ① 의회동의에 의한 행정권 및 군사권 제한, ② 국민의 청원권과 선거권 보장, ③ 의회내 언론의 자유, ④ 왕위계승의 의회결정 등

◇1642년 스코틀랜드와의 전쟁비용을 조달하기 위한 찰스 1세의 요청이 의회의 반대에 부딪치면서 납세거부운동이 내란으로까지 치달음.

(Mary)에게 당연히 왕위가 계승될 것으로 기대하였던 신교도들에게 있어 왕자의 출생은 곧 희망의 상실이며, 더 이상 인종(忍從)의 의미를 찾을 수 없게 만드는 일이었다. 이에 토리당(Tories)과 휘그당(Whigs)의 양대 정당지도자는 합의하에 6월말 네덜란드 총독으로 있는 오렌지 공(公) 윌리엄과 메리 부부(夫婦)에게 파병을 요청하고, 이 해 11월 1만5천 명의 병력이 영국에 상륙하여 런던으로 진격하게 된다. 한편 왕의 진영에서 배반이 일어나고, 차녀 앤(Anne) 공주마저 등을 돌리자 12월에 국왕 제임스 2세는 프랑스로 망명하게 된다. 89년 2월 의회에서는 권리선언(權利宣言)을 제출하고, 윌리엄 3세(William Ⅲ, 1650-1702)와 메리 2세(Mary Ⅱ, 1662-1694)가 이를 승인함으로써, 이들은 공동으로 영국왕위에 올랐다. 그리고 이 해 12월에 〈권리선언〉은 〈권리장전(權利章典 : Bill of Rights)〉으로서 재차 승인받음으로써 명예혁명은 완결된다. 이리하여 왕권과 의회간의 대결은 그 끝을 맺게 되고, 동시에 이후 의회정치발전의 기초가 확립되게 되었다.

Ⅱ. 생 애

◈ 1632년 8월 29일 영국 서남쪽의 서머세트 주(Somersetshire)의 링턴(Wrington)이라는 촌락에서 출생함. 로크 가(家)는 젠트리(Gentry : 신사계급, 중류상층계급)에 속하며, 조부(祖父)는 포목상으로 성공하여 고향 여러 곳에 다소의 토지를 소유하고 있었고, 부친은 청교도의 소지주(小地主)로서 변호사가 되어 지방치안판사의 서기로 근무하고 있었음.

◈ 퓨리턴(Puritan) 가문의 청결하고도 엄숙한 분위기 속에서 유년시절을 보냈으며, 10살이 되던 해인 1642년 여름에 발생한 내란을 겪게 됨. 부친은 종교·정치문제에 관심

이 많아 의회당(議會黨)에 가입하여, 이 내란에 의용군(義勇軍)으로 참여하기도 했다.

◇1649년 1월 찰스1세의 처형, 5월 공화제(共和制) 선포와 크롬웰의 정권장악.

◈1646년 당시 의회의 지배하에 있던 웨스트민스터 학교(Westminster School)에 입학하여 1652년까지 7년간 재학하면서 그리스어·라틴어 및 고전을 배우게 됨. 이 학교의 주입식(注入式) 교육에 불만은 가졌지만 성적은 우수하여 1650년에는 왕실장학생(King's Scholar)으로 선정되기도 함.

◈1652년 독립의회파 영향권에 있던 옥스포드대학(Christ Church College)의 장학생으로 입학하고, 이 대학과의 인연은 뒤에는 연구원(Fellow)으로 관계를 맺으면서 30여년간 지속됨. 대학의 오웬(John Owen) 학장은 종교적 관용주의자로서 국교도나 왕당파의 교수일지라도 대학에서 추방하지 않았다. 대학에서 수사학(修辭學), 문법, 논리학, 도덕철학, 기하학 등을 배움.

◇1658년 크롬웰 사망

◈1656년에 학사학위(B. A), 1658년에 석사학위(M. A.)를 각각 취득함. 이때 아리스토텔레스의 윤리학과 형이상학·자연철학·천문학·역사학 등을 연구하고, 헤브라이어·아랍어에도 정통하게 됨. 그러나 대학에서의 비현실적이며 스콜라적인 고전교육(古典教育)에 심한 반감(反感)을 품게 됨.

◈1659년 영구적 장학연구생(Senior Studentship) 자격을 얻어, 대학에 적(籍)을 두고 자유롭게 연구실에서 연구할 수 있게 됨. 그러나 1684년 왕실로부터 반(反)국왕적 불온분자(不穩分子)라는 혐의를 받아 자격이 박탈됨.

◇1660년 왕정복고－찰스 2세 즉위

◈1660년 모교에서 학생지도교수(tutor)로서 그리스어 강좌를 담당.

◈1661년 부친 별세. 약간의 상속(相續)이 연구생활에 도움을 줌.

◈1662년 수사학(修辭學)강좌 담당. 이듬해 도덕철학(道德哲學)도 담당.

◈1664년 『자연법론』을 라틴어로 집필했으나, 1954년에 이르러서야 공개됨.

◈ 대학에서 로크의 주된 관심사는 종교의 자유와 관용(寬容)에 관한 것이었으며, 한편으로 의학공부(醫學工夫)에도 열심이었다. 그 동기는 경험과학으로서의 자연과학(自然科學)에 대한 지적(知的) 호기심 때문이었고, 이로 인해 보일(Robert Boyle, 1627-1691)과 같은 자연과학자와 매우 친밀한 관계를 가졌다. 보일의 경험론적(經驗論的) 사고방법과 과학적(科學的) 관찰방법에 크게 감명을 받음.

cf. 보일의 법칙(Boyle's Law)

◈ 1664년 옥스포드의 교수생활을 그만 둠.

◈ 1665-66년 영국의 대사(大使)였던 월터 베인(Walter Vane)의 비서로 활약

◈ 1666년 5월 비서직을 그만두고 다시 대학에 돌아와 오래전부터 흥미를 가져온 의학공부에 몰두함. 이와같은 의학에의 관심은 일생 동안 이어지게 되고, 따라서 사상가(思想家)로서의 로크의 명성(名聲)은 명예혁명 이후의 일이며, 그 이전에는 오히려 의학자(醫學者)로서 알려져 있었다.

◈ 의학을 연구하게 된 인연으로 1666년 여름 그의 일생에 중대한 영향을 미친 후견인(後見人)인 애실리 경(Lord Ashley, 1621-1683)을 만남으로써, 그의 주치의(主治醫)인 동시에 애실리 가(家)의 일원이 된다.

◇애실리 경은 후에 그 유명한 샤아프츠버리 백작(Earl of Shaftesbury)으로서 휘그당(Whigs)의 창립자가 된 사람이다.

◈ 1668년 애실리 경의 가슴종기수술에 성공함으로써 그의 생명의 은인이 되어, 이후로 정치를 포함한 모든 일에 상담역을 맡게 되고, 정계·관계(官界)·재계의 요인들을 자주 접촉하게 됨.

◈ 1672년 경(卿)이 초대 샤아프츠버리 백작이 되어 대법관 지위에 올랐을 때 로크는 그의 비서겸 성직임면국장에 임명되고, 1년 뒤에는 〈무역과 식민지 협의회〉의 서기관이 되었다.

◈ 1673년 12월 백작이 찰스 2세에 의해 대법관 직위에서 파면됨에 따라 로크도 그 비서직을 사임함. 이때부터 폐결핵 증세를 보이기 시작함.

◈ 1675-79년 건강회복을 위해 프랑스로 요양여행을 떠남.

체류하는 동안 프랑스의 정치기구나 정치상황 등 여러 분야의 견문경험을 일기(日記)에 수록하였고, 그 내용은 1953년에 공개됨.

◈ 1679년 5월 영국으로 돌아와 다시 세력을 만회한 샤아프츠버리 백작의 비서가 되었으나, 건강문제로 곧 그 직을 사임함.

◈ 1681년 7월 백작이 투옥되었다가 다음해 11월 네덜란드에 망명하자 신변의 위협을 느낀 로크는 1683년 9월 자유의 나라 네덜란드로 탈출에 성공함.

◇ 1685년 제임스 2세의 왕위계승과 전제정치

◇ 1688년 제임스 2세 망명

◈ 1688년 명예혁명(名譽革命)이 성공하자 로크는 귀국하였고, 정계진출의 권유가 많았음에도 건강상의 이유로 거절하고 일종의 명예직인 공소원(控訴院) 위원의 직책만을 맡음.

◇ 1689년 〈권리장전〉 제정

◈ 1689-95년의 기간에 많은 저술을 남김.

◈ 1691년 런던에서 20마일 정도 떨어진 커드워어드(Cudworth) 가(家)의 마샴부인(Lady Masham) 집에서 여생을 보냄. 만년(晩年)에 주로 성서연구(聖書硏究)와 종교적 사색을 하였으며, 방문객 중에 물리학자 뉴턴(Sir Isaac Newton, 1642-1727)과는 특별히 가까운 사이였다고 한다.

◈ 26세 연하인 마샴부인을 사랑했다고 하나 건강 때문에 일생을 독신(獨身)으로 지내다가, 1704년 10월 28일 마샴부인이 성경을 낭독하는 가운데 자신의 의자에 앉은 채로 죽음.

Ⅲ. 저 작

◈ **관용론(寬容論 : The Letters Concerning Toleration, 1689)**

○ 신앙의 자유와 종교적 관용을 주장하는 내용으로서, 익명(匿名)으로 발표된 것임.

◇정치사상연구와 관련하여 그의 저술 중 가장 중요한 문헌으로서 두 편의 논문으로 구성되어 있으며, 이것도 익명으로 출판되었음.

→ *cf.* 1681년에 이미 집필된 것이라는 평가도 있음. 따라서 명예혁명의 기초가 되었거나, 적어도 정당화하는 것이었다.

◈ **정치론(政治論 : Two Treatises of Government, 1690)**

① 제1논문 : "로버트 필머 경(卿)과 그 추종자들의 거짓논거에 대한 추적과 비판"(The False Principles and Foundation of Sir Robert Filmer and his Followers are detected and overthrown)

- 〈왕권신수설〉을 기초로 하는 필머 경의 〈가부장권론〉을 비판함으로써, 당시의 전제군주제를 합리화하는 이론적 기반을 공격하는 내용임.
- 필머의 입장과는 달리 –마찬가지로 성서(聖書)를 인용하면서– 인류의 시조 아담에게는 모든 사람에 대한 절대적 주권이 없었으며, 오히려 창조주는 인간 개개인에게 생존에 유익하도록 이성(理性)과 자기보존(自己保存)의 수단을 부여했다고 주장하고 있다.
- 즉, 필머 경이 각 사람의 자연권을 부정한 데 반해, 로크는 칼뱅주의에 입각하여 개개인의 자연권, 즉 생존권과 재산권을 신수(神授)된 것으로 보고 그 절대불가침성을 논증함.

② 제2논문 : "시민정부의 진정한 기원과 범위 및 목적에 관한 소론"(An Essay Concerning the True Original, Extent, and End of Civil Government)

- 로크적 정치사상의 특징이 드러나는 가장 중요한 글로서, 정치권력의 기원과 의의, 인민주권론, 권력분립과 입법권 우위의 사상, 인민의 저항권과 혁명권 등의 내용을 담고 있다.
- 특히 〈재산권보장〉을 권력의 정당성기초에 포함시킴으로써, 신흥부르조아의 이해관계를 대변하고 있다.
- 영국에서 의원내각제에로의 길을 개척해 놓았으며, 후에 미국독립혁명과 프랑스혁명에도 커다란 영향을 미쳤다.

◇이 저작으로 인해 그를 '계몽철학과 경험론철학의 원조' 또는 '영국경험론의 아버지'라고 일컬음.

◈ 오성론(悟性論 : Essay Concerning Human Understanding, 1690)

ㅇ철학적 인식론상의 불멸의 저술로서 전(全) 4권으로 구성되어 있으며, 『정치론』이 출판된 다음 달에 출간됨.

ㅇ데카르트나 케임브리지 플라톤파의 본유관념(本有觀念)이나 원리들을 비판하고, 복합관념도 경험(經驗)을 통해 얻어지는 단순관념으로 설명된다고 주장.

ㅇ〈오성〉이란 생각하는 능력이며, 이 경우 마음의 직접적 대상은 〈관념 : idea〉으로서 이것은 생득적(生得的)이 아니라 경험적으로 얻어지는 것이라고 보고, 이러한 경험을 〈감각 : sensation〉과 〈반성 : reflection〉이라는 두 가지 요소로 설명하고 있다.

ㅇ그리고 인간의 지식(知識)이란 그같은 경험적 관념들간의 일치나 불일치에 관한 지각(知覺)이라 봄으로써, 로크적 인식론의 경험주의적 특성을 보여주고 있다.

◈ 금리인하와 화폐가치앙등의 결과에 관한 고찰(Some Consideration of the Consequences of the Lowering of Interest and the Raising of the Value of Money, 1692)

ㅇ이자론(利子論)과 화폐론이 전개되고 있는 그의 경제학적 주저(主著)

◈ 교육론(教育論 : Some Thoughts Concerning Education, 1693)

ㅇ익명 출판된 것으로 루소의 『에밀』에 영향을 줌.

ㅇ교육의 사회성을 무시한 공교육(公教育)에 대해 반대론을 펴면서, '학교교육보다는 차라리 사적인 가정교육이 낫다'는 역설(逆說)을 전개.

ㅇ당시의 교육법과 그리스어·라틴어 집중주의 및 암기식 주입주의를 비판하고, 수학적 추리와 실제적 지식, 그리고 신체·덕성의 연마를 중시하면서 개개인의 본성에 따른 소질계발을 강조함.

◇ 온건적 현실주의
→ 입헌군주제와 의회주의

◇ 자유주의와 소유권절대주의

◈ 기독교의 합리성(The Reasonableness of Christianity, 1695)

◦ 익명으로 출판되었으며, 기독교가 합리적이라는 신념을 보여주고 있음.
◦ 기독교를 너무 합리적인 입장에서 접근하고 있기 때문에 일부 사람들의 눈에는 저자가 무신론자(無神論者)나 신성모독자(神聖冒瀆者)로 보여지기도 했다.

Ⅳ. 사 상

1. 관심과 동기

1) 현재 영국의 〈전제군주제〉와 기왕의 불평등한 〈봉건적 신분질서〉는 타파되어야 한다.
2) 이것은 역사적으로 자본주의체제에로의 진행이라는 불가피한 시대적 흐름으로 볼 때 〈시민계급〉, 즉 신흥부르조아가 이제 국가사회의 주도권을 장악해야 함을 의미하는 것이다.
3) 이는 〈왕당파〉의 절대군주주의적 성격과 〈수평파〉의 공산주의적 성격 양 극단을 극복하고, 보다 이성적이고 교양있는 중산시민층(中產市民層)의 자유와 소유권이 확보됨으로써만이 가능한 것이다.
4) 따라서 홉스(T. Hobbes)의 주장과는 달리 시민의 〈생명〉뿐만 아니라 〈자유〉와 〈재산〉도 절대적(絶對的)으로 보장되어야 하는 것이다.

2. 인간관

1) 인간은 유일하고도 전지전능하신 조물주(造物主)의 작품이며, 종(從)이고, 소유물(所有物)이므로 각자의 생존은 신(神)의 뜻에 따르는 것이다.

◇본유적 자유와 평등

2) 신의 피조물(被造物)인 인간은 태어나면서부터 〈자유〉롭고 〈평등〉하다. 어느 누구도 다른 사람보다 더 많은 것을 갖는 일이 없으며, 모두가 똑같은 자연적 욕망과 능력을 갖는다.

◇이성법으로서의 '자연법'

3) 인간은 〈이성적 피조물〉로서 이성(理性)에 의해 인지되는 자연법(自然法)에 따른다.

◇3대 가치 : 생명, 자유, 재산
→이 중 자유와· 재산을 더 중시

4) 인간의 천부적 권리는 생존(生存)의 권리이며, 그 지향가치는 〈생명 · 자유 · 재산〉이다. 이 중 자유나 재산은 때때로 생명보다도 더 귀중한 가치로서, 인간은 '-자유나 재산이 박탈된-노예처럼 사느니 차라리 죽어버리는 게 더 낫다'고 생각한다.

◇가족적 공동사회
◇'이성인(理性人)만이 자유로울 수 있다.'
→방종에 빠지지 않고, 자연법을 준수하기 때문

5) 인간이 태어나면서부터 자유롭다고 하지만 실제로 누구나 이성과 자유를 행사할 수 있는 것은 아니다. 일정한 연령(年齡)에 도달해야 이성(理性)을 가지고 자유로울 수 있다. → 공동사회

◇권력적 국가사회

6) 성인(成人)이 되더라도 무지(無知)와 편견으로 인해 이성적 판단과 행동을 하지 않을 수도 있다. 이것이 대다수 인간이 〈정치권력〉을 필요로 하게 되는 이유이다.→ 국가사회

3. 사회관

1) 자연상태

(1) 정의

권위를 가진 공동의 재판관이 없는 경우로서 사회형성 이전의 상태이다.

cf. 〈사회상태〉: 권위(權威)를 가진 공동의 재판관이 있는 경우

〈전쟁상태〉: 공동의 재판관이 있건 없건 적대(敵對) · 악의 · 폭력 · 상호파괴의 상태

〈노예상태〉: 사회상태에서 자의적(恣意的)인 전제적 권력에 종속된 경우

◇그러나 이러한 '자유의 상태'(a state of liberty)는 인간의 이성과 자연법으로 인해 '방종의 상태'(a state of licence)는 아니다.

◇그러나 상황에 따라 살해도 할 수 있는 이같은 '집행권'도 절대적이고도 자의적인 권력은 아니다.
→ "냉정한 이성과 양심에 따라야 하며, 어디까지나 위법행위를 깨달아 후회하고 두려워 할 정도에서 그쳐야 한다."

(2) 특징

① 완전한 자유의 상태이다.

→ 타인의 의사와는 상관없이 스스로의 판단에 따라 자신의 신체나 재산을 마음대로 처리할 수 있는 완전히 자유로운 상태이다.

② 평등한 상태이다.

→ 사람들은 각자가 그 욕망이나 능력이나 권리 등에 있어 동등(同等)하다.

③ 자연법의 지배를 받는다.

→ 타인의 생명 · 건강 · 자유 및 소유물을 침해해서는 안된다. 하물며 자신에 대한 자상(自傷)이나 자살(自殺)도 불가하다.

cf. 〈이성〉: 신(神)이 인간 상호간의 안전과 번영을 위해 인간에게만 준 특별한 능력이다.

〈자연법〉: 이성에 의해 인지되는 행동의 기준으로서, 인류는 그가 이성을 가진 '인간'이라는 바로 그 이유 때문에 절대적인 구속력을 갖는다.

④ 자연법의 집행은 각자의 손에 의거한다.

→ 자연법을 위배한 자에 대하여는 '인과응보'와 '정당방위'의 원칙에 따라 신체적 〈처벌권〉과 손해배상의 〈청구권〉을 저마다 행사할 수 있다.

···· 자연권(自然權)

(3) 문제점－사회의 출현 이유

① 〈자연상태〉의 고립된 인간은 자유롭고 평등하나, 생활에 필요한 물품의 충분한 공급이 이루어지지 않는다.

② 인간은 비록 이성적이긴 하나 완전무결한 것은 아니어서, 무지(無知)와 타락(墮落)으로 인해 때때로 이기적이고 〈자연법〉을 위반하게 된다.

③ 자연법의 집행권, 즉 각자의 〈자연권〉은 개개인의 물리적 힘의 차이나 이성적 능력의 차이로 인해 완전하고도 공정하게 보장받을 수 없다.

④ 따라서 이같은 일종의 불안상태(不安狀態)로부터 벗어나

어나기 위하여는 보다 공정하고도 강력한 제3의 권력을 필요로 한다.

2) 공동사회

(1) 정의

◇ 사회계약설

〈국가사회〉의 모체(母體)로서 원시계약(original compact)에 의해서 성립된 사회이며, 합의(合意)된 개인들인 '시민'의 사회이다. —시민사회

◇ "모든 인류는 하나의 공동사회를 이루어 다른 모든 피조물들과는 전혀 다른 사회를 형성하고 있다."
→ 자연적 공동사회

(2) 특징

① 원래 자연상태의 불안정성(不安定性)에서 벗어나 생존의 필요상 상호협조와 외적방어를 보다 효율적으로 수행하기 위해 자연적으로 발생하였다.

◇ "개별적 결정에 있어서의 만장일치는 개개인의 특수한 상황이나 성향, 사회의 규모확대 등으로 인해 기술적으로 불가능하다."
→ 다수결주의

② 공동사회의 구성은 전원일치의—명시적·묵시적—동의(同意)에 의거하나, 그 행동은 다수결(多數決)의 원칙에 따른다. 즉 개별적 사안을 결정하는 데 있어 개인의사의 산술적 총계인 다수자의 의사는 사회의 전체의사로 간주되며, 개개인은 자연권을 '포기'하여 공동사회에 '위탁'한다.

③ 초창기 국토에 비해 주민의 수가 매우 적었고, 생활양식은 일반적으로 검소하고 가난했으며, 자연법을 위반하는 범죄자나 분쟁도 흔치 않았다. 가장 어질고 용감한 자를 일반적으로 그들의 지도자로 선택했으며, 그의 임무는 한시적으로 주로 외적(外敵)의 방어에 있었다.

④ 그러나 시민사회에 있어 인구(人口)의 증가와 사회의 복잡화, 그리고 분쟁의 빈발은 자연권의 더욱 확실한 보장을 위하여 보다 안정적(安定的)이고 상설적(常設的)인 통치기구(정치체), 즉 '국가'의 필요성을 낳게 하였다. 이렇게 볼 때 〈공동사회〉는 '자연상태'와 '국가상태'의 중간에 존재하는 것으로 〈국가사회〉로 이행하는 데 있어서의 과도적·일시적인 사회이다.

◇ 자연상태 → 공동사회(시민사회) → 국가사회(정치사회)

⑤ 따라서 공동사회가 해야 할 최초의 일은 정부(政府)를 수립하는 것이며, 구성원의 자연권은 다시 국가사회에 '위임'된다. 이 경우에 공동사회는 국가권력의 모태(母胎)이

◇ 인민주권론과 신탁론(信託論)

자 근원으로서 독자적인 의사와 권력을 계속 보유한다.

3) 가족사회

(1) 정의

◇ "신은 인간이 혼자서 사는 것을 좋은 일이 아니라고 보셨다."

① 가족은 〈인류존속〉이라는 신(神)의 섭리를 이행하는 주요한 수단이다.

② 따라서 인간은 사회생활을 하도록 창조되었고, 그 최초의 사회는 가족(家族)이다. 먼저 〈남편과 아내의 사회〉가 생겨났고, 다음으로 〈부모와 자식의 사회〉가 나타났다.

(2) 부부관계

◇ 계약관계

① 부부사회(夫婦社會)는 남자와 여자 사이의 동의(同意)에 의한 자발적인 〈계약〉으로 성립된다.

② 남녀결합은 자식의 출산(出産)과 양육(養育)을 목적으로 하며, 어느정도 영속성을 갖는다.

◇ 선별적 남성우위론과 기본적 남녀동등론

③ 공동의 이해관계를 갖는 사안의 경우, 남성이 여성보다 유능하고 힘이 세므로 남편이 최종적인 결정권을 갖는다. 그러나 개인의 권리에 관한 한은 서로가 동등(同等)하며, 아내는 이를 전적으로, 그리고 자유로이 소유할 수 있다.

④ 따라서 부부는 이혼(離婚)의 자유가 있으며, 남녀 어느 쪽도 절대적 주권－즉, 생사여탈권－을 갖지 아니한다. 가족의 일원으로 간주되는 하인(下人)도 그 주인과는 고용상태(雇傭狀態)라는 일종의 계약관계에 있다.

◇ 노예제도의 인정

⑤ 그러나 노예(奴隸)에 대하여는 주인(主人)이 절대적 지배권을 갖는다. 그리고 노예는 시민사회의 일원으로도 인정되지 않는다.

(3) 친권관계

◇ 〈부권〉과 〈친권〉

① 부권(父權 : paternal power)이라는 용어는 논리적으로 부적절한 표현이며, 종종 절대군주권을 합리화시키는 데 이용되어 왔다. 이보다는 차라리 친권(親權 : parental power)이라는 표현이 더 적절하다.

◇ 가부장권설적 국가기원론에 대한 비판

② 즉, 군주권이 친권에서 유래한 것이라는 논리는 불충분하

며, 증거가 희박하다. 초기에 모든 가족의 장(長)이 군주가 되었었다는 사실도 있긴 하지만 거기에도 가족의 묵시적이고도 불가피한 〈동의〉가 전제된 것이다.

◇〈친권〉의 성격

③ 양친(兩親)은 어린이가 성년이 될 때까지 일종의 제재권(制裁權)과 지배권을 갖는다. 이러한 〈친권〉은 이성(理性)을 갖춘 완전한 자유인(성인)이 될 때까지 미성년(未成年)의 자식들을 돌보아야 한다는 일종의 〈의무〉나 다름없다.

cf. 성인(成人) : 일정한 연령에 도달하여 법의 이해능력과 준수의지를 갖는 사람. → 양친이나 후견인(後見人)의 보호나 감독·지배가 필요없는 상태
－예외) 정신병자나 백치(白痴)

◇〈친권〉의 한계

◇ "그러므로 양부모(養父母)도 당연히 친권을 가진다."

④ 따라서 〈친권〉은 기간으로는 한시적(限時的)인 권리이며, 범위로는 '양육권' 또는 '교육권'으로서 의무적·제한적인 권력에 지나지 않는다. 그리고 〈키운 권리〉에 비해 〈낳은 권리〉는 매우 미미한 것이다.

◇ "이 경우 부모의 〈영예권〉은 자식의 절대적 복종과 유순(柔順)의 의무를 요구하는 것이 아니다."

⑤ 이렇게 볼 때 부모와 자식은 상호 의무적 관계에 있는 것이다. 부모는 자식에 대해 '부양·보호·교육의 의무'를 지며, 자식은 부모에 대한 '존경의 의무'가 있다. 그리고 전자(前者)에서 〈교육권〉이 발생하고, 후자(後者)에서 〈영예권(榮譽權)〉이 생겨난다.

4) 국가사회

(1) 정의

① 사회가 비대해지고 복잡화됨에 따라 '자연적 자유', 즉 자연권 향유의 불확실성과 침해가능성을 불식하고, 이를 보다 확고히 보장하기 위해 안정적이고 체계적인 정치체(body politic)인 〈국가〉가 건설된 사회이다.

◇정치권력의 신탁적 계약관계

② 수립된 〈정부〉와 그 모체인 〈공동사회〉는 신탁관계(信託關係)에 있으며, 따라서 정부의 권력은 위임된 목적과 범위에 제한되고, 그 행사에 있어 공동사회의 인민에 대해

책임을 져야 한다.

(2) 성격

① 정치사회, 즉 국가사회의 출현은 다음과 같은 〈자연상태〉의 결함을 직접적인 배경으로 한다.

◇〈자연상태〉의 결함

※ '자연상태의 세 가지 결함'

i. 법률의 부재 : 발생가능한 분쟁을 판정해 줄 공통적인 척도가 없다. → 입법상의 문제

ii. 재판관의 부재 : 제3의 공평한 심판자가 없다. → 사법상의 문제

iii. 집행권의 부재 : 판결을 집행할 강제력이 없다. → 행정상의 문제

◇자연권의 포기

② 정치사회에서는 개개인의 자연적 자유와 권력, 즉 자기 자신과 타인의 보전을 위해 적당하다고 생각되는 일이라면 무엇이든 행할 수 있는 – 적극적인 – 〈자유〉와 침해자에 대한 – 소극적인 – 〈처벌권〉은 포기(抛棄)된다.

◇사회적 자유와 자연적 자유

③ 그러나 〈자연적 자유〉 대신에 〈사회적 자유〉는 여전히 향유된다.

cf. 〈자연적 자유〉 : 태어나면서부터 갖는 자유로서 타인의 의지나 입법권에 종속되지 않고, 오직 자연법(自然法)만을 자기 생(生)의 지배법칙으로 삼는 것을 말한다.

◇절대적인 자의적 권력으로부터의 자유 → 사회적 자유

〈사회적 자유〉 : 법(法)이 허용하는 범위 안에서 자신의 의지에 따르는 것이다. 즉, 사람들의 동의(同意)로써 국가내에 확립된 입법권, 그리고 부여된 신탁(信託)에 따라 제정된 법률 이외의 어떠한 의지나 법의 구속에도 종속되지 않는 것을 말한다.

◇자연권의 〈양도〉가 아니라 〈위임〉임.

④ 그 이유는 정치사회의 건설목적이 자연권(自然權), 즉 생명·자유·재산의 보다 확실한 보전 및 향유에 있으며, 통치체는 그 설립목적에 위배되지 않는다는 조건하에 공동사회내 인민의 자발적(自發的) 동의에 의거하여 권력을 위

임받았기 때문이다.

⑤ 평화적으로 시작된 일체의 통치는 인민의 동의(同意)에 기초한다. 인간은 태어나면서부터 자유로우며, 자신의 동의에 의하지 않고는 어떠한 권력에도 복종시킬 수 없다.

cf. ∘ 동의에는 〈명시적(明示的) 동의〉와 〈묵시적(默示的) 동의〉가 있다.

◇ 묵시적 동의와 속지주의

∘ 묵시적 동의

→ 특정 영토에 존재한다는 사실만으로 그 국가의 법률에 따라야 한다.

→ 즉, 어떤 정부의 영토라도 그 영토의 일부분을 소유 또는 사용하는 자는 묵시적 동의를 한 것으로 간주한다. …속지주의(屬地主義)

◇ 다수결주의(多數決主義)

⑥ 각 개인은 동의를 통해 일단 단체를 결성한 뒤에는 다수(多數)의 결정에 따라야 한다. 그리고 특별한 법규정이 없는 한 단순다수자의 결의가 전체의 결의로서 통용된다.

◇ 사실상의 '인민주권론'

⑦ 그리고 정부가 신탁에 위배(違背)하여 권력을 행사하는 경우, 공동사회(시민사회)는 정부를 해체하고 새로운 통치체를 설치할 수 있다. 왜냐하면 〈공동사회〉는 국가사회의 모태이며, 최고권으로서의 국가권력의 근원이기 때문이다.

5) 재산소유권

(1) 정의

소유권(所有權 : a property)은 소유물(所有物)에 대한 배타적인 지배권리이다.

cf. 소유물 : 인간 자신의 신체 및 그 노동력이 투하된 대상물

(2) 필요성

① 원래 세계(삼라만상)는 신(神)의 하사물(下賜物)로서 모든 인간의 공유물(共有物)이다.

◇ 소유권 = 생존권

② 그런데 그러한 공유물은 소유의 일부(一部), 즉 사유물(私有物)이 되어질 때에야 비로소 개개인의 생명유지에 도움이 되는 것이다. 그러므로 생존(生存)을 위하여는 소

◇소유권의 불가침

◇사유제(私有制)의 생산성

◇소유의 한계
→〈생존〉에 도움이 되는 정도

◇자연에 대한 공격적 개발주의

◇사실상 〈소유권 무제한〉의 선언
→당시 자본주의적 토지경영현상이었던 〈엔클로저 운동 : Enclosure Movement〉을 합리화함으로써 지주와 농업자본가의 입장을 대변한 것임.

유권은 필연적으로 존재하지 않으면 안되는 것이며, 최고의 정치권력인 입법권으로써도 이를 자의적으로 침해할 수 없는 것이다.

(3) 우월성

① 경제적 생산성의 측면에서 볼 때, 〈소유권〉은 공유권(共有權)에 비해 비교가 되지 않을 정도로 우월(優越)하다.

② 예컨대 노동이 투하된 토지(土地)의 생산물은 자연상태의 공유지보다 그 생산량이 10배 내지 100배에 이른다.
→ *ex.* 아메리카 인디언과 영국인 간의 삶의 질 차이

③ 따라서 경작지의 증가와 그 올바른 이용은 통치의 중요한 기술이며, 부국강병(富國強兵)의 지름길인 것이다.

(4) 한계

① 소유권의 한도는 인간의 노동과 의식주(衣食住)의 편의의 정도를 고려하여 적절하게 규정된다.

② 신(神)은 자연의 혜택을 '즐길 수 있는 정도'로 부여해 주었다. 따라서 소유의 한계는 물건을 상하여 못쓰게 되기 전에 생활에 도움이 되도록 이용할 수 있는 정도이다.

③ 토지소유권(土地所有權)도 마찬가지이다. 밭갈고 씨뿌리며 개량·재배하여 그 수확물을 이용할 수 있는 정도에서 그쳐야 한다.
→ *cf.* 기본적으로 "신과 인간의 이성은 이 대지(大地)를 정복할 것을 명한다." ···정복주의

④ 그러나 교환과 양도를 통해 영구성(永久性)있는 물건－예컨대 금붙이, 조개껍질, 수정, 다이아몬드 등－으로 대체하여 생산물(소유물)을 썩혀 버리지만 않는다면 소유의 한계는 없다. 특히 화폐의 발명은 소유물의 축적과 증대에 기여하였다.

4. 국가관

1) 국가(정치체 : body politic)

(1) 정의

공동사회가 인민의 자연권을 위임(委任)받아 설립한 정부로서, 인민을 위하여 기능(機能)하고 인민에 대하여 책임을 지는 수탁자(受託者)이며, 인민의 대리기관(代理機關)이다.

(2) 정치권력

◇정치권력의 목적과 한계

① 인민의 자연법적 권리를 보장하는 정부(政府)의 권력으로서, 수임된 목적의 범위를 벗어나서는 아니되므로 제한적이다.

◇통치의 목적 : 국민의 평화와 안정 및 공공복리의 달성

② 구체적으로 법률의 제정(制定)과 집행(執行) 및 외적방어(外敵防禦)를 위하여 공동사회의 힘을 능히 사용할 수 있는 권리인 동시에, 이 경우 오로지 공공의 복지(福祉)만을 위하여 행사되는 권리이다.

2) 정부형태론

◇세 가지 정부형태

최고권인 입법권(立法權)의 소재에 따라 국가(Commonwealth)는 다음과 같이 세 가지 형태를 갖는다.

① 민주정(democracy) : 다수파가 직접 입법권을 행사하는 경우

② 과두정(oligarchy) : 소수의 선택된 자 및 그 후계자들이 입법권을 행사하는 경우

③ 군주정(monarchy) : 한 사람이 입법권을 행사하는 경우

→ *cf.* ∘세습군주정(hereditary monarchy) : 입법권이 군주와 그 상속인에 귀속되는 경우

∘선거군주정(elective monarchy) : 군주의 사후(死後)에 그 후계자를 다수파가 정하는 경우

※ 〈공동사회〉의 모든 권력은 원래 다수파의 손에 장악된다. 즉, 그때그때마다 다수파는 법을 제정하고, 자신이 임명한 직원으로 하여금 법을 집행케 할 수도 있다.

→ 완전한 민주정

※ 〈공동사회〉는 그 구성원의 취사선택에 따라 혼합정부형태를 만들 수 있다.

3) 정치권력론

(1) 권력의 종류

◇ "〈자연법〉의 근본은 인류보전에 있으며, 신(神)의 의지의 표명이다."

◇ "〈법률〉은 그러한 자연법의 구체적 성문화이다."

① 입법권(Legislative Power)

a. 입법권(立法權)은 〈법률〉을 제정하는 권력으로서 국가의 최고권(supreme power)이며, 신성(神聖)한 것이다.

cf. 법률 : 사회구성원들이 자신의 생명·자유·재산 등을 안전하게 향유하는 데 필요한 중요한 수단과 방법

b. 어느 누구도 구성원의 동의나 그들에 의해 부여된 권위에 의거하지 않고는 '법률을 만들 수 있는 권력'을 만들 수 없다.

c. 입법권의 한계

i) 사회공공복지의 도모에 한정한다.

→ 즉, 〈자연법〉에 위배될 수 없다.

◇ 법적 안정성과 '법앞의 평등'

ii) 법률은 널리 공표(公表)되고, 안정성과 신뢰성 및 형평성을 가져야 한다.

→ 그때그때마다의 자의적(恣意的)이고도 즉흥적인 명령이어서는 아니되며, 특권층이 있어서도 아니된다.

◇ 소유권 절대주의

iii) 동의가 없는 한 어느 누구의 소유권(所有權)도 침해할 수 없다.

→ 입법부도 그 집회가 상설화(常設化)되면서 특수한 이해집단으로 변할 수 있기 때문이다.

→ 예컨대 맹목적인 복종이 요구되는 군대의 경우에도, "지휘관이 십중팔구 전사(戰死)의 가능성이 있는 공격명령을 내리고 불복종자를 교수형에 처할 수는 있으나, 병사의 돈을 한푼이라도 내놓

으라는 명령은 내릴 수 없다."

→ 세금(稅金)의 경우에도 자신들에 의해서건 그 대표자들에 의해서건 다수의 동의가 있어야 한다.

◇ 사실상의 〈인민주권론〉 – *cf*. 로크는 절대적 성격을 지닌 〈주권〉개념 대신에 〈최고권 : supreme power〉이라는 용어를 사용하고 있음.

iv) 입법부(즉, 의회)는 입법권을 다른 사람에게 양도(讓渡)할 수 없다.

→ 입법권은 국민으로부터 위임받은 권력에 불과하지, 입법자를 만드는 권력은 아니기 때문이다.

→ 입법자를 만드는 일은 〈공동사회〉의 고유권한이다.

② 집행권(Executive Power)

a. 집행권(執行權)은 법률의 계속적 유효화를 위한 권력이다.

b. 집행부는 집행권을 가진 기관(機關)이다. 입법부가 만든 법률을 집행하고 감독하며, 분쟁을 판결하고, 위법행위에 형벌을 가한다.

◇ 집행권 = 행정권+사법권

c. 따라서 집행부는 성질상 상설기관(常設機關)이어야 하며, 집행권은 사법권(司法權)을 포함한다.

③ 외교권(Federative Power)

a. 외교권(外交權)은 선전(宣戰)과 강화(講和), 연맹(league)과 동맹(alliance), 그리고 그 밖의 대외교섭 등에 관한 권력이다.

◇ 집행권과 외교권의 통합

b. 집행권은 대내적 업무를, 외교권은 대외적 업무를 관장하므로 본질적으로 다른 성질의 것이지만 이를 분리하여 각각 다른 대표자에게 위임할 수는 없다. 왜냐하면 그 두 개의 권력은 사회의 결집된 힘이 요구될 뿐만 아니라 분리의 경우 혼란의 가능성이 크기 때문이다.

④ 대권(the Prerogative)

◇ 대권 : 집행권의 특수한 작용(자유재량행정)

a. 대권(大權)은 예측할 수 없는 불확실한 사건의 발생과 같이, 일정한 불변적 법으로써는 그 대처가 불가능한 경우에 공공복지(公共福祉)를 위해 집행부(즉, 군주)에 위임(委任)된 권력이다.

◇ 대권의 설정이유

b. 대권이 인정되는 이유는 다음과 같다.

i) 입법부(즉, 의회)는 상설기관이 아닐 뿐만 아니라 예상되는 모든 사안을 입법화하는 것은 불가능하다.

ii) 의회정치와 같은 다수자의 민주정치는 사무의 지체를 가져온다.

iii) 법률의 미비점을 보완하고, 돌발사태에 대한 신속한 대처를 위해 자유재량행정이 요구된다.

iv) 법률의 엄격성과 경직성을 완화할 필요가 있다.

◇대권에 대한 통제의 필요성

c. 공동사회 초기에는 어떠한 제한도 없는 〈대권〉만 있었으나, 그 이후 대권의 타락을 막기 위해 〈법률〉을 제정하게 되었다. 즉, 권력의 원형(原形)은 대권이었다.

d. 따라서 대권은 언제나 전횡(專橫)으로 흐를 가능성이 있으므로 이를 방지하기 위해 그 한계(限界)를 정하지 않으면 아니된다.

(2) 권력의 분립

① 집행권은 〈행정권〉으로서 〈사법권〉을 포함하고, 〈외교권〉과는 분립(分立)될 수 없으며, 재량행정권으로서의 〈대권〉을 보유한다.

② 입법권은 최고(最高)의 권력이며, 집행권이나 외교권·대권 등은 보조적·종속적 권력이다.

③ 그리고 입법부를 배제 또는 변경시킬 수 있는 '진정한' 최고의 권력은 여전히 국민의 수중(手中)에 있다. 그러나 정부가 해체될 때까지는 결코 발동될 수 없으므로, 통치가 존속하는 한 입법권이 최고의 권력이다.

◇권력의 분립
→ 이권분립론(二權分立論)

④ 그러나 제권력(諸權力)의 이와같은 유기적 관계에도 불구하고 주요권력, 특히 〈입법권〉과 〈집행권〉은 분립(分立)되지 않으면 안되는 이유는 다음과 같다.

a. 최고권인 입법권이 강력하고 비대한 집행권을 견제·감독함으로써 권력의 남용(濫用)과 타락(墮落)을 막을 수 있다.

b. 양자가 통합되는 경우 사적(私的) 이익에 부합하도록 법률이 제정될 가능성이 높으며, 이는 과거 절대왕정(絶對王政)이나 공화제적 독재(獨裁)에서 경험한 바이다.

◇온건한 입헌군주주의→ '의회에 있어서의 군주주권의 이론'
◇정복설의 부정 →〈침략적 정복〉의 불법성
◇〈방어적 정복〉의 인정
◇소유권 절대주의

c. 비상설적인 의회가 입법권만 가지는 경우, 스스로 복종해야 할 법률을 만들기 때문에 공공복지(公共福祉)에 부합할 가능성이 크다.

⑤ 영국의 경우, 전통적인 군주의 권력은 존중되어야 하는 것이므로 집행권자인 군주는 시민의회와 귀족의회를 소집·해산시키는 권력과 법률에 대한 군주의 동의권(同意權), 그리고 자유재량권으로서의 광범위한 대권(大權)을 보유하는 것이 좋다.

4) 권력변동론

다음과 같은 세 가지 경우는 인민의 대리기관(代理機關)으로서의 정부(政府)가 안정적이고도 정상적인 제기능을 수행하지 못하게 되는 권력의 변동양상으로서, 이 다음에 논의되는 정부해체의 주요한 원인이 된다.

(1) 정복(征服)

① 국가의 기원에 관해 오도된 학설인 정복설(실력설)은 부정되어야 한다.

a. 전쟁의 혼란이 잦아지자 무력(武力)을 인민의 동의로 간주하여 통치의 기원(起源)으로 보는 잘못된 생각이 발생하였다.

b. 무력에 의한 굴종적 동의요구는 강도(強盜)나 해적(海賊)의 행위와 다름없으며, 그리된다면 군주도 거물급 강도가 되는 것이다.

c. 어떠한 경우에도 올바른 통치의 기원(起源)은 인민의 자발적 동의(自發的 同意)가 없이는 존재할 수 없다.

② 그러나 침략자(侵略者)에 대한 정복은 합법적인 것으로 인정된다.

a. 이 경우에 정복자는 그 포로나 전리품(戰利品)에 대해서만 절대적인 권력을 갖는다.

b. 즉, 포로의 생명을 빼앗을 수는 있어도 그의 재산에는 권력이 미치지 못한다.

→ "도둑으로부터 습격당한 경우 그를 살해할 수는 있어

도 그의 돈을 빼앗을 수는 없다. 왜냐하면 똑같이 강도가 되기 때문이다."

c. 정복자는 피정복자 중 직접 전투에 참가한 자에 대해서만 그 생명 및 벌과금으로서의 재산의 일부를 장악할 수 있을 뿐이며, 그 가족이나 비참가자에 대해서는 어떠한 폭력도 행사할 수 없다.

(2) 찬탈(簒奪)

① 찬탈이란 불법적(不法的) 권력장악을 의미한다.

a. 〈정복〉이 외국에 의한 찬탈이라고 한다면, 〈찬탈〉은 국내적 정복이라고 말할 수 있다.

b. 즉, 국가사회의 법(法)으로써 정해진 이외의 방법으로 다른 사람의 정치권력을 빼앗아 가지는 일에 지나지 않는다.

◇'성공한 쿠데타도 동의를 받지 못하면 그 정당성을 인정받지 못한다.'

② 따라서 사후(事後)에라도 인민의 동의로써 승인되지 않으면 통치자로서의 자격을 가질 수 없다.

a. 찬탈자는 정당한 법률적 절차에 의해 임명된 인물, 즉 인민이 동의한 인물이 아니기 때문이다.

b. 찬탈 그 자체만으로 정부의 형태(形態)가 바뀌는 것은 아니다. 여기에 한계(限界)를 넘어선 권력의 확대(擴大)가 이루어지면 〈전제〉가 되는 것이다.

(3) 전제(專制)

① 전제란 어느 누구도 그같은 권리를 가질 수 없는 권력을 행사함을 의미한다.

a. 인민의 동의에 기초한 것이 아닐 뿐만 아니라 통치자 자신의 사적 이익(私的 利益)을 위해 이용하는 것이다.

b. 즉, 권력의 목적이 인민의 행복과 재산보전에 있는 것이 아니라 자신의 야심(野心)이나 복수심, 탐욕(貪慾), 기타 변덕스런 격정(激情)의 만족에 있다.

◇부권과 정치권력 및 전제권력

② 따라서 〈전제적 권력〉은 〈부권〉이나 〈정치권력〉과는 근본적으로 다른 것이다.

cf. ◦부권(父權) : 자식의 행복(幸福)을 목적으로 하는 지

배권(통제권)

ㅇ정치권력 : 자연권이 사회의 통치자에게 넘겨진 것으로서, 사회성원의 복지와 재산보전을 목적으로 한다는 명시적·묵시적 동의(同意)와 신탁(信託)을 통해 위임된 권력

ㅇ전제권력 : 타인의 생명마저 빼앗을 수 있는 절대적이고도 자의적인 권력 → 이성을 저버린 야수(野獸)와 같은 침략자나 합법적 전쟁의 포로에나 행사될 수 있는 권력이다.

◇전제군주의 기원

③ 오늘날 절대군주정의 출현은 최초의 시대에 경솔하고도 선견지명(先見之明)이 없는 생각에서 비롯된 것이다.

a. 최초(最初)에 누군가 선량하고 남달리 뛰어난 한 사람이 자연스레 우월적 지위를 차지하게 되면, 그의 천부적 권위에 대한 경외감이 발생하고, 그 결과 최고의 지배권과 분쟁중재권이 암묵적 동의에 의해 그의 수중에 위임케 되었다.

◇전제의 예방
→ 권력분립의 필요성

b. 이것은 지배자의 공정성과 그 지속을 확신만 했을 뿐 그 밖의 아무런 경계도 하지 않은 것으로서, 앞을 내다보지 못한 단순한 생각에서 시작된 것이다.

→ 권력의 타락에 대비한 방지장치(권력의 분립과 견제)의 필요성

5) 정부의 해체 – 혁명론

(1) 정부의 해체

통치기구가 해체되는 경우는 크게 다음과 같은 두 가지가 있다.

① 외국에 의해 정복되는 경우

② 입법부가 변경되는 경우

입법부는 국가형태를 정하고, 이에 생명과 통일을 부여하는 혼(魂)이다. 다음의 경우들은 입법부가 변경된 것으로 간주된다.

a. 최고 집행권자(군주)가 자의적으로 입법행위를 하는

경우

→ 입법부(의회)의 권한을 침해하여 집행권자가 마음대로 법률을 제정 또는 파기하는 것은 중대한 월권 행위이다.

b. 입법부의 자유로운 활동을 방해하는 경우

→ 군주가 의회의 정상적 기능을 방해하고자 개회 및 토론의 자유를 제약한다면 이는 입법권을 박탈한 것이나 다름없다.

c. 군주가 자의적으로 선거권자나 선거방법을 변경하는 경우

→ 그런 식으로 선출된 대표자는 인민의 동의에 의해 임명된 입법자라고 볼 수 없다.

d. 인민이 군주나 입법부에 의해 외국(外國)의 지배하에 넘겨진 경우

→ 이것은 입법부에 혼(魂)을 불어넣는 원초적 힘의 상실을 의미하는 것이다.

③ 집행부가 제기능을 수행하지 못하는 경우

◇ 적극적인 〈권력남용〉과 소극적인 〈직무태만〉
– 직무태만도 일종의 불법적 기도(企圖)로 간주됨.

최고 집행권자(군주)가 책무(責務)를 게을리하든가 포기하여 사실상 법률의 집행이 불가능하게 된 무정부상태(無政府狀態)를 의미한다. 입법부의 변경으로 간주되는 위의 네 가지 사항이 군주의 〈'적극적'인 월권행위〉에 해당한다면, 이것은 〈'소극적'인 직무태만〉에 해당한다.

④ 그 밖에 일반적으로 의회나 군주가 신탁(信託)에 위배하는 경우

◇ "인민의 복지야말로 최고의 법이다."

이는 사회구성원으로 하여금 그들의 생명과 자유 및 재산을 보전(保全)하고 향유(享有)케 해야 한다는 일반적이고도 기본적인 임무를 해태(懈怠)하거나 그 권리를 침해(侵害)한 경우이다.

(2) 인민의 저항권

◇ 〈저항권〉과 〈예방권〉
◇ 저항권 : 정치권력의 주체와 구조 변경
→ 혁명권

① 인민은 전제(專制)로부터 벗어나는 권리(저항권)뿐만 아니라 이를 사전에 예방하는 권리(예방권)도 가지고 있다. 이것은 정부의 해체 이후 새로운 정권을 수립(樹立)하는

일과 폭정의 방지를 위해 적정하게 권력을 분립(分立)시키는 일이다.

◇〈선거혁명〉과 〈유혈혁명〉

② 〈저항권〉은 모든 실정법(즉, 인정법)보다 선행(先行)하고 그것을 초월(超越)하는 자연법에 따라 인민이 보유하는 최종적인 결정권이다. 이 경우 인민의 저항은 평화적 선거와 폭력적 궐기라는 두 가지 양상으로 나타날 수 있다. → 선거혁명과 유혈혁명

③ 위정자들의 불법적인 폭력이나 기도에 대한 저항권(抵抗權)은 당연한 것이며, 이로 인해 사회적·정치적 혼란만 자주 초래할 것이라는 일부의 논리는 전혀 설득력이 없다.

→ 왜냐하면 권력의 자연법적 근거로 볼 때 불법적 권력에의 저항은 당연한 권리이기 때문이다.

◇혁명의 소극성과 제한성

→ 그리고 인민은 급격한 변화를 싫어하여 사소한 문제로 쉽게 동요하지 않을 뿐만 아니라 어떠한 경우에도 과반수(過半數) 이상의 동의가 있어야 하기 때문이다.

◇저항권 = 자연권

④ 즉, 어떠한 경우이든 아무런 권리도 없이 물리적 힘이 행사되는 경우에는 모든 사람은 〈전쟁상태〉에 자동적(自動的)으로 돌입하게 되고, 각자는 〈자연상태〉의 자기방어권과 저항권을 갖게 되는 것이다.

◇'최종적 결정권자는 인민 개개인이다.'
→ 약속의 절대성

⑤ 위정자에 대한 심판권(審判權)은 인민에게 있으며, 그 대립·분쟁의 궁극적 심판관은 하늘에 계신 '여호와'이다. 그리고 지상(地上)에서는 호소할 수 없는 경우 이를 하늘에 호소할 것인지의 여부는 역시 인간이 결정하므로 결국은 각자가 스스로 재판관이 되는 것이다.

→ "자연법적 약속(promise)에 따른 의무는 매우 강한 것이어서, 전지전능하신 신(神) 자신도 그것에는 구속되어 진다."

V. 평　　가

1. 17세기 영국사회는 모든 방면에서 일찍이 볼 수 없었던

격변과 혼란의 상황에 놓여 있었고, 그마만큼 다양한 사유(思惟)의 토양을 제공하는 것이었다. 그 중 정치사상사적 측면에서 홉스(T. Hobbes)와 로크(J. Locke)는 두드러진 공헌자인 동시에 매우 대조적인 인물이었다. 가정적으로는 둘 다 일생을 독신(獨身)으로 외롭게 지냈다는 공통점이 있지만, 정치적인 신념에 있어서는 절대군주주의자 홉스가 처절한 패배자였다면 입헌군주주의자 로크는 승리자로서 영광의 만년(晩年)을 누렸다.

◇ 학문적 · 정치적 승리자

2. 인간의 사고(思考)나 지식(知識)을 선험적인 원리가 아닌 경험적 요인으로서 설명하고자 하는 로크적 인식론의 특성과 현실주의적 · 실천적 교육론으로 인해 그를 경험론 철학의 원조(元祖)라고 평가하기도 한다. 따라서 홉스의 '자연상태'가 의제적 · 가상적인 것이었다면, 로크에 있어 '자연상태'는 역사적 실재(實在)로서 경험적인 자연법사상을 도출케 하는 것이었다. 그리고 정치권력의 성립과 정부형태 및 권력변동 등에 관한 논의에서 나타나는 그의 인본주의적 · 이성주의적 고찰은 그를 영국 계몽운동의 선구자(先驅者)로 만들었다.

◇ 경험주의자

◇ 인본주의자, 이성주의자

3. 또한 〈자연상태〉를 벗어나 사회계약에 의한 정부수립과 동시에 자연권이 〈양도〉된 것으로 보는 홉스와는 달리 로크는 이를 〈신탁〉된 것으로 보고, 계약위반시에는 정부해체나 정체변경을 시도할 수 있는 '실질적인 최고권력'(즉, 주권)이 인민에게 여전히 남겨져 있다고 보는 그의 정치사상의 기본적 출발점은 사실상 인민주권주의(人民主權主義)를 선언한 것이다.

◇ 사회계약설과 신탁론 → 인민주권론

4. 그리고 사회내 모든 정치적 결정에 있어 단순다수자의 결의가 전체의 결의로 통용된다는 〈다수결주의〉와 〈인민의 복리〉는 국가사회의 목적이자 '최고의 법'이라고 보는 로크의 주장은 영국적 공리주의(功利主義) 발전에 커다란 영향을 주었다. 또한 〈권력분립〉을 전제(專制)에 대한 자연법적 예방권(豫防權)의 표현으로 간주하여 '입법권'과 '집행권'의 분리라는 이권분립론(二權分立論)을 제기한 것

◇ 공리주의 및 삼권분립론에 기여

은 몽테스큐의 삼권분립론에 대해 선구적 역할을 한 것이었다.

◇자유주의자
→〈자유〉와 〈평등〉의 가치
→책임을 수반하는 자유

◇입헌군주주의자
→명예혁명의 합리화
◇의회민주주의자
→영국 정당정치발전에 기여

◇소유권 절대주의자
→부르조아의 이해관계 대변

◇공격적 개발주의
→성장주의

5. 나아가 전통적인 권위적 부권(父權) 개념 대신에 상호의무적·계약적 친권(親權) 개념을 사용하면서 가부장권설적 국가기원론을 비판하는 로크의 반권위주의적(反權威主義的) 신조는 '법앞의 평등'과 '법적 안정성'의 원칙에로 이어지면서 자신의 자유주의적 성격을 결정짓고 있다. 이리하여 본유적 자유와 평등의 '가치', 그리고 〈자연적 자유〉와 〈사회적 자유〉로 대변되는 – 결코 '방종'이 될 수 없고, 되어서도 아니되는 – 그의 '자유'개념은 자연법적 책임과 의무를 수반하는 것으로서, 근대 자유주의 사상의 기본방향을 결정하는 것이었다.
6. 로크의 정치적 관심은 한 마디로 군주의 절대권을 제한함으로써 시민의 〈자유〉와 〈재산〉을 보호하는 데 있다. 명예혁명을 전후로 한 그의 이같은 발상은 시대의 흐름을 반영하는 것으로서, 근대국가의 의회민주주의제도에 이론적 기초를 제공함으로써 〈토리당〉과 〈휘그당〉으로 대별되는 초기 영국 정당정치(政黨政治)의 발전에 기여함과 동시에 미국의 독립혁명과 프랑스대혁명에 지대한 영향을 미쳤다.
7. 특히 '재산권의 보호'를 위해 글의 많은 부분을 할애하고 있는 – 때때로 생명보다도 더 중시되는 〈소유권절대의 원칙〉을 도출해 내고 있는 – 그의 깊은 배려(配慮)는 당시 신흥부르조아의 개인주의적 자유주의 입장과 노선을 같이 하는 것이며, 이후 서구 자본주의의 급속한 전개를 정당화(正當化)하는 것이었다.
8. 나아가 토지(土地)나 기타 소유물(所有物)의 한계에 관한 모호한 처리와 사실상의 〈소유권 무제한론〉은 자본주의적 독점(獨占)의 길을 열어 놓았을 뿐 아니라 자연(自然)을 정복의 대상으로 간주하는 그의 〈공격적 개발주의〉는 오늘날의 자원고갈과 환경파괴를 초래케 한 자본주의의 무차별적 성장주의(成長主義)를 합리화시키는 것이기도 하다.

◇온건적 현실주의자

9. 로크의 경우, 입헌군주제를 지지하고 의회주의적 민주주의를 추구하는 과정에서 보여 준 – 집행권자의 의회 소집권과 해산권 및 법률동의권과 같은 – 군주의 '의회내 주권'과 '광범위한 대권(大權)'의 허용, 첨예하고도 미묘한 문제들의 논의들에서 보여 준 〈중용적(中庸的) 처리〉, 그리고 인민의 성향을 보수적(保守的)이라 간주함과 동시에 저항에는 어떠한 경우에도 과반수의 동의가 요구된다고 보는 〈소극적 혁명론〉 등은 그가 온건(穩健)한 현실주의자임을 반영하는 것들이다.

◇보수주의적 성격과 논리의 비체계성

10. 그리하여 재산소유의 한계에 관한 모호한 논설(論說), 남녀공동의 이해관계가 얽힌 사안들에 있어서의 남성우위론적(男性優位論的) 입장, 침략적 정복은 인정하지 않으나 합법적(즉, 방어적) 정복(征服)은 허용하는 편의적 처리, 그리고 공동사회의 일원으로 간주되지 않고 어떠한 자연권도 부여받지 못하는 '노예'라는 존재의 인정 등은 이미 단순한 온건성의 범위를 벗어난 보수적(保守的)·기회주의적 단면과 논리의 혼선 및 비체계성(非體系性)을 드러내는 것이다.

◇후커(Richard Hooker, 1553-1600) : 영국의 신학자이자 교회정치론자. 대표적 저술은 『교회정치론』(The Law of Ecclesiastical Polity)이며, 영국 국교와 군주를 옹호.

◇기독교주의자이자 성서해석론자

→'성서의 정치학'

11. 더구나 로크가 자신의 주저(主著) 『정치론』에서 신학자 후커(R. Hooker)의 글을 자주 언급하고, 자신의 입장에 대한 합리화의 논거로서 저술의 전 부문에 걸쳐서 성서(聖書)의 내용을 인용·해석하고 있는 논술방법으로 볼 때, 여전히 그는 – 기독교문화권의 구속 및 당시 성서의 권위나 영향력으로 볼 때 어느정도 불가피한 것이었을지라도 – 정치학으로 하여금 성서해석학(聖書解釋學)의 범위를 벗어나지 못하게 만든 한 사람의 '정치적 신학자(神學者)'에 불과하다.

■ 생각해 볼 문제들 ■

1. 〈자연상태〉와 〈사회계약〉에 관한 논의의 전개에 있어 로크(J. Locke)와 홉스(T. Hobbes)는 어떠한 차이를 보이고 있으며, 이로 인해 전제군주제에 대한 입장 차이가 어떤 식으로 뒷받침되고 있는가?

2. 로크를 '경험론철학과 계몽주의철학의 원조(元祖)'라고 평가하는 사람들의 근거를 몇 가지로 정리해 보자.

3. 흔히 말하듯 로크를 '근대정치이론의 확립자' 또는 '위대한 민주주의사상가'로 추앙하는 경우, 이를 뒷받침할 만한 그의 사상의 주요골격을 제시해 보라.

4. 반면 그의 보수적·기회주의적 성격을 엿볼 수 있는 논점들을 나열하고, 이를 '온건주의'(穩健主義)나 '중용주의'(中庸主義)라는 표현으로 미화(美化)할 수 있는지에 관하여 토론해 보자.

5. 로크의 경우 〈자연적 자유〉와 〈사회적 자유〉의 내용을 비교하고, 그 각각의 한계기준은 무엇인가?

6. 전반적으로 로크의 정치사상은 당시 어느 세력(勢力)의 이해관계에 부합하는 것이었는지, 그리고 그 부합(符合)되는 주요논점들은 어떠한 것들인지를 살펴보자.

7. '소유권절대의 원칙'을 내세우고 있는 로크의 논리를 이에 정반대되는 공산주의적 입장과 비교·토론해 보자.

8. 홉스와는 달리 로크를 단순히 '정치적 신학자'에 불과한 것으로 폄하하는 경우, 그 기준을 어디에 둘 것인가를 토론해 보자.

루소(Jean Jacques Rousseau, 1712 - 1778)

Ⅰ. 배 경

◇예컨대 칼뱅의 종교개혁 사상이나 데카르트의 합리주의철학사상 등은 그들 조국(祖國)에서보다도 영국에서 먼저 빛을 보게 된다.

18세기 초 유럽은 여러 나라의 이해관계가 복잡하게 얽혀 영토와 세력의 확장에 몰두하고 있었고, 그 싸움의 두 주도 세력은 영국과 프랑스였다. 이미 17세기 후반부터 계몽시대에 접어든 영국은 명예혁명 후 해상제국(海上帝國)의 건설에 열을 올리면서, 태양왕(太陽王) 루이 14세(Louis XIV, 1638 - 1715)가 이끄는 프랑스와의 전투에서 유리한 고지를 점령하고 있었다.

◇루이 14세 시대
cf. "짐(朕)은 곧 국가이다."→ "왕은 '살아있는 법률'이다."

cf. 팽창정책의 대표적 침략전쟁
① 플랑드르전쟁(1667 - 68), ② 네덜란드전쟁(72 - 78), ③ 팔츠계승전쟁(89 - 97), ④ 스페인왕위계승전쟁(1701 - 13)

프랑스는 영국에서 성공을 거둔 계몽사상(啓蒙思想)이 역수입되면서 18세기 초에 이르러서야 계몽시대에 접어들게 된다. 그리고 당시 자연과학(自然科學)의 발달에 힘입어 한층 고조된 유물론적 · 기계론적 사상은 계몽기의 특색을 이루는 것이었다. 절대군주로서 확고히 자리매김을 한 루이 14세의 폭정과 봉건적 '구제도'(舊制度, ancien régime)의 존속은 그의 계속된 전쟁과 식량부족, 상류사회의 사치와 재정궁핍, 민중의 비참한 생활로 이어지면서 반란 · 폭동의 빈발과 만성화를 초래하였다. 그의 팽창정책이 프랑스의 상공업의 발달을 가져왔으나, 오히려 세력이 증대된 상공계급은 의사 · 변호사 · 교사 등과 합세하여 절대주의에 대항하는 사회분위기를 조성하였다.

◇루이 15세 시대

뒤이어 루이 15세(Louis XV, 1710 - 1774)가 5살의 나이로 왕위에 오르자 약 15년간에 걸친 오를레앙 공(公)의 섭정기간에 인플레가 심화되면서 자본축적과 동시에 '빈익빈 부익부' 현상을 재촉하였다. 무역의 성행으로 거부(巨富)가 된 상인이나 선주(船主)가 출현하고 수출용 면직·모직물의 생산으로 농촌의 공업화 및 광산의 개발이 뒤따랐으나, 이와 동시에 상업주의와 금전주의(金錢主義)가 팽배해 졌다. 더구나 그의 친정체제가 출범하면서 시작된 부국강병정책은 폴란드계승전쟁(1733-35)·오스트리아계승전쟁(1740-48)·7년전쟁(1756-63)·북아메리카와 인도에서의 식민지전쟁 등에서 실패를 거듭하였다. 이로 인하여 패전(敗戰)의 참화와 민심동요 및 심한 재정문란이 초래되었고, 또한 정치가들의 권력암투, 불합리한 인재등용과 정실주의적 인사(人事)는 민중(民衆)을 포함한 모든 계층의 불만고조로 이어졌다. 특권계급은 세금이 면제되었으나, 나머지 농민과 부르조아는 무거운 납세의무 속에서 귀족과 교회가 갖는 봉건적 권력 밑에 신음하고 있었다.

◇특권계급의 구성
– 당시 프랑스 총인구 약 2,300만 중 12만의 성직자와 40만의 귀족

이와같은 프랑스 구체제에 대한 비판의 계기가 된 것은 이미 앞서고 있던 영국의 제제도에 대한 연구와 그 방법으로서의 합리주의(合理主義 : Rationalism) 사상의 발흥이었으며, 이것은 벌써 17세기 이후 베이컨(Francis Bacon, 1561-1626), 로크(John Locke, 1632-1704), 데카르트(René Dscartes, 1596-1650), 뉴턴(Isaac Newton, 1686-1727), 라이프니쯔(Leibnitz, 1646-1716) 등에 의해서 그 사상적 기초가 마련되어 있었던 것이다. 이제 그 불길은 프랑스로 옮겨 붙어 절대군주정에 대한 비판적 사상가들의 활발한 활동이 시작되게 된다. 몽테스큐(Montesquieu, 1689-1755)는 저서 『법의 정신』(1748)에서 정치적 자유와 권력분립의 필요성을 강조하면서 귀족(貴族)의 입장을 변호하였고, 볼테르(Voltaire, 1694-1778)는 『철학서한』(哲學書翰, 1734)에서 사회의 부정과 미신에 도전하여 정의와 관용을 요구하였으며, 케네(Quesnay, 1694-1774)의 『경제표』(1758)는 중농주의입장에서 정부의 경제정책을 비판하면서 개명(開明)된 지주(地主)의 입장을 대변하였다. 그리고 디드로(Diderot, 1713-84) 등이 편찬한 『백과전서』22권

◇합리주의의 출발과 계몽주의자들

(1751년 출판개시)은 특권폐지·제조업보호·조세경감·제한군주제 등을 주장하면서 자립적 산업가(産業家)와 농민(農民)을 대변하고자 하였다. 특히 디드로의 『맹인서간』(盲人書簡, 1749)이나 콩디약(Condillac, 1715-80)의 『감각론』(1754) 등은 유물론적(唯物論的) 경향이 확연히 드러나는 것이었으며, 그 밖의 마블리(Mably, 1709-85)와 콩도르세(Condorcet, 1743-94)같은 혁명주의자(革命主義者)들의 활동도 전개되었다. 이들 〈계몽주의자들〉은 모두가 상업이나 공업의 진보, 즉 문명긍정(文明肯定)의 입장에서 정치·사회개혁을 주장하는 것이었다.

◇계몽주의 사조 속의 루소의 위치

17세기 유럽에 있어 과학적 진보는 우주(宇宙)가 질서있는 〈법칙〉에 의해 지배되고 있다는 확신과 그 법칙은 〈이성〉에 의해 발견될 수 있다는 견해를 성립시켰으며, 따라서 인간의 발전도 이성(理性)에 의해 이루어지고 그 이성은 인간행동의 기준을 설정해 준다는 〈합리주의〉 정신을 낳았다. 즉, 사회현상과 관련하여 그것은 인간의 이성을 절대적 기준으로 하여 인간의 모든 행동과 정치적·사회적·경제적 제제도를 비판하는 양상으로 전개되었다. 이리하여 합리주의는 〈계몽주의(啓蒙主義 : Enlightenment)〉라는 다른 이름 아래 이성에 의한 중세적·봉건적 미망(迷妄)의 극복과 절대주의 체제나 사상에 대한 비판을 지향하는 방향으로 18세기 유럽대륙의 일대조류(一大潮流)가 되었고, 프랑스가 그 중심을 이루고 있었다. 그러나 계몽운동의 일반적 경향은 절대군주제와의 타협이자 실현불가능한 대안으로서 '개명전제군주제'(Benevolent Despots)를 지향하면서 지식인들의 운동에 그치고 있었다. 이에 백과전서파(百科全書派) 학자들은 무지한 상태에 놓인 인민대중의 각성을 촉진하는 방향으로 운동을 전환하였고, 그런 의미에서 이 운동을 계몽주의가 파괴한 폐허 위에 계몽주의의 성과로서 완성하고자 한 것이 루소(Rousseau)였다. 그러나 그는 그 시대의 일반적 조류인 문명긍정적이며 부르조아적인 경향과는 달리 문명부정(文明否定)의 입장에서 국가사회의 개혁을 주장하고, 자본주의의 전

◇개명전제주의(Benevolent Despotism)
= 계몽전제주의
(Enlightened Despotism)
cf. 개명군주(開明君主)적 명제 : "군주, 즉 나는 국가 제1의 공복(公僕)이다."

개로 인해 몰락위기에 놓인 농민(農民)이나 소시민(小市民)의 이해관계를 대변하고자 함으로써 계몽사상가 중의 '이방인'(異邦人)이었다.

Ⅱ. 생 애

◈ 1712년 6월 28일 스위스 제네바(Geneva) 공화국에서 부친 이자크 루소와 모친 슈잔느 베르나르 사이의 차남으로 태어남.

◈ 그의 원래 선조는 프랑스 파리의 서적상(書籍商)이었으나, 16세기 중엽 앙리 2세(Henry Ⅱ)의 신교도박해로 인해 제네바에 망명한 이후 시민권을 얻음. 이렇듯 그의 부친은 프랑스 신교도(위그노 : Huguenot)의 후손으로서 제네바에서 시계상(時計商)을 하였다. 모친도 그 선조는 사보아(savoy)에서 망명한 신교도였으며, 루소가 태어난 후 9일만에 세상을 떠났다.

◈ 두 사람의 숙모가 돌보아 주었고, 부친은 감상적이고 여성적인 성격이었음. 어려서부터 정식교육을 받지 못하고, 7-8세 때에 아버지와 함께 주로 소설을 탐독함.

◇루소의 성격이 감정적 수동성을 띠게 된 주요원인으로 추정됨.

◈ 1722년 부친 이자크는 군인과의 싸움으로 인해 가출하고, 이어 형도 가출하게 됨. 종형제와 함께 제네바에서 7킬로 떨어진 보세마을의 랑베르세 목사에 맡겨짐.

◇1726년 부친이 재혼함.

◈ 13세 때 금붙이 조각과 관련된 도제(徒弟)수업을 받게 됨. 이 때 환경에 대한 반항으로 거짓말하고, 게으름피우며, 훔치는 일도 하여 타락의 경향을 갖게 됨.

◇도제시기와 방랑생활을 통해 자연과 인공, 감정과 이성, 민중과 특권계급이라는 일련의 대립적 관념이 싹트기 시작함.

◈ 결국 1728년 16살 때 여기서 탈출하여 스스로 방랑생활을 선택하면서, 민중(民衆)의 기쁨과 슬픔을 몸으로 체험하게 됨.

◈ 1731년 10월 루소의 일생에 매우 중대한 영향을 끼친 바랑부인 곁에 정착하게 됨. 그녀는 루소의 수동적 성격을 만족시켜 주는 모성형(母性型)의 여인이었다. 마침내 21

◇그는 평생동안 당시의 어떤 제도교육체계와도 관련을 갖지 못했음.

세때 34세인 그녀와 이루어진 성적(性的) 결합은 그에게 충격적인 것이었고, 그 후 마음과 육체를 동시에 충족시켜 줄 사랑을 찾아 많은 여성편력을 갖게 된다.

◈ 1735년 여름에 겪게 된 뇨폐증(尿閉症)의 악화와 불면증의 발생은 그에게 죽음을 생각하게 만들었고, 이로 인해 시작된 자기교육, 즉 독학(獨學)은 그를 새롭게 탄생시키는 결과를 가져왔다. 그것은 1736년 초여름에서 1740년 초까지 샤르메트(Charmettes)에서 이루어진 두 차례의 '자연 속에서의 독학'이다. 이때 고대철학을 비롯하여 라이프니쯔(Gottfried Wilhelm Leibniz, 1646 - 1716) · 말브란쉬 (Nicolas de Malebranche, 1638 - 1715) · 뉴턴(Isaac Newton, 1642 - 1727) · 로크(John Locke, 1632 - 1704) · 파스칼(Blaise Pascal, 1623 - 1662) · 볼테르(François Marie Arouet Voltaire, 1694 - 1778) 등의 근대철학과 자연과학의 연구에 몰두하였다.

◈ 1740년 이윽고 바랑부인의 울타리에서 벗어나 넓은 세계로 뛰쳐나오게 되고, 지방문화의 중심인 리용에서 1년간 가정교사 생활을 하게 됨.

◈ 1742년 8월 마침내 꿈꾸던 파리의 땅을 밟게 됨.

◈ 파리에 정주한 후 동향인 다니엘 로강의 소개로 백과전서파 계몽사상가인 디드로(Denis Diderot, 1713 - 84)를 알게 되고, 음악(音樂)에 대한 취미로 인해 친숙해 짐.

◈ 1743년 베니스주재 프랑스대사인 드 몽테규백작의 비서관으로 부임해 감. 이때부터 정치(政治)에 대해 관심을 갖기 시작. 그러나 몽테규와의 언쟁으로 1년만에 면직됨.

◈ 1744년 9월 파리로 귀환. 디드로와 다시 교우(交友)를 시작하고, 백과전서에 기고도 하였으나, 얼마안가 서로 의견이 맞지 않게 됨. 그 이유는 그가 유물론자가 아니라 철저한 관념론적 합리주의자였기 때문임.

◈ 1745년 바랑부인의 후계자라 할 수 있는 23세의 여관세탁녀 테레즈와 관계를 가짐. 이들은 46년부터 55년까지 5명의 아이를 모두 고아원(孤兒院)의 문앞에 버리게 되었

고, 그런 행위의 가장 큰 원인은 빈곤과 건강악화였다고 함. 주로 악보필사(樂譜筆寫)로 생활비를 마련하려 했음.

◈ 1750년 논문 『학문예술론』이 당선되고, 논문에 대한 논쟁 속에 그의 명성(名聲)이 높아감.

◇디죵(Dijon) 아카데미의 현상논문 당선작임.

◈ 더욱이 1752년 가을 그의 가극 『마을의 점장이』가 상영되어 파리에서 가장 유명한 인사가 되기에 이름. 어전에서의 상영을 계기로 국왕(國王)의 연금하사의 뜻이 전해졌으나 이를 거부함. 그러나 이 가극의 상영은 그가 죽을 때까지 가장 안정된 수입원이 됨.

◈ 제네바를 떠나 구교(舊敎)로 개종한 후 상실했던 제네바 시민권을 1754년 조국 제네바에 귀환하여 신교(新敎)로 개종한 후 다시 회복하였으나, 1763년에 가서는 재차 이를 포기하게 됨.

◈ 1755년 자기혁명의 진행 속에 『인간불평등기원론』과 『정치경제론』 출판.

◈ 1756년 4월 에피네부인이 제공한 몽모랑시 부근의 '엘미타지'에 테레즈와 함께 은거(隱居)를 시작하였으나 '샤르메트'에서와 같은 '매력있는 고독'은 못되었으며, 1757년 1월 이곳에서 그의 애정에 마지막 불을 지른 26살의 우도트부인을 만남. 그러나 얼마안가 우도트부인과의 파국과 에피네부인과의 절교에 이르게 되고, 1757년 말 이곳을 떠나 몽모랑시의 몽 루이로 거처를 옮김.

cf. 엘미타지 : '은자(隱者)의 집'이라는 뜻

◈ 1756년 8월 볼테르와의 사상대립이 표면화되고, 1757년 3월 디드로와의 논쟁, 이해 11월 그림으로부터의 절교장 수신과 달랑베르에 대한 반론제기 등으로 1758년에는 디드로 등 백과전서파 전체와의 결별(訣別)이 이루어지게 됨.

◈ 몽 루이에 정착(定着)한 1757년 말부터 60년까지의 3년간 『신엘로이즈』, 『에밀』, 『사회계약론』 등 3대 걸작이 저술됨.

◈ 1762년 6월 프랑스 정부가 『에밀』의 분서(焚書)와 루소의 체포를 결정하자 스위스로 도피했다가, 이곳에서도 그

◇1762년 7월 29일 바랑부인이 샹베리에서 사망.

의 저술이 판매금지되자 7월에는 다시 프러시아령(領)인 모체로 옮겨 테레즈와 함께 정주하게 됨. 이곳에서 자연에 대한 취미로 식물학(植物學)에 열중하게 됨.

◈ 이 해 겨울 심한 추위로 병이 재발. 죽음에 대비하여 유서(遺書)를 씀. 출판업자와 상의하여 테레즈에게 300리브르의 종신연금을 확보.

◈ 1763년 5월 그를 배반한 제네바의 시민권을 포기하고, 제네바의 혁신파와 손잡음.

◇이 해에 「코르시카 헌법초안」을 청탁받음.

◈ 1764년 볼테르의 글 "시민의 감정"은 루소가 자식 5명을 버린 사실을 폭로.

◈ 1765년 자기변명을 위한 『고백』을 쓰기 시작. 그러나 민중으로부터의 신변위험이 증대되자 또다시 방랑의 길을 떠남.

◈ 흄(David Hume, 1711-76)의 초청이 있어 1766년 결국 최종적 안식처로 영국행을 선택. 그러나 루소의 혁명적 성향이 흄의 보수주의적 성격과 충돌하게 됨.

◈ 1767년 4월 다시 병이 악화되자 5월 프랑스로 돌아옴. 각지를 전전하면서 1768년 8월 테레즈와 정식으로 결혼(結婚)을 하고, 이 동안에도 『고백』의 집필은 계속됨.

◈ 1770년 초 다시 '루소'라는 본명을 쓰기 시작하고, 귀족들의 보호를 벗어나 독립된 생활을 하기로 작정. 이 해 6월 파리에 도착하여－현재 장 자크 루소 가(街)인－오델드 생 테스프리에 자리잡음. 거기에 방문객이 쇄도하고, 군중의 환영을 받음. 연말에 『고백』을 완성함.

◈ 1771년 『고백』의 공개낭독회가 에피네부인의 책동에 의한 경찰의 저지로 무산됨. 이후 다시 '악보필사'라는 직업을 통해 겨우 연명해 감. 폴란드 귀족의 부탁으로 『폴란드 통치론』을 쓰기 시작하여 이듬해 4월에 완성.

◈ 1772년 박해의 피해망상(被害妄想)에 시달리던 그가 그 최후의 저항으로서 『대화 : 루소가 장 자크를 재판하다』를 집필하여 4년만에 완성함.

◈ 1776년 3월 『대화』를 노트르담 사원의 제단(祭壇)에 바

치려다 실패하자 "지금도 정의와 진리를 사랑하는 프랑스인에게"라는 전단을 만들어 거리의 사람들에게 뿌렸으나, 이 예순 네 살의 노인(老人)에게 귀기울이는 자는 드물었다.

◈ 절망이라기보다는 차라리 체념에 빠진 루소는 그 해 가을부터 말년(末年)의 외로운 심경의 기념비가 되는 「고독한 산보자(散步者)의 몽상」을 쓰기 시작함.

◈ 1777년 말 '제9의 산보'가 완성되었다. 그러나 '제10의 산보'는 미완성인 채로 1778년 7월 2일 테레즈가 임종을 지킨 가운데 장액성(漿液性) 졸도로 프랑스 오아즈(Oise)주 에르므논비유(Ermenonville)에서 숨짐. 그 유해는 1794년 위인묘(偉人廟) 팡테옹(Panthéon)으로 옮겨져 그 평생의 라이벌이자 동지(同志)이기도 한 볼테르와 나란히 다시 묻힘.

◇1778년 4월 30일 볼테르 사망

Ⅲ. 저　　작

◈ **학문예술론(Discours sur les sciences et les arts : A Discourse on the Progress of the Arts and Sciences, 1750)**

○'문화'와 '자연'과의 관계에 관한 주요이론을 전개한 문명비평론으로서, 학문과 예술 및 문화일반에 대한 역설적(逆說的) 논지를 전편(全篇)에 걸쳐 지극히 감동적인 필치로 역사적 실증을 통해 서술하고 있다.

○디종(Dijon)의 아카데미 현상논문(懸賞論文)에 응모하여 당선된 작품이며, 루소의 사상발전의 기초이자 제일보로서 제1논문이라고도 불리움.

◇당선 후 커다란 반향과 논쟁을 불러일으키게 되고, 이로 인해 사회사상가로서 유명해지기 시작함.

○인간은 스스로 만든 문명(文明)과 제도(制度)에 의해 질박당하고, 사회의 조직과 학문·예술의 발달 속에 온갖 모순(矛盾)과 타락의 경향이 스며 있다는 자신의 직관을 서술하고 있다. 즉, 학문·문학·예술은 사람이 속박되어 있

는 쇠사슬 위에 펼쳐진 꽃장식과 같다고 혹평(酷評)하고 있다.

○ 2개 부분으로 구성되어 있으며, 〈제1부〉에서는 표면상 화려해 보이는 학문·예술의 발달과는 대조적으로 그 이면(裏面)의 불결하고 부자연스런 악덕(惡德)의 만연을 묘사하면서 역사적으로 문화가 발달한 곳에서는 언제나 도덕적 퇴폐가 뒤따랐음을 지적하고 있다. 그리고 〈제2부〉에서는 문명적 해독에 물들지 아니한 고대 사람의 소박한 성품과 그 속에 깃든 자연스런 미덕을 예찬(禮讚)하면서, 이것이 궁극적으로 인간의 이상(理想)임을 요구하고 있다.

◇ 1754년 4월에 탈고하고, 55년 4월에 간행됨.

◈ 인간불평등기원론(Discours sur l'origine et les fondements de l'inégalité parmi les hommes : Discourse on Inequality, 1755)

○ 자연상태 및 국가의 기원과 재산의 불평등 간의 상관성에 주목하여 〈사회제도〉의 발달과정을 서술하면서, 불평등(不平等)을 야기시키는 현행의 사회제도 및 의식을 비판하고 있다.

○ 1753년에 공모(公募)된 디종아카데미 현상논문에 응모한 글로서, 당선되지는 못하였지만 그는 이를 중요한 정치적 논문으로 보고 조국(祖國) 제네바공화국에 헌정하였다.

○ 『학문예술론』에서 일으킨 논쟁이 거듭되는 동안 도덕의 퇴폐와 악(惡)의 만연에 관련한 여러 현상 중 인간 상호 간의 불평등-즉, 자유와 평등을 저해하는 사회적 불평등(社會的 不平等)-이 특히 중요한 현상이라고 봄.

○ 두 개 부문으로 나뉘어져, 제1부의 〈자연상태〉와 제2부의 〈사회상태〉가 마치 천국과 지옥처럼 매우 대조적으로 묘사되고 있다. 목가적(牧歌的)인 자연상태에서 자유와 평등을 누리는 선량한 자연인(自然人)이 사회상태의 이기적인 인간의 타락된 모습으로 바뀌게 되는 기본적 원인을 토지사유관념(土地私有觀念)의 발생에서 찾고 있다.

○ 기술적(技術的) 발전에 따른 사회의 복잡화와 문명사회(文明社會)에로의 진행은 인류의 타락(墮落)을 촉진시킨

◇'원시(자연)상태에로의 회귀'가 아니라 이같은 '자연의 감정에로의 회귀'를 위한 현실적인 대안은 그 이후 『사회계약론』과 『에밀』에서 구체적으로 제시되고 있다.

데 불과하며, 이의 해결을 위하여는 '자연'의 순수하고도 선(善)한 감정으로 되돌아가는 길밖에 없다고 주장하고 있다.

◈ 정치경제론(De l'economie politique, 1755)

ㅇ디드로(Denis Diderot, 1713-84)가 편찬한 백과전서(百科全書) 속에 실린 것임.

ㅇ루소 자신은 이 작품을 그다지 중요하게 보고 있지 않으나, 주저(主著) 『사회계약론』의 주요요소들인 〈일반의지〉, 〈조국〉, 〈시민〉 등의 개념이 이미 논의되고 있음.

◈ 신(新)엘로이즈(Nouvelle Héloïse, 1761)

ㅇ낭만주의 소설(浪漫主義 小說)로서, 프랑스 문학뿐만 아니라 독일 괴테의 『젊은 베르테르의 슬픔』에도 영향을 끼친 것으로 알려져 있음.

ㅇ당시의 문학비평가들은 거들떠보지도 않았으나, 대중의 인기(人氣)를 얻어 40년 동안 72판이라는 경이적인 기록으로 18세기 최고의 베스트셀러가 되었다.

ㅇ귀족(貴族)의 딸 〈줄리〉는 평민(平民)인 〈상푸르〉와 사랑에 빠졌으나 그녀 아버지의 반대로 꽃피우지 못하고 결국 다른 귀족과 결혼하게 되며, 이후 이성(理性)으로 사랑을 잠재우다가 죽음에 이르러서야 마침내 〈상푸르〉에 대한 진정한 사랑을 깨닫고, 천국에서 다시 맺어지기를 기대한다는 줄거리임.

◈ 사회계약론(Du contract social ou principes du droit politique : Social Contract, 1762)

ㅇ룩셈부르그 공(公)의 보호 밑에서 『에밀』과 더불어 발표한 것으로서, 1758년 여름에 집필하여 60년 말에 완성되었고, 이듬해 정서(淨書)를 거쳐 62년 4월에 간행됨.

ㅇ자신의 사상을 정치제도(政治制度)에 적용한 것으로, 민권사상(民權思想)의 토대를 구축함으로써 근대민주주의 역사에서 커다란 지위를 차지하는 작품임.

ㅇ『인간불평등기원론』에서 제기한 문제, 즉 자연상태로부터

벗어나 이미 타락해버린 인간과 황폐한 사회를 어떻게 재건(再建)하느냐 하는 문제에 대해서 이론적 해답(解答)을 제시하고자 시도한 것이다.

○그는 해답을 '올바른 사회상태에서의 올바른 인간', 즉 참다운 사회인(社會人)으로서의 '시민'이 되는 방법에서 찾고 있으며, 그 방법은 〈자연인〉이 지닌 바 자유와 평등 및 그 고유한 선량성(善良性)과 미덕(美德)을 그대로 간직한 채 이를 보다 고차원의 형식인 국가사회에서 유지하는 일이라고 봄.

○그리고 이를 위하여는 '훌륭한 입법자'의 기교(技巧)에 의해 참다운 국가를 성립시켜야 하는 데 그 원칙을 자신의 독특한 〈사회계약설〉로써 제시하고 있다.

○이 과정에서 '구체제'(舊體制)의 억압적 인간관계에 대한 비판, 공정하고 지혜로운 입법자의 역할, 인민주권론과 직접민주주의, 법(法)에 의한 〈일반의지〉의 올바른 파악과 올바른 표현의 중요성 등이 논의되고 있다.

◈ 에밀(Emile, 1762)

○『사회계약론』과 비슷한 시기에 집필(執筆)되었고, 출간도 불과 한 달 뒤에 이루어짐. 1762년 5월 파리와 네덜란드에서 동시에 발매됨.

◇6월 3일 관헌에 압수되고, 6월 7일 소르본느대학 신학부의 고발, 6월 9일 고등법원의 유죄판결과 체포령 및 분서(焚書)

○1762년 6월 9일에는 파리고등법원에 의해서, 그리고 6월 19일에는 제네바정부에 의해서 『사회계약론』과 함께 소각(燒却) 및 체포명령이 내려짐.

○기존의 교육관이나 주입식 교육방법과는 전혀 반대되는 독특한 교육방법과 인간의 이상상(理想像)을 제시하고 있으며, '교육의 성서(聖書)'라고 일컬어짐.

◇이미 『학문예술론』과 『인간불평등기원론』에서 논의된 바, 인간문명 자체와 사회체제 및 이를 합리화하고 있는 모든 기성종교에 대한 부정(否定)의 입장에서 교육론을 출발시키고 있다.

○루소 자신의 20여년에 걸친 자기교육(自己敎育)의 사색을 통해 도출된 소설형식의 교육론으로서, 공민교육(公民敎育)을 거부하고 사교육(私敎育)의 형식을 취하고 있음.

○구체제의 모든 가치관을 백지상태로 돌리고, '자연의 자식'으로서의 새로운 인간상이 부조(浮彫)되어 있다. 그리하여 사회 속의 참다운 인간, 즉 '시민'(市民)이 되기 위한 인

간형성의 방법을 탐구하고 있다.

◈ 코르시카 헌법초안(Project de constitution pour la Corse, 1766)

◦1764년 코르시카의 지사(志士) 붓타 포코로부터 청탁을 받고 1766년 완성(完成)된 것으로서 전부 4통이며, 『사회계약론』의 응용작품임.

◦일찌기 루소는 『사회계약론』에서 코르시카 섬의 인민을 극찬하면서, "나는 언젠가 이 작은 섬나라가 유럽을 놀라게 하리라는 어떤 예감을 가지고 있다"고 말함으로써, ─본인이 기대한 인물은 아니겠지만 ─ 나폴레옹 출현의 놀라운 예언이 되었다.

◈ 고백록(Les confessions, 1765 - 70)

◦사후(死後) 1781년에 전반부가 출판되고, 나머지는 1788년에 출판됨.

◦근대문학사 최초의 고백문학으로서 하나의 전형(典型)을 보여주고 있으며, 낭만주의의 원류(源流)·심리소설계열의 선두(先頭)라고 극찬되고 있기도 하다.

◦자서전(自敍傳)으로서 스스로 '마음의 역사'를 기록했다고 말하는 인생편력의 적나라한 진실고백(眞實告白)이며, '최초의 근대인'이라 평가되는 루소의 '근대적 자아'의 모습을 볼 수 있다.

◇자신이 버린 자식 5명에 관련한 '고아원 유기사건'을 익명으로 폭로한 볼테르의 글 "시민의 감정"에 대한 반론과 해명이 집필 동기임.

◈ 폴란드통치론 (Considération sur le gouvernement de Pologne, 1782)

◦1771년 가을부터 1772년까지 반년에 걸쳐 씌어진 것으로서, 사후(死後)에 출판됨.

◦조국의 개혁안(改革案)을 부탁하러 온 폴란드귀족 빌호스키에 대한 우정의 정표(情表)로서 인쇄하지 않는다는 조건하에 저술한 것이다.

◦『사회계약론』의 응용작품으로서 민족주의(民族主義)의 색채가 짙게 풍기며, 이상적 체제하에서의 공민교육(公民敎育)의 적용가능성에 대해서도 언급하고 있다.

◇ 1782년에 출간됨.

◈ 고독한 산보자의 몽상(Les rêveries du promeneur solitaire)

- 1776년 가을부터 쓰기 시작하여 1777년 말에 이르러 〈제9의 산보〉가 완성되었으나, 1778년 4월 12일자로 시작한 〈제10의 산보〉는 미완성(未完成)인 채로 세상을 떠남.
- 외부로의 희망이나 투쟁을 포기한 채, 말년(末年)의 체념과 고독 속에서 자기내부(自己內部)의 세계를 술회하고 있다.
- 마음의 평화(平和) 속에서 그의 아름다운 몽상(夢想)이 전개되고 있으며, 죽음에 직면한 고요한 심경의 기념비적 작품임. '밤하늘에 반짝이는 별과 땅에 떨어진 낙엽 사이에 선, 늙고 고독한 한 혁명적 사상가의 최후의 모습'을 보여주고 있다.

Ⅳ. 사 상

1. 관심과 동기

◇ 하층민중의 대변자

1) 현재 대다수의 인민대중, 특히 순박한 농민(農民)과 힘없는 소시민(小市民)은 전례없는 억압 속에서 벗어날 수 없는 쇠사슬에 묶여 굴종과 희생을 강요당하고 있다.

◇ 상층계급의 자기모순

2) 다른 한편으로 부자(富者)나 권세가(權勢家)는 일견 좋아 보이지만 그들도 마찬가지로 영광과 사치의 화려한 베일 속에 감추어진 모순과 허영의 굴레에서 벗어나지 못한 채 어떤 의미에서 더 큰 불행에 빠져 있다.

◇ 이데올로기비판과 제도개혁

3) 최초 사회의 성립과 함께 발생하게 된 인간사회의 이 모든 불행과 비참함은 부당(不當)한 사회제도와 이에 결합된 허위(虛僞)의 사회의식에서 비롯된 것이다.

◇ 절대군주제 반대

4) 그 중 최악(最惡)의 제도는 전제군주제이며, 모든 소유욕(所有慾)과 학문·예술 및 종교, 그리고 법률은 시초부터 그 토양이 되어 왔다.

◇일반의지와 공화주의

◇자연주의와 인간성 회복

5) 이러한 제문제를 해결하기 위하여는 이미 돌이킬 수 없는 '자연상태로의 회귀'나 '무정부주의'가 아니라 사회계약의 원초적 정신을 되살려 일반의지(一般意志)를 구현하는 방향으로 국가사회제도를 개혁(改革)하고, 사회구성원에 대한 올바른 교육을 통하여 그들로 하여금 자연적 본성의 내면적 순수성을 발현케 함으로써 본연의 인간성을 회복(回復)하고, 시민적 의무(義務)를 다하도록 만들어야 한다.

2. 인간관

◇자연상태와 사회상태

1) 자연상태의 인간은 원칙적으로 무지(無知)하고, 선·악의 관념도 없다고 보아야 하나, 사회상태와 비교해 볼 때 그들은 나면서부터 자기보존(自己保存)의 본능에 따라 행동하면서 자유롭고 평등하며, 그런 의미에서 행복(幸福)한 존재였다.

◇인간의 본성 : 자애·성욕·연민의 본능

◇동정심(同情心)의 본능 → 성선설(性善說)

2) 그러나 종족유지(種族維持)의 성적 본능에 따른 인간접촉과 가족(家族)의 형성은 자연스레 〈자애심〉을 넘어서 또하나의 내재적 본성으로서 〈동정심〉을 자극하였고, 이와 동시에 인간간 상호의존관계의 진전(進展)은 외적 위험들에 대응할 개별적 힘의 약화를 초래함으로써 사회의 필요성을 인식하게 되었다.

◇사회계약의 불이행 → 인간의 타락

3) 이와같이 사회적 결합이 자연상태의 변화에 따른 어느 정도 동물적인 불안상태(不安狀態)에서 벗어나기 위한 자연스런 결과였지만, 본래 목적과는 달리 그 후의 역사적 사실은 인간이 나면서부터 선(善)하지만 사회가 인간을 타락시키고 사악(邪惡)한 것으로 만들어 왔음을 반증(反證)하고 있다.

◇반(反)문명주의 → 문명의 이데올로기성

4) 그 이유는, 오늘날 인간사회의 불평등과 그 밖의 모든 악(惡)의 기원이 초창기 소수 영악한 자들에 의해서 시작된 소유관념(所有觀念) 및 법(法)과 지배(支配)의 발생에 있으며, 이와 연계된 이성적 산물인 학문·예술·기술 등 문명(文明)의 진보는 이를 더욱 심화시키고 합리화시켜 왔다는 사실에 있다.

◇이성주의·도덕주의·법률주의·종교주의가 아니라 자연주의·양심주의임.

5) 이렇게 볼 때 모든 인간타락과 불행, 그리고 악의 제거를 위한 유일한 길은 이성(理性)이나 도덕, 또는 법률이나 종교에 의해서가 아니라 원래부터 선(善)한 자연적 인간본성에 회귀함으로써 영혼의 소리인 그 순수한 감성적 양심(良心)에 따르는 것이며, 그리하여 올바른 교육과 경험을 통한 〈양심〉의 부활은 자연스럽게 자애심(自愛心)을 동정심으로 승화(昇華)시켜 가까운 〈이웃애〉에서 〈인류애〉로까지 진전되어 나가게 되는 것이다.

3. 사회관

1) 자연상태

(1) 연구의 필요성

① 모든 지식(知識) 가운데 가장 요긴하면서도 발전되지 아니한 것은 인간자체(人間自體)에 관한 지식이다.

◇원초적 인간에 대한 연구의 필요성
→인간의 자연적 본성에 대한 지식

② 인류의 진보는 끊임없이 새로운 지식을 요구하며, 이에 필요한 '이성을 사용하는 정념(情念)'과 '달아오른 오성(悟性)'은 우리 인간을 그마만큼 진솔하고 장중한 소박성(素朴性)의 원시상태에서 멀어지게끔 만들었다. 그런 뜻에서 "-지금의-'인간'을 연구했기 때문에 우리는 〈인간〉을 알 수 없게 되어 버렸다."

③ '자연법'의 참된 정의(定義)에 대한 지금까지의 불확실하고도 애매한 방치는 〈인간본성〉, 즉 '자연'에 대한 무지(無知) 때문이다.

(2) 가설적 전제

최초 자연상태에 대한 탐구는 가설적이고 조건적인 추리(推理)에 입각할 수밖에 없다.

◇정신적·육체적 건강

① 자연상태의 인간은 육체적으로나 정신적으로 건강(健康)하고 강(強)했다.

a. '자연상태의 인간'은 불의 발견·말의 사용·문자의 발명 이전의 순수하고 질박한 상태의 인간을 말한다.

b. 원시인(原始人)은 약이나 의사가 필요없었다. 오늘날

우리의 대부분의 불행, 즉 수면부족(睡眠不足)·모든 종류의 지나침·온갖 정념의 절제없는 열광(熱狂)·정신의 피로와 소모·기타 영혼을 침식하는 숱한 비애(悲哀)와 고통 등은 '자연의 간소성과 고독한 생활양식'을 버림으로써 시작된 우리가 만들어 낸 것이다. 따라서 "사색의 상태는 자연에 반(反)한 상태이고, 명상하는 인간은 타락한 동물이다."

c. 인간은 사교적(社交的)으로 되거나 노예적으로 되면서 더욱 무력(無力)해 졌으며, 안락함과 편리성의 증가는 이를 촉진시켰다. "동물의 야생상태와 사육상태를 비교해 보라."

◇ 자유와 평등

② 또한 그들은 자유롭고 평등하였다.

a. 원시인은 자연의 변화에 순응(順應)하면서, 주어진 본능(本能)에 따라 어떠한 부자유도 느끼지 않고 평화롭게 살아갔다.

b. 그들 상호간에는 자연에 의해 주어진 차이가 존재하나 그러한 〈자연적 불평등〉이 부자유(不自由)를 느낄 정도의 것은 아니었으며, 우연한 대립상황에서 여의치 않을 경우에는 도피(逃避)의 자유가 있었다. 그러나 "오늘날의 인간은 그같은 '도피의 자유'마저 박탈되어 있다."

◇ 불평등의 종류 : 자연적 불평등과 사회적·제도적·정치적 불평등

cf. 두 종류의 인간불평등

i. 자연적(또는 육체적) 불평등

〈자연〉에 의해 정해지고 연령·건강·체력뿐만 아니라 정신 또는 혼(魂)의 자질의 차이(差異)에서 비롯된 불평등

ii. 제도적(또는 정치적) 불평등

사람들간의 〈약속〉이나 〈동의〉에 따라 정해지거나 정당화(正當化)되는 것으로서 인위적·도덕적 불평등. 즉, 소수(少數)가 다수의 손해를 통해 향유되는 특권(特權)으로서 권력·명예·재산상의 불평등

c. 모든 동물은 감각과 관념을 가지고 있다. 인간의 특질은 이와 더불어 자유의지(自由意志)와 자기완성(自己完

成), 즉 '진보'의 〈능력〉을 더 가지고 있다는 점이다. 이 특유하고도 무제한한 능력이 온갖 불행의 원천이다. 진보(進步)를 위한 지식축적이 욕구(欲求)의 다양화와 증대를 낳았고, 이것은 다시 충동적 정념과 오성의 상호 작용 속에서 인간을 헛된 욕망과 지식의 노예로 만들면서 다른 동물과는 달리 최초의 상태에서 멀어져 왔다.

d. 그같은 특유의 능력은 시간(時間)의 힘에 이끌려 인간 〈지식〉의 빛과 오류, 악덕과 미덕의 꽃을 피우면서 마침내는 인간자신과 자연에 대한 압제자(壓制者)로 변신하였다. 최초 인간은 언어도 종교도 없었던 것이다. 예컨대 〈죽음〉과 그 〈공포〉에 대한 지식도 인간이 동물적인 상태를 떠남으로써 비로소 얻어진 것이다. "자연상태의 미개인(未開人)이 자살충동을 가졌다는 이야기를 들은 적이 없다. 그렇다면 어느 쪽이 참으로 비참한 것인가?"

◇평화

③ 그리고 그들은 선·악의 관념이 없었지만 서로 평화스럽게 살았다.

◇'인간 혼의 두 가지 원리':〈자기애〉와 〈동정심〉

a. 〈이성〉에 앞서는 인간 혼(魂)의 최초의 가장 단순한 작용에서 도출되는 두 가지 원리는 안락(安樂)과 자기 보존의 추구에서 나오는 〈자기애(自己愛)〉, 그리고 동포의 고통과 멸망에 대한 감성적 반응으로서의 '자연적 혐오감'인 〈동정심(同情心)〉이다. 따라서 "감성적 존재로서 어느정도 공통적인 특질을 갖고 있는 동물의 경우에도 자연법에 참여해야 하며, 이들도 인간으로부터 불필요한 학대(虐待)를 받지 않을 권리가 있다."

b. '본래 인간은 선악(善惡)의 관념이 없었다'고 본 홉스(Hobbes)의 견해는 〈자연법〉에 관한 근대의 온갖 정의 속에 내재한 결함(缺陷)을 기특하게 지적한 것이다. 그러나 그도 〈자연상태〉를 '투쟁상태'로 봄으로써 중대한 결함에서 벗어나지 못하였다. "내가 볼 때 자연상태는 가장 평화에 적합하고 인간에 어울리는 것이었다."

c. 미개인(未開人)은 선악을 모르기 때문에 악인이라 할 수 없으며, 또한 그들이 악행을 하지 않는 것은 '지식의

◇도덕의 역설(逆說)

발달'과 '법률의 구속'이 아니라 정념(情念)이 조용하여 악덕을 모르기 때문이다. 이렇게 볼 때, "어떤 사람이 악덕(惡德)을 모르는 것은 다른 사람이 미덕(美德)을 알고 있는 것보다 유익하다."

(3) 인간의 본성－성선설(性善說)

◇〈인간본성〉: ① 생존(식욕), ② 연애(성욕), ③ 연민(사랑)

① 생존(식욕 : 食慾)

a. '자기보존'(自已保存)은 인간존재의 가장 단순하고도 기본적인 욕구이자 정념이다.

b. 이같은 '생존유지'의 본능은 모든 생명체(生命體)의 공통된 것으로서 참된 욕구이다.

c. 그리고 그때그때 자신의 생명유지에 필요한 만큼만 충족되면 더 이상 욕심을 부리지 않는 제한적(制限的)인 욕망이다.

② 연애(성욕 : 性慾)

a. 〈생존〉 이외에 인간의 가장 기본적인 정념 중 나머지 하나는 〈연애〉, 즉 이성(異性)간의 성적 결합의 욕구이다.

b. 이것은 단순히 육체적인 교접(交接)으로서 다른 생명체와 마찬가지로 종족유지(種族維持)를 위한 일반적인 욕망이지만 발정(發情)의 주기가 없다는 특징을 갖는다.

cf. 연애감정의 두 양태

i) 육체적인 양태 : 섹스적 결합을 이루려는 자연적인 욕망

ii) 정신적인 양태 : 어떤 류의 가치나 미(美)의 관념에서 비롯되며, 비교나 질투를 유발한다.

c. 오늘날 연애감정의 정신적인 양태를 고려해 볼 때, 사회상태에서의 〈정념의 발달〉은 무질서(無秩序)와 범죄(犯罪)를 낳았고, 이것은 〈법률〉의 필요성을 증대시켰다. 이 경우 법률의 증가가 무질서의 증가를 해소시키지 못하고 있음을 볼 때 사실상 법률과 무질서는 동시(同時)에 발생한 것이다.

d. 사랑하는 남자의 질투나 남편의 보복이 결투(決鬪)나 살인, 기타 이보다 더한 나쁜 짓을 매일 일으키고, 영원한 〈정절(貞節)의 의무〉는 불의한 인간을 만드는 데 기여했을 뿐이다. "순결(純潔)과 명예를 요구하는 〈법률〉 그 자체가 필연적으로 방탕과 낙태를 증가시켰다."

③ 연민(동정·사랑)

a. 인간은 동포의 괴로움을 '선천적(先天的)으로' 꺼리기 때문에 자신의 행복에 대한 정열을 완화하고 자기보존의 욕구를 누그러뜨린다. 이것은 '하나의 원리'로서 인간에 본연적으로 내재한 '연민의 정(情)'이다.

cf. "이 현상은 때때로 짐승들에서도 관찰할 수 있다."

cf. "어떤 죄수가 있어 맹수가 어린아이를 잔인하게 뜯어먹는 모습을 보았다고 가정해 보자. 그는 매우 비장(悲壯)한 모습을 할 것이다."

cf. "어떤 폭군(暴君)이 극장에서 비극(悲劇)을 보고서 동정의 눈물을 흘리는 모습을 볼 수 있다."

※ 이러한 것들은 일체의 반성(反省)에 앞서는 자연의 순수한 감정의 움직임이며, 또한 아무리 타락한 풍속의 힘이라도 파괴하기 곤란한 자연의 '연민(憐憫)의 힘'이다.

◇이성보다 앞서는 자연적·본능적 감정으로서의 〈연민〉과 〈동정〉

b. 〈연민〉은 자연이 인간에게 부여한 '이성(理性)의 지주(支柱)'로서의 감정이다. 만약 그렇지 않다면 인간이 그 모든 도덕을 가지고 있더라도 괴물에 지나지 않을 것이다.

cf. "연민에서 모든 사회적 미덕, 예컨대 인류애·친절·우정·사랑 등이 유래하였다."

c. 〈동정(同情)〉이란 괴로워하는 사람과 한 몸이 되어 보는 감정이다. 이 감정은 〈미개인〉에게는 어렴풋하나 활발하고, 〈문명인〉에게는 발달되어 있으나 미약하다.

cf. 그같은 타인과의 일체감(一體感)은 '추리적 상태'라기보다는 '자연적 상태'에 가깝다. "만일 인류의 보존이 사람들의 추리(推理)에만 의존했다면, 인류는 훨

씬 예전에 존재하지 않게 되었을 것이다."

> ◇〈자존심〉과 〈철학〉의 악덕(惡德)

cf. 〈자존심〉을 낳는 것은 '이성'이며, 이를 강하게 하는 것은 '반성'이다. "이성적 반성을 통해 인간을 고립(孤立)시키는 것이 〈철학〉이다."

cf. "철학자의 창문(窓門) 밑에서는 태연하게 그 동포를 죽일 수 있다. 그러나 정작 동포간의 싸움을 말리는 것은 지혜와 이성과 재능이 없는 시장(市場)의 아낙네들과 천민(賤民)들이다."

> ◇〈연민의 정〉이나 〈동정심〉은 연애감정, 즉 성욕과 마찬가지로 종족유지에 기여하는 감정이다.

d. 따라서 〈연민의 정〉이나 〈동정심〉은 '자연의 감정'이며, 자기애(自己愛)의 감정을 누그러뜨리고 종(種) 전체의 상호보존에 협력하는 것이다.

cf. 만일 의무(義務)가 있다면 이것이 가장 기본적인 것이며, 자연상태하에서 법률이나 풍속·미덕을 대신한다.

cf. 어떤 힘센 미개인이 달리 생존수단을 강구할 수 있는 경우, 구태여 어린이나 노약자의 생활수단을 강탈하지 않는 것도 이 '연민의 정' 때문이다.

> ◇이성적인 〈정의〉의 관념보다 감성적인 〈연민〉의 정(情)이 더 우월하다.

cf. '남으로부터 대접을 받고자 바라는 것과 같이 남에게도 그렇게 행하라'는 〈합리적 정의(正義)〉의 저 숭고한 원리 대신에, '될 수 있는 한 남의 불행을 덜어 주어 그대의 행복을 꾀하라'는 자연적 선(善)의 원리가 – 즉, 자연의 감정인 '연민의 정'이 – 완전하지는 못하지만 오히려 더 도움이 된다.

2) 사회상태 – 불평등의 기원과 그 전개

(1) 인간의 진화

> ◇원시인의 생활상

① 최초 〈자연상태〉의 미개인은 숲속을 헤매면서, 생활기술·언어·집·전쟁이나 동맹·지배나 종속도 없고, 동포를 필요(必要)로 하지 않을 뿐만 아니라 동포에 대해 해(害)를 끼칠 마음도 없으며, 극히 적은 정념만을 좇아 자기 자신만으로 만족하는 인간이었다. 교육이나 진보도 없이 어린이인 채로의 인간이며, 남녀결합(男女結合)은 단순히 육

체적 관계로 끝나고, 자식도 성장하면 어머니를 떠나 곧 잊어버리는 '동물적 인간'이었다. 그리고 습관이나 생활양식에 따라 인간간에 약간의 상위점이 존재할 뿐, 그러한 '자연적 불평등'은 그 후에 나타난 '제도적 불평등'과는 비교될 수도 없는 미미한 것이다. 즉, 불평등(不平等)은 자연상태에서는 거의 느낄 수 없고, 그 영향도 거의 없었다.

◇경쟁상황조성과 도구사용 및 조잡한 이해관념의 발생

② 최초의 감정은 〈자기생존〉의 감정이었고, 최초의 배려는 〈자기보존〉의 배려였다. 그러나 인구증가와 자연적 산물의 한계에 따른 경쟁상황(競爭狀況)이 조성되었고, 기후나 자연적 환경의 불리함을 극복하려는 기술(技術)의 진보가 뒤따랐다.

③ 불의 사용방법을 터득하면서 인간의 우월감(優越感)이 발생하였고, 안락(安樂)의 추구는 동포의 원조를 기대하면서 동시에 그들을 경계하는 의식이 발생하였다. 이리하여 자기이익을 위한 조잡(粗雜)한 관념들이 생성되기 시작했다.

(2) 사유와 불평등의 발생 및 진전

◇정착(定着)과 함께 〈가족과 사유재산〉의 성립

① 오랜 방황 끝에 드디어 오두막을 짓고 정착하면서 〈가족〉이 성립되고, 이것이 〈사유재산〉이 생기게 된 '최초의 혁명(革命)의 시대'였다.

◇토지소유관념의 발생

② 그리고 "어떤 땅에 울타리를 쳐놓고, '이것은 내 땅이다!'라고 외친 최초의 인간이 정치사회(政治社會)의 참된 창립자였다." 이같은 사유(私有)관념은 그 이전의 많은 지식과 기술의 진보에 따른 결과물이다.

◇'안락(편의)'의 습관화와 욕구화

③ 이제 많은 여가(餘暇)가 갖가지 〈안락〉을 손에 얻기 위해 도구(道具)를 발명하게 되고, 이같은 안락에 습관화된 그 자신과 함께 자손의 육체와 정신은 연약해져 갔다. 그리하여 "사람들은 안락이 '진정한 욕구'로 변질(變質)되어, 이를 소유해도 행복하지는 않았어도 잃게 되면 불행했던 것이다."

◇종족의 집단생활과 문화발생

④ 지형이나 기후에 따라 교섭과 왕래가 제한됨으로써 지역마다 독특한 종족(種族)이 형성되었고, 결합의 확대와 유

◇욕구와 혐오, 사랑과 질투의 감정 발달

대(紐帶)의 강화는 특색있는 노래와 춤 등으로 이어졌다. 이제 사람들은 갖가지 사물들을 고찰·비교하는 데 익숙해졌고, 이것이 무의식 중에 '가치'와 '미'(美)의 관념을 지니게 함으로써 좋고 싫음의 감정이 확대되어 갔다. 〈질투심〉이 사랑과 더불어 눈을 뜬다.

◇〈존경〉이라는 새로운 가치의 출현
→ 사회적 불평등의 출발

⑤ 특히 〈존경〉과 〈명예〉라는 것이 하나의 가치를 지니게 되었고, 이는 드디어 (사회적)불평등과 악덕으로의 제일보였다. 즉 존경(尊敬)이라는 가치는 한편으로는 허영과 경멸 및 모욕과 선망의 감정을 발생시켰고, 다른 한편으로는 예의범절(禮儀凡節)을 탄생시킴으로써 모욕(侮辱)에 대한 보복과 잔인성의 시초가 되었다.

◇예절과 함께 모욕과 보복의 발생

cf. "오늘날 우리들에게 알려진 대부분의 미개한 민족은 실로 이러한 단계에 이르렀으며, 그나마 이 상태는 인류세계의 청년기(靑年期)에 해당한다고 말할 수 있다." 그러나 이후로는 표면상으로는 개인의 완성(完成)을 향하는 듯하면서도 실은 종(種)의 노쇠(老衰)를 향해서 걷기 시작하였다.

◇성악설(性惡說)에 대한 비판

cf. 이미 자연의 최초상태에서 멀리 떨어져 나온 오늘날 미개민족의 잔인성(殘忍性)만을 보고서 몇몇 사람들에 의해 잘못된 〈인간관〉이 주장되었다. 그들은, 인간은 본래 잔인하며 이를 완화하기 위하여는 통제가 필요하다고 서둘러 결론을 내림으로써, 도덕과 '법률주의'를 내세우게 되었다.

(3) 기술진보와 사유 및 불평등의 효과들

◇분업과 과잉생산
→ 경제적 불평등의 출발

① 상호의존성의 증대는 분업(分業)의 발생을 초래했으며, 재능(才能)이나 건강상의 불평등에 따른 노동생산성의 차이와 제각기 장래계획에 따른 소비와 저축의 차이는 드디어 〈재산상의 불평등〉을 출발시켰다.

◇두 가지 혁명적 기술 : 야금(冶金)과 농사(農事)

② 초기 인류사에 있어 이 시기에 나타난 두 가지 혁명적 사건은 야금술(冶金術)과 농업기술의 진보로서, 이것은 문명화와 동시에 불평등을 심화(深化)시키는 촉진제였다. "〈인간〉을 문명화시킨 대신 〈인류〉를 멸망시킨 것은 시인

◇〈사유〉와 〈불평등〉의 효과
→ 정념(情念)의 복잡화와 제악(諸惡)의 발생
→ 정치사회와 법률의 등장

(詩人)의 말처럼 금(金)과 은(銀)이 아니라, 철학자가 보기에는 철(鐵)과 밀(小麥)이었다."

③ 굴종과 노예, 부유와 봉사, 가난과 원조, 기만과 책략, 탐욕과 야심, 질투와 모욕, 은혜와 복수, 사랑과 친절, 지배와 예속, 경쟁과 타협, 예의와 희생, 대립과 갈등, 이기심과 합리화, 폭력과 약탈, 전쟁과 동맹 등 온갖 악(惡)들은 〈사유〉의 효과(效果)이자 〈불평등〉의 결과이다. 그리고 이것은 〈사회〉와 〈법률〉의 기원(起源)이다.

(4) 법률과 권력 및 종교-불평등의 심화와 합법화

◇법률의 발생
→ 정치적 불평등의 출발

◇법률의 기능
→ 불평등의 고정화

① 〈사회〉와 〈법률〉이 약자(弱者)에게는 새로운 구속을, 부자(富者)에게는 새로운 힘을 부여하고, 자연적 자유의 영구적 파괴(破壞)와 불평등의 고정(固定)을 도모하고, 교묘한 횡령을 지워버릴 수 없는 하나의 권리로 만들고, 소수 야심가(野心家)들의 이익을 위해 이후에는 인류전체를 노동과 예속과 비참에 굴복시키게 했다.

◇'문명인의 〈평화〉는 비참한 〈굴종〉이다.'
→ 문명인의 죄악과 모순

② "오늘날 말없는 굴종(屈從)에 길들여진 문명인(文明人)에게 '자유'에 관해 의론할 수 있겠는가?" 나는 예속된 백성(시민)들이 그 쇠사슬 속에서 향유(享有)하고 있는 평화와 안식을 끊임없이 자만하고, "더 이상 있을 수 없는, 또 더 잃을 것도 없는 비참한 〈굴종〉에 대해 '평화'라고 하는 이름을 붙이고 있음을 알고 있다."

◇생명보다 더한 가치로서의 〈자유〉

◇권력의 미화
→ *ex*) 가부장권설, 정복설, 양도설, 신권설(神權說) 등

③ 〈자유〉는 인간의 가치 중 가장 고상(高尙)하고 가장 귀중(貴重)한 것으로서 어떠한 경우에도 양도되거나 포기될 수 없다. 〈전제적 권력〉은 정부의 부패이며, 강자(強者)의 법으로서 이미 최초 사회적 합의의 파기이다. "권력의 미화(美化)를 통해 이제 군주는 백성들을 약탈할 때 '정의를 행하고', 그들을 살려둘 때는 '은혜를 베푸는' 꼴이 되었다."

◇종교(宗敎)의 이데올로기성

④ "절대권력의 기초를 보다 견고(堅固)하게 하기 위하여 '이성적 합리화' 못지않게 '신(神)의 의지'가 얼마나 필요했던가? 이러지만 않았더라도 〈종교〉는 광신(狂信) 때문에 흘리는 피보다도 훨씬 많은 피를 절약했을 것이다."

⑤ 〈정부형태〉는 인간들 사이에 능력의 상위에 따라 군주정이든, 귀족정이든, 민주정이든 자연스럽게 나타난다. 어느 정부형태에서나 초기에는 '선거'에 의해 〈위정자〉의 직분이 정해졌고, 그 선정기준도 능력과 경험과 침착성 등에 있었다. 그러나 이후 당파적 책략(策略)과 위정자의 야심(野心)이 끼어들면서 권력은 세습화·절대화되고, 국가와 백성은 통치자의 〈가족적 소유물〉로 전락하게 됐다.

◇ 전제권력(專制權力)의 출현

(5) 불평등의 종착점 — 전제주의

① 위에서 논의된 — 자연적이 아닌, 제도적인 — 불평등의 진행과정을 간략히 단순화시켜 설명하면 다음과 같다.

◇〈제도적 불평등〉의 세 단계 진행과정

i. 법률과 소유권의 성립 ⇒ ii. 위정자의 직무설정
〈부자와 빈자의 시기〉 〈강자와 약자의 시기〉
⇒ iii. 전제권력의 출현
〈주인과 노예의 시기〉

◇ 역설적 모순과 필연적 타락

② "사회제도(社會制度)를 필요한 것으로 만든 악덕(惡德)은 사회제도의 남용을 피할 수 없게 만든 악덕과 마찬가지의 악덕이다." 또한 "항상 그 설립목적에 따라서 바르게 걸어가는 정부(政府)는 필요하지도 않은 데 설립된 것이며, 그 누구도 법(法)을 속이지 않고 위정자(爲政者)가 직무를 남용하는 일도 없는 나라는 위정자도 법률도 필요로 하지 않는다는 것을 증명 한다."

◇〈차별〉의 상호작용과 그 결과들

③ 정치적인 차별은 사회적인 차별을 가져온다. 그리하여 신분(身分)과 재산의 불평등, 정념과 재능의 차이, 그리고 기술·학문·이성·행복·덕 등의 차이를 심화(深化)시킨다.

◇ 최후단계로서의 〈전제주의 지배〉

④ 혼란과 재해(災害)의 시대를 지나 최후의 변화는 〈전제주의 지배〉이며, '맹목적인 복종'만이 노예(奴隸)들에게 남겨진 유일한 미덕(美德)이 된다. 불평등의 최후의 도달점인 이 상태는 모든 개개인이 다시 평등해졌다는 점에서 일종의 '새로운 자연상태'이며, 순수한 자연상태와의 차이점이 있다면 그것이 철저히 부패(腐敗)한 것이라는 사실 이외에는 아무것도 없다.

◇〈미개인〉과 〈문명인〉의 비교

⑤ 〈미개인〉과 〈문명인〉의 정념과 기질은 근본적으로 커다란 차이(差異)가 있어, 한편의 최고 행복은 다른 한편의 최고 절망이 된다. 그리고 미개인이 자기 자신 속에 살고 있다면, 사회인은 타인 속에 살고 있는 것이다. 즉, "사회인(社會人)은 자신의 존재의미가 타인(他人)에 의해 주어지며, 따라서 훌륭한 도덕론이 있음에도 선악(善惡)에 대해 무관심이 생겨나고, '미덕없는 명예' · '지혜없는 이성' · '행복없는 쾌락'밖에 남아 있지 않다."

◇모든 악(惡)의 근원으로서의 〈불평등〉, 그리고 이를 탄생시킨 〈문명사회〉

⑥ 요컨대 인간의 〈불평등〉, 즉 자유와 평등을 저해하는 사회적 · 제도적 불평등은 여러가지 악(惡)의 기원 중 하나의 중심이다. 이것은 아무런 근본적인 이유없이 단순히 사회체제(社會體制)에서 오는 불평등이다. 불평등은 〈자연상태〉에서는 거의 없었다. 그러나 그 증대는 인간의 능력발달과 정신의 진보(進步)에 발맞추어 이루어졌고, 소유권(所有權)과 법률(法律)이 성립함으로써 마침내 정착되고 합법적으로 되었다. 한마디로 〈문명사회〉는 타락의 기원(起源)이자 그 종착역(終着驛)이다.

3) 가족(家族)

(1) 자연상태

① '생존'(즉, 식욕)과 함께 인간의 가장 기본적인 정념(情念) 중의 또 하나는 '연애'(즉, 성욕)의 감정이다. 그것은 종족유지의 본능에 따른 남녀간 육체적 결합의 욕구로 나타난다.

◇최초의 유일한 '자연적' 사회

② 원시인(原始人)이 자연을 배회(徘徊)하다가 자연적 본능에 따라 남녀결합이 이루어진 것도 '사회'라고 한다면, 〈가족〉은 모든 사회 중에서 가장 오래고 유일의 자연적인 것이다.

③ 자식(子息)은 자기보존을 위해 필요한 동안만 가족에 속하고, 필요가 없어지면 자식의 부모에 대한 〈복종의무〉와 부모의 자식에 대한 〈양육의무〉는 동시에 해소되면서 각자 뿔뿔이 흩어져 독립(獨立)된 생활로 돌아간다.

(2) 사회상태

◇〈사유〉와 〈불평등〉 발생의 서곡(序曲)

① 방황(彷徨)을 끝내고 정착(定着)하게 되면서 진정한 〈가족〉이 성립되는 것이며, 이는 최초 인간생활의 혁명적 변화를 의미하는 것으로서 〈사유〉관념을 발생시킨 최초의 단서(端緖)가 되었다.

② 이와같이 가족적 결합이 지속(持續)된다면 이제 그것은 더 이상 자연적 관계가 아니라 사회적·수의적(隨意的) 관계로서, 결국 〈합의〉에 의해서만이 오직 유지(維持)되는 것이다.

cf. "모든 사회질서는 어떤 합의(合意)들에 기초한다."

◇최초의 '정치적' 사회

③ 이렇게 볼 때 가족구성원의 공통된 '자유'(自由)는 인간본성의 제1법칙인 〈자기보존〉의 결과이며, 정치사회의 최초의 전형(典型)인 것이다.

◇가족과 국가의 차이

④ 그러나 〈가족〉과 〈국가〉의 차이는, "가족의 경우 자식에 대한 부모의 사랑이 양육(養育)으로 표현되지만 국가에 있어서는 인민에 대한 통치자의 그것이 '지배(支配)의 희열'로 대체되고 있다는 점이다."

4) 문명-학문·예술

(1) 문제의 제기

◇문명의 악덕과 모순

① 학문(學問)에 대한 비방과 경멸이 무지(無知)를 찬양하거나 참된 학자에게 모욕을 주자는 의도는 아니다. 도덕적 진보를 수반하지 않는 '문명(文明)의 허무와 모순'을 지적하고자 하는 것이다. 이는 선량한 사람에게 고유하고도 귀중한 정직성(正直性)의 발현인 것이다.

◇학문·예술의 이데올로기성

② 정치나 법률보다도 더 강력한 힘을 가진 〈학문·문학·예술〉은 "사람들을 얽어매고 있는 쇠사슬에 꽃장식을 넓히고, 근원적 자유(自由)의 감정을 눌러 죽이며, 그들로 하여금 노예상태(奴隸狀態)를 즐기게 하고, 그들을 '문명국민'으로 불리게끔 만들고 있다."

◇공허한 미덕과 풍속

③ 이들 '행복한 노예들'인 문명국민은 온화한 성격과 우아한 풍속(風俗)을 몸에 익히지만, 그 실상은 빈 깍정이처럼

온갖 미덕(美德)의 겉치레만 몸에 걸치고 있는 것이다.

(2) 현실진단

◇풍속·예절·겸양·습관

① 오늘날 우리들의 〈풍속〉 속에는 비천(卑賤)한 속임수의 획일성이 지배하고 있다. 모든 정신은 동일한 틀 속에 끼워져 사람들은 끊임없이 〈겸양〉의 요구와 〈예의범절〉의 명령을 받고 있으며, 〈습관〉에 따르고 천성(天性)을 버려 자기 모습을 있는 그대로 보일 용기(勇氣)마저 잃고 있다.

◇미덕들, 즉 진정한 우정·존경·신뢰 등의 상실

② 이제 진지한 우정도, 실질적인 존경도, 근거있는 신뢰도 사라지고, 의심·질투·공포·냉담·주저·증오·배신 등이 끊임없이 〈예양(禮讓)〉의 베일 속에 숨어들고 있다. 무지(無知)는 경멸을 당하고 위험한 회의주의가 이를 대신할 것이며, 어느정도 지나침이 금지당하고 악덕이 창피를 당한다 할지라도 또다른 것이 미덕(美德)의 이름으로 장식(裝飾)될 것이다. 이제 미덕을 몸에 갖추든가 그것을 겉치레로 하지 않으면 안된다.

◇'타락과 악덕은 학문·예술의 진보에 비례한다.'

③ 이리하여 결과는 확실하고, 타락은 현실적이다. "학문과 예술이 완성(完成)을 향해 전진할수록 우리의 영혼(靈魂)은 그만큼 부패해져 갔다. 학문·예술의 빛이 지평선상(地平線上)으로 비쳐 올라옴에 따라 우리들은 미덕이 사라지는 것을 보았다. 그리고 이같은 현상은 모든 시대 모든 장소에서 관찰된 것이다. 이집트, 그리스, 로마, 그리고 현재의 중국을 살펴보라!"

(3) 학문·예술의 유래와 악덕성

◇천문학·웅변술·기하학·물리학·예술·도덕·법률학·역사학 등의 기원

① 천문학은 미신(迷信)에서, 웅변술은 야심·증오·아첨·거짓에서, 기하학은 인색(吝嗇)에서, 물리학은 공허한 호기심(好奇心)에서 생겨났다. 그리고 예술은 사치(奢侈)에서, 법률학은 부정(不正)에서, 역사학은 폭군이나 전쟁·음모 등에서 생겨났다. 즉 일체의 것이, 하물며 도덕 그 자체도, 인간의 〈오만성〉에서 비롯된 것이다. 따라서 모든 학문과 예술은 우리 인간의 악덕(惡德)에서 기인한 것이다.

◇ "삶의 진정한 목적, 즉 〈자유〉와 〈행복〉에 무엇을 가져다 주었는가?"

② 만유인력의 법칙, 혹성(惑星)의 공전비율과 통과면적의 산출, 곤충의 번식과정 등과 같은 자연과학적 연구결과가 도대체 우리 인간에게 진정으로 무엇을 가져다 주었단 말인가? 이 모든 것은 하나의 〈사치〉이며, 그 사치(奢侈)의 필연적 결과는 〈풍속〉의 문란과 〈취미〉의 퇴폐이다.

◇ 물질주의의 풍조와 참된 용기의 쇠퇴

③ 그나마 고대(古代)의 정치가는 끊임없이 미덕에 대해 이야기했으나, 우리들의 정치가는 〈상업〉과 〈금전〉밖에 말하지 않는다. 생활의 편의(便宜)가 증가하고, 예술이 완성되고, 사치가 퍼져가는 동안 참된 〈용기〉는 쇠퇴하고, 군인(軍人)의 덕은 사라진다. 이것도 일체의 학문·예술적 행위이다.

◇ "문명의 편의(便宜)가 증가할수록 인간은 연약해져 갔다."

④ 〈풍속〉에 대해 반성해 볼 때, 사람은 원시시대의 소박성(素朴性)이 갖는 즐거움을 맛보지 않고는 못 배긴다. "극히 교묘하게 훈련된 저 근대병사(近代兵士)들의 명예스런 용감성을 방패삼아 나에게 반론(反論)을 펴지 말라. 그 우수한 병사를 괴멸(壞滅)시키는 데는 어느정도의 뙤약볕이나 눈보라가 있거나, 얼마간의 사치품이 결핍되기만 해도 좋을 것이다."

◇ 인간이나 책에 대한 평가 잣대의 변화
→ *cf.* 기술주의 (Technologie)의 지배

⑤ 우리는 한 사람의 인간에 대해 그가 진솔(眞率)한가 어떤가는 묻지 않고, 재능(才能)이 있는가 없는가만을 묻는다. 한 권의 책에 대해서도 그것이 '유익한가 어떤가'－내용, 즉 미덕－를 묻지 않고, '잘 씌어져 있는가 어떤가'－형식, 즉 기예－만을 묻고 있다.

(4) 해결의 방향

◇ 진정한 '시민'의 상실

① 우리들은 물리학자, 기하학자, 화학자, 천문학자, 시인, 음악가, 화가를 가지고 있다. 그러나 우리는 이미 '시민'을 갖고 있지 않다. "혹여 남아 있다면 버림받은 전원(田園)에 흩어져 빈곤 속에서 멸시받으며 죽어가는 － 그러면서도 우리와 우리의 아이들에게 빵과 우유를 주는 － 농민(農民)이 있을 뿐이다."

◇ 장사꾼같은 철학자들

② "철학자들은 '나한테로 오라. 거짓말하지 않는 사람은 나뿐이다'라고 광장(廣場)에서 외치고 있는 장꾼무리나 다름

없다." 인쇄술의 발달 때문에 홉스(Hobbes)나 스피노자(Spinoza)같은 자들의 악명높은 서적들과 그 속에 담긴 위험한 몽상(夢想)은 영원히 남을 것이다.

◇인류의 스승들

③ 〈참다운 문화〉를 창달하고, 지식과 미덕을 일치(一致)시키는 인류의 스승은 소크라테스·플라톤·데카르트·베이컨 등과 같은 소수(少數)의 인물에 한정되어 있다.

◇'소크라테스적 무지(無知)'의 예찬

④ 〈유일한 선(善)〉은 무지와 무구(無垢)와 가난이다. 모든 지식 가운데 〈최고의 지식〉은 '인간의 본성을 유지하면서 발휘되는 미덕'이며, 〈참된 철학〉은 자신을 반성하고 정념을 가라앉히고 양심(良心)의 소리에 귀를 기울이는 것이다. "오, 만인(萬人)의 가슴 속에 새겨져 있는 소박한 혼(魂)의 숭고한 지식인 '미덕'(美德)이여!"

5) 교육(教育)

(1) 문제의 제기

① 교육과 관련하여 지금까지 많은 사람이 비난하여 왔지만 더 좋은 방법(方法)을 제시하지는 못하였다.

◇주입식 교육에 반대 → 수요자(피교육자) 중심의 인간교육

② 그들은 아이들에 관해 아무 것도 알지 못했으며, 가장 현명한 사람들조차도 '아이들이 얼마만큼 배울 수 있는가'를 생각하지 않은 채 '어른들이 무엇을 배워야 하는가'만을 열심히 생각하였다. 우리는 배우려는 자들을 잘 관찰(觀察)하는 일부터 시작해야 한다.

◇제안의 두 조건 - 도덕성과 현실성

③ 어떠한 제안(提案)이나 계획이라도 두 가지 조건, 즉 〈도덕성〉과 〈현실성〉을 충족시켜야 함은 당연하다. 그런데 사람들은 나에게 '실행가능(實行可能)한' 일부터 제안하라고 말하고 있다. 그러나 그것은 마치 모든 사람이 현재 하고 있는 것을 그대로 제안하거나, 적어도 현존의 악(惡)과 양립할 수 있는 선(善)을 제안하라는 것과 다름없다.

◇'〈도덕성〉이 〈현실성〉이다.'

"절충주의(折衷主義)는 선에 상처만 입힐 뿐이다. 진정 '실행가능한 것'이란 당장 여러분들이 '실행에 옮기고 싶은 것', 바로 그것이다."

(2) 교육의 종류와 그 올바른 방향

◇육체적 감각기능과 정신적 욕구본능의 발달

◇외부접촉을 통한 감각적 직접경험

◇감각과 본능의 발달에 보조를 같이하는 (직접적) 경험과 (간접적) 지식의 인위적 조절

◇'자연적'인 것은 '습관적'인 것이 아니다.

◇〈교육〉의 정의 : 인간의 착한 본성(本性)을 유지·계발하는 방법

◇〈인간의 교육〉의 두 종류 : '시민교육'과 '인간교육'
→ *cf.* '인간의 교육'과 '인간교육'의 차이

① 주체에 따른 교육의 분류

i. 자연의 교육

자연적 섭리(攝理)에 따른 우리의 능력(能力)이나 기관(器官)의 내부적 '발달' → 자연적 교육

ii. 사물의 교육

살아가면서 주변환경(周邊環境)의 자극을 통해 가르쳐지는 '경험'(經驗) → 경험적 교육

iii. 인간의 교육

자연적 섭리에 따른 인간의 내면적 발달을 활용(活用)하는 '방법'(方法) → 인위적 교육

※ 이 세 가지 교육의 일치가 완성(完成)에 이르는 길이다. 그런데 〈자연의 교육〉은 어찌할 수가 없으므로 나머지 두 가지 교육, 특히 〈인간의 교육〉을 '자연'(自然)에 맞추어 나갈 수밖에 없다.

※ 여기서 '자연'은 습관이 아니라 오히려 잘못된 습관에 의해 변질되기 전의 본래(本來)의 경향, 즉 태어나면서부터의 감성(感性)이다.

※ 나의 교육론은 바로 이 〈인간의 교육〉에 관한 것이며, 따라서 그 내용과 방법은 인간의 타고난 감성을 그 성장(成長)의 각 시기마다 어떻게 자연스럽게 활용하여 그 – '인간적'인 – 본성(本性)을 유지하게 하느냐에 맞추어져 있다.

② 목적에 따른 교육의 분류(=〈인간의 교육〉)

i. 공민적·사회적 교육 : 바람직한 '시민'을 양성하기 위한 교육

ii. 개인적·가정적 교육 : 바람직한 '인간'을 양성하기 위한 교육

※ 〈시민교육〉은 조국애(祖國愛)를 강조하는 편파성을 띠므로 인류애(人類愛)와 관련되는 〈인간교육〉과 양립할 수 없다. 더구나 진정한 조국(祖國)이 없는 곳에는 시민(市民)도 존재할 수 없는 것이기 때문에,

오늘날 '조국'과 '시민'이라는 두 낱말은 사라져야 한다. 따라서 〈공민교육〉은 이미 존재하지 않는다.

※ 만일 공교육(公敎育), 즉 시민양성교육이 존재한다면 완전히 조화(調和)된 국가의 정치적 질서와 시민의 풍속에 의해서만이 시행될 수 있을 뿐이다.

◇ 현실적응교육, 즉 〈사회화교육〉의 거부

③ 이상에서 볼 때, 오늘날 '진정한 교육'으로서 결국 남아 있는 것은 〈가정적 교육〉과 〈자연의 교육〉뿐이다. 따라서 '인간의 교육'에 해당하는 〈가정적 교육〉을 〈자연의 교육〉에 맞추어 나가는 것, 이것이 완성된 인간으로 향하는 교육이며, 곧 혼(魂)의 교육이다. "나는 그저 죽지 않으려고만 하는 사람에게 사는 것을 가르치는 기술은 알지 못한다."

(3) 시기별 교육의 내용과 방법

① 유년기(幼年期)

a. 자율과 흥미…제1단계

◇ 자율적 환경조성과 호기심유발

i) 아이의 최초(最初)의 감각은 순수한 〈감정〉의 영역에 속한다. 그들은 기쁨과 괴로움 외에는 어떠한 다른 감정도 느끼지 않는다. 이 원초적 감정(原初的 感情)이 습관의 지배를 받지 않도록 하자.

ii) "아이들에게 꼭 가지게 해야 할 유일한 '습관'은 전혀 〈습관〉이라는 것을 만들지 않는 것이다." 일찍부터 자유(自由)의 향유와 스스로의 힘의 활용, 즉 〈자율의지〉를 관철시킬 수 있는 상태에 놓아 두어야 한다. 왜냐하면 '습관의 노예'가 되어서는 아니되기 때문이다.

iii) 새로운 것을 보고도 놀라지 않는 버릇을 들이고, 오히려 〈흥미〉를 느끼도록 해야 한다. 왜냐하면 새로운 것이 인간의 흥미(興味)를 끄는 것은 자연스런 일이기 때문이다.

iv) 일찍부터 어른이나 물건에 〈명령〉을 내리지 않도록 길들이는 것이 중요하다. 울음이나 몸짓을 통해 어떤 물건을 갖고 싶어 하면, 그것을 가져다 주기보다는 그 곳까지 아이를 데리고 가는 것이 좋다.

v) 아이들 앞에서 말을 할 때는 〈발음〉과 〈억양〉을 명확히 하라. 아이의 애매한 말투는 유모(乳母)의 통역(通譯)을 필요로 하게 만들고, 억양은 언어표현의 혼(魂)이기 때문이다. 대충 얼버무려 이야기하는 것도 들어주리라고 아이가 생각하는 것도 일종의 '권력'인 것이다. 아이들은 어떠한 권력(權力)도 휘둘러서는 아니된다.

vi) 빨리 〈말〉을 배우도록 독려하지 말라. 말을 할 필요(必要)를 느끼게 될 때면 혼자서 스스로 말을 하게 된다. 오히려 잘못된 열성(熱誠)이 아이들의 말투를 똑똑치 못하게 만드는 것이다.

b. 말·힘, 그리고 놀이…제 2 단계

◇제1진보 : 〈말〉의 습득

i) 감정을 울음보다는 〈말〉로써 표현하도록 만들어라. 말을 하기 시작하면 아이들은 그다지 울지 않게 된다. 이 진보는 필연적인 것이다. "울고 있을 땐 쳐다보지도 않다가, 울음이 그치자 마자 뛰어가라."

◇자율적 판단을 통한 〈용기〉의 배양

ii) 아이가 넘어지거나 다쳐도 적어도 잠시동안은 가만히 두고 보라. 부상은 이미 입은 것이고, 참는 것은 하나의 필연(必然)이다. 걱정스러운 듯 다급히 뛰어가는 것은 공연히 상처의 아픔에다 공포감(恐怖感)까지 더해주는 꼴이 된다. 상처에 대해 스스로 〈판단〉할 시간(時間)을 주라. 스스로 냉정함과 침착성을 찾다 보면 비로소 〈용기〉를 배우게 되는 것이다.

cf. "미운 아이 떡 하나 더 준다."

iii) 아이들은 〈고통〉을 겪으면서 자라야 한다. 괴로워한다는 것은 그들이 배우지 않으면 안될 최초의 일이다. 중대한 교훈(教訓)은 위험성 없이는 배울 수 없기 때문이다. "혼자 버려진 채 자란 아이가 죽었다든가 병신이 되었다든가 하는 이야기를 들은 적이 없다."

◇제2진보 : 〈힘〉의 증대

iv) 이제 또하나의 진보가 울음을 대신하게 된다. 그것은 〈힘〉의 증대이다. 이 힘의 활용방법(活用方法)인 〈지식〉이 발달하고, 비로소 자기의식과 개인적 삶이 시작된다. 행복과 불행을 느끼는 정신적(精神的) 존재가 탄생한 것이다.

◇'마음껏 놀게 하라.'

v) 잠깐동안의 유년시기를 마음껏 향유(享有)하도록 내버려 두라. "오늘날의 야만적(野蠻的)인 교육은 한창 떠들고 놀 시기에 아이들을 눈물과 벌(罰)과 협박과 굴종 속에서 보내게 만들고 있다. 얼마나 많은 아이들이 아버지나 교사의 당치도 않은 '지혜'의 희생물(犧牲物)로 죽어갔던가!"

◇교육의 〈목표〉: '자유인간'의 창조

vi) '현실의 세계'는 유한하고 '상상의 세계'는 무한함으로써, 이 차이에서 모든 불행(不幸)과 괴로움이 생겨나고 있다. '참된 행복에의 길'은 과분(過分)한 〈욕망〉을 〈능력〉에 맞게 줄이고, 능력과 의지를 똑같게 하는 데 있다. 그리고 '모든 행복의 으뜸'은 〈권력〉이 아니라 〈자유〉이다. "참으로 자유로운 인간은 자기가 할 수 있는 일밖에는 바라지 않으며, 자기가 좋아하는 것을 행한다. 교육의 모든 규칙(規則)은 여기에서 나온다."

◇〈사물의 교육〉

vii) 의존관계에는 〈사물에 대한 의존〉과 〈인간에 대한 의존〉의 두 가지가 있다. 전자(前者)는 부자유와 악덕을 낳지 않으나, 후자(後者)는 무질서와 악덕을 낳는다. 주인과 노예는 서로를 타락시키는 것이다. "아이들을 사물에만 의존케 하라."

◇과잉보호금지
−*cf.* '왕따'의 가정교육적 원인(?)

viii) 아이들을 불행하게 만드는 가장 확실한 방법은 '무엇이든 원하기만 하면 얻어진다'는 습관(習慣)을 길러주는 것이다. 아이를 〈응석받이〉로 키우게 되면 그는 모든 사람을 자기의 노예(奴隷)로 생각하게 된다. 그런 식으로 길러진 아이는 어떠한 호의나 은혜에도 감사하는 일이 없으며, 조그만 장애(障碍)에도 화를 내고 증오심을 품게 된다. 결국 그에게 돌아오는 것은 굴욕과 경멸, 그리고 냉소(冷笑)뿐이다. 그 결과 그는 이제 위축되어 비겁(卑怯)하고 비굴한 인간이 된다.

◇자율학습

ix) 〈대화〉를 통해서 교육시키려 하지 말라. 물론 좋은 교육의 최고 작품(作品)은 '이성적 인간'에 있다. 그러나 이성적 인간은 〈이성〉으로써 만들어지는 것이 아니다. "어른이 이것저것 이론을 말해주어 키운 아이들만큼 어리석은 인간은 못보았다."

◇'기다림의 교육'
→ 조기교육의 반대

x) 서두르지 말고 〈자연적인 진전〉에 맡기라. 교육에 있어 가장 근본적이고, 중요하며, 유용한 법칙은 시간(時間)을 버는 일이 아니라 시간을 낭비(浪費)하는 일이다.

◇소극적 교육

xi) 최초의 교육은 〈소극적 방식〉이어야 한다. 미덕이나 진실을 '가르치는 것이 아니라', 마음을 악덕이나 오류(誤謬)로부터 '지켜주는 데' 있다. 아무 것도 하지 않는 것이 훌륭한 교육을 한 것이다. 절대로 이치(理致)를 설명해 주지 말라.

◇적성교육(適性敎育)

xii) 아이의 〈천성〉에 적합한 교육이 배려되어야 한다. 따라서 처음에는 충분히 관찰(觀察)만 해야 하는 것이다. "현명한 의사는 환자의 체질(體質)에 따라 처방(處方)한다. 그는 천천히 처방하지만 환자를 고쳐준다. 섣불리 덤비는 의사는 오히려 환자를 죽여버린다."

◇노동의 중요성 인식

xiii) 아이에게 필요한 최초(最初)의 관념은 '자유'의 관념보다 오히려 〈노동의 즐거움〉을 통한 '소유'의 관념이다.

◇윤리 · 도덕의 강요 금지

xiv) 거짓말하지 말라고 강요(強要)하지 마라. 〈거짓말〉에는 '과거에 대한 사실상의 거짓말'과 '미래에 대한 권리상의 거짓말'의 두 종류가 있다. 전자(前者)는 '사실왜곡'으로서 사회가 만들어 놓은 복종의 규칙이 유발시킨 것이며, 후자는 '약속위반'으로서 아이들에게는 계약행위의 능력이 없으므로 책임을 물을 수 없다. "아이들에게 〈바른말〉을 하도록 가르치는 것은 〈거짓말〉을 하도록 가르치는 것과 같다."

cf. '건강한 육체에서 건전한 정신이 싹튼다.'

xv) 우선적으로 〈건강한 육체〉와 〈훌륭한 감각능력〉을 갖추도록 배려(配慮)해야 한다. 아이들이 받아들이는 것은 지식(知識)으로서의 '관념'이 아니라, 감각(感覺)으로서의 '영상'이다. 인간 최초의 〈이성〉은 '감각적 이성'인 것이며, 이것이야말로 '지적 이성'의 기초를 이루는 것이다. 즉, "우리들의 최초의 철학선생(哲學先生)은 바로 손이고, 발이며, 눈인 것이다. 건전한 육체야말로 정신의 활동을 용이하게 만들고 확실하게 만드는 것이다."

◇직접경험(直接經驗)을 통한 〈무지〉와 〈공포〉의 해결

xvi) 〈밤놀이〉를 많이 시키라. 동화나 전설·신화 등을 통한 조기교육(早期教育)이 잘못된 상상력을 유발시키고, 여기서 어둠의 공포(恐怖)가 시작되었다. 〈상상〉의 불길이 〈공포〉의 정념을 불타오르게 하는 것이다. 어둠을 무서워하는 사람을 고쳐주려거든 그와 토론(討論)할 게 아니라 자주 어두운 곳에 데려가면 된다. 공포는 무지(無知)에서 비롯되고, 반복되는 동일경험(同一經驗)은 필요없는 상상과 정념을 없애주기 때문이다.

◇도구사용 제한

xvii) 육체를 강건(強健)하게 하고 불의의 사고(事故)에 대비하기 위하여는 평상시 〈도구〉를 사용하지 않고, 자연으로부터 주어진 신체를 있는 그대로 활용토록 해야 한다.

c. 일과 공부…제3단계

◇체력(體力)이 정신적 욕구보다 앞서는 시기

i) 유년기(幼年期)의 세 번째 상태인 12-13세가 되면, 남아도는 힘을 〈일〉과 〈공부〉에 투여케 하라. 왕성한 식욕(食慾)과 불같은 체온(體溫)을 지님으로써 욕망보다 상대적으로 힘이 더 강해지는 시기이다.

◇〈직접경험〉을 통한 관념형성

ii) 이제 '감각'을 〈관념〉으로 바꿀 시기이다. 자연에 대한 호기심(好奇心)을 유발시켜 〈직접경험〉을 통한 정확하고 뚜렷한 관념(觀念)을 형성시켜야 한다. "이해되지 않는 이야기를 들려 주어서는 아니 되며, 따라서 묘사도, 웅변도, 비유도, 시(詩)도 쓸데없다."

◇학문에의 〈취미〉와 그 〈접근방법〉의 부여

iii) 모든 좋은 교육의 기본적인 원칙은 학문을 가르치는 것이 아니라 학문을 사랑할 만한 〈취미〉를 부여하

고, 학문을 배우기 위한 〈방법〉을 부여하는 것이다. 도덕적 질서와 사회적 관습(慣習)에 관한 것은 일찍부터 어린이에게 일러주어서는 안된다. 〈참다운 교사〉는 '경험과 감정'이다.

◇〈분별력〉
→ 참다운 지식

iv) 나는 '책'을 증오한다. 책은 모르는 것에 대해 '이야기하는 것'을 가르쳐 줄 뿐이다. 우리가 획득하려는 것은 '학문'이 아니라 〈분별력〉이다. "차라리 아리스토텔레스보다 로빈슨 크루소를 읽어라."

◇〈노동〉의 의무와 〈농업〉

v) 〈일〉을 한 가지 배워야 한다. 〈노동〉을 하는 것은 사회인(社會人)으로서의 의무이다. 부자든 빈자든 권력자든 약자든 건들건들 노는 시민은 모두 도둑놈이다. 자연상태에 가장 근접시키는 일은 손을 사용하는 노동이며, 농업(農業)은 인간의 가장 기본적인 직업이다.

◇〈진실된 관념〉
→ 현실성있는 관념

vi) 〈진실된 관념〉은 '현실성'을 지녀야 하며, 이는 견실하고 올바른 정신에 기초한다. 책 속의 지식들은 흔히 피상적(皮相的)이고도 틀린 정신의 소산이다. "그래서 인간은 알면 알수록 틀리기 때문에 잘못을 피하는 유일한 수단은 〈무지(無知)〉 그대로 있는 것이다."

◇〈올바른 판단력〉: 학문의 가치 이해와 그에 대한 '진실한 사랑'

vii) 이제 그는 복잡한 사회적 관계 속에서 도시(都市)에 살도록 만들어진 '미개인'이기 때문에 싫어도 판단(判斷)해야 할 입장에 놓여 있으며, 그러므로 〈바르게 판단하는 법〉을 가르쳐 주어야 한다. 나의 목적은 그에게 〈학문〉을 '부여하는' 게 아니라 필요에 따라 그것을 '획득하는' 방법을 일러주고, 학문의 가치에 대한 정확한 평가와 진실한 사랑을 이루게 하는 일이다.

◇ 자연법칙에의 〈순응〉

viii) 이리하여 〈필연의 법칙〉을 저항없이 받아들이는 데 습관화되고, 자유(自由)에 살고 세상사에 그다지 집착(執着)하지 않음으로써 최선의 죽는 방법을 배우게 되는 것이다.

◇사춘기(思春期)

◇모든 정념의 원천인 '자기애'

◇〈자기애〉→〈동포애〉→〈인류애〉

◇〈자기애〉와 〈자존심〉의 차이

◇〈배우자〉의 필요성과 〈애욕(愛慾)〉의 분출

② 청년기(青年期)

a. 연민과 인류애

i) 15세의 청년(青年)이 되면 외관과 내면의 변화가 동시에 일어난다. 육체적으로 얼굴이 어른스러워지고, 뺨 밑의 잔털이 짙어지며, 목소리가 변한다. 정신적으로는 기분의 변화, 격정(激情)의 빈발, 정신의 동요(動搖)와 예민함이 생겨난다. "이유없는 눈물과 이성(異性) 앞에서는 손의 떨림도 나타난다. 어린이도 어른도 아닌 제2의 탄생인 것이다."

ii) '자연적 정념'은 자기보존(自己保存)을 위한 중요한 도구이지만, 반면에 대부분의 '사회적 정념'은 우리를 굴복시키고 파멸시켜 버리는 것들이다. 모든 정념(情念)의 원천이자 원시적·선천적인 유일의 정념은 〈자기애(自己愛)〉이다.

iii) 〈자기보존〉의 욕구는 〈자기애〉를 낳고, 이것은 우리를 보호(保護)해 주는 가까운 사람들에 대한 사랑, 즉 〈이웃사랑〉과 〈인류애〉를 낳는다.

iv) 이 때에 〈자존심(自尊心)〉은 경계해야 한다. 그것은 사회적 의존관계가 확장됨에 따라 발생된 왜곡(歪曲)된 감정이다. '자기애'로부터 우아하고 정(情)이 담긴 감정이 생겨난다면, '자존심'으로부터는 남과의 비교와 열등감·증오 및 분노의 감정이 생겨나기 때문이다.

v) 인간을 본질적으로 선량(善良)하게 하는 것은 '욕구'를 지나치게 갖지 않고, 자신을 너무 남과 '비교'하지 않는 일이다. 그러나 이제 그가 〈배우자〉를 필요로 하게 되면서 모든 〈애욕〉이 더불어 태어났다. 연인(戀人)과 친구(親舊)의 필요성에서 사랑과 우정, 그리고 불화·적의·증오 및 명예욕과 허영심이 생겨나는 것이다. 그러므로 분출(噴出)하는 정념들에 질서와 법칙을 주어야 하고, 이를 위한 시간이 필요하다.

◇이성적(異性的) 사랑보다 〈우정〉

vi) 인간적 정애에 눈뜨기 시작한 젊은 청년의 마음에 〈인류애〉의 최초 씨앗을 뿌려라. 조심스레 육성된 청년의 최초 감정은 '사랑'이 아니라 〈우정〉이다. 그에게 '동포'가 있다는 것을 가르쳐라.

◇〈동정과 연민〉의 감정

vii) 청년의 성격을 선행(善行)과 선의(善意)의 방향으로 향하게 하려면 자존심·허영심·선망(羨望)에 눈뜨게 하지 말고, 〈동정과 연민〉의 감정을 불러일으키라. "연민은 기분좋으나, 선망은 괴롭다."

◇인간으로서의 제2보 : 〈자기애〉→〈동포애〉

viii) 〈연민〉은 인간의 마음을 움직이는 최초의 상대적인 감정이다. 지금까지 청년은 자신(自身)의 괴로움만 알다가 다른 사람들도 또한 괴로워한다는 것을 알게 되고, 그들의 고통(苦痛)을 맛보면서 최초의 연민(憐憫)을 느끼게 되는 것이다. 이로써 그는 마침내 도덕적 질서 속에 발을 들여놓게 되고, 인간으로서의 제2보를 밟게 되는 것이다.

◇〈성선설〉에 대한 믿음

ix) 인간은 나면서부터 선(善)하지만, 사회(社會)가 인간을 타락시키고 사악한 것으로 만들었음을 알게 하라. 자연상태의 '사실상의 평등'이 사회상태에서 가공적인 공허(空虛)한 '권리상의 평등'으로 대체되고, 정치(政治)와 도덕(道德)은 결코 분리될 수 없으며, 사회질서 속에 보이는 외관과 실제 사이에서 모든 모순(矛盾)이 생겨나고 있음을 깨닫게 해야 한다. 지금이야말로 〈역사〉를 배워야 할 때이다.

◇〈역사〉공부의 시기

◇〈정의〉에 대한 사랑 : 〈동포애〉→〈인류애〉

x) 연민을 〈정의(正義)〉와 일치하게 하고, 그것을 일반화하여 인류전체에 미치게 하라. 〈인류애〉는 '정의에 대한 사랑'인 것이다.

b. 양심(良心)

◇〈이성〉에 앞서는 〈양심〉의 순수성과 자연성 → '참다운 이성'

i) 판단과 행위의 기준(基準)을 〈양심〉에 두도록 하라. 양심은 '영혼의 소리'이지만 정욕(情欲)은 '육체의 소리'이다. 때때로 〈이성〉은 우리를 속이지만 '양심'은 결코 속이지 않는다. 그것은 인간의 참다운 길잡이이며, 자연(自然)에 따르는 것이다.

ii) 〈양심〉은 고매한 철학의 제원리에서 나오는 것이 아니라, 자신의 마음속 깊이에 자연에 의해서 '불멸(不滅)의 문자'로 씌어져 있는 것이다. "스스로 선하다고 느끼는 것은 선하며, 악하다고 느끼는 것은 악한 것이다."

iii) 양심의 작용은 판단이 아니고 '감정'이다. 우리들에 있어 존재한다는 것은 느끼는 일이다. 양심은 '숭고한 본능(本能)'이며, 인간을 신(神)과 비슷한 것으로 만드는 선·악의 절대확실한 판단자이다. 이로써 인간은 금수(禽獸)와 다른 것이며, 자신의 생애를 도덕(道德)의 연구에 써버리지 않아도 되는 것이다.

c. 종교(宗敎)

◇실로 '종교'라는 것이 있다면, "양심에 따르라!"는 자연의 명령뿐이다.
→ 양심주의

i) '양심에 따르라'는 〈자연적 종교〉만을 믿게 하라. 〈인위적 종교〉는 이성(理性)을 통해서 신(神)에 관한 숭고한 관념을 우리에게 전달한다. 그러나 자연과 연민과 양심 외에 무엇이 또 필요하단 말인가? "'특수한 교의(敎義)들'은 신에게 인간적인 정욕을 부여함으로써 신을 위협하고 있는 데 불과하며, 고귀한 것을 비참한 것으로 만들고 있고, 신을 싸고도는 상상도 못할 신비(神秘)에 바보스런 모순을 부가하고 있으며, 평화대신 총검과 포화를 가져오고, 끝내 인간의 죄업과 인류의 비참을 초래하고 있다."

◇교리(敎理)의 허구성과 악덕성

◇계시의 조작성(造作性)

ii) "인간을 인도하기 위해 필요했다는 부질없는 〈계시〉는 여러가지 기묘한 신앙(信仰)만 내놓았고, 각 민족의 계시(啓示)들은 자기가 말하고 싶은 것을 신에게 말하게 한 것일 뿐이다." 신(神)은 마음 속에서 진실을 가지고 숭배되기를 바라고 있다. 계시 따위는 전혀 필요치 않다.

◇계시의 강요(强要)에 대한 거부

iii) "나는 계시를 승인도 부인도 하지 않는다. 단지 '그것을 승인하지 않으면 안된다'는 의무를 물리칠 뿐이다." 그 이유는 그런 의무가 구원(救援)의 장애를 제거하기보다는 오히려 장애의 수를 늘리는 것일지도 모

◇'성서는 인간의 상상적·이성적 작품에 불과하다.'

◇〈참다운 종교〉
→'자연의 섭리'인 바른 마음(양심)
→내적 신앙의 참다운 미덕(겸손과 사랑)

◇'교리는 이성적 독단(獨斷)이며, 자기모순이다.'

른다고 생각하기 때문이다. 겸손에 찬 회의(懷疑) 속에서 나는 계시론자(啓示論者)들을 비난하지도 흉내내지도 않는다. 그들의 판단이 더 훌륭할는지도 모른다. 그러나 나의 판단이 그들과 일치하지 않는다고 해서 그게 내 탓은 아니다.

iv) 성서(聖書)의 위대성이 나를 압도한다. 그러나 플라톤(Platon)이 상상적인 의인(義人)을 그리고 있을 때 이미 예수 그리스도(Jesus Christ)를 그려내고 있었으며, 소크라테스(Socrates)가 윤리학을 창시했다고 하나 이미 그 이전에 사람들은 그것을 실행하고 있었음에 주목해야 한다. 더구나 독배(毒杯)를 마신 소크라테스의 행적은 의심하는 사람이 없으나, 십자가에 못박힌 예수의 행적만큼은 증명되지 못하고 있다. "복음서의 흉내내지 못할 위대성(偉大性)으로 볼 때, 그것을 상상한 사람이 그 주인공(主人公)보다 더 놀랄 만한 인물인 것이 된다."

v) 나의 아들(에밀)아! 너의 영혼을 언제나 신(神)이 '존재'하기를 바라는 상태에다 두는 것이 좋다. 그러나 〈종교의 참다운 의무〉는 사회의 모든 제도에 영향을 미치지 않을 것, 참다운 신의 전당(殿堂)은 바른 마음이라는 것, 나라와 종파(宗派)를 초월하여 신에 대한 사랑과 함께 이웃사랑이 계율과 의무라는 것, 우선적 의무는 내적(內的) 신앙에 있으며 참다운 미덕도 거기서 비롯된다는 것이라는 사실을 생각하라.

vi) '자연'을 해명한다는 구실 아래 사람들의 마음 속에 슬픈 교리의 씨앗을 뿌리는 사람들을 피하라. 그들은 진실과 솔직의 가면(假面)을 쓰고 우리들을 단정적인 결정에 굴복(屈伏)시키고, 상상 속의 알 수 없는 체계를 강제로 승인(承認)케 하려 한다. "이성을 육성함으로써 천성을 규제하지 말라. 자신의 마음 속에는 신(神)이 존재하지 않는다고 말하면서, 입으로는 신의 이야기를 담아내는 사람은 모두 '거짓말쟁이'이든가 아니면 '미치광이'이다."

◇‘〈취미〉는 인생의 양념이자 여유이다.’

d. 취미(趣味)

i) 〈취미〉는 모든 사람에게 태어나면서부터 갖추어져 있으며, 감수성(感受性)에 의해 결정된다. 그것은 ‘놀이’와 ‘여유’와 ‘쾌락’의 교제이다. 그것은 노동의 피로를 풀어주는 기쁨이며, ‘인생의 양념’이다. 나이와 계절에 알맞고, 즐길 수 있는 취미를 취해야 한다.

◇〈빗나간 취미〉의 결과 → 권태와 우울증

ii) 이와는 달리 ‘빗나간 취미’는 〈권태〉에서 비롯되며, 이것은 부자들에 있어 최대의 재앙(災殃)이다. 일할 줄도 놀 줄도 모르기 때문에 노이로제나 권태에 시달린다. 〈우울증〉은 이성을 잃게 하고 목숨까지 빼앗아 간다. 아니면 허례허식과 유행(流行), 사치와 허영(虛榮)이라는 맛없는 나날의 연속일 뿐이다.

◇‘인생은 즐기는 것이다.’

iii) “인생을 즐기라.” 약간의 선행(善行)이 추가되겠지만 그것도 인생을 즐기는 것이다. 사람들은 ‘인생이 짧다’고 말하지만, 누구하나 현재에 만족(滿足)하고 ‘오늘을 살려고’ 생각지 않는다. 아니면 권태(倦怠)에 빠져 시간이 자신의 무거운 짐이 되고 있다.

e. 애정과 사랑

◇결혼할 시기

i) 청년은 이제 적합한 여성(女性)을 〈반려자〉로서 필요로 한다. 그러나 상상의 유혹 속에 애인(愛人)을 그리지 말라. “‘참다운 사랑’이라는 것 자체가 환영(幻影)이며, 거짓이고, 착각(錯覺)인 것이다.”

◇집착과 욕망의 극복

ii) 집착과 욕망으로부터 벗어나라. 집착(執着)과 고통은 상호 비례한다. 이 세상의 모든 것은 지나가 버린다. 우리들의 사랑도 조만간 떠나갈 것이다. 나의 아들이여, 용기(勇氣)없이 행복은 있을 수 없다. 정의의 의지로써 정열을 극복하라. “〈참다운 자유〉는 자기 자신의 주인이 되는 것이요, 자기의 마음을 지휘하는 것이다.”

◇〈중용적 사랑〉: 참다운 이성적 사랑

iii) 행복한 연인(戀人)들이여! 너희의 감미로운 결합은 애정의 보상인 동시에 지혜의 보상인 것이다. 이성과 양심이 인도하는 〈중용적 의무〉에 귀를 기울이라.

"타인의 처(妻)를 사랑하고 있어도 그 불행한 정열을 의무의 규칙에 따르게 하는 한 그는 죄인(罪人)이 아니다. 오히려 자신의 아내를 사랑하고 있어도 모든 것을 그 사랑을 위해 희생(犧牲)한다면 그 사람은 죄인이다."

◇운명(運命)에의 순응

iv) 〈필연의 법칙과 운명〉이 지배하는 '인간'이 되라. 미쳐 날뛰는 욕망(慾望)에 이끌려 가능하지 않는 것을 가능한 것처럼 생각할 때 불행해진다. 너의 처지가 너의 욕망을 제한하고, 너의 의무가 너의 애정보다 앞서기를 바란다.

f. 자족(自足)과 시민적 의무

◇ "자족하면서 세태(世態)에 물들지 말라."

i) 나의 벗(에밀)이여! 한 사람의 배우자와 한 조각의 땅, 그것으로 현자(賢者)의 행복은 충분한 것이다. 그러나 횡포한 정부와 강압적 종교와 타락한 풍기(風紀)를 조심하고, 수탈적 세금과 끝없는 소송에서 벗어나야 한다. 그리고 부자나 권세가(權勢家)와 불필요한 시비(是非)에 휘말려 굴종과 아첨을 해야 할 일을 만들지 말라.

◇'진정한 자유'

ii) 그런데 우리들의 사회제도 속에는 법(法)의 이름 아래 개인의 이익(利益)과 인간의 정욕(情欲)이 판치고 있을 뿐, 〈자유〉는 어떠한 통치형태 밑에도 존재하지 않고 있다. 이제 그것은 '자유로운 인간'의 마음 속에만 존재할 뿐이다.

◇〈중용〉과 '진정한 이성'으로서의 〈양심〉

iii) 현자는 우리들의 최대의 불행의 원천인 자존심(自尊心)의 갖가지 착각을 바라봄으로써 〈중용(中庸)〉을 지킨다. 현자에게는 〈자연과 질서의 영원한 법〉이 실정법(實定法)을 대신하고 있으며, 그것은 그의 마음 속에 양심(良心)과 이성(理性)으로 새겨져 있다.

◇〈희생심〉과 대승적 사랑

iv) 그렇더라도 자신의 이익을 〈공동의 이익〉을 위해 희생하는 법을 배우라. "어디에도 '조국'은 없다. 그러나 조국(祖國)을 가지고 있지 않은 사람이라도 나라는 갖고 있지 않은가? 비록 〈사회계약〉이 지켜진 일

◇'〈시대의 의무〉를 다하라.'

◇이른바 '이교(異敎)의 시대'
→'질투가 적은 신의 시대'
→'인간 때문에 신들이 싸운 시대'

cf. 호메로스(Homeros, B. C. 800? - 750) : 고대 그리스의 시인(詩人), 유럽문학의 최대·최고의 서사시 『일리아드』와 『오딧세이』의 작자라고 전함.

이 없었더라도 자기 나라에서 아무런 혜택도 받지 않은 사람이 있을 수 있는가?" 네가 태어난 땅에 대한 애착(愛着)과 너를 보호해 준 동포에 대한 사랑까지 버려서는 아니된다.

v) 너의 모든 〈의무〉를 다할 수 있는 곳에 네가 살고 있다는 사실이 중요하다. 황금시대(黃金時代)를 부활시킬 수 있는 유일한 길은 어려운 일이지만 그 〈시대〉를 사랑하는 것이다. "만일 군주나 국가가 너에게 조국을 위해 일할 것을 요구한다면, 모든 일을 제쳐두고 '시민(市民)으로서의 명예로운 임무'를 다하라. 요구하러 올 리는 없겠지만……."

6) 종교(宗教)

(1) 초기 다종교시대

① 처음에 사람들은 신(神)이외에 왕(王)을 갖지 않고, 신정정치(神政政治) 이외에 정치를 몰랐다. 그래서 각 인민의 수(數)만큼 신이 존재한 것이다.

② 제국가가 각각 다른 신앙과 신들을 갖고 있던 '이교(異教)의 시대'에는 종교전쟁(宗教戰爭)이 없었다. 이교도의 신들은 질투가 많은 신은 아니었으며, 서로 세계의 지배를 나누고 있었다.

③ 종교계율과 국가법률은 결합되어 있었기 때문에 정복에 의한 예속은 곧 개종(改宗)을 의미하는 것이었다. 따라서 전도사(傳道師)는 '영광스런' 정복자(征服者)가 될 수밖에 없었다. 호메로스가 말했듯이, "인간이 신(神)들 때문에 싸웠다기보다는, 신들이 인간 때문에 싸우고 있었던 것이다." 이리하여 각 민족은 신에게 승리를 구하고, 새로운 제단(祭壇)을 쌓아 신에게 승리의 대가를 지불하였다.

④ 마찬가지로 로마인은 피정복자에게 그들의 법률(法律)과 함께 신들도 남겼다. 또 때때로 피정복민의 신들이나 제사를 받아들이고 시민권을 주었기 때문에 그 광대한 제국(帝國)의 여러 민족은 항상 어디서나 무수한 신들과 제사

를 갖게 되었다.

(2) 기독교의 출현

◇기독교의 시대
→'질투가 많은 신의 시대'
→'신들 때문에 인간이 싸우는 시대'

① 그러나 예수(Jesus)가 지상에 출현(出現)하면서부터 상황은 일변하여, 교리의 체계가 정치의 체계로부터 떨어져 나가고 국가의 일체성(一體性)은 종지부를 찍으면서 오늘날까지 기독교계 여러 민족을 끊임없이 흔드는 내적 분열이 생기게 된 것이다.

◇위선적 이론으로서의 '피안의 왕국' 교리

② 특히 기독교의 〈피안(彼岸)의 왕국〉이라는 새로운 관념은 이교도(異敎徒)의 눈에 기독교가 진정한 반역자요 위선자(僞善者)로 보이면서 박해가 시작되었다. 드디어 이교도들이 그렇게도 경계했던 일, 즉 '피안의 왕국'이 〈차안(此岸)의 왕국〉으로 변신하면서 가장 비도(非道)한 교황의 전제(專制)로 바뀌어 갔다. 이리하여 기독교국가에는 지배자와 성직자라는 이중권력(二重權力)의 영원한 관할권투쟁으로 인해 어떠한 좋은 국가구조도 존재할 수 없게 되었다.

◇초기 이슬람교의 우월성

③ 이에 반해 마호메트(Mahomet, 570?-632)는 극히 건전한 사고방식을 가지고 있어서 그 정치체계를 훌륭히 통일하였다. 그러나 이러한 아랍인들도 경제적 번영과 학문·예술의 발전을 이룸으로써 나약해지면서 야만인(野蠻人)에게 정복당하게 되었고, 이리하여 여기서도 다시 두 개 권력 사이에 분열(分裂)이 시작되었다.

cf. 정치권력과 종교권력의 화학적 결합이 아닌 물리적 결합의 형태에 불과
←여전히 강력한 성직체계(聖職體系)는 잔존하고 있기 때문

④ 오늘날 우리 주변의 영국국왕이나 러시아황제가 교회의 수장(首長)을 겸함으로써 일견 국가통합(國家統合)을 이룬 듯이 보이지만, 지배자라기보다는 성직자가 되었으며 여전히 두 개의 권력은 양립(兩立)하고 있다.

◇홉스의 훌륭한 통찰

⑤ 기독교도의 저작자(著作者)들 가운데 홉스(Hobbes)만이 그 악폐를 잘 이해하고, 모든 것을 다시 정치적 통일(統一) 밑에 되돌아갈 것을 제일 먼저 제안한 유일한 학자였다. "홉스의 정치학(政治學)을 꺼리게 한 것은 그 내용의 황당무계함이나 잘못됨이라기보다는 오히려 옳은 것, 진실한 것이 씌어 있기 때문이다."

◇‘세속(육체)의 세계’와 ‘천국(영혼)의 세계’라는 이원적 분리
→ 육체와 정신에 대한 지배권 분리와 상호 불간섭주의
→ 정교분리(政教分離)

◇신정정치
→ 정교일치(政教一致)

(3) 기성종교의 분류 및 문제점

① 인간의 종교

a. 사원(寺院)·제단·의식(儀式) 등이 없이 오로지 ‘지고의 신(神)에 대한 내적 신앙(內的 信仰)의 순수성’을 목표로 하며, 그 신앙인은 진실한 유신론자로서 ‘자연적 신법’에 따르는 것이다.

b. 대표적으로 기독교가 여기에 해당한다. 그러나 ‘현재의 기독교’(구교 : 카톨릭)가 아니고, 그것과는 전혀 다른 ‘복음서의 기독교’(신교 : 프로테스탄트)이다.

c. 이 신성하고 숭고하며 진실한 종교에 의해 신의 아들들인 모든 인간은 서로 형제(兄弟)이며, 이 통일된 사회는 영원히 해체되지 않는다.

d. 그러나 이 종교는 정치체(政治體)와 어떤 특수한 관계도 갖지 않기 때문에, 시민의 마음을 국가에 묶어두지 않고 오히려 지상(地上)의 모든 것으로부터 떼어놓고 있다. “나는 사회적 정신에 이처럼 반(反)하는 것을 알지 못하겠다.”

② 시민의 종교

a. 단지 한 나라에 국한하는 고유의 수호신(守護神)을 모시는 것으로서, 나라 밖의 인민은 불신자(不信者)·이방인·야만인이 된다.

b. 원시 민족종교(民族宗教)는 모두 이 형태이며, 시민적·실정적 신법이라고 부를 수 있다. 〈신에 대한 사랑〉과 〈조국에 대한 사랑〉을 결합한 형태로서, 조국(祖國)에 봉사하는 것이 수호신에 대한 헌신이 된다고 가르치는 점에서 훌륭하다.

c. 일종의 신정정치(神政政治)로서 위정자 외에 주교나 사제가 따로 존재하지 않으며, 조국을 위한 죽음은 ‘순교’(殉教)’가 되고 위법은 ‘불경’(不敬)이 된다.

d. 그러나 “미신(迷信)과 허위에 근거하여 신에의 진실한 신앙을 공허한 의식 속에 매몰시키는 점에서, 그리고 인민을 다른 모든 인민에 대해 배타적(排他的)이고 폭정

적(暴政的)으로 만드는 점에서 나쁜 종교이다."

◇국가권력과 종교권력의 대립 또는 균형 → 정교양립(政敎兩立)

③ 제3의 종교

a. 한 국가사회내의 두 법체계, 두 수장(首長), 두 조국을 줌으로써 사람들로 하여금 상충(相衝)되는 두 개의 의무, 즉 〈신자적 의무〉와 〈시민적 의무〉에 똑같이 복종시키는 모순(矛盾)을 나타낸다.

b. 이 종교에서는 일종의 절충적 · 반사회적인 법률이 생겨난다. 라마교나 일본인의 종교, 그리고 로마 그리스도교(구교)가 이에 해당하며, 〈성직자(聖職者)의 종교〉라 부를 수 있다.

c. "세 가지 중에서 가장 명백히 나쁜 종교로서, 이를 증명(證明)하며 즐기는 것 자체가 시간낭비다." 왜냐하면 사회적 통일을 깰 뿐만 아니라 인간을 스스로 모순에 빠지게 하는 제도는 일고(一考)의 가치도 없기 때문이다.

(4) 기독교국가의 허구성

◇〈완성된 기독교 사회상〉의 이론적 이상성(理想性)과 현실적 공상성(空想性)

① 진정한 기독교의 '사회상'(社會像)은 참으로 좋아 보인다. 각자는 의무이행과 법률준수에 완전하고, 수장(首長)들은 공정 · 온건하며, 시정관(施政官)들은 청렴 · 결백하고, 병사들은 죽음을 두려워하지 않는다. 거기에는 사치도 허영도 없다.

② 그러나 '진실한 기독교의 사회'라는 것은 이미 '인간의 사회'는 아닌 것이다. 그렇게 가정(假定)된 사회는 완전성을 가지나, 가장 강력한 사회도 가장 영속적인 사회도 아니다. "너무나 완전(完全)하기 때문에 유대를 결여하고, 사회를 파괴(破壞)로 이르게 함에 틀림없다."

◇기독교의 기본적 속성
→ 내세지향성
→ 전제권력 출현의 토양이자 그 합리화의 도구

③ 실제로 기독교는 전혀 영적(靈的)인 종교로서 오직 '하늘의 일'에만 관심을 갖는다. 현실적인 국가의 번영이나 공공의 행복에도 무관심(無關心)하다. 하물며 "조국의 영광에 의해 사치스럽게 되는 것도 두려워하고, 국가가 쇠퇴하고 있어도 인민들 위에 무겁게 덮치는 '신(神)의 손'을 찬양한다."

◇교리의 특성
→'인민의 노예화'

◇사회적 효용성

◇교리의 기본적 내용

◇종교다원주의
◇국가우선주의

◇'종교적 독단론자들은 반국가사범(反國家事犯)이다.'

④ 그러다가 불행하게도 야심가(野心家)나 위선자(僞善者)가 한 사람이라도 나타나게 되면, 그는 손쉽게 권력을 장악하고 나서 '신은 권력에의 복종(服從)을 희망한다' 또는 '폭정(暴政)은 신이 우리를 벌하는 회초리이다'라고 하면서 찬탈을 합리화(合理化)한다. 왜냐하면 "인민에게 중요한 것은 천국(天國)에 가는 것이고, 인종(忍從)은 이를 위한 주요수단이기 때문이다."

⑤ 기독교는 그 기본교리의 특성상 〈신에의 예속과 의존〉밖에 설교(說敎)하지 않는다. 그 정신은 전제(專制)에 너무 유리하기 때문에 반드시 이용될 수밖에 없다. "진실한 기독교도는 노예(奴隸)가 되게 만들어져 있다. 그들은 이 사실을 알고 있지만 그렇다고 동요하지도 않는다. 이 짧은 생애는 그들의 눈에 너무나도 가치가 적게 보이기 때문이다."

(5) 바람직한 시민종교

① 〈신앙〉을 통해 사회성(社會性)을 지닌 인간, 즉 선량하고 충실한 '시민'을 양성할 수 있어야 한다.

② 〈교리〉는 간단·단순·정확해야 하고, 해석이나 주석(註釋)을 달아서는 안된다.

③ 그 〈주요내용〉은 전지전능하신 자애로운 신(神)의 존재, 내세(來世)의 존재, 옳은 자의 행복과 나쁜 자의 징벌, 사회계약과 법률의 신성성(神聖性) 등이다.

④ 여기서 가장 중요한 것은 교리가 〈배타성〉을 띠어서는 안된다는 것이다. 즉, 그 교의(敎義)가 국가에 반(反)하지 않는 한 '다른 종교를 허용할 줄 아는 종교'는 모두 허용되어야 한다.

⑤ 종교적 불관용이 인정되고 있는 곳에서는 성직자가 진정한 지배자이고, 위정자는 그들의 공복에 지나지 않게 된다. 따라서 "〈교회 바깥에서 구원은 없다〉고 말하는 자가 있다면 그 누구든 국가로부터 추방(追放)되어야 한다."

4. 국가관

1) 논의의 출발

◇기본전제 : 돌이킬 수 없는 '사회적 인간'과 필요악(必要惡)으로서의 '법률'

① 인간은 자유롭게 태어났지만 어디서나 〈속박〉되어 있다. 사람들의 주인(主人)으로 자처하고 있는 자들도 실상은 그들보다 더 한층 〈노예〉의 처지에 놓여 있다. 이같은 변화의 원인규명(原因糾明)은 어려울지 몰라도 그것을 무엇이 〈정당화〉하고 있는가의 문제는 풀 수 있다.

② 나는 이미 '자연상태'를 벗어난 〈사회적 인간〉을 있는 그대로 받아들이고, 〈법률〉을 있을 수 있는 가능한 형태로 받아들인 상태에서, '바람직한 사회질서와 통치체제'를 연구하고자 한다.

2) 권력 · 권리 및 합의

◇'모든 사회질서는 합의(合意)의 결과들이다.'

◇권리(權利)는 권력(權力)보다 강한 것이나, 〈합의〉를 필요조건으로 한다. → 합의의 중요성

① 〈사회질서〉는 모든 힘의 기초(基礎)가 되며, 인위적인 것이기 때문에 어떤 〈합의들〉에 근거한 것이다.

② 아무리 강(強)한 자라 하더라도 자기의 힘, 즉 〈권력〉을 〈권리〉로 변형시키지 않고는 항상 지배자가 될 수 있을 정도로 그렇게 강하지는 못하다.

③ 달리 말해서 〈강제적 복종〉은 〈자발적 의무〉에 의해 보완－즉, 합리화－되지 않고는 언제든 불복종(不服從)과 더 큰 힘에 의해 무너질 수 있기 때문이다.

④ 따라서 '권력에 복종하라'－즉, '힘에는 굴복하라'－는 교훈은 옳지만, 그러나 무의미(無意味)하다.

⑤ 이렇게 볼 때 힘(권력)은 권리를 낳지 못하며, 권력이 정당(正當)하지 못하면－즉, 자발적으로 합의(合意)된 것이 아니라면－복종할 의무가 없다.

◇'폭력에 의한 합의'를 통해 발생된 권리, 즉 전제권 · 정복권 · 노예권의 허구성과 무의미성

⑥ 〈폭력에 의한 합의〉는 정당치 않으며, 불합리하고 무의미하다. 따라서 〈전제권〉과 마찬가지로 〈정복권〉이니 〈노예권〉이니 하는 것들도 어떠한 '권리'나 '의무'를 의미하는 것이 아니라, 그 본질은 단순히 '힘에 대한 굴종'일 뿐이고 여전히 적대상태(敵對狀態)의 지속일 뿐이다.

⑦ 즉, 피정복민은 강제에 못이겨 복종할 뿐이지 정복자에 대해 하등의 의무도 지지 않는다. "승자는 패자의 생명(生命)의 대가-곧, 자유의 포기-를 취하면서 그에게 은혜를 베푼 것이라곤 조금도 없다. 그는 패자(敗者)를 '무익하게' 죽인 것이 아니고, 아주 '유익하게' 죽인 것이다."

3) 사회계약론

(1) 최초의 합의

◇국가사회의 발생원인이자 권력의 정당성 기초인 〈사회계약〉은 자발적 합의에 의한 '최초의 계약'이며, '만장일치'를 전제로 한다.

① "선행(先行)하는 합의가 없는 경우 소수가 다수의 선택에 따라야 할 의무는 어디에 있는가? 〈다수결의 원칙〉도 합의에 의해 성립된 것으로서 적어도 한번은 만장일치(滿場一致)를 전제로 하고 있는 것이다."

② 사회계약론(社會契約論)의 출발은 각 개인이 '자신의 힘만으로는 〈생존유지〉가 불가능해진 상황', 즉 생존 양식을 바꾸지 않으면 안되는 상황의 발생을 전제(前提)로 한다. 그러한 장해를 극복하는 길은 '다수인의 협력을 통한 힘의 총화(總和)와 그 조화로운 운용(運用)'에 있다.

(2) 사회계약과 일반의지

◇사회계약은 〈일반의지〉의 '발견'이며, '관철'이다.

◇대리인의 임명
→ 집행권

◇대리인의 통제
→ 입법권

◇모든 권리의 '전체사회'에의 양도
→〈자연적 자유〉의 소멸과 〈사회적 자유〉의 발생

① 사회계약의 2대 과제

a. 각 구성원의 신체와 재산을 보호하는 - 공동(共同)의 힘이며, 인격체(人格體)로서의 - 결합형태를 발견하는 일……〈정부의 구성〉

b. 각 구성원이 결합형태(結合形態)-즉, 정부-에 구속되지 않고, 이전과 마찬가지로 자유롭게 되는 일 ……〈일반의지의 발견과 관철〉

※ 이 원칙은 어떠한 경우에도 수정되거나 무력화(無力化)될 수 없다. 왜냐하면 인간은 자유롭기 위하여 결합형태를 만들었기 때문이다.

※ 이 경우에 '각 구성원은 자신을 포함하여 그의 모든 권리를 〈공동체 전체〉에 양도(讓渡)한다'는 사실이 중요하다. 왜냐하면 만일 다소라도 양도되지 않은 권리-즉, 자연적 자유-가 남아 있다면 분쟁(紛爭)을 해결할 상

◇ 전체사회(공동체)의 의사 → '일반의지'

◇ '일반의지의 본질은 특수이익의 극복에 있다.'

◇ 일반의지의 공정성과 공익성 및 절대성

◇ 〈자연적 자유〉의 상실과 〈사회적 자유〉의 획득

위자(上位者)가 없으므로 '자연상태로의 복귀'나 다름없기 때문이다.

※ 그리고 각자는 〈전체사회〉에 모든 것을 양도했기 때문에 누구나 동일(同一)한 권리와 가치를 얻고, 한층 더 많은 힘을 얻는다. 즉, 구성원은 자신들의 모든 것을 공동(共同)으로 〈일반의지〉에 귀속시킴과 동시에 '전체의 불가분의 부분'이 된다.

cf. ∘ 사회계약에 의해 성립된 공적 인격(公的 人格)의 여러 명칭
- 도시국가(Cité), 공화국(République), 정치체(Corps politique), 국가(Etat), 주권자(Souverain)

∘ 사회구성원의 여러 명칭
- 집합적 개념으로서의 '인민'(Peuple), 주권참여의 개별인격체로서의 '시민'(Citoyens), 국법준수자로서의 '신민'(Sujets) 등

② 일반의지(一般意志)

a. 〈특수이익의 대립〉은 사회건설의 필요성을 낳고, 〈특수이익의 일치〉는 사회존립의 근거이다. 여기서 '일반의지'가 생겨나는 것이다.

b. 즉, 〈일반의지〉만이 공공복지(公共福祉)라는 국가설립 목적에 따라 국가의 모든 힘을 지도할 수 있으며, 이는 특수의지의 단순총계와는 다른 것이다.

cf. 전체의지(la volonté de tous) : 특수이익의 총화
일반의지(la volonté générale) : 특수이익의 일치

c. 〈일반의지〉는 항상 올바르고 공공이익을 지향한다. 따라서 그것은 〈특수의지〉를 초월(超越)하며, 구성원의 절대적 복종(絶對的 服從)을 의미한다.

cf. 일반의지 : 사회의 공동이익 대변
특수의지 : 개인의 특수이익 대변

d. 이리하여 '사회상태'에서 정의와 도덕성 및 영적 고양(靈的 高揚)이 '자연상태'의 동물적 본능을 대체한다.

"인간은 동물적 존재에서 지성적(知性的) 존재로 되고, 비록 '생래적(生來的) 자유'는 상실하였지만 더 큰 '사회적 자유'를 획득한다."

◇부분집단(이익집단)의 금지
◇평등주의 지향

e. 〈일반의지〉가 잘 표명되기 위하여는 전체사회 안에 '부분적 사회'가 없어야 한다. 일반의지의 모든 합법적 행위는 전체시민에 평등(平等)하게 의무를 지우거나 권리를 베푸는 것이다.

(3) 주권 · 주권자

◇주권(主權)의 불가분 · 불가양

① 〈주권〉은 '일반의지의 행사'로서 양도(讓渡)될 수 없으며, 분할(分割)될 수도 없다.

◇권리와 의무의 상관성(相關性)
→ 현대적 인민주권론

② 각 개인은 〈주권자〉의 일원(一員)-즉, 통치의 주체-인 동시에 〈국가〉의 일원-즉, 통치의 객체-이다. 개개인은 상호 긴밀한 결합 속에서 〈권리〉와 〈의무〉라는 이중관계(二重關係) 속에 놓여 있다.

◇자기제한 불가

③ 〈주권자〉는 자신에 대해 의무지울 수 없으며, 자기 존재의 기초를 이루는 것에 저촉할 수도 없다.

◇주권자 = (국가)공동체
◇'〈소유권〉도 상대적 권리에 불과하다.'
-*cf.* 국유화

④ 〈주권자〉, 즉 공동체는 구성원의 '토지소유권 및 재산'도 양도(讓渡)받으며, 또한 그럼으로써 구성원의 재산소유권을 합법적(合法的)으로 보증하는 것이 된다.

◇도덕적 · 법적 평등

⑤ 이와같이 기본적 계약, 즉 〈사회계약〉은 자연적 평등을 파괴하는 것이 아니라 오히려 인간의 '육체적 불평등'을 '도덕적 · 합법적 평등'으로 대체(代替)하는 것이다.

(4) 법률(法律)

◇입법행위의 의미

① 〈사회계약〉이 '정치체(政治體)에 대한 존재와 생명(生命)의 부여'라면, 〈입법〉은 '정치체에 대한 운동과 의지(意志)의 부여'이다.

◇법의 필요성

② 〈법〉의 필요성은 권리(權利)를 의무에 결합시키고, 정의(正義)를 목적에 결합시키기 위함에 있다.

◇법의 의의

③ 〈법〉은 사회적 결합(結合)의 조건이며, '일반의지의 표현'이다. 인민은 법의 준수자(遵守者)인 동시에 법의 제정자(制定者)이다.

◇법의 대상

④ 〈법〉의 대상은 항상 일반적(一般的)이어야 한다. 개별적 대상에 관하여는 일반의지가 존재치 않으며, '의지의 일반성'과 '대상의 일반성'은 합치되어야 하는 까닭이다. 개별적 대상에 대한 판결이나 명령은 행정행위(行政行爲)에 불과하다.

◇공화주의

⑤ 〈공화국〉은 어떠한 형태를 취하든 '법에 의해 지배되는 모든 국가'이다. 즉, 모든 정당한 정부는 공화적(共和的)이다.

4) 입법자(立法者)

(1) 필요성

◇훌륭한 '공민교육자'

① '올바른 입법'이 이루어지기 위하여는, 개개인으로 하여금 그들의 의지를 〈이성〉에 합치(合致)되도록 강요해야 하며, 공중(公衆)에 대하여는 그 요구되는 것이 무엇인가를 가르쳐야 한다.

◇훌륭한 '법률발견자'

② 이것이 '입법자'를 필요로 하게 되는 이유이다. 즉, 여러 국민은 적합한 〈최선의 사회규칙〉을 발견(發見)하기 위해 탁월한 지성(知性)을 구비한 사람을 필요로 한다. "최선의 입법자는 신(神)들이다."

(2) 임무-'인간개조'(人間改造)

◇'시민'의 창조

◇'전체주의적'

→ *cf.* 파시즘(Fascism)과 스탈린주의(Stalinism)

→ *cf.* 우생학(優生學)

◇폴리스(polis)적 인간형

→ *cf.* 플라톤(Platon)의 이상적 인간상

① 타락된 인간성(人間性)을 변화시킬 것,

② 자연적으로 '스스로 완전하고 고립된 하나의 전체'를 이루는 각 개인을 사회적으로 '하나의 보다 큰 전체의 일부'로 변화시킬 것,

③ 체질(體質)을 강화시킬 것,

④ 자연의 '독립적·육체적 생존'을 사회의 '의존적·정신적 생존'으로 대체시킬 것 등이다.

※ 이리하여 각 시민은 모든 다른 시민의 도움 없이는 아무런 가치도 없고, 아무 것도 될 수 없으며, 전체(全體)의 힘이 '각 개인의 자연적 힘의 총화'보다 크다면, 입법(立法)은 최고의 완성점(完成點)에 도달한 것이다.

(3) 능력과 조건

① 〈입법자〉는 비범(非凡)한 인물이나, 위정자도 주권자도 아니다. 그의 임무는 국가를 조직(組織)하는 데 있을 뿐, 조직상의 어떤 직책도 맡아서는 아니된다.

cf. "인간을 지배하는 자가 법을 지배해서는 안된다. 그 역(逆)도 마찬가지이다."

cf. "리쿠르고스가 조국 스파르타에 법을 주었을 때, 그는 왕권퇴위로써 시작했다. 법의 제정을 외국인(外國人)에게 의뢰하는 것은 그리스 대부분 도시의 관습이었다. 근대 이탈리아의 여러 공화국들이 이런 관습을 모방했고, 제네바공화국도 또하나의 예이다."

② 입법자는 〈폭력〉을 사용하지 않고도 지도(指導)할 수 있고, 〈설득〉하지 않고도 동의(同意)시킬 수 있는 권위에 의존한다. 그것은 인민이 자신의 자유의지로부터 복종하고, 공공의 복지라는 형틀에 얌전히 참도록 만드는 능력이다.

③ 그래서 과거의 입법자들, 즉 모든 시대의 국부(國父)들이 천국(天國)의 간섭에 의뢰하고 그들 자신의 지혜로써 신(神)들의 영광을 찬양하지 않을 수 없었던 이유가 바로 거기에 있다. "종교는 정치의 도구(道具)였다."

④ 그런데 "어떤 사람이라도 석판(石版)에 글씨를 새기거나, 신탁(神託)을 매수하거나, 어떤 신과 비밀히 통화를 하는 체하거나, 새를 자기 귀에다 말할 수 있도록 훈련시키거나, 그 밖에 인민을 속이는 온갖 야비(野卑)한 방법을 발견할 수가 있다." 이같은 〈계교〉로써는 '일시적 효과'는 기대할 수 있지만 '영속적 효과'는 〈지혜〉로써만이 가능하다.

⑤ 그러므로 입법자의 위대한 혼(魂)은 그의 사명을 입증하는 '참된 기적'인 것이다. "가까이 현존하는 것 중 그나마 위대하고도 강력한 천재(天才)의 작품이라고 말할 수 있는 것은 차라리 유태법이나 마호메트법뿐이다."

◇'엘리트주의적'
→ 그러나 카리스마(Charisma)적 지배의 거부
→ 비정치적 철인(哲人)에의 기대

cf. 리쿠르고스(Lycurgos) : 기원전 9세기 경 고대 스파르타의 입법자

◇'훌륭한 입법자는 곧 나이다'(?)
→ *cf.* 『코르시카 헌법초안』

◇종교와 정치의 불가분성(不可分性)

cf. 십계명(十誡命)이나 계시(啓示), 기타 사기적 마술(魔術)

◇종교의 이용방식 :
〈계교〉→ '헛된 기적'
〈지혜〉→ '참된 기적'

◇'훌륭한 입법자는 종교(宗敎)를 훌륭히 이용(利用)하는 자이다.'
→ 바람직한 '시민종교'의 확립

◇이상적 입법의 전제조건

5) 국가의 규모와 인민의 자질

(1) 영토의 크기

① 국토의 크기는 적절(適切)하여야 한다. 너무 크면 통치하기 힘들고, 너무 작으면 유지하기가 곤란하다. 일반적으로 소국(小國)이 대국(大國)보다 낫다.

② 그리고 여기에는 인구의 양과 질 및 자연적 조건 등이 고려되어야 한다.

(2) 인민의 자질

① 결합력(結合力)을 지니면서도 법의 구속력을 아직 느껴보지 않았어야 한다.

② 뿌리깊은 관습이나 미신(迷信)에 물들어 있지 않아야 한다.

③ 힘과 용기를 지니고, 자립심(自立心)이 있어야 한다.

④ 각 구성원은 전체와 아는 사이이고, 어느 한 사람에게 견디기 어려운 부담을 지울 필요가 없는 인민이어야 한다.

⑤ 부유하지도 빈곤하지도 않으면서, 자급자족(自給自足)할 수 있어야 한다.

⑥ 강건성과 유순성을 겸비(兼備)해야 한다.

cf. 『사회계약론』이 완성된 지 4년 후 『코르시카헌법초안』을 집필하게 됨.

(3) "이상의 모든 조건(條件)을 구비하기는 힘든 일이나 유럽에 입법이 가능한 나라가 하나 있다. 그것은 코르시카섬이다."

cf. 현대 헌법의 기본이념과 그 체계의 다양성

6) 입법체계의 기본방향과 다양성

(1) 기본방향

◇기본이념 : 〈자유〉와 〈평등〉

① 입법체계의 목표(目標)는 모든 인간의 최대복지(最大福祉)이며, 이것은 구체적으로 〈자유〉와 〈평등〉이라는 두 개의 주요이념으로 환원된다.

◇'평등없이는 자유가 존재할 수 없다.'

② 그 이유는, 〈자유〉는 인간본성의 제1법칙인 '자기보존'의 결과(結果)이며, 〈평등〉은 자유의 전제조건(前提條件)이기 때문이다.

③ 〈평등〉의 올바른 의미

◇절대적 평등의 부정

a. '평등'은 권력이나 부(富)가 절대적으로 동일(同一)해

야 함을 의미하는 것이 아니다.

◇〈권력〉과 〈부〉의 올바른 정의

b. '권력'개념은 폭력(暴力)을 초월한 것으로서 지위와 법에 따라서 행사되는 것으로 이해되어야 한다.

→〈권력에의 복종〉은 '인간(人間)에 대한 굴종'이 아니라 '법과 지위에 대한 존중'이다.

c. '부'의 개념은 어떤 시민도 다른 시민을 돈으로 살 수 있을 정도로 부유(富裕)하지 않고, 자신의 몸을 돈에 팔 정도로 빈곤(貧困)하지도 않은 것으로 이해되어야 한다.

→〈부자의 미덕〉은 돈과 힘의 절제요, 〈빈자의 미덕〉은 인색과 탐욕의 절제이다.

◇'불평등에로의 자연적 경향'과 '평등에로의 인위적 노력'
→ 평등주의

④ 여기서 중요한 것은, "〈사물의 힘〉은 항상 평등을 파괴하는 쪽으로 향하는 까닭에 〈입법의 힘〉은 항상 평등을 유지하는 쪽으로 향해야 한다"는 것이다.

(2) 다양성 · 융통성

cf. 헌법개정

① 입법체계의 구체적(具體的) 형태들은 지리적 조건이나 주민의 성격과 관련한 여러 상황변화에 따라 수정(修正)되어야 한다.

② 즉, 여러가지 요인들과 그 관계들에 근거하여 그때그때마다 각 인민들에게 최선(最善)의 특수한 제도의 체계를 부여하지 않으면 안된다.

7) 정부형태론

(1) 정부의 위상

◇'신민'(臣民)은 통치대상으로서의 개념임.
→ *cf.* '인민은 〈주권자〉인 동시에 〈신민〉이다.'

① '정부'(政府)는 〈신민〉과 〈주권자〉의 중간에 위치한 단체(團體)이다.

② 〈국가〉는 그 자체로서 존재하나, 정부는 〈주권자〉에 의해서만 존재한다. 정부는 '주권자에의 종속적(從屬的) 생명체'에 불과하다.

◇입법권과 집행권

(2) 정부의 권력 · 성원 · 형태

① 정부권력(정권)

a. 정권(政權)은 주권자의 의지를 실천(實踐)하는 힘으로서의 〈집행권〉이다.

cf. 행동의 두 가지 원인

i) 정신적 원인 : 행위를 결정하는 〈의지〉…입법권

ii) 물리적 원인 : 의지를 실행하는 〈힘〉…집행권

b. 〈입법권〉은 '집합적 행위'로서 주권자인 인민(人民)에 속하고, 〈집행권〉은 '개별적 행위'로서 주권자의 대리인(代理人)인 정부의 구성원(構成員)에 속한다. 이 양자의 협력 없이는 어떤 일도 이룰 수 없다.

c. 따라서 〈주권자〉가 통치를 하려 하거나, 〈위정자〉가 법을 제정하려 하거나, 〈신민〉이 복종하기를 거부한다면 〈국가〉는 해체되고 전제정치(專制政治)나 무정부상태(無政府狀態)에 빠지고 만다.

② 정부성원

a. 정부단체의 성원(成員)은 통치자로서의 군주, 또는 위정자(爲政者)라 불리우며, 집합적 전체로서는 집정체(정치체)라는 명칭을 갖는다.

b. 정부성원, 즉 원수(元首)나 위정자는 인민이 위임(委任) 또는 고용(雇用)한 단순한 관리이자 대리인에 불과하다.

c. 따라서 주권자인 인민은 필요하면 언제라도 이들의 정부권력(집행권)을 제한 · 변경 · 회수할 수 있다.

③ 정부형태

a. 정부형태는 위정자의 수(數)에 따라 〈군주정〉 · 〈귀족정〉 및 〈민주정〉 등 세 형태로 분류할 수 있다.

b. 나라마다 그 특수(特殊)한 조건들로 인해 어떠한 경우에도 최선의 유일(唯一)한 정부형태란 존재할 수 없다. 정부형태의 결정에는 다양한 요소들, 즉 토지의 면적이나 비옥도 등 자연적 조건과 인민의 수 · 체력 · 성격 · 관습 등 사회적 조건이 고려되어야 한다.

◇정부형태결정의 유일한 원칙

c. 그러나 국가가 커지면 커질수록 정부는 점점 축소되어, '위정자의 수가 인민의 수에 반비례(反比例)해야 한다'는 원칙(原則)이 적용되어야 한다. 왜냐하면 인구가 불어날수록 인민에 대한 통제력—즉 정부의 힘—도 증대되어야 하는데, 〈정부의 힘〉은 위정자 수가 많아질수록 약화되기 때문이다.

d. 그리고 위정자의 인격과 관련하여 항상 경계해야 할 사실은, '당위적 차원'에서 볼 때 완전한 입법제도하에서 〈개인의지〉나 〈단체의지〉는 거의 무(無)의 상태이고 〈일반의지〉만이 지배적이 되어야 하나, '현실적 차원'에서 볼 때 일반적 상황하에서는 일반의지가 항상 가장 약(弱)하고, 그 다음이 단체의지이며, 개인의지가 제일 강(強)하다는 사실이다.

cf. 위정자의 인격 속에 포함된 세 가지 의지

→〈개인〉으로서의 특수의지, 〈정부〉로서의 단체의지, 〈인민〉으로서의 일반의지

→넓은 의미의 '특수의지'는 단체의지를 포함함.

◇〈정부〉의 세 가지 순수형태

(3) 정부의 분류

① 민주정(民主政)

◇민주정→그리스 도시국가의 민주정체

a. 위정자가 다수(多數)인 경우이며, 소국(小國)에 적합하다.

b. 민주정의 조건

◇소집·결정의 용이

i) 매우 작은 규모의 국가이어야 한다.

◇행정사무의 단순

ii) 생활양식이나 사회구조가 매우 단순해야 한다.

iii) 지위나 재산이 극히 평등해야 한다.

iv) 사치(奢侈)가 거의 없어야 한다.

◇건전한 시민의식·덕성

cf. ◦"사치는 부(富)의 결과인 동시에 부를 필요로 한다."

◦"부자는 소유(所有)에 의해 타락하고, 빈자는 선망(羨望)에 의해 타락한다."

◦"사치는 조국을 팔아서라도 허영심(虛榮心)을 채우려 하며, 시민을 다른 사람의 노예나 여론

의 노예로 만든다."

◇정치적 관심과 참여

v) 시민이 힘과 견실성을 가지고 스스로를 지킬 수 있어야 한다.

cf. "'노예적 평화보다 차라리 위험한 자유'를 선택할 정도의 끊임없는 경계(警戒)와 용기(勇氣)가 필요하다."

◇〈민주정〉의 문제점

c. 이 정체(政體)는 집행권이 입법권에 일치되어 있는 형태로서 이상적(理想的)인 것처럼 보이지만 사실상 '정부 없는 정부'를 이루고 있고, 인민이 불완전한 경우 국가는 그 근본에 있어 부패되어 있는 것이므로 어떠한 개혁도 불가능하게 된다. "정부에 의한 법의 남용에 비하면 입법자의 부패는 치유하기 힘든 더 큰 악(惡)이다."

d. 민주정체만큼 내란이나 내홍(內訌)이 일어나기 쉬운 정부도 없다. "만일 신(神)들로 된 인민이 있다면 이 인민은 민주정체로써 통치해 나갈 것이다."

e. "항상 잘 통치하는 인민은 통치될 필요도 없으며, 그러므로 엄격한 의미의 〈진정한 민주정〉은 존재하지도 않았을 뿐더러 앞으로도 결코 존재하지도 않을 것이다."

② 귀족정(貴族政)

a. 위정자가 소수(少數)인 경우이며, 중간국(中間國)이 적합하다.

b. 〈귀족정〉의 조건

i) 국가의 규모가 너무 크거나 작아서는 아니된다.

ii) 부자(富者)는 절제를 하고, 빈자(貧者)는 자기분수에 만족해야 한다.

cf. 가치의 다원화(多元化)

iii) 인간의 가치에는 부(富)에 우선하는 것들이 많음을 인민에게 인지시켜야 한다.

c. 민주정과는 달리 귀족정에는 〈정부〉와 〈주권자〉라는 두 개의 인격(人格)이 존재한다.

d. 초기(初期)의 사회는 귀족정에 의해 통치되었다. 〈가부장〉이나 〈사제〉·〈장로〉·〈원로원〉·〈노인〉 등의 이름으로 통치되었고, 젊은이들은 어렵지 않게 '경험의 권

위'에 양보하였다. 이같은 훌륭한 통치형태는 아직도 아메리카의 미개인(未開人)에 남아 있다.

e. 그러나 자연적 불평등을 넘어서 제도적 불평등이 심화되면서, '부나 권력'이 '연령'(年齡)보다 중시되었고, 귀족정은 〈선거제〉나 〈세습제〉로 바뀌게 되었다.

f. 〈귀족정〉의 종류

i) 자연적 귀족정 : 연령제, 소박한 인민에게만 적합

ii) 선출적 귀족정 : 선거제, 본래의미의 '최선의 형태'

iii) 세습적 귀족정 : 신분제, '최악의 형태'

◇가장 바람직한 정부형태
→ 선출적 귀족정
→ *cf.* 현대 의원내각제

g. 〈선출적 귀족정〉의 장점

i) 위정자, 즉 정부의 구성원에 대한 인민의 선거(選擧)는 일반의지를 보증(保證)할 수 있다.

ii) 성실·지식·경험 및 덕성(德性) 등에 따라 위정자를 선택할 수 있다.

iii) 집회(集會)의 용이와 업무처리의 신중성·체계성·신속성을 기할 수 있다.

③ 군주정(君主政)

a. 위정자가 1인인 경우이며, 대국(大國)에 적합하다.

b. 이 형태는 모든 원동력이 한 사람의 수중에 집중됨으로써 보다 적은 노력으로 큰 효과를 낼 수 있으나, 개인적 특수의지가 단체의지와 일반의지를 압도할 위험성(危險性)을 가장 많이 안고 있다.

◇군주정의 속성

c. 즉, 일반적으로 왕(王)들은 〈절대군주〉를 지향하며, 그리하여 인민의 무력화(無力化)와 빈곤화(貧困化)를 통해 반항의 가능성을 줄이는 데 관심을 두게 된다. 그리고 군주제하에서 출세(出世)하는 자들은 주로 소인배, 협잡꾼, 음모꾼들이다.

◇군주정의 세습화

d. 또한 국왕의 사후(死後)에 예상되는 모든 분쟁을 피하기 위해 〈왕위계승〉을 세습적인 것으로 만들어 놓았다. "'신이 노해서 왕을 주신 것이니, 천벌(天罰)로 알고 참지 않으면 안된다'는 말은 설교단(說敎壇)에서나 나올 법한 이야기이다."

e. 〈군주정〉의 문제점

i) 정책의 안정성(安定性)이 결여되어 있다.

→ 교체되는 군주의 성격에 크게 좌우된다.

ii) 군주에 대한 교육(教育)이 어렵다.

→ "제왕교육(帝王教育)은 그 피교육자를 필연적으로 부패시킨다."

→ "차라리 복종하는 기술을 가르치는 게 나으며, 통치의 학문은 지배함으로써보다는 복종함으로써 더 잘 체득된다."

※ 엄밀히 말해서 위에서 언급한 세 가지 정부형태 중 어느 것이든 순수(純粹)한 단일정체라고 할 수 있는 것은 "존재하지도 않고, 바람직하지도 않다."

※ 〈혼합정〉은 개별국가의 특수(特殊)한 제조건에 맞추어 중용(中庸)의 힘을 발휘할 수 있다. "어쨌든 정치결사(政治結社)의 목적은 그 구성원의 보존과 번영에 있기 때문에, 어떠한 정체이든 시민을 잘 증식시키는 정체야말로 최선의 것이며, 인민의 수가 감퇴된다면 그 정체는 최악의 정체이다."

◇ 현실적이며, '중용의 힘'을 지닌 〈혼합정〉
cf. 오늘날 대부분의 현대국가는 표현상 '민주정체'를 채택하고 있다고 하나, 그것이 의원내각제든 대통령제든 루소적 의미에서는 '귀족정에 가까운 혼합정체'이다.
→ 대의민주주의

8) 정부의 타락과 국가의 소멸

(1) 정부타락의 두 가지 양태

① 정부가 축소되는 경우 : 민주정 → 귀족정 → 군주정

cf. 이처럼 위정자 수가 감소(減少)하면서 정부형태가 변질되는 것은 해당국가 정부의 힘이 약화(弱化)되고 있다는 것을 뜻하며, 이는 정부의 속성이기도 하다.

② 국가가 해체되는 경우 : 무정부상태의 초래

a. 집행권(정부)이 주권을 찬탈하는 경우

b. 정부의 구성원(위정자)이 정부단체의 권리를 찬탈하는 경우

cf. 무정부상태의 종류

i) 중우정치(衆愚政治) ii) 과두정치(寡頭政治)

iii) 참주정치(僭主政治)

cf. 참주정 → 쿠테타
전제정 → (반동)혁명

→ 마지막의 '참주정치'와 관련하여, "나는 왕권(王權)의 찬탈자를 〈참주〉, 주권(主權)의 찬탈자를 〈전제군주〉라 부른다. '참주'는 불법적(不法的)으로 권력을 획득했으나 그 후에는 법률에 따라 통치하려는 자이고, '전제군주'는 법률 그 자체를 이미 초월한 자이다."

(2) 국가(정치체)의 소멸

◇국가소멸 → 주권행사의 완전중지

① 정치체의 생명의 원리는 〈주권〉, 즉 입법권에 있다.
② "〈입법권〉은 국가의 심장(心臟)이고, 〈집행권〉은 그 뇌수(腦髓)이다. 뇌수는 마비되어도 살아있을 때가 있지만 심장은 멎으면 곧 죽어버린다."
③ 잘 구성된 국가는 법률이 약해지지 않고, 부단히 새로운 힘을 획득함으로써만이 장생(長生)할 수 있는 것이다.

9) 주권 · 정부 및 국가의 유지방법

(1) 주권(主權)의 유지방법…〈입법권〉의 확립

◇정기집회의 불가침

① 어떠한 일이 있어도 폐지 또는 연기될 수 없는 법정(法定)의 정기집회가 있어야 한다.
→ 그 횟수는 정부의 강력한 정도에 비례한다.

◇국토의 균형적 발전

② 규모가 큰 국가의 경우, 수도(首都)를 정하지 말고 각 도시를 순번으로 돌아가며 정부소재지로 하고, 전 국토에 걸쳐 인구분포나 경제적 풍요가 골고루 균형(均衡)을 이루어야 한다.

◇입법기능의 신성불가침

③ 집회가 시작되자마자 정부의 모든 기능은 중지되고, 아무리 미천(微賤)한 시민의 신체일지라도 신성불가침이 되어야 한다.

◇시민적 의무의 철저한 이행

④ 시민으로서의 공적 의무(병역이나 집회, 기타 부역)를 재물이나 대리인(代理人)을 내세워 회피하려 하지 말아야 한다.
→ "상업이나 기예 · 안락에 빠져 태만(怠慢)과 정치적 무관심(無關心) 및 이기심(利己心)에로 기울게 되면, 그 국가는 이미 멸망에 가까워진 것이다."

◇정부와 그 구성원의 정당성에 대한 부단한 검토

⑤ 정기집회시 언제나 다음의 두 가지 안건이 각각 별도로 반드시 논의되지 않으면 안된다.

a. 제1의안 : "주권자는 현재의 정부형태(政府形態)를 유지해도 좋은가?"

b. 제2의안 : "주권자는 현재의 위정자(爲政者)들을 유임해도 좋은가?"

(2) 정부(政府)의 유지방법…〈집행권〉 확립

◇'사회계약'의 올바른 이해

① 정부를 설립하는 것은 '계약'이 아니라 '법'이라는 인식이 확보되어야 한다.

cf. 국가에는 그 결합의 계약인 〈사회계약〉 하나밖에 없다.

◇'위정자는 인민의 공복(公僕)이다.'

② 따라서 집행권의 수탁자들(위정자들)은 인민의 '주인'이 아니라 그 '사무집행자'에 불과하다는 사실이 인정되어야 한다.

③ 바꾸어 말해 인민은 언제라도 그들을 임명 또는 해임할 수 있어야 한다.

④ 위정자의 직무(職務)는 오로지 인민에 '복종'하는 것이고, 단순히 시민으로서의 그들의 의무(義務)를 다하는 것이라는 사실이 지켜져야 한다.

◇특수의지에 대한 경계와 그 구별

⑤ '전체인민의 의지'(일반의지)와 '일부 도당(徒黨)의 불평소리'(특수의지)를 구별하기 위하여 불온(不穩)한 사태가 벌어지면 그 권리를 가능한 한 엄격히 해석하여야 한다.

(3) 국가(國家)의 유지방법…〈일반의지〉 확보

◇〈일반의지〉의 안정적 확보와 정상적 기능

① 〈사회계약〉을 이룬 공동체는 하나의 '의지'(意志)를 가지며, 그것은 구성원들의 '자기보존과 공동복지'를 목적으로 하는 〈일반의지〉이다.

② 위의 원칙이 제대로 지켜지는 국가는 평화와 단결과 평등을 지향하는 공정(公正)하고 단순한 사람들로 구성되어 있으며, 거기서는 극히 약간의 법률밖에 필요치 않다.

◇특수이익들의 발호(跋扈)

③ 그러나 사회질서가 흔들리고 국가가 약화되면서 〈특수이익〉이 느껴지기 시작하면, 많은 소집단(小集團)이 대집단

(국가)에 영향력을 행사하게 되고, 〈일반의지〉는 이미 '전체의지'가 아니며, 논쟁을 거치지 않고는 어떤 것도 결정할 수 없게 된다.

◇특수이익들의 가면(假面)

④ "가장 천박한 이익(利益)이 철면피하게도 '공공복지'(公共福祉)라는 신성한 이름으로 몸치장을 하게 되면, 그때 〈일반의지〉는 벙어리가 되고 만다."

⑤ 이리하여 원래 〈일반의지〉는 항상 움직이지 않고 변하지 않으며 순수하지만, 종종 이를 능가하는 다른 의지에 '종속'되고 있는 것이다.

◇양심(良心)에 기초한 합리적 판단

⑥ 이를 피할 수 있는 유일한 방법은 항상 스스로 〈일반의지〉에 묻고, 그에 답(答)하는 것이다. "나의 이같은 행위가 국가의 이익이 되는가, 아니면 어떤 개인이나 단체에 이익이 되는가?"

10) 투표와 선거

(1) 투표(投票)…의사의 결정

① 의견이 만장일치(滿場一致)에 가까울수록 일반의지도 그만큼 지배적이다. 이에 반해 지루한 토론·분규·혼란은 여러 특수이익이 영향력을 가지며, 국가가 쇠퇴하고 있음을 가리키는 것이다.

◇다수결의 원칙

② 사회계약에 의해 국가가 성립되면 국내의 모든 거주민(居住民)은 동의한 것으로 간주된다. 이 원초적 계약 외에는 〈최대다수의 의견〉이 항상 다른 사람을 구속한다.

③ 그 이유는, 특수의지와 일반의지의 일치여부가 인민의 〈자유투표〉에 의하지 않고는 확인할 길이 없기 때문이다. 나와는 다른 의견이 승리한 경우는 나의 생각이 일반의지가 아니었음을 증명하는 데 지나지 않는다.

◇표결비율의 두 원칙

④ 찬부(贊否)의 비율에 관한 두 가지 일반적 원칙

a. 중요하고 심각한 사안(事案)일수록 전원일치에 가까워야 한다.

b. 신속(迅速)한 해결을 요하는 사안의 경우에는 한 표의 차이로도 충분하다.

◇주권행사의 일반성과 정부권능의 특수성

◇〈귀족정〉의 우월성
→ 귀족주의적

◇'형식적 민주정' 대(對) '진정한 민주정'

(2) 선거(選擧)…위정자의 선출

① 위정자 선출의 두 가지 방법 : 선거와 추첨

② 정부의 수장을 선출하는 것은 정부의 권능이지 주권의 권능은 아니다. 따라서 〈군주정〉에서는 선거도 추첨(抽籤)도 없다.

③ 〈귀족정〉에서는 집정체가 집정체를 뽑고, 정부는 자기 스스로를 유지한다. 이 정체에서 투표제가 가장 실효성(實效性)을 거둔다.

④ '추첨에 의한 선임이 〈민주정〉의 본질이다'라고 말한 몽테스큐(Montesquieu)의 말은 옳다. 왜냐하면 '진정한 민주정'에 있어서는 위정자의 직위가 어떤 이익을 보장하는 것이 아니라 귀찮은 부담(負擔)에 불과하므로, 특정인을 뽑아 강제로 책임을 지우는 것은 정당치 못하기 때문이다.

⑤ 그러나 '진정한 민주정'은 예로부터 존재한 적이 없다. 따라서 선거와 추첨이 혼용(混用)될 수 있다. 〈선거〉는 군직(軍職)이나 기타 특별한 재능(才能)이 요구되는 직책에 적합하고, 〈추첨〉은 법관직같이 시민으로서의 공통된 덕목(德目)만 지니면 충분한 일반적 직책에 유용하다.

…※ "나의 『사회계약론』은 국가내적(國家內的)인 문제에 주로 치중하였다. 국가를 대외적으로 견고히 해야 한다는 과제(課題)가 남아 있다. 거기에는 〈국제관계와 국제법〉, 즉 외교·무역·조약 등의 문제가 포함되어야 할 것이다."

V. 평 가

1. 18세기에 들어 대륙을 선도했던 프랑스의 〈절대주의〉는 그 정점(頂點)을 지나고 있었고, 중엽에 이르러서는 이미 그 체제의 모순과 한계가 민중(民衆)을 포함한 사회의 모든 계층에 피부로 전달되면서 급속히 종착점으로 치닫고 있었다. 거듭된 전쟁의 실패와 무거운 세금 및 인플레로

인한 빈부격차의 심화와 인민대중의 참담함, 그리고 정치 사회적 부패·금전주의의 팽배·풍속과 기강의 문란 등은 벌써부터 혁명을 예고(豫告)하는 것들이었다. 루소(J. J. Rousseau)는 이같이 어지러운 시대를 방황하면서, 민중의 한 사람으로서 몸소 그들과 고락(苦樂)을 함께 했던 시대의 방랑자요, 반항자이며, 예언자였다.

◇한 시대의 '방랑자·반항자·예언자'
→미·불(美·佛) 혁명에 커다란 영향

2. 17세기 이래 과학적(科學的) 진보와 이에 따른 〈합리주의〉의 발생은 18세기에 이르러서는 절대군주체제의 기초가 되고 있는 '봉건적 구질서(ancien regime)'에 대한 저항으로서의 〈계몽주의〉운동으로 발전되어 유럽대륙을 휩쓰는 커다란 시대적 조류(潮流)가 되었다. 프랑스가 중심이 된 이 사회운동(社會運動)은 단순히 지식인들의 운동에 그치지 않고 대중운동으로까지 진전되었으며, 그 일반적 특징은 〈이성〉과 그 산물로서의 〈문명〉에 대한 믿음에서 출발하면서 신흥부르조아의 입장을 대변하는 것이었다. 그러나 '전제군주의 타도'라는 공통적 목표를 추구하면서도 루소는 〈감성〉에 대한 믿음과 〈반(反)문명〉의 입장에서 사회의 기층민중(基層民衆)인 농민이나 소시민을 대변하고자 했다는 점에서, 그는 동지(同志)없는 시대의 '고아'(孤兒)이자 '이방인'(異邦人)이었다.

◇반문명주의자(反文明主義者)
◇시대의 버림받은 '고아'이자 '이방인'

3. 그러나 역설적(逆說的)이게도 그는 기성 제도교육체계와 어떤 인연도 갖지 않으면서도 다방면에 걸친 훌륭한 업적을 남김으로써 거꾸로 근대문명의 선구자적 역할을 하였다. 『학문예술론』과 『인간불평등기원론』에서 〈문명비판〉, 즉 학문과 제도에 대한 이데올로기비판적 시각을 제공하고, 『사회계약론』에서 〈주권재민사상〉의 토대(土臺)를 구축하고, 소설 『신엘로이즈』로 〈낭만주의〉를 고취하고, 교육론 『에밀』로는 독특한 교육방법과 이상적 인간상(人間像)을 제시하고, 『고백』으로는 근대적 의미에서의 고백문학의 한 전형(典型)을 보여 주었다. 게다가 도보여행과 식물수집에 있어서도 독창적인 면모를 보여주었다. 확실히 그는 근대정치사상사에 있어 독보적(獨步的)인 혁명적 사

◇근대문명의 선구자·개척자

◇'최초의 근대인'

◇성선설(性善說)

◇상부구조(문명)에 대한 비판

◇올바른 시민교육

◇자연주의적 인위주의 → '감성주의적 이성주의'

상가요, '전인교육'(全人教育)의 창시자로서 '어린이의 발견자'이며, 근대문학사 최초의 고백문학자요 낭만주의 심리소설계열의 선두주자였다. 그는 문명의 파괴자가 아니라 오히려 '새로운 문명의 개척자'요 '최초의 근대인'이었던 것이다.

4. 루소가 추구하고자 한 바는 한마디로 제도적 모순과 인간의 타락 및 불행으로부터 벗어나는 방법의 발견과 '새로운 국가사회'의 건설이었다. 그는 그 최초의 단서를 인간본성(人間本性)의 탐구에서 찾고자 했으며, 여기서 자신의 독특한 '자연상태론'이 출발한다. 순수한 인간의 본성은 〈자연적 인간〉에서 발견되며, 그 최초의 인간은 이성적이 아닌 감성적 인간으로서 '자기보존의 본능'과 함께 '연민의 정'을 지닌 착한 존재이다. 그러나 '사회의 형성과 소유권의 발생'은 인간을 타락과 악(惡)의 구렁텅이에 빠지게 한 최초(最初)의 출발이었다. 〈역사의 발전〉이란 것은 곧, 지배와 복종이라는 부자유한 사회상태를 합리화(合理化)하고 인간을 사치와 허영으로 이끄는 각종 도구(道具)들 −즉, 종교·법률·학문·문학·예술 및 기술 등−의 개발과 정교화(精巧化)를 의미하는 것이었다.

5. 그러나 자연상태로의 회귀(回歸)는 이미 현실적으로 불가능한 것이며, 최선의 방법은 새로운 〈사회적 인간〉을 창조(創造)하는 일이다. 그 인간은 더불어 사는 사회에서 권리와 의무를 다하는 진정한 '시민'이며, 자연의 본성을 그 순수한 형태로 발현시킬 수 있는 − 〈자기보존〉의 본능을 자제하고 그것이 〈동정심〉과 〈양심〉으로 더욱 승화(昇華)된, 즉 참으로 '이성적'인 − '전인격적 존재'인 것이다. 교육의 기본방향과 모든 절차는 여기에 맞추어져야 한다. 따라서 '자연으로 돌아가라'는 그의 구호(口號)는 돌이킬 수 없는 자연상태로의 복귀가 아니라 그같은 자연의 본성을 되찾은 기반 위에 새로운 이성적 질서를 구축하라는 의미로 해석되어야 한다.

6. 그런데 모든 인간은 자신을 얽어매고 있는 제도적 틀에 구속을 받는다. 즉 인간(시민)의 창조와 사회(국가)의 건

◇사회계약설과 일반의지

설은 선후(先後)의 문제가 아니라 동시적이고도 상관적인 문제인 것이다. 여기에 그의 사회계약론의 중요성이 부각되는 것이다. 그의 새로운 국가관의 특징은 〈일반의지〉의 구현을 통한 〈사회적 자유〉의 확보에 있다. 모든 권력은 어떤 합의(合意)에 기초한 동의(同意)를 필요로 하며, 따라서 당연히 국가사회와 정치권력의 발생도 사회계약을 통한 동의의 결과물인 것이다. 그 동의의 조건은 사회구성원인 전체인민(全體人民)의 〈공동복지〉 및 '자연적 자유'보다 더한 '사회적 자유'를 보장함을 이념으로 하고, 그 실천적 의미에서 항상 전체인민의 〈일반의사〉를 구현함을 목표로 하는 국가사회이어야 한다는 것이다. 법률이나 종교 및 정부형태는 단순히 그 실천을 위한 구체적 수단(手段)들에 불과한 것이다. 물론 그가 입법체계는 '자유'의 전제조건인 〈평등〉의 가치를 지향해야 한다고 주장하고, 기성종교교리의 사악성(邪惡性)을 탈피한 새로운 〈시민종교〉의 창설을 구상하고, 최선의 정부형태로서 〈귀족정〉을 선호(選好)하였지만, 그것들은 구체화의 단계에서 개개의 국가가 처한 특수한 조건들에 따라 언제라도 변형(變形)될 수 있고, 또한 변형되어야 함을 의미하는 것이다.

◇'자연적 자유'를 넘어선 '사회적 자유'

◇〈평등〉이념의 지향

◇기성종교의 부정과 '시민종교'의 확립

◇〈귀족정〉의 선호

7. 이 경우 국가에 의한 '시민창조'와 시민에 의한 '국가건설', 즉 〈의식개혁〉과 〈제도개혁〉이 갖는 동시적 상호전제성은 루소를 하나의 순환론적 딜렘마에 빠뜨리게 하는 것이며, 여기서 그는 어떤 우연적 돌연변이에 기대게 된다. 그것은 역사적 행운(幸運)이랄 수밖에 없는 '훌륭한 입법자'의 출현인 것이며, 그의 주된 임무는 인민의 〈인간성〉을 개조(改造)하고 국가의 기본적·제도적 틀인 〈입법체계〉를 제공(提供)하는 일이다. 이와같이 국부(國父)와 같은 존재인 〈입법자〉는 위정자도 주권자도 아니며 외국인일 수도 있는 제3자로서, 폭력 없이도 지도할 수 있고 설득 없이도 동의시킬 수 있는 비범(非凡)한 능력과 권위의 소유자이다. 그는 일시적 계교에 기대지 않고 영속적 지혜에 의존해야 하며, 진정한 '시민종교'를 창시하여 인민을 '공공

◇순환론적 딜렘마와 '입법자'의 발견

복지'의 제도적 틀에 스스로 순종케 할 수 있는 자이어야만 한다. 실로 이렇게 '참된 기적'을 일으킬 수 있는 사람은 그 누구도 아닌 바로 '루소' 자신이었다. 그는 자신의 얼굴을 그리고 있었던 것이다.

cf. 프랑스의 이방인이자 코르시카 헌법의 초안자인 '루소'

8. 이같은 입법자에 의해 구상(構想)되는 입법체계는 해당 인민의 최대복지 실현을 그 기본목적으로 하는 것이며, 이것은 〈자유〉와 〈평등〉의 구현이라는 두 개의 근본이념으로 환원(還元)된다. 이 경우 유념해야 할 점은 그 두 개 이념이 독립적·대등적인 것이 아니라 종속적·의존적 관계에 놓여 있다는 사실이다. 즉, 루소는 이론적으로 '자유'가 개개 인간의 최대가치인 것이지만 현실적으로 '평등 없이는 자유가 실현될 수 없다'고 봄으로써, '평등'이 단순히 입법체계의 구체적·전략적 목표라는 차원을 넘어서, 그것을 국가사회가 무엇보다도 우선적(優先的)으로 지향해야 할 궁극적 목표이자 가치로까지 고양(高揚)시키고 있다. 왜냐하면 그는 '〈방임상태〉에서 모든 사회적 요인들은 평등을 파괴하는 쪽으로 작용하므로 〈사회상태〉에서 국가는 항상 평등을 유지하는 쪽으로 모든 힘을 기울여야 한다'고 보기 때문이다. '루소적 사회'는 어느 누구도 사람을 돈으로 살 정도로 부유하지 않고, 돈에 몸을 팔 정도로 빈곤하지 않으며, 부자(富者)의 미덕과 빈자(貧者)의 미덕이 함께하는 도덕적(道德的) 시민공동체인 것이다.

◇'평등은 자유의 필요조건이자 전제조건이다.'
◇'자유는 개인적 가치이지만 평등은 사회적 가치이다.'
◇평등주의자
→ 자유(방임)주의의 거부
→ 사회주의적 경향
→ 그러나 절대적 평등을 부정하고 소유권을 인정함.

◇금전주의·물질주의 반대

9. 한편에서 루소를 '인간주의'(humanism)와 '합리주의(rationalism)'의 계몽사상가(啓蒙思想家)라 간주하는 경우, 그것은 그의 모든 저작물 속에 담겨 있는 성선설적 인간관과 인간에 대한 믿음 및 박애주의(博愛主義), '권력'과 '합의'의 관념 및 인민주권사상(人民主權思想), 그리고 지성인으로서의 섬세한 논리전개와 한 사람의 양심가(良心家)로서 당시 체제에 대한 비판적이고도 냉철한 분석 등에서 엿볼 수 있는 총체적인 경향에 초점을 맞춘 것이다. 또 다른 한편으로 그를 〈이성〉과 〈문명〉 및 〈진보〉를 믿는 18세기 계몽사상가 일반의 입장과는 분명히 획(劃)을 긋

◇인간주의·합리주의의 '계몽사상가'인 동시에 반이성·반문명·반진보의 '반(反)계몽사상가'

◇감성(본능)주의자

는 '이탈자'로 규정하는 경우, 이것은 루소의 모든 사상의 핵심이자 출발점이 되고 있는 그의 독특한 감성주의적(感性主義的) '인간관'과 반문명주의적(反文明主義的) '역사관'에 주목한 것이다.

◇루소의 '감성적 · 자연적 인간'과 '이성적 · 사회적 인간'

10) 즉 그의 인간관은 이기적(利己的)인 〈자기보존의 본능〉뿐만 아니라 이타적(利他的)인 〈연민의 정〉을 동시에 지닌 '감성적 · 자연적 인간', 그러나 이같은 이기성과 이타성이 상호 모순되지 않고 그 자체 자연의 본성(本性)으로서 상황에 따라 자연스럽게 조화를 이루며 발현되는 인간, 이윽고 불가피 사회상태에 이르러서도 이기성을 자제(自制)하고 동정심과 연민의 감정을 〈동족애〉나 〈인류애〉로까지 승화(昇華)시킬 수 있는 진정한 시민으로서의 '이성적 · 사회적 인간', 그러나 여기서도 감성과 이성은 상충되는 독립적 성격의 것이 아니라 영혼(靈魂)의 소리이자 자연(自然)의 명령인 타고난 본성으로서의 〈양심〉의 소리에 귀를 기울임으로써 육체(肉體)의 소리인 〈정욕〉을 자제할 수 있는 '참다운 이성적 인간'의 상정(想定)에 있다. 이같은 루소적 '인간'은, 역사 이래 '소유와 지배(불평등)'에서 비롯되었고 또한 이를 합리화(合理化)하고 있는 - 그러나 사람들은 거꾸로 인간진화이자 역사 진보의 증표로 생각하는 - 학문 · 예술 · 정치 · 관습 · 법률 · 종교 등 모든 〈문명적 산물들〉과 그 부산물(副產物)이자 재투자(再投資)로서의 온갖 〈악덕(惡德)들〉, 즉 화려함과 사치 · 섬세함과 기교 · 윤리와 허례허식 · 자존심과 오만 · 관례와 인습 · 명예와 존경 · 사랑과 질투 · 탐욕과 야심 · 폭력과 약탈 · 공갈과 협박 · 뇌물과 아첨 · 음모와 사기 등을 일괄(一括)하여 거부할 수밖에 없다. 이런 의미에서 실로 루소의 학문이론적 최대의 적(敵)은 당시 - 이성주의적 · 문명주의적 진화론자들인 - 계몽주의자(啓蒙主義者)들이었다.

◇감성적 이성주의자

◇악덕(惡德)의 원인이자 결과인 '문명'

◇〈문명〉과 〈진보〉의 부정(否定)
→ 반문명주의

11. 루소의 실로 방대한 영역(領域)에 걸친 업적과 독특한 사상, 즉 인류가 '우연히'(?) 마주친 이 거대하고도 먹음직스러우며 호기심을 끄는 포획물은 언제나 그렇듯이 그 후

◇루소사상의 여러 편광(偏光)들

약탈자들의 입맛과 취향에 따라 해당부위가 필요한 만큼 절단되어 다양한 종(種)들의 번식에 영양식(營養食)이 되었다. 사회계약설과 인민주권주의·'법의 지배'로서의 공화주의·선출적 귀족정의 선호와 그 대의주의적 성격·입법기능의 신성불가침 논리와 다수결주의 등은 〈부르조아적 의회민주주의자들〉에게, '하나의 보다 큰 전체의 일부'로 개조(改造)된 이상적 시민형(市民型)·사회내 모든 단체들은 민족적 국가공동체에 종속(從屬)되어야 한다는 국가사회우선주의·조국에의 희생(犧牲)이 가장 큰 미덕이 되는 시민적 의무 등은 〈파시즘 전체주의자들〉에게, 그리고 반(反)제국주의와 평등주의·반물질주의와 반자본주의·기성의 법률과 종교 및 국가에 대한 이데올로기비판·일반의지 외에 어떠한 특수의지도 배제되어야 한다는 일원주의(획일주의)적 경향 등은 〈유물론적·일당독재적 공산주의자들〉에게 편식(偏食)되었다. 또 한편 '소크라테스적 무지(無知)'의 예찬·'자연(自然)으로의 복귀' 사상과 반(反)문명주의는 〈현대 자연주의자들이나 녹색당〉에로 흘러 들어갔고, 국부(國父)와 같은 존재인 비범한 능력과 권위(權威)의 소유자로서의 '훌륭한 입법자' 및 그 엘리트주의적 성격과 '주의설(主意說 : voluntaryism)적 처리'는 〈카리스마적 권위주의자들〉의 입맛을 당기게 하는 것이다. 다행히도 〈사회민주주의자들〉은 루소적 사고의 위험성과 천재성을 올바로 감별하여 섭취하였고, 무엇보다도 '개인적 자유와 사회적 의무의 조화'라는 중용적 처리·무정부주의적(無政府主義的) 국가소멸이 아니라 국가의 '형성적 영향력'을 인정하는 새로운 국가관·패권주의가 아닌 종교적 관용주의와 문화적 다원주의 등은 그들의 훌륭한 자양분(滋養分)이 되었다.

12. 돌이켜 보건대, 참으로 루소에 있어 '자연'은 그의 모든 저작의 주제(主題)이자 최고이념(最高理念)이며, 행복 그 자체이자 하나의 '신'(神)이었다. 그리고 그것은 감성과 이성·이기성(자애)과 이타성(연민)이라는 인간의 양면성

◇ '부자연스런 자연주의자'(?)
◇플라톤주의자

(兩面性)을 설명하고 그 모순을 해소하는 연결고리였다. 따라서 그가 계획한 고도의 〈인공적·이성적인 국가〉도 궁극적으로 그 '자연'의 복원과 유지를 위한 하나의 장치에 불과한 것이다. 그리하여 '훌륭한 입법'이 가능한 그 '국가'는 소규모의 자족적(自足的) 공동체이어야 하고, 그 안의 '시민'은 자존의 이기심이나 충동적 정욕을 스스로 자제(自制)하고 사회적 의무에 충실(忠實)하며 조국과 민족을 위해서라면 기꺼이 목숨을 바쳐 행복하게 '자연'의 품안으로 돌아갈 수 있는 완벽한 〈이성적 인간〉이다. 실로 그가 그렇게 '자연'을 추구했던 만큼이나 '부자연'스러운 것이었다. "우리는 또다시 플라톤(Platon)의 『국가론』을 읽고 있는 것이 아닌가?"

13. 루소가 스스로 지적했던 것처럼 그의 사회계약론과 국가론은 국내적(國內的) 문제에만 치중함으로써 대외적 문제를 고려해야 하는 – 코르시카와 같은 조그만 섬나라에나 적용가능한 – 폐쇄적(閉鎖的) 한계를 태생적으로 지닌 것이었다. 그리고 이 과제는 단순히 부가적 차원에서 해결될 수 있는 성격의 것은 아니다. 그의 '국가'가 완성과 도덕성을 기할수록 그만큼 특수성(特殊性)을 띨 수밖에 없고, 또한 제한조건이나 유보조건이 많은 그만큼이나 비현실적(非現實的)일 수밖에 없는 '플라톤적 한계'를 근본적으로 안고 있는 것이었다. 대혁명 후 〈민족주의〉의 촉발과 〈자본주의〉의 본격적 진행 및 〈제국주의체제〉의 출범, 그리고 그 반작용 및 부산물로서의 〈공산주의체제〉나 〈파시즘체제〉의 탄생 등 일련의 과정은 이미 이제는 – 루소가 의도했던 바 '하나의 인간이 전체(국가)사회의 일부로서'를 넘어서서 – '하나의 국가가 전체(세계)의 일부로서' 생존할 수밖에 없는 상황의 도래를 의미하는 것이다. 더구나 오늘날 각종 이데올로기의 난무(亂舞) 속에 〈과학기술주의〉와 자본주의의 합작품(合作品)인 〈'세계화' 이데올로기〉의 출현과 그 경제적·문화적 패권주의(霸權主義)의 양상으로 볼 때, 이를 여전히 루소적 '자연'의 힘만으로 해

◇이론적 협소성과 비현실성

결하려 하고 버티기에는 너무나 멀리 떨어져 나왔다. "이제 우리 인류는 지금까지와는 전혀 다른, 그러나 그 누구도 예상키 힘든 새로운 '혁명'(革命)을 맞이하지 않으면 안될 '운명'에 처해 있다."

▣ 생각해 볼 문제들 ▣

1. 루소를 18세기 계몽사상가 중의 '이방인'(異邦人)이라 규정하는 경우, 그 근거를 몇 가지로 간추려 설명해 보라.

2. 그의 사상의 기초가 되는 출발점, 즉 기본전제(基本前提)는 무엇이며, 종착역의 청사진(靑寫眞)은 어떠한가?

3. 루소의 〈문명비판〉 속에 내포되어 있는 반이성주의적(反理性主義的) 입장과 바람직한 〈시민창조〉·합리적인 〈국가건설〉이라는 그의 이성주의적(理性主義的) 목표 이 양자(兩者) 사이의 일견 상충되는 모순(矛盾)이 어떻게 해결되고 있는가?

4. 영국 보수주의(保守主義)의 대표적 이론가인 버크(Edmund Burke, 1729-97)가 루소를 '도덕 그 자체가 없는 사람'이라고 혹평했듯이, 흔히 사람들이 루소의 문란한 사생활(私生活)과 도덕적 타락을 들어 그의 사상사적 가치를 폄하하려 하는 경우, 이를 어떻게 이해해야 하겠는가?

5. '교육의 성서(聖書)'라고 극찬하는 교육론 『에밀』과 관련하여, 그 이전의 교육과의 차이점(差異點) 및 오늘날 우리의 교육과정에서 찾아볼 수 있는 부합점(符合點)들을 지적해 보라.

6. 루소를 '최초의 근대인'이라고 높이 평가할 때, 그가 근대사(近代史)의 흐름에 기여한 공헌점들을 나열해 보자.

7. 특히 오늘날 실제로 막강한 영향력을 행사하고 있는 몇 가지 지배적(支配的)인 체제이데올로기들에서 어떤 식으로 변형(變形)되어 합리화의 도구로 이용되고 있는가를 토론해 보자.

8. 루소적 '시민종교'의 특성은 어떠하며, 이는 진정 '종교'인가 아닌가? 〈종교〉에 대한 개념논쟁을 통해 탐구해 보자.

9. 루소가 만들어 낸 '입법자' 발상(發想)의 주의설적(主意說的) 성격을 밝혀내고, 플라톤의 〈이상국가〉만큼이나 정교한 그의 국가상(國家像)과 관련하여 그 실현가능성과 위

험성을 논의해 보자.

10. '자연으로 돌아가라'는 루소적 구호(口號)의 한계는 오늘날 〈자연주의자들〉의 딜렘마를 그대로 설명해 주는 것인가? 현대물질문명과 그 지배이데올로기인 〈과학기술주의〉에 대항해 단순히 염세주의(厭世主義)나 패배주의(敗北主義) 또는 복고주의(復古主義)에 빠지지 않기 위한 대안은 무엇인가? 우리의 시대를 고민해 보자.

찾아보기

[저자 소개]

성균관대학교 정치외교학과 졸업
성균관대학교 대학원 정치외교학과 졸업(정치학 석사)
성균관대학교 대학원 정치외교학과 졸업(정치학 박사)
공주사범대학 일반사회교육과 부교수
현 공주대학교 사범대학 사회교육과 교수

[저서]
『제3세계의 정치경제학』 외 다수

정치사회사상의 이해

2016년 2월 20일 중판인쇄
2016년 2월 25일 중판발행

저 자 정 종 호
발행인 유 성 열
발행처 **형 지 사**
서울특별시 영등포구 신길로 40길 20
전화 (02) 833-6090 · 6091
FAX (02) 849-0817
등록 제318-2005-000030호

파본은 바꾸어 드립니다. 값 18,000원

http : //www.chongmok.co.kr

ISBN 978-89-92938-12-9